MW00488707

Swedish
Pocket Dictionary

Swedish – English
Engelsk – Svensk

Berlitz Publishing
New York · Munich · Singapore

Edited by the Langenscheidt editorial staff

Book in cover photo: © Punchstock/Medioimages

Neither the presence nor the absence of a designation indicating that any entered word constitutes a trademark should be regarded as affecting the legal status thereof.

© 2008 Berlitz Publishing/APA Publications GmbH & Co. Verlag KG
Singapore Branch, Singapore

Printed in Germany
ISBN 978-981-246-960-1

Contents
Innehållsförteckning

Preface

In selecting the vocabulary and phrases for this dictionary, the editors have had the traveller's needs foremost in mind. This book will prove a useful companion to casual tourists and business travellers alike who appreciate the reassurance a small and practical dictionary can provide. It offers them – as well as beginners and students – all the basic vocabulary they will have to encounter and have to use, giving the key words and expressions to allow them to cope in everyday situations.

This dictionary is designed to slip into pocket or purse, and thus have a role as a handy companion at all times.

Besides just about everything you normally find in dictionaries, there are these bonuses:

- simplified pronunciation after each foreign-word entry, making it easy to read and enunciate words whose spelling may look forbidding
- useful information on how to tell the time and how to count, on conjugating irregular verbs, commonly seen abbreviations and converting to the metric system, in addition to basic phrases.

While no dictionary of this size can pretend to completeness, we are confident this dictionary will help you get most out of your trip abroad.

Förord

När vi valt ut ord och uttryck för varje språk har vi framför allt tänkt på resenärens behov. Ordboken blir säkert ovärderlig för alla tusentals resenärer, turister och affärsfolk som uppskattar en liten, tillförlitlig och praktisk bok. Men inte bara resenärer utan även de som studerar och nybörjare kan ha nytta av det basordförråd som ordboken erbjuder.

Utöver det ni vanligen hittar i ordböcker kan den här boken erbjuda:

- en ljudskrift som följer det internationella fonetiska alfabetet (IPA)

- praktiska upplysningar om hur man anger klockslag, räkneord, oregelbundna verb, vanliga förkortningar och några användbara uttryck.

Ingen ordbok i detta format kan anses vara fullständig, men vi hoppas ändå att ni känner er väl rustad att göra en resa utomlands.

Introduction

This dictionary has been designed to take account of your practical needs. Unnecessary linguistic information has been avoided. The entries are listed in alphabetical order, regardless of whether the entry is printed in a single word or in two or more separate words. As the only exception to this rule, a few idiomatic expressions are listed alphabetically as main entries, according to the most significant word of the expression. When an entry is followed by sub-entries, such as expressions and locutions, these are also listed in alphabetical order*.

Each main-entry word is followed by a phonetic transcription (see guide to pronunciation). Following the transcription is the part of speech of the entry word whenever applicable. If an entry word is used as more than one part of speech, the translations are grouped together after the respective part of speech.

Irregular plurals are given in brackets after the part of speech.

Whenever an entry word is repeated in irregular forms or sub-entries, a tilde (~) is used to represent the full word. In plurals of long words, only the part that changes is written out fully, whereas the unchanged part is represented by a hyphen (-).

Entry word: behållare (pl ~)   Plural: behållare
          anställd (pl ~a)   anställda
          antibiotikum (pl -ka)   antibiotika

An asterisk (*) in front of a verb indicates that it is irregular. For more details, refer to the list of irregular verbs.

---

* Note that Swedish alphabetical order differs from our own for three letters: å, ä and ö. These are considered independent characters and come after z, in that order.

Inledning

Vid utarbetandet av denna ordbok har vi framför allt strävat efter att göra den så praktisk och användbar som möjligt. Mindre viktiga språkliga upplysningar har utelämnats. Uppslagsorden står i alfabetisk ordning oavsett om uppslagsordet skrivs i ett, två eller flera ord eller med bindestreck. Det enda undantaget från denna regel är några få idiomatiska uttryck som i stället står under huvudordet i uttrycket. När ett uppslagsord följs av flera sammansättningar och uttryck har dessa också satts i alfabetisk ordning.

Varje huvuduppslagsord följs av ljudskrift (se Uttal) och i de flesta fall av ordklass. Då uppslagsordet kan tillhöra mer än en ordklass står de olika betydelserna efter respektive ordklass. Oregelbundna pluralformer av substantiv har angivits och vi har också satt ut pluralformen i en del fall där tvekan kan uppstå. I stället för att upprepa uppslagsordet vid oregelbundna pluralformer eller i sammansättningar och uttryck används en symbol (∼) som står för hela uppslagsordet i fråga.

Vid oregelbundna pluralformer av sammansatta ord skrivs endast den del ut som förändras, medan den oförändrade delen ersätts med ett streck (–).

En asterisk (*) före ett verb anger att detta är oregelbundet och att dess böjningsmönster återfinns i listan över oregelbundna verb. Ordboken är baserad på brittisk engelska. Amerikanska ord och uttryck har markerats med *Am*.

Guide to Pronunciation

Each main entry in this part of the dictionary is followed by a phonetic transcription which shows you how to pronounce the words. This transcription should be read as if it were English. It is based on Standard British pronunciation, though we have tried to take account of General American pronunciation also. Below, only those letters and symbols are explained which we consider likely to be ambiguous or not immediately understood.

The syllables are separated by hyphens, and stressed syllables are printed in *italics*.

Of course, the sounds of any two languages are never exactly the same, but if you follow carefully our indications, you should be able to pronounce the foreign words in such a way that you'll be understood. To make your task easier, our transcriptions occasionally simplify slightly the sound system of the language while still reflecting the essential sound differences.

Consonants

g	always hard, as in **g**o
s	always hard, as in **s**o
tʸ	more or less as in hit **y**ou: sometimes rather like **h** in huge

The consonants **d**, **l**, **n**, **s**, **t**, if preceded by **r**, are generally pronounced with the tip of the tongue turned up well behind the front teeth. The **r** then ceases to be pronounced.

Vowels and diphthongs

aa	long **a**, as in c**a**r, but without any **r**-sound
ah	a short version of **aa**; between **a** in c**a**t and **u** in c**u**t
æ	like **a** in c**a**t
ææ	a long **æ**-sound
ai	as in **ai**r, without any **r**-sound
eh	like **e** in g**e**t
er	as in oth**er**, without any **r**-sound
ew	a "rounded **ee**-sound". Say the vowel sound **ee** (as in s**ee**), and while saying it, round your lips as for **oo** (as in s**oo**n), without moving your tongue; when your lips are in the **oo** position, but your tongue in the **ee** position, you should be pronouncing the correct sound
igh	as in s**igh**
o	as in h**o**t (British pronunciation)
ou	as in l**ou**d
ur	as in f**ur**, but with rounded lips and no **r**-sound

1) A bar over a vowel symbol (e.g. **ēw**) shows that this sound is long.
2) Raised letters (e.g. **ᵛaa**) should be pronounced only fleetingly.

Tones

In Swedish there are two "tones": one is falling, the other consists of two falling pitches, with the second starting higher than the first. As these tones are complex and very hard to copy, we do not indicate them, but mark their position as stressed.

Uttal

I denna del av ordboken anges uttalet av huvuduppslagsorden med internationell ljudskrift (IPA). Varje tecken i ljudskriften står för ett bestämt ljud. De tecken som inte närmare förklaras här uttalas ungefär som motsvarande svenska ljud.

Konsonanter

ð	tonande läspljud, dvs. med tungspetsen mot övre framtändernas baksida
g	alltid som i **g**å
k	alltid som i **k**all
ŋ	som **ng** i lå**ng**
r	som slappt **r** i ra**r** (ung. som **r** uttalas i Stockholmstrakten)
ʃ	tonlöst **sje**-ljud (ung. som i mellansvenskt uttal av **rs** i fo**rs**)
θ	tonlöst läspljud, dvs. med tungspetsen mot övre framtändernas baksida
w	mycket kort **o**-ljud (ung. som o**ä** i o**ä**ndlig)
z	tonande **s**-ljud
ʒ	som **g** i **g**elé, men tonande

Obs! [sj] skall läsas som [s] följt av ett [j]-ljud och *inte* som **sj** i **sj**ö.

Vokaler

ɑː	som i d**a**g
æ	som **ä** i sm**ä**rre
ʌ	ung. som **a** i k**a**tt
e	som i b**e**tt
ɛ	som **ä** i k**ä**lla
ə	som **e** i goss**e** (med dragning åt **ö**)
i	som i s**i**tt
ɔ	som **å** i f**å**tt
u	som **o** i b**o**tt

1) Kolon [ː] efter vokalljudstecknet anger lång vokal.
2) Ett fåtal franska låneord innehåller nasala vokaler, vilket anges med en til [˜] över vokalen (t. ex. [ũ]). Nasala vokaler uttalas samtidigt genom munnen och näsan.

Diftonger

En diftong är en förening av två vokaler, varav en är starkare (betonad) och en svagare (obetonad). De uttalas tillsammans "glidande", ung. som **au** i mj**au**. I engelska språket är alltid andra vokalen svagare.

Betoning

Tecknet ['] står framför betonad stavelse och [ˌ] framför stavelse med biaccent.

Amerikanskt uttal

Vår ljudskrift återger brittiskt-engelskt riksspråk. Det amerikanska uttalet skiljer sig från engelska på några punkter (det finns även en mängd lokala variationer, som vi inte tar upp här).

1) I motsats till brittiskt-engelskt uttal uttalas **r** även före en konsonant och i slutet av ett ord.
2) I många ord som t. ex. *ask, castle, laugh* osv. blir [ɑː] till [æː].
3) En amerikan uttalar [ɔ]-ljudet som [ɑ] eller också ofta som [ɔː].
4) I ord som *duty, tune, new* osv. bortfaller ofta [j]-ljudet framför [uː].
5) Många ord betonas annorlunda.

Abbreviations
Förkortningar

adjective	*adj*	adjektiv
adverb	*adv*	adverb
American	*Am*	amerikanska
article	*art*	artikel
common gender	*c*	realgenus
conjunction	*conj*	konjunktion
noun	*n*	substantiv
noun (American)	*nAm*	substantiv (amerikanska)
neuter	*nt*	neutrum
numeral	*num*	räkneord
past tense	*p*	imperfektum
plural	*pl*	pluralis
plural (American)	*plAm*	pluralis (amerikanska)
past participle	*pp*	perfekt particip
present tense	*pr*	presens
prefix	*pref*	prefix (förstavelse)
preposition	*prep*	preposition
pronoun	*pron*	pronomen
suffix	*suf*	suffix (ändelse)
verb	*v*	verb
verb (American)	*vAm*	verb (amerikanska)

A

abborre (*ah*-bo-rer) *c* bass, perch

abonnemang (ah-bo-ner-*mahng*) *nt* subscription

abonnemangskort (ah-bo-ner-*mahngs*-koort) *nt* season ticket

abort (ah-*bort*) *c* abortion

absolut (ahp-so-*lēwt*) *adv* absolutely; *adj* very

abstrakt (ahp-*strahkt*) *adj* abstract

absurd (ahp-*sewrd*) *adj* absurd

accent (ahk-*sehnt*) *c* accent

acceptera (ahks-ehp-*tāy*-rah) *v* accept

ackompanjera (ah-*kom*-pahn-*Yāy*-rah) *v* accompany

adapter (ah-*dahp*-terr) *c* adaptor

addera (ah-*dāy*-rah) *v* add

addition (ah-di-*shōōn*) *c* addition

adekvat (ah-der-*kvaat*) *adj* adequate

adel (*aa*-derl) *c* nobility

adjektiv (*ahd*-ʸayk-teev) *nt* adjective

adjö! (ah-*d'ur*) goodbye!

administration (ahd-mi-ni-strah-*shōōn*) *c* administration

administrativ (ahd-mi-ni-strah-*teev*) *adj* administrative

adoptera (ah-doap-*tāy*-rah) *v* adopt

adress (ahd-*rayss*) *c* address

adressat (ahd-ray-*saat*) *c* addressee

adressera (ahd-ray-*sāy*-rah) *v* address

adress-förteckning (ahd-*rayss*-furr-*tayk*-ning) *c* directory of adresses

adverb (ahd-*værb*) *nt* adverb

advokat (ahd-voo-*kaat*) *c* lawyer; attorney, barrister, solicitor

affisch (ah-*fish*) *c* poster

affär (ah-*fæær*) *c* store; business

affärer (ah-*fææ*-rerr) *pl* business; *göra ~ med *deal with; i ~ on business

affärsbiträde (ah-*fæærs*-bi-*trai*-der) *nt* shop assistant

affärscentrum (ah-*fæærs*-sehnt-rewm) *nt* (pl -ra, -rer) shopping centre

affärsinnehavare (ah-*fæærs*-

i-ner-*haa*-vah-rer) *c* (pl ~)
shopkeeper

affärskvinna (ah-*fæærs*-kvi-nah) *c* (pl -kvinnor)
businesswoman

affärsman (ah-*fæærs*-mahn) *c* (pl -män) businessman

affärsmässig (ah-*fæærs*-meh-si) *adj* business-like

affärsresa (ah-*fæærs*-rāy-sah) *c* business trip

affärstid (ah-*fæærs*-teed) *c* business hours

affärstransaktion (ah-*fæærs*-trahn-sahk-*shōōn*) *c* deal

affärsuppgörelse (ah-*fæærs*-ewp-Yūr-rayl-ser) *c* deal

affärsverksamhet (ah-*fæærs*-værk-sahm-hāyt) *c* business

Afrika (*aaf*-ri-kah) Africa

afrikan (ahf-ri-*kaan*) *c* African

afrikansk (ahf-ri-*kaansk*) *adj* African

aftonklädsel (*ahf*-ton-klaid-serl) *c* evening dress

agent (ah-*gaynt*) *c* agent; distributor

agentur (ah-gayn-*tēwr*) *c* agency

aggressiv (ahg-rer-seev) *adj* aggressive

aids (eids) *c* AIDS

akademi (ah-kah-day-*mee*) *c* academy

akt (ahkt) *c* act; nude

akta (*ahk*-tah) *v* mind; ~ sig beware; ~ sig för mind

aktie (*ahkt*-si-ay) *c* share

aktiv (*ahk*-teev) *adj* active

aktivitet (ahk-ti-vi-*tāyt*) *c* activity

aktning (*ahkt*-ning) *c* esteem, respect

aktningsvärd (*ahkt*-nings-væærd) *adj* respectable

aktris (ahk-*treess*) *c* actress

aktuell (ahk-tew-*ehl*) *adj* topical

aktör (ahk-*tūrr*) *c* actor

akut (ah-*kēwt*) *adj* acute

akvarell (ahk-vah-*rayl*) *c* watercolo(u)r

alarm (ah-*lahrm*) *nt* alarm

album (*ahl*-bewm) *nt* album

aldrig (*ahld*-ri) *adv* never

alfabet (*ahl*-fah-bāyt) *nt* alphabet

algebra (*ahl*-Yer-brah) *c* algebra

algerier (ahl-*shāy*-ri-err) *c* (pl ~) Algerian

Algeriet (ahl-shāy-*ree*-ert) Algeria

algerisk (ahl-*shāy*-risk) *adj* Algerian

alkohol (*ahl*-ko-hōal) *c* alcohol

alkoholhaltig (ahl-ko-*hōal*-hahl-ti) *adj* alcoholic

all (ahl) *adj* (nt ~t, pl ~a) all; *pron* all

alldaglig (*ahl*-daag-li) *adj* ordinary

alldeles (*ahl*-day-lerss) *adv* quite

allergi (ah-lær-*gee*) *c* allergy

allians (ah-li-*ahns*) *c* alliance

(de) allierade (ah-li-*āy*-rah-

der) Allies *pl*
allmän (*ahl*-mehn) *adj*
universal, general, public,
common; broad
i allmänhet (i *ahl*-mehn-hāyt)
in general
allsmäktig (ahls-mehk-ti) *adj*
omnipotent
alltför (*ahlt*-furr) *adv* too
alltid (*ahl*-teed) *adv* ever,
always
allting (*ahl*-ting) *pron*
everything
allvar (*ahl*-vaar) *nt*
seriousness; gravity
allvarlig (ahl-vaar-li) *adj*
serious; bad, grave
alm (ahlm) *c* elm
alpstuga (*ahlp*-stew-gah) *c*
chalet
alstra (*ahlst*-rah) *v* generate
alt (ahlt) *c* alto
altare (*ahl*-tah-rer) *nt* altar
alternativ (ahl-tayr-nah-*teev*)
nt alternative
alternerande (ahl-tayr-*nāy*-
rahn-der) *adj* alternate
ambassad (ahm-bah-*saad*) *c*
embassy
ambassadör (ahm-bah-sah-
dūrr) *c* ambassador
ambition (ahm-bee-*shōōn*) *c*
ambition
ambulans (ahm-bew-*lahns*) *c*
ambulance
Amerika (ah-*māy*-ri-kah)
America
amerikan (ah-may-ri-*kaan*) *c*
American
amerikansk (ah-*māy*-ri-

kaansk) *adj* American
ametist (ah-mer-*tist*) *c*
amethyst
amma (*ahm*-ah) *v* nurse
ammoniak (ah-*mōō*-ni-ahk)
c ammonia
amnesti (ahm-ner-*stee*) *c*
amnesty
amulett (ah-mew-*layt*) *c*
charm, lucky charm
analfabet (ahn-ahl-fah-*bāyt*)
c illiterate
analys (ah-nah-*lēwss*) *c*
analysis
analysera (ah-nah-lew-*sāy*-
rah) *v* analyse
analytiker (ah-nah-*lēw*-ti-
kerr) *c* (pl ~) analyst
ananas (*ah*-nah-nahss) *c* (pl
~, ~er) pineapple
anarki (ah-nahr-*kee*) *c*
anarchy
anatomi (ah-nah-to-*mee*) *c*
anatomy
anbefalla (ahn-ber-*fah*-lah) *v*
enjoin, recommend
anda (*ahn*-dah) *c* breath
andas (*ahn*-dahss) *v* breathe
ande (*ahn*-der) *c* spirit, ghost
andedräkt (*ahn*-der-drehkt) *c*
breath
andlig (*ahnd*-li) *adj* spiritual
andning (*ahnd*-ning) *c*
respiration, breathing
andra (*ahnd*-rah) *num* second
anfall (*ahn*-fahl) *nt* attack; fit
***anfalla** (*ahn*-fah-lah) *v* attack
anförande (*ahn*-fūr-rahn-
der) *nt* speech
anförtro (*ahn*-furr-trōō) *v*

entrust; commit

*ange (ahn-ᵞaȳ) v *give; report

angelägen (ahn-ᵞay-lai-gern) adj urgent; anxious

angelägenhet (ahn-ᵞay-leh-gayn-hāyt) c matter, affair, concern

angenäm (ahn-ᵞay-naim) adj agreeable, pleasant, pleasing

*angripa (ahn-gree-pah) v assault

angränsande (ahn-grehn-sahn-der) adj neighbouring

*angå (ahn-gōa) v concern

angående (ahn-gōa-ern-der) prep concerning; as regards, about, regarding

anhängare (ahn-heh-ngah-rer) c (pl ~) supporter

aning (aa-ning) c notion

anka (ahng-kah) c duck

ankare (ahng-kah-rer) nt anchor

ankel (ahng-kayl) c (pl anklar) ankle

anklaga (ahn-klaa-gah) v accuse; charge; anklagad person accused

anklagelse (ahn-klaa-gayl-ser) c charge

*anknyta (ahn-knēw-tah) v connect

anknytning (ahn-knēwt-ning) c connection

anknytningslinje (ahn-knēwt-nings-lin-ᵞer) c extension

ankomst (ahn-komst) c

arrival; coming

ankomsttid (ahn-komst-teed) c time of arrival

anledning (ahn-lāyd-ning) c occasion; cause; med ~ av owing to

anlända (ahn-lehn-dah) v arrive

anmäla (ahn-mæ-lah) v announce; report; ~ sig report

anmärka (ahn-mær-kah) v remark

anmärkning (ahn-mærk-ning) c remark

anmärkningsvärd (ahn-mærk-nings-væærd) adj remarkable; noticeable

annan (ahn-nahn) pron other; different; en ~ another

annars (ah-nahrs) adv else, otherwise

annektera (ah-nehk-tāy-rah) v annex

annex (ah-nayks) nt annex

annons (ah-nongs) c advertisement

annorlunda (ahn-or-lewn-dah) adv otherwise

annullera (ah-new-lāy-rah) v cancel

annullering (ah-new-lāy-ring) c cancellation

anonym (ah-no-newm) adj anonymous

anordning (ahn-ord-ning) c apparatus, appliance

anpassa (ahn-pah-sah) v adapt, adjust

*anse (ahn-sāy) v regard,

consider, reckon
anseende (*ahn-sāy-ern-der*) *nt* reputation
ansenlig (*ahn-sāyn-li*) *adj* substantial
ansikte (*ahn-sik-ter*) *nt* face
ansiktsdrag (*ahn-sikts-draag*) *nt* feature
ansiktskräm (*ahn-sikts-kraim*) *c* face cream
ansiktsmask (*ahn-sikts-mahsk*) *c* face pack
ansiktsmassage (*ahn-sikts-mah-saash*) *c* face massage
ansiktspuder (*ahn-sikts-pēw-derr*) *nt* face-powder
ansjovis (*ahn-shōō-viss*) *c* anchovy
anskaffa (*ahn-skahf-ah*) *v* *buy
anslag (*ahn-slaag*) *nt* bulletin; ~ stavla *c* bulletin board
***ansluta** (*ahn-slēw-tah*) *v* connect; plug in; ~ sig till join; ansluten affiliated, connected
anspråk (*ahn-sprōak*) *nt* claim
anspråksfull (*ahn-sprōaks-fewl*) *adj* presumptuous
anspråkslös (*ahn-sprōaks-lürss*) *adj* modest
anstalt (*ahn-stahlt*) *c* institute
anstränga sig (*ahn-strehng-ah*) labour
ansträngning (*ahn-strehng-ning*) *c* effort; strain
anställa (*ahn-stehl-ah*) *v* engage; appoint, employ

anställd (*ahn-stehld*) *c* (pl ~a) employee
anställning (*ahn-stehl-ning*) *c* employment; situation
anständig (*ahn-stehn-di*) *adj* decent; proper
anständighet (*ahn-stehn-di-hāyt*) *c* decency
anstöt (*ahn-stürt*) *c* offence
anstötlig (*ahn-stürt-li*) *adj* offensive
ansvar (*ahn-svaar*) *nt* responsibility
ansvarig (ahn-svaa-ri) *adj* responsible; ~ för in charge of
ansvarighet (*ahn-svaa-ri-hāyt*) *c* responsibility
ansöka (*ahn-sūr-kah*) *v* apply
ansökan (*ahn-sūr-kahn*) *c* (pl -kningar) application
***anta** (*ahn-taa*) *v* assume, suppose; suspect; ~ att supposing that
antal (*ahn-taal*) *nt* number, quantity
anteckna (*ahn-tayk-nah*) *v* note; record
anteckning (*ahn-tehk-ning*) *c* note; entry
anteckningsblock (*ahn-tehk-nings-blok*) *nt* writing pad
anteckningsbok (*ahn-tehk-nings-bōōk*) *c* (pl -böcker) notebook
antenn (ahn-*tayn*) *c* aerial
antibiotikum (ahn-ti-bi-*ōa*-ti-kewm) *nt* (pl -ka) antibiotic
antik (ahn-*teek*) *adj* antique

antikvitet (ahn-ti-kvi-*tāyt*) *c*
antique; antikviteter
antiquities *pl*

antikvitetshandlare (ahn-ti-
kvi-*tāyts*-hahnd-lah-rer) *c*
(pl ~) antique dealer

antingen ... eller (*ahn*-ting-
ern ... *eh*-lerr) either ... or

antipati (ahn-ti-pah-*tee*) *c*
dislike

antyda (*ahn*-tēw-dah) *v*
imply, indicate

antydan (*ahn*-tēw-dahn) *c* (pl
-dningar) indication

anvisning (*ahn*-veess-ning) *c*
directions *pl*, instructions *pl*

använda (*ahn*-vehn-der) *v*
use; employ; apply

användbar (*ahn*-vehnd-baar)
adj usable, useful

användning (*ahn*-vehnd-
ning) *c* use; application

apa (*aa*-pah) *c* monkey

apelsin (ah-payl-*seen*) *c*
orange

aperitif (ah-pay-ri-*tif*) *c*
aperitif

apotek (ah-poo-*tāyk*) *nt*
pharmacy; chemist's;
drugstore *nAm*

apotekare (ah-poo-*tāy*-kah-
rer) *c* (pl ~) chemist,
pharmacist *nAm*

apparat (ah-pah-*raat*) *c*
apparatus; machine,
appliance

applåd (ahp-*lōad*) *c* applause

applådera (ahp-lo-*dāy*-rah) *v*
applaud

aprikos (ah-pri-*kōōss*) *c*

apricot

april (ahp-*ril*) April

aptit (ahp-*teet*) *c* appetite

aptitlig (ahp-*teet*-li) *adj*
appetizing

aptitretare (ahp-*teet*-rāy-tah-
rer) *c* (pl ~) appetizer

arab (ah-*raab*) *c* Arab

arabisk (ah-*raa*-bisk) *adj*
Arab

arbeta (*ahr*-bāy-tah) *v* work

arbetare (*ahr*-bāy-tah-rer) *c*
(pl ~) worker; workman;
labourer

arbete (*ahr*-bāy-ter) *nt* work;
employment, labour, job

arbetsbesparande (*ahr*-
bāyts-bay-*spaa*-rahn-der)
adj labour-saving

arbetsdag (*ahr*-bāyts-daag) *c*
working day

arbetsförmedling (*ahr*-
bayts-furr-*māyd*-ling) *c*
employment exchange

arbetsgivare (*ahr*-bāyts-*y*ee-
vah-rer) *c* (pl ~) employer

arbetskraft (*ahr*-bāyts-
krahft) *c* man-power

arbetslös (*ahr*-bayts-*lūrss*)
adj jobless

arbetslöshet (*ahr*-bayts-
lūrss-*hāyt*) *c* unemployment

arbetsnarkoman (*ahr*-bayts-
nahr-ko-*maan*) *c* workaholic

arbetsrum (*ahr*-bayts-rewm)
nt study

arbetstillstånd (*ahr*-bayts-til-
stond) *nt* work permit; labor
permit *Am*

arg (ahr*y*) *adj* angry, cross

Argentina (ahr-gehn-*tee*-nah) Argentina

argentinare (ahr-gehn-*tee*-nah-rer) *c* (pl ~) Argentinian

argentinsk (ahr-gehn-*teensk*) *adj* Argentinian

argument (ahr-gew-*mehnt*) *nt* argument

argumentera (ahr-gew-mehn-*tay*-rah) *v* argue

ark (ahrk) *nt* sheet

arkad (ahr-*kaad*) *c* arcade

arkeolog (ahr-kay-o-*loag*) *c* archaeologist

arkeologi (ahr-kay-o-loa-*gee*) *c* archaeology

arkitekt (ahr-ki-*taykt*) *c* architect

arkitektur (ahr-ki-tehk-*tewr*) *c* architecture

arkiv (ahr-*keev*) *nt* archives *pl*

arm (ahrm) *c* arm; **arm i arm** arm-in-arm

armband (*ahrm*-bahnd) *nt* bracelet

armbandsur (*ahrm*-bahnds-ewr) *nt* wristwatch

armbåge (*ahrm*-*boa*-gay) *c* elbow

armé (ahr-*may*) *c* army

armstöd (*ahrm*-stürd) *nt* arm

arom (ah-*roam*) *c* aroma

arrangera (ah-rahn-*shay*-rah) *v* arrange

arrende (ah-*rayn*-der) *nt* lease

arrendera (ah-rern-*dayr*-ah) *v* lease; ~ **ut** lease

arrestera (ah-rayss-*tay*-rah) *v* arrest

arrestering (ah-rayss-*tay*-ring) *c* arrest

art (aart) *c* species; breed

artig (*aar*-ti) *adj* polite; courteous

artikel (ahr-*ti*-kerl) *c* (pl -klar) article

artistisk (ahr-*tiss*-tisk) *adj* artistic

arton (*aar*-ton) *num* eighteen

artonde (*aar*-ton-der) *num* eighteenth

arv (ahrv) *nt* inheritance

arvinge (*ahrv*-ing-er) *c* (pl arvingar) heir

arvode (ahr-*voo*-der) *nt* fee

arvtagerska (*ahrv*-taag-er-skah) *c* (pl -gerskor) heiress

asbest (*ahss*-behst) *c* asbestos

asfalt (*ahss*-fahlt) *c* asphalt

asiat (ah-si-*aat*) *c* Asian

asiatisk (ah-si-*aa*-tisk) *adj* Asian

Asien (*aa*-si-ern) Asia

ask (ahsk) *c* box

aska (*ahss*-kah) *c* ash

askkopp (*ahss*-kop) *c* ashtray

aspekt (ah-*spehkt*) *c* aspect

assistent (ah-si-*staynt*) *c* assistant

associera (ah-so-si-*ay*-rah) *v* associate

astma (*ahst*-mah) *c* asthma

astronaut (*ahss*-tro-nout) *c* astronaut

astronomi (ahss-tro-no-*mee*) *c* astronomy

asyl (ah-*sewl*) *c* asylum

ateist (ah-ter-*ist*) *c* atheist

Atlanten (aht-*lahn*-tern)

Atlantic

atlet (aht-*layt*) c athlete

atmosfär (aht-moss-*fæær*) c
atmosphere

atom (ah-*toam*) c atom; **atom-
atomic**

att (aht) conj that; **för ~ in
order to**

attest (ah-*tayst*) c certificate

attraktion (ah-trahk-*shoon*) c
attraction

augusti (ah-gewss-ti) August

auktion (ouk-*shoon*) c
auction

auktoritet (ouk-too-ri-*tayt*) c
authority

auktoritär (ouk-too-ri-*tæær*)
adj authoritarian

Australien (ou-*straa*-li-ayn)
Australia

australier (ou-*straa*-li-err) c
(pl ~) Australian

australisk (ou-*straa*-lisk) adj
Australian

autentisk (ou-*tayn*-tisk) adj
authentic

automat (ou-to-*maat*) c
vending machine, automat

automatisering (ou-to-mah-
ti-*say*-ring) c automation

automatisk (ou-to-*maa*-tisk)
adj automatic

automobilklubb (ou-to-mo-
beel-klewb) c automobile
club

autonom (ou-to-*noam*) adj
autonomous

av (aav) prep of, for, with, by,
from; adv off

avancerad (ah-vahng-*say*-

rahd) adj advanced

avbeställa (aav-ber-stehl-ah)
v cancel

avbetala (aav-ber-taa-lah) v
*pay on account

avbetalning (aav-ber-taal-
ning) c instalment

avbetalningsköp (aav-ber-
taal-nings-t'*urp*) nt hire
purchase, installment plan
Am

avbrott (aav-brot) nt
interruption

*avbryta** (aav-*brewt*-ah) v
interrupt; discontinue

avdelning (aav-*dayl*-ning) c
division; department,
section

avdrag (aav-draag) nt
discount

avdunsta (aav-dewns-tah) v
evaporate

aveny (ah-vay-*new*) c avenue

avfall (aav-fahl) nt garbage,
litter

avfatta (aav-fah-tah) v *draw
up

avföringsmedel (aav-*fur*-
rings-*may*-dayl) nt laxative

avgaser (aav-gaa-serr) pl
exhaust gases

avgasrör (aav-gaass-*rurr*) nt
exhaust pipe

avgift (aav-'ift) c charge;
avgifter dues pl

avgud (aav-gewd) c idol

*avgå** (aav-*goa*) v pull out;
resign

avgång (aav-gong) c
departure

avgångstid (*aav*-gongs-teed) *c* time of departure

*avgöra (*aav*-ˈyūr-rah) *v* decide

avgörande (*aav*-ˈyūr-rahn-der) *nt* decision

avhandling (*aav*-hahn-dling) *c* treatise; thesis

*avhålla sig från (*aav*-hol-ah) abstain from

avigsida (*aa*-vig-see-dah) *c* reverse

avkalkningsmedel (*aav*-kahlk-nings-*māy*-dayl) *nt* water softener

avkoppling (*aav*-kop-ling) *c* relaxation

avlagring (*aav*-laag-ring) *c* deposit

*avlida (*aav*-lee-dah) *v* pass away

avlopp (*aav*-lop) *nt* drain

avlång (*aav*-long) *adj* oblong

avlägsen (*aav*-laig-sern) *adj* remote; distant, far-off

avläget (*aav*-laig-sayt) *adj* far

avlägsna (*aav*-laigs-nah) *v* remove; ~ sig depart

avlämna (*aav*-lehm-nah) *v* deliver

avlöna (*aav*-lūrn-ah) *v* remunerate

avlöning (*aav*-lūr-ning) *c* pay, salary

avlösa (*aav*-lur-sah) *v* relieve

avog (*aa*-vōōg) *adj* averse

avpassa (*aav*-pah-sah) *v* suit

avresa (*aav*-rāy-sah) *v* depart; *c* departure

avråda (*aav*-rōa-dah) *v* dissuade from

avrättning (*aav*-reht-ning) *c* execution

*avse (*aav*-sāy) *v* destine

avsevärd (*aav*-say-væærd) *adj* considerable

avsides (*aav*-see-derss) *adj* remote; out of the way

avsikt (*aav*-sikt) *c* purpose, intention

avsiktlig (*aav*-sikt-li) *adj* intentional

avskaffa (*aav*-skah-fah) *v* abolish

avsked (*aav*-shāyd) *nt* parting; resignation

avskeda (*aav*-shāy-dah) *v* dismiss; fire

avskedsansökan (*aav*-shāyds-ahn-sūr-kahn) *c* (pl -kningar) resignation

avskilja (*aav*-shil-ˈyah) *v* detach

*avskjuta (*aav*-shēw-tah) *v* launch

avskrift (*aav*-skrift) *c* copy

avsky (*aav*-shew) *v* detest, loathe; *c* disgust, loathing

avskyvärd (*aav*-shēw-væærd) *adj* horrible; hideous

avsluta (*aav*-slēw-tah) *v* finish

avslutning (*aav*-slēwt-ning) *c* conclusion, end

*avslå (*aav*-slōa) *v* reject

avslöja (*aav*-slur-ˈyah) *v* reveal

avslöjande (*aav*-slur-ˈyahn-der) *nt* revelation

avsnitt (*aav*-snit) *nt* passage

avspark (*aav*-spahrk) *c*
kickoff

avspänd (*aav*-spehnd) *adj*
easy-going, relaxed

*****avstå från** (*aav*-stōa) abstain
from

avstånd (*aav*-stond) *nt*
distance; space, way

avståndsmätare (*aav*-
stonds-mai-tah-rer) *c* (pl ~)
range finder

avsända (*aav*-sehn-dah) *v*
dispatch

avsändare (*aav*-sehn-dah-
rer) *c* (pl ~) sender

avsändning (*aav*-sehnd-
ning) *c* dispatch

avsky (*aav*-shew) *v* detest; *c*
disgust

*****avta** (*aav*-taa) *v* decrease

avtal (*aav*-taal) *nt* agreement,
treaty

avtryck (*aav*-trewk) *nt* print

avtryckare (*aav*-trew-kah-
rer) *c* (pl ~) trigger

avtäcka (*aav*-teh-kah) *v*
uncover

avundas (*aav*-ewn-dahss) *v*
envy

avundsam (*aav*-ewnd-sahm)
adj envious

avundsjuk (*aav*-ewnd-
shēwk) *adj* envious

avundsjuka (*aa*-vewnd-
shēw-kah) *c* envy

*****avvika** (*aav*-vee-kah) *v*
deviate

avvisa (*aav*-vee-sah) *v* reject

axel (*ahks*-ayl) *c* (pl axlar)
shoulder; axis, axle

B

baby (*bai*-bi) *c* baby

babykorg (*bai*-bi-kor^y) *c*
carrycot

bacill (bah-*sil*) *c* germ

backa (*bah*-kah) *v* reverse

backe (*bah*-ker) *c* hill; slope

backhoppning (*bahk*-hop-
ning) *c* ski jump

backkrön (*bahk*-krūrn) *nt*
hilltop

backväxel (*bahk*-vehks-ayl) *c*
(pl -växlar) reverse

bad (baad) *nt* bath

bada (*baa*-dah) *v* bathe

badbyxor (*baad*-bewk-serr)
pl bathing suit,

swimmingtrunks *pl*

badda (*bah*-dah) *v* dab

baddräkt (*baad*-drehkt) *c*
bathing suit; swimsuit,
swimming suit *Am*

badhandduk (*baad*-hahnd-
dēwk) *c* bath towel

badmössa (*baad*-murss-sah)
c bathing cap

badort (*baad*-oort) *c* seaside
resort

badrock (*baad*-roak) *c*
bathrobe

badrum (*baad*-rewm) *nt*
bathroom

badsalt (*baad*-sahlt) *nt* bath

salts

badvakt (*baad*-vahkt) *c* pool attendant

bagage (bah-*gaash*) *nt* baggage, luggage

bagagehylla (bah-*gaash*-hew-lah) *c* luggage rack

bagageinlämning (bah-*gaash*-in-lehm-ning) *c* left luggage office; baggage deposit office *Am*

bagageutrymme (bah-*gaash*-ēwt-rew-mer) *nt* boot; trunk *nAm*

bagare (*baa*-gah-rer) *c* (pl ~) baker

bageri (baa-ger-*ree*) *nt* bakery

baka (*baa*-kah) *v* bake

bakdel (*baak*-dāyl) *c* bottom

bakelser (*baa*-kerl-serr) *pl* pastry

bakgrund (*baak*-grewnd) *c* background

bakhåll (*baak*-hol) *nt* ambush

baklykta (*baak*-lewk-tah) *c* rear light; taillight

bakom (*baak*-om) *prep* behind; *adv* behind

baksida (*baak*-seedah) *c* rear

baksmälla (*baak*-smeh-lah) *c* hangover

bakterie (bahk-*tai*-ri-er) *c* bacterium

bakverk (*baak*-vehrk) *nt* pastry, cake

bakåt (*baa*-kot) *adv* backwards

bal (*baal*) *c* ball

balansräkning (bah-*lahngs*-raik-ning) *c* balance sheet

balett (bah-*layt*) *c* ballet

balja (*bahl*-³ah) *c* basin

balkong (bahl-*kong*) *c* balcony; circle

ballong (bah-*long*) *c* balloon

balsal (*baal*-saal) *c* ballroom

bana (*baa*-nah) *c* track

banan (bah-*naan*) *c* banana

band (bahnd) *nt* band; ribbon

bandspelare (*bahnd*-spāy-lah-rer) *c* (pl ~) tape recorder

baner (bah-*nāyr*) *nt* banner

bank (bahngk) *c* bank

bankett (bahng-*keht*) *c* banquet

bankkonto (*bahngk*-kon-too) *nt* bank account

bankomat (bahng-ko-*maat*) *c* ATM; automatic teller machine

bankrutt (bahng-*krewt*) *adj* bankrupt

bar (baar) *c* bar, saloon; *adj* bare

bara (*baarah*) *adv* only

bark (bahrk) *c* bark

barm (bahrm) *c* bosom

barmhärtighet (bahrm-*hær*-ti-hāyt) *c* mercy

barn (baarn) *nt* child; kid; föräldralöst ~ orphan

barnbarn (baarn-baarn) *nt* (pl ~) grandchild

barnförlamning (*baarn*-furr-laam-ning) *c* polio

barnkammare (*baarn*-kah-mah-rer) *c* (pl ~) nursery

barnmorska (*baarn*-moors-kah) *c* midwife

barnsjukdom (*baarn-shēwk-doom*) c children's disease

barnsköterska (*baarn-shūr-terr-skah*) c nurse

barnsäng (*baarn-sehng*) c cot

barnvagn (*baarn-vahngn*) c pram; baby carriage *Am*

barnvakt (*baarn-vahkt*) c babysitter

barock (bah-*rok*) adj baroque

barometer (bah-ro-*māy*-terr) c (pl -trar) barometer

barriär (bah-ri-*Yæær*) c barrier

barrträd (*bahr*-traid) nt conifer, fir tree

barsk (bahrsk) adj grim

baryton (*bah*-ri-ton) c baritone

bas (baass) c base; bass

baseboll (*bayss*-bol) c baseball

basera (bah-*sāy*-rah) v base

basilika (bah-*see*-li-kah) c basilica

basis (*baa*-siss) c basis

bassäng (*bah*-sehng) c pool

bastard (bah-*staard*) c bastard

bastu (*bahss*-tew) c sauna

batteri (bah-tay-*ree*) nt (pl ~er) battery

*be (bāy) v ask; beg

beakta (bay-*ahk*-tah) v pay attention to

bebo (be-*bōō*) v inhabit

beboelig (be-*bōō*-ay-li) adj habitable; inhabitable

*bedja (*bāyd*-Yah) v pray

*bedra (ber-*draa*) v deceive; cheat

bedrägeri (ber-drai-ger-*ri*) nt (pl ~er) deceit; fraud

bedrövad (ber-*drūr*-vahd) adj distressed; sad

bedrövelse (ber-*drūr*-verl-ser) c sorrow; grief

bedrövlig (ber-*drūrv*-li) adj lamentable

bedårande (ber-*dōā*-rahn-der) adj adorable; enchanting

bedöma (ber-*dur*-mah) v judge

bedövning (ber-*dūrv*-ning) c anaesthesia

bedövningsmedel (ber-*durv*-nings-*māy*-dayl) nt anaesthetic

befalla (ber-*fah*-lah) v command

befallning (ber-*fahl*-ning) c order, command

befatta sig med (ber-*fah*-tah) *deal with, concern oneself with

befolkning (ber-*folk*-ning) c population

befordra (ber-*fōō*-drah) v promote

befordran (ber-*fōōd*-rahn) c (pl -ringar) promotion

befria (ber-*free*-ah) v rid

befriad (ber-*free*-ahd) adj exempt; liberated

befrielse (ber-*free*-erl-ser) c liberation; exemption

befruktning (ber-*frewkt*-

bekämpa

ning *c* conception

befälhavare (ber-*fail*-haa-vah-rer) *c* (pl ~) commander

begagnad (be-*gahng*-nahd) *adj* second-hand

begeistrad (bay-*gighst*-rahd) *adj* enthusiastic

begrava (be-*graa*-vah) *v* bury

begravning (be-*graav*-ning) *c* funeral; burial

begravningsplats (bay-*graav*-nings-plahts) *c* cemetery; graveyard

begrepp (be-*grayp*) *nt* idea, notion

**begripa (bay-*gree*-pah) *v* grasp, *understand

begränsa (be-*grehn*-sah) *v* limit

begränsad (be-*grehn*-sahd) *adj* limited

begränsning (be-*grehns*-ning) *c* limitation

begynna (be-*Yew*-nah) *v* *begin

begynnelse (be-*Yew*-nerl-ser) *c* beginning

**begå (be-*gōa*) *v* commit

begåvad (be-*gōa*-vahd) *adj* brilliant, talented, gifted

begåvning (be-*gōav*-ning) *c* talent; mind

begär (be-*Yæær*) *nt* desire

begära (be-*Yææ*-rah) *v* ask, demand, request

begäran (be-*gææ*-rahn) *c* request; demand

behaglig (be-*haag*-li) *adj* pleasant, delightful

behandla (be-*hahnd*-lah) *v* treat; handle

behandling (be-*hahnd*-ling) *c* treatment

behov (be-*hōōv*) *nt* need, want; **starkt ~** urge

behå (*bāy*-hoa) *c* bra

**behålla (be-*ho*-lah) *v* *keep

behållare (be-*ho*-lah-rer) *c* (pl ~) container

behändig (be-*hehn*-di) *adj* handy; sweet

behärska (be-*hæærs*-kah) *v* master; **~ sig** control oneself

behöva (be-*hūr*-vah) *v* need

beige (baish) *adj* beige

bekant (be-*kahnt*) *c* (pl ~a) acquaintance

beklaga (be-*klaa*-gah) *v* regret; pity

beklagande (be-*klaa*-gahn-der) *nt* regret

beklaglig (be-*klaag*-li) *adj* regrettable

bekräfta (be-*krehf*-tah) *v* confirm; acknowledge

bekräftelse (be-*krehf*-tayl-ser) *c* confirmation

bekväm (be-*kvaim*) *adj* comfortable; convenient; easy

bekvämlighet (be-*kvaim*-li-hāyt) *c* comfort

bekymmer (be-*tYew*-merr) *nt* worry; anxiety; care; trouble

bekymrad (be-*tYewm*-rahd) *adj* concerned

bekämpa (be-*tYehm*-pah) *v* combat

bekänna (ber-t^yeh-nah) v
confess

bekännelse (ber-t^yeh-nayl-
ser) c confession

belastning (ber-lahst-ning) c
charge

belgare (bayl-gah-rer) c (pl
~) Belgian

Belgien (bayl-g^yayn)
Belgium

belgisk (bayl-gisk) adj
Belgian

belopp (ber-lop) nt amount

belysning (ber-lēwss-ning) c
illumination; lighting

belåten (ber-lōā-tern) adj
satisfied, happy

belåtenhet (ber-lōā-tern-
hāyt) c satisfaction

belägen (ber-lai-gern) adj
situated

belöna (ber-lūr-nah) v reward

belöning (ber-lūr-ning) c
prize, reward; remuneration

bemästra (ber-mehst-rah) v
master

bemöda sig (ber-mūr-dah)
try, endeavour

bemötande (beh-mur-tahn-
der) nt treatment; reply

ben (bayn) nt leg; bone

bena (bāy-nah) c parting

bensin (bayn-seen) c fuel,
petrol; gasoline nAm, gas
nAm; blyfri ~ unleaded
petrol

bensindunk (bayn-seen-
dewngk) c jerrycan

bensinmack (bayn-seen-
mahk) c petrol station

bensinpump (bayn-seen-
pewmp) c petrol pump; fuel
pump Am; gas pump Am

bensinstation (bayn-seen-
stah-shōōn) c service station,
filling station; gas station
Am

bensintank (bayn-seen-
tahngk) c petrol tank; gas
tank Am

benådning (ber-nōād-ning) c
pardon

benägen (ber-nai-gern) adj
inclined; *vara ~ *be
inclined to

benägenhet (ber-nai-gern-
hāyt) c tendency; inclination

benämning (ber-nehm-ning)
c denomination

beredd (ber-rayd) adj
prepared

berg (bær^y) nt mountain;
mount

bergig (bær-^yi) adj
mountainous

bergsbestigning (bær^ys-
ber-steeg-ning) c
mountaineering

bergskam (bær^ys-kahm) c
mountain ridge

bergskedja (bær^ys-t^yāyd-
^yah) c mountain range

bergsklyfta (bær^ys-klewf-
tah) c gorge

bergspass (bær^ys-pahss) nt
mountain pass

bero på (ber-rōō) depend on

beroende (ber-rōō-ern-der)
adj dependant

berusad (ber-rēw-sahd) adj

intoxicated; drunk

beryktad (ber-*rewk*-tahd) *adj*
notorious

beräkna (ber-*raik*-nah) *v*
calculate

beräkning (ber-*raik*-ning) *c*
calculation; estimate

berätta (ber-*reh*-tah) *v* *tell;
relate

berättelse (ber-*reh*-tayl-ser) *c*
tale

berättiga (ber-*reh*-ti-gah) *v*
entitle, justify

berättigad (ber-*reh*-ti-gahd)
adj entitled, justified

beröm (ber-*rurm*) *nt* praise

berömd (ber-*rurmd*) *adj*
famous

berömdhet (ber-*rurmd*-hāyt)
c celebrity

berömma (ber-*rur*-mah) *v*
praise

berömmelse (ber-*rur*-mayl-
ser) *c* fame; glory

beröra (ber-*rūr*-rah) *v* touch;
affect

beröring (ber-*rūr*-ring) *c*
touch, contact

beröva (ber-*rūr*-vah) *v*
deprive of

besatt (ber-*saht*) *adj*
possessed

besatthet (ber-*saht*-hāyt) *c*
obsession

besegra (ber-*sāyg*-rah) *v*
defeat; *beat, conquer

beskatta (ber-*skah*-tah) *v* tax

beskattning (ber-*skaht*-ning)
c taxation

besked (ber-*shāyd*) *nt*
message

***beskriva** (ber-*skree*-vah) *v*
describe

beskrivning (ber-*skreev*-
ning) *c* description

beskylla (ber-*shew*-lah) *v*
accuse

beslut (ber-*slewt*) *nt* decision

***besluta** (ber-*slew*-tah) *v*
decide

beslutsam (ber-*slewt*-sahm)
adj determined, resolute

besläktad (ber-*slehk*-tahd)
adj related

besmitta (ber-*smi*-tah) *v*
infect

besparingar (ber-*spaa*-ring-
ahr) *pl* savings *pl*

bestick (ber-*stik*) *nt* cutlery

***bestiga** (ber-*stee*-gah) *v*
ascend; mount

***bestrida** (ber-*stree*-dah) *v*
dispute; deny

***bestå av** (ber-*stoa*) consist of

beståndsdel (ber-*stonds*-
dāyl) *c* element

beställa (ber-*steh*-lah) *v*
order; reserve

beställning (ber-*stehl*-ning) *c*
order; booking; gjord på ~
made to order

bestämd (ber-*stehmd*) *adj*
definite

bestämma (ber-*steh*-mah) *v*
decide; determine, define;
designate

bestämmelse (ber-*stehm*-
erl-ser) *c* stipulation

bestämmelseort (ber-*steh*-
merl-ser-oort) *c* destination

beständig (ber-*stehn*-di) adj
permanent

besvara (ber-*svaa*-rah) v
answer

besvikelse (ber-*svee*-kerl-
ser) c disappointment; *vara
en ~ *be disappointing

besviken (ber-*svee*-kern) adj
disappointed; *göra ~
disappoint

besvär (ber-*svæær*) nt
trouble; inconvenience;
nuisance; *göra sig ~ bother

besvära (ber-*svææ*-rah) v
trouble; bother

besvärlig (ber-*svæær*-li) adj
inconvenient, troublesome

besynnerlig (ber-*sewn*-err-li)
adj strange; queer

*besätta (ber-*seht*-ah) v
occupy

besättning (ber-*seht*-ning) c
crew

besök (ber-*sürk*) nt visit; call

besöka (ber-*sür*-kah) v visit;
call on

besökare (ber-*sür*-kah-rer) c
(pl ~) visitor

besökstid (ber-*sürks*-teed) c
visiting hours

beta (*bay*-tah) c beet; v graze

betala (ber-*taa*-lah) v *pay

betalbar (ber-*taal*-baar) adj
due

betalning (ber-*taal*-ning) c
payment

bete (*bay*-ter) nt bait

betecknande (ber-*tehk*-
nahn-der) adj characteristic

beteckning (ber-*tehk*-ning) c

denomination, designation

betesmark (*bay*-terss-
mahrk) c pasture

betjäning (ber-*t³ai*-ning) c
service

betjäningsavgift (ber-*t³ai*-
nings-aav-³*ift*) c service
charge

betjänt (ber-*t³ehnt*) c valet,
servant

betona (ber-*too*-nah) v stress;
emphasize

betong (ber-*tong*) c concrete

betoning (ber-*too*-ning) c
stress

betrakta (ber-*trahk*-tah) v
consider, regard; watch;
view

beträda (ber-*trai*-dah) v
*tread, *set foot on

beträffa (ber-*trehf*-ah) v
concern

beträffande (ber-*trehf*-ahn-
der) prep concerning; about,
regarding; with reference to

bett (bayt) nt bite

betvivla (ber-*tveev*-lah) v
doubt; query

betyda (ber-*tew*-dah) v
*mean

betydande (ber-*tew*-dahn-
der) adj considerable

betydelse (ber-*tew*-derl-ser)
c importance; sense

betydelsefull (ber-*tew*-derl-
ser-*fewl*) adj important;
significant

betydlig (ber-*tewd*-li) adj
considerable

betydligt (ber-*fywd*-lit) adj by

billig

far

betyg (ber-*tewg*) nt mark

betänklig (ber-*tængk*-li) adj dubious; serious, critical

beundra (ber-*ewnd*-rah) v admire

beundran (ber-*ewnd*-rahn) c admiration

beundrare (ber-*ewnd*-rah-rer) c (pl ~) admirer; fan

bevaka (ber-*vaa*-kah) v guard

bevara (ber-*vaa*-rah) v *keep; preserve

bevilja (ber-*vil*-^yah) v grant; allow

beviljande (ber-*vil*-^yahn-der) nt concession

bevis (ber-*veess*) nt proof, evidence; token

bevisa (ber-*vee*-sah) v prove; demonstrate; *show

beväpna (ber-*vaip*-nah) v arm

beväpnad (ber-*vaip*-nahd) adj armed

bi (bee) nt bee

*__bibehålla__ (*bee*-ber-ho-lah) v *hold, *keep, preserve

bibel (*bee*-berl) c (pl biblar) bible

bibetydelse (*bee*-ber-*tew*-derl-ser) c connotation, subordinate sense

bibliotek (bi-bli-oo-*tayk*) nt library

*__bidra__ (*bee*-draa) v contribute

bidrag (*bee*-draag) nt contribution; grant

bifall (*bee*-fahl) nt approval; consent

biff (bif) c steak

biffburgare (bif-*bewr*-^yah-rer) c (pl ~) beefburger

biflod (*bee*-flood) c tributary

bifoga (*bee*-*foo*-gah) v attach; enclose

bijouterier (*bee*-shoo-ter-ree-err) pl costume jewellery

bikt (bikt) c confession; **bikta sig** confess

bikupa (*bee*-*kew*-pah) c beehive

bil (beel) c car; automobile, motorcar

bila (*bee*-lah) v motor

bilaga (*bee*-laa-gah) c enclosure; annex

bild (bild) c picture; image

bilda (*bil*-dah) v form

bildad (*bil*-dahd) adj cultivated

bildskärm (*bild*-shærm) c screen

bilist (bi-*list*) c motorist

biljard (bil-^y*aard*) c billiards pl

biljett (bil-^y*ayt*) c ticket; coupon

biljettautomat (bil-^y*ayt*-ou-too-*maat*) c ticket machine

biljettkassa (bil-^y*ayt*-kah-sah) c box office

biljettlucka (bil-^y*ayt*-lew-kah) c booking-office

biljettpris (bil-^y*ayt*-preess) nt (pl ~, ~er) fare

bilkapning (*beel*-kaap-ning) c carjacking

billig (*bil*-i) adj inexpensive; cheap

biltur (*beel-tēwr*) c drive

biluthyrning (*beel-ēwt-hēwr-ning*) c car hire; car rental *Am*

*binda (*bin-dah*) v *bind, tie

bindestreck (*bin-der-strehk*) nt hyphen

bio (*bee-oo*) c pictures; movies *Am*, movie theater *Am*

biograf (bee⁰⁰-*graaf*) c cinema

biologi (bee-o-lo-*gee*) c biology

biologiskt nedbrytbar (bee-o-*lo*-giskt nāyd-brēwt-*baar*) adj biodegradable

bipolär (bee-poo-*lœœr*) adj bipolar

biskop (*biss*-kop) c bishop

*bistå (*bee*-stōa) v assist; aid

bistånd (*bee*-stond) nt assistance

bit (beet) c bit; piece; morsel, lump, scrap

*bita (*bee*-tah) v *bite

bitter (*bi*-terr) adj bitter

*bjuda (b*ᵞēw*-dah) v offer

bjälke (b*ᵞehl*-ker) c beam

björk (b*ᵞ*urrk) c birch

björn (b*ᵞ*urrn) c bear

björnbär (b*ᵞ*urrn-bæær) nt blackberry

Blackberry® (*blehk*-ber-ri) c Blackberry®

blad (blaad) nt leaf; sheet

bladguld (*blaad*-gewld) nt gold leaf

bland (blahnd) prep among; amid; ~ annat among other

things

blanda (*blahn*-dah) v mix; shuffle; ~ sig i interfere with

blandad (*blahn*-dahd) adj mixed; miscellaneous

blandning (*blahnd*-ning) c mixture

blank (blahngk) adj blank; glossy

blazer (*blai*-serr) c (pl -zrar) blazer

bleckburk (*blehk*-bewrk) c canister

blek (blāyk) adj pale

bleka (b*lāy*-kah) v bleach

blekna (b*lāyk*-nah) v turn pale; fade

*bli (blee) v *become; *get; *grow, *go

blick (blik) c look; glance; kasta en ~ glance

blid (bleed) adj gentle

blind (blind) adj blind

blindtarm (*blin*-tahrm) c appendix

blindtarmsinflammation (*blin*-tahrms-in-flah-mah-*shōōn*) c appendicitis

blinker (*bling*-kerr) c (pl -krar) indicator

blixt (blikst) c lightning

blixtlampa (*blikst*-lahm-pah) c flashgun; flashbulb

blixtlås (*blikst*-lōāss) nt zip, zipper

block (blok) nt pad; pulley

blockera (blo-*kāy*-rah) v block

blod (blōōd) nt blood

blodbrist (b*lōōd*-brist) c

anaemia

blodcirkulation (blōōd-seer-kew-lah-shōōn) c circulation

blodförgiftning (blōōd-fürr-ᵞift-ning) c blood poisoning

blodig (blōō-day) adj bloody

blodkärl (blōōd-tᵞæærl) nt blood vessel

blodtryck (blōōd-trewk) nt blood pressure

blogg (blohg) c Blog

blomkål (bloom-kōal) c cauliflower

blomlök (bloom-lürk) c bulb

blomma (bloo-mah) c (pl blommor) blossom

blomsterhandel (bloms-terr-hahn-dayl) c flower shop

blomstrande (blomst-rahn-der) adj prosperous

blond (blond) adj fair

blondin (blon-deen) c (pl blondiner) blond

blott (blot) adv only

blus (blēwss) c blouse

bly (blēw) nt lead

blyertspenna (blēw-errts-peh-nah) c pencil

blyg (blēwg) adj timid, shy

blyghet (blēwg-hāyt) c timidity

blygsam (blēwg-sahm) adj modest

blygsamhet (blēwg-sahm-hāyt) c modesty

blå (blō) adj blue

blåmussla (blō-mewss-lah) c mussel

blåmärke (blō-mær-ker) nt bruise

blåsa (blō-sah) v *blow; ~ upp blow up

blåsig (blō-si) adj windy

blåsinstrument (blōass-in-strēw-mehnt) nt horn

bläck (blehk) nt ink

bläckfisk (blehk-fisk) c octopus

blända (blehn-dah) v blind

bländande (blehn-dahn-der) adj glaring

blänka (blehng-kah) v *shine

blöda (blūr-dah) v *bleed

blödning (blūrd-ning) c haemorrhage

blöja (blur-ᵞah) c nappy; diaper nAm

blöta (blūr-tah) v soak

bo (bōō) v live; reside; nt nest

bock (bok) c bow; tick; buck colloquial

bocka (bo-kah) v bow, *bend; tick

bod (bōōd) c booth

bofast (bōō-fahst) adj resident

bofink (bōō-fingk) c finch

bogsera (boog-sāy-rah) v tow, tug

bogserbåt (boog-sāyr-bōat) c tug

boj (boi) c buoy

bok¹ (bōōk) c (pl böcker) book

bok² (bōōk) c beech

boka (bōō-kah) v book

bokband (bōōk-bahnd) nt volume

bokföra (bōōk-fūr-rah) v book

bokhandel (_bōōk_-hahn-dayl) _c_ (pl -dlar) bookstore

boklåda (_bōōk_-lōā-dah) _c_ bookstore

bokomslag (_bōōk_-om-slaag) _nt_ jacket; wrapper

bokstav (_book_-staav) _c_ (pl -stäver) letter; **stor ~** capital letter

bokstånd (_bōōk_-stond) _nt_ bookstand

bolag (_bōō_-laag) _nt_ company

Bolivia (boo-_lee_-v³ah) Bolivia

bolivian (boo-li-v³_aan_) _c_ Bolivian

boliviansk (boo-liv-³_aansk_) _adj_ Bolivian

boll (bol) _c_ ball

bollplan (_bol_-plaan) _c_ recreation ground

bom (boom) _c_ (pl ~mar) barrier

bomb (bomb) _c_ bomb

bombardera (bom-bahr-_dāy_-rah) _v_ bomb

bomull (_boo_-mewl) _c_ cotton wool; cotton; **bomulls-** cotton

bomullssammet (_boo_-mewls-sah-mayt) _c_ velveteen

bonde (_boon_-der) _c_ (pl bönder) peasant

bondgård (_boond_-gōärd) _c_ farmhouse

bong (bong) _c_ voucher

bord (bōōrd) _nt_ table; **gående ~** buffet

bordduk (_bōōrd_-dewk) _c_ tablecloth

bordell (bor-_dehl_) _c_ brothel

bordtennis (_bōōrd_-tehn-iss) _c_ ping-pong; table tennis

borg (bor³) _c_ castle

borgen (_bor_-³ern) _c_ (pl ~) bail; security

borgerlig (_bor_-³ehr-li) _adj_ middle-class

borgmästare (_bor_³-mehss-tah-rer) _c_ (pl ~) mayor

borr (bor) _c_ drill

borra (_bor_-ah) _v_ drill; bore

borsta (_bors_-tah) _v_ brush

borste (_bors_-ter) _c_ brush

bort (bort) _adv_ away

borta (_bor_-tah) _adv_ gone

bortkommen (_bort_-ko-mern) _adj_ lost

bortom (_bort_-om) _adv_ beyond; _prep_ beyond

bortre (_bort_-rer) _adj_ farther

bortsett från (_bort_-sayt) apart from

boskap (_bōō_-skaap) _c_ cattle _pl_

bostad (_bōō_-staad) _c_ (pl -städer) house; residence

*bosätta sig (_bōō_-seh-tah) settle down

bota (_bōō_-tah) _v_ cure

botanik (boo-tah-_neek_) _c_ botany

botemedel (_bōō_-ter-māy-dayl) _nt_ remedy

botten (_bo_-tern) _c_ bottom

bottenvåning (_bo_-tern-vōā-ning) _c_ ground floor

boutique (boo-_tik_) _c_ boutique

bowlingbana (*bov*-ling-baa-nah) *c* bowling alley

boxas (*books*-ahss) *v* box

boxningsmatch (*books*-nings-mahch) *c* boxing match

boyscout (*boi*-skahewt) *c* scout

bra (brah) *adv* well; *adj* good; **bra!** all right!

brak (braak) *nt* boom

brandalarm (*brahnd*-ah-lahrm) *c* fire alarm

brandgul (brahnd-gewl) *adj* orange

brandkår (*brahnd*-kōar) *c* fire brigade

brandman (*brahnd*-mahn) *c* (pl -män) firefighter

brandsläckare (*brahnd*-sleh-kah-rer) *c* (pl ~) fire extinguisher

brandstege (*brahnd*-stāy-ger) *c* fire escape

brandsäker (*brahnd*-sai-kerr) *adj* fireproof

brandvägg (brahnd vehg) *c* firewall

brant (brahnt) *adj* steep

brasilianare (brah-si-li-*aa*-nah-rer) *c* (pl ~) Brazilian

brasiliansk (brah-si-li-*aansk*) *adj* Brazilian

Brasilien (brah-*see*-li-ern) Brazil

bred (brāyd) *adj* wide, broad

bredband (brāyd-bahnd) *c* broadband

bredd (brayd) *c* breadth; width

breddgrad (brayd-graad) *c* latitude

bredvid (brāy-veed) *prep* beside; next to

brev (brāyv) *nt* letter; **rekommenderat ~** registered letter

brevbärare (*brāyv*-bææ-rah-rer) *c* (pl ~) postman

brevkort (*brāyv*-kōort) *nt* postcard; card

brevlåda (*brāyv*-lōa-dah) *c* pillarbox, letterbox; mailbox *nAm*

brevlådstömning (*brāyv*-lods-turm-ning) *c* collection

brevpapper (*brāyv*-pah-pahr) *nt* notepaper, writing paper

brevväxling (*brāyv*-vehks-ling) *c* correspondence

bricka (*bri*-kah) *c* tray

bridge (bridsh) *c* bridge

briljant (bril-*y*ahnt) *adj* brilliant

*brinna (*bri*-nah) *v* *burn

bris (breess) *c* breeze

brist (brist) *c* shortage, lack, want; deficiency

*brista (*briss*-tah) *v* *burst

bristfällig (*brist*-feh-li) *adj* defective; faulty

britt (brit) *c* Briton

brittisk (*bri*-tisk) *adj* British

bro (brōō) *c* bridge

brock (brok) *nt* hernia

broder (*brōō*-derr) *c* (pl bröder) brother

brodera (broo-*dāy*-rah) *v* embroider

broderi (broo-der-*ree*) *nt* (pl ~er) embroidery

broderlighet (broo-derr-li-hāyt) *c* fraternity

brokig (broo-ki) *adj* gay

broms (broms) *c* brake

bromsa (brom-sah) *v* brake

bromsljus (broms-ʸewss) *nt* brake lights

bromstrumma (broms-trew-mah) *c* brake drum

brons (brons) *c* bronze; **brons-** bronze

bror (broor) *c* (pl bröder) brother

brorsdotter (broors-do-tayr) *c* (pl -döttrar) niece

brorson (broor-sōan) *c* (pl -söner) nephew

brosch (brōash) *c* brooch

broschyr (bro-shewr) *c* brochure

brosk (brosk) *nt* cartilage

brott (brot) *nt* crime; fracture

brottslig (brots-li) *adj* criminal

brottslighet (brots-li-hāyt) *c* criminality

brottsling (brots-ling) *c* criminal; convict

brottstycke (brot-stew-ker) *nt* fragment

brud (brewd) *c* bride

brudgum (brewd-gewm) *c* (pl -gummar) groom

bruk (brewk) *nt* custom

bruka (brew-kah) *v* use, employ; cultivate

bruklig (brewk-li) *adj* customary

bruksanvisning (brewks-ahn-veess-ning) *c* directions for use

brun (brewn) *adj* brown

brunett (brew-*nayt*) *c* brunette

brunn (brewn) *c* well

brus (brewss) *nt* fizz

brutal (brew-*taal*) *adj* brutal

brutto- (brew-too) gross

bry sig om (brew) care for; mind; care about

brydsam (brewd-sahm) *adj* awkward

brygga (brew-gah) *v* brew; landingstage

bryggeri (brew-ger-*ree*) *nt* (pl ~er) brewery

brysselkål (brew-serl-kōal) *c* Brussels sprouts

*bryta (brew-tah) *v* *break; fracture; ~ samman collapse

brytning (brewt-ning) *c* breaking, refraction; accent

brådska (bross-kah) *c* hurry, haste

brådskande (bross-kahn-der) *adj* urgent; pressing

bråk (brōak) *nt* row; fuss

bråkdel (brōak-dāyl) *c* fraction

*ha bråttom (bro-tom) *be in a hurry

bräckjärn (brehk-ʸæærn) *nt* crowbar

bräcklig (brehk-li) *adj* fragile

bräda (brai-dah) *c* board

brädd (brehd) *c* brim

bränna (breh-nah) *v* *burn

brännmärke (brehn-mær-ker) *nt* brand

brännolja (*brehn*-ol-ʸah) *c* fuel oil

brännpunkt (*brehn*-pewngkt) *c* focus

brännsår (*brehn*-soar) *nt* burn

bränsle (*brehns*-lay) *nt* fuel

bröd (brūrd) *nt* bread; **rostat** ~ toast

brödrost (*brūrd*-rost) *c* toaster

bröllop (*brur*-lop) *nt* wedding

bröllopsresa (*brur*-lops-*rāy*-sah) *c* honeymoon

bröst (brurst) *nt* breast; bosom, chest

bröstkorg (*brurst*-korʸ) *c* chest

bröstsim (*brurst*-sim) *nt* breaststroke

bubbla (*bewb*-lah) *c* bubble

buckla (*bewk*-lah) *c* dent

bud (bēwd) *nt* messenger; bid

budget (*bewd*-ʸert) *c* budget

buga sig (*bew*-gah) bow

buk (bēwk) *c* belly; abdomen

bukett (bew-*kayt*) *c* bunch, bouquet

bukt (bewkt) *c* gulf

bula (*bēw*-lah) *c* lump

bulgar (bewl-*gaar*) *c* Bulgarian

Bulgarien (bewl-*gaa*-ri-ern) Bulgaria

bulgarisk (bewl-*gaa*-risk) *adj* Bulgarian

bulle (*bewl*-er) *c* bun

buller (*bew*-lerr) *nt* noise

bullrig (*bewl*-ri) *adj* noisy

bult (bewlt) *c* bolt

bundsförvant (*bewnds*-furr-vahnt) *c* associate; ally, confederate

bunt (bewnt) *c* bundle; batch

bunta ihop (*bewn*-tah i-*hōōp*) bundle

bur (bēwr) *c* cage

burk (bewrk) *c* tin

busig (*bēw*-si) *adj* rowdy

buske (*bewss*-ker) *c* bush; shrub

buss (bewss) *c* bus; coach

butik (bew-*teek*) *c* shop

by (bēw) *c* village

bygga (*bew*-gah) *v* *build; construct

bygge (*bew*-ger) *nt* construction

byggnad (*bewg*-nahd) *c* building, construction

byggnadskonst (*bewg*-nahds-konst) *c* architecture

byggnadsställning (*bewg*-nahds-stehl-ning) *c* scaffolding

byrå¹ (*bēw*-ro) *c* (pl ~ar) chest of drawers; bureau *nAm*

byrå² (*bēw*-ro) *c* (pl ~er) agency

byråkrati (bēw-ro-krah-*tee*) *c* bureaucracy

byrålåda (*bēw*-ro-loa-dah) *c* drawer

byst (bewst) *c* bust

bysthållare (*bewst*-ho-lah-rer) *c* (pl ~) brassiere

byta (*bēw*-tah) *v* change; swap; ~ **ut** exchange

byte (*bēw*-ter) *nt* exchange;

prey

byxdräkt (*bewks*-drehkt) *c* pant suit

byxor (*bewk*-serr) *pl* trousers *pl*, pants *plAm*

båda (*bōō*-dah) *pron* both, either

både ... och (*bōō*-der ... ok) both ... and

båge (*bōō*-ger) *c* bow

bågformig (*bōōg*-for-mi) *adj* arched

bår (*bōar*) *c* stretcher

båt (*bōat*) *c* boat

bäck (behk) *c* stream, brook

bäcken (*behk*-ern) *nt* pelvis

bädda (*beh*-dah) *v* *make the bed

bälte (*behl*-ter) *nt* belt

bänk (behngk) *c* bench

bär (bæær) *nt* berry

*bära (*bææ*-rah) *v* carry; *wear, *bear

bärbar (*bæær*-baar) *adj* portable

bärbar dator (*bæær*-baar *dah*-torr) *c* laptop

bärare (*bææ*-rah-rer) *c* (*pl* ~) porter

bärgningsbil (*bærʸ*-nings-beel) *c* breakdown truck

bärnsten (*bæærn*-stäyn) *c* amber

bäst (behst) *adj* best

bättre (*beht*-rer) *adj* superior; better

bäver (*bai*-verr) *c* (*pl* bävrar) beaver

bödel (*būū*-derl) *c* (*pl* bödlar) executioner

böja (*bur*-ʸah) *v* *bend; **~ sig** *bend down

böjd (burʸd) *adj* bent; curved

böjlig (*burʸ*-li) *adj* flexible, supple

böjning (*burʸ*-ning) *c* bending; flexion

böld (burld) *c* abscess

bön (būrn) *c* prayer

böna (*būū*-nah) *c* bean

*bönfalla (*būrn*-fahl-ah) *v* beg

bör (būr) *v* ought

*böra (*būr*-rah) *v* *ought to

börda (*burr*-dah) *c* burden, load; charge

börja (burr-ʸah) *v* *begin; commence, start; **~ om** recommence

början (*burr*-ʸahn) *c* beginning; start; **i ~** at first

börs (burrs) *c* purse; exchange; **svarta börsen** black market

böter (*būū*-terr) *pl* ticket, fine; penalty

C

cancer (*kahn*-serr) *c* cancer
cape (*kayp*) *c* cape; cloak
CD-(ROM) (*say*-day-rohm) *c*
(pl ~) CD-(ROM)
CD-skiva (*say*-day-sheev-ah) *c* compact disc
CD-spelare (*say*-day-*spay*-lah-rer) *c* compact disc player
cell (sayl) *c* cell
cement (say-*maynt*) *nt* cement
censur (sayn-*sewr*) *c* censorship
center (*sayn*-ter) *nt* center
centimeter (sayn-ti-*may*-terr) *c* (pl ~) centimetre
central (sayn-*traal*) *adj* central
centralisera (sayn-trah-li-*say*-rah) *v* centralize
centralvärme (sayn-*traal*-vær-mer) *c* central heating
centrum (*sehnt*-rewm) *nt* centre
ceremoni (say-ray-mo-*nee*) *c* ceremony
certifikat (sehr-ti-fi-*kaat*) *nt* certificate
champagne (shahm-*pahn*[']) *c* champagne
champinjon (shahm-pin-*[']oon*) *c* button mushroom
chans (shahngs) *c* chance
charlatan (shahr-lah-*taan*) *c* quack

charm (shahrm) *c* charm
charmerande (shahr-*may*-rahn-der) *adj* charming
charterflyg (*t['*aar-terr-flewg) *nt* charter flight
chassi (*shah*-si) *nt* chassis
chaufför (sho-*fürr*) *c* chauffeur
check (t[']ayk) *c* cheque, check *nAm*
checka in (t[']eh-kah) check in
checkhäfte (*t['*ayk-hehf-ter) *nt* chequebook; checkbook *nAm*
chef (shayf) *c* boss; manager, chief
chefssekreterare (*shayfs*-sayk-ray-*tay*-rah-rer) *c* executive assistant
chic (shik) *adj* smart
Chile (*t['*ee-ler) Chile
chilenare (t[']i-*lee*-nah-rer) *c* (pl ~) Chilean
chilensk (t[']i-*laynsk*) *adj* Chilean
chock (shok) *c* shock
chockera (sho-*kay*-rah) *v* shock
chockerande (sho-*kay*-rahn-der) *adj* shocking
choke (shoak) *c* choke
choklad (shook-*laad*) *c* chocolate
chokladpralin (shook-*laad*-prah-*leen*) *c* chocolate
cigarr (si-*gahr*) *c* cigar

cigarraffär (si-*gahr*-ah-*fæær*) c cigar shop

cigarrett (si-gah-*rayt*) c cigarette

cigarrettetui (si-gah-*rayt*-ay-tew-*ee*) nt cigarette case

cigarrettmunstycke (si-gah-*rayt*-mewn-stew-ker) nt cigarette holder

cigarrettobak (si-gah-*reht*-too-bahk) c cigarette tobacco

cigarrettändare (si-gah-*rayt*-tehn-dah-rer) c (pl ~) cigarette lighter

cirka (*seer*-kah) adv approximately

cirkel (*seer*-kerl) c (pl -klar) circle

cirkulation (seer-kew-lah-*shōōn*) c circulation

cirkus (*seer*-kewss) c circus

cirkusarena (*seer*-kewss-ah-*rāy*-nah) c ring

citat (si-*taat*) nt quotation

citationstecken (si-tah-*shōōns*-tay-kern) pl quotation marks

citera (si-*tāy*-rah) v quote

citron (si-*trōōn*) c lemon

civil (si-*veel*) adj civilian

civilisation (si-vi-li-sah-*shōōn*) c civilization

civiliserad (si-vi-li-*sāy*-rahd) adj civilized

civilist (si-vi-*list*) c civilian

civilrätt (si-*veel*-reht) c civil law

clown (kloun) c clown

cocktail (*kok*-tayl) c cocktail

Colombia (ko-*lom*-bi-ah) Colombia

colombian (ko-lom-bi-*aan*) c Colombian

colombiansk (ko-lom-bi-*aansk*) adj Colombian

container c (pl ~, -nrar) container

crawlsim (*krōal*-sim) nt crawl

curry (*kew*-ri) c curry

cykel (*sew*-kerl) c (pl cyklar) bicycle; cycle

cykla (*sewk*-lah) v *ride a bicycle

cyklist (sewk-*list*) c cyclist

cylinder (sew-*lin*-derr) c (pl -drar) cylinder

D

dag (daag) c day; **om dagen** by day; **per ~** per day

dagbok (*daag*-bōōk) c (pl -böcker) diary

dagbräckning (*daag*-brehk-ning) c daybreak

dagg (dahg) c dew

daghem (*daag*-hehm) nt day nursery

daglig (*daag*-li) adj everyday, daily

dagning (*daag*-ning) c dawn

dagordning (*daag*-ord-ning) c agenda

delning

dagsljus (*dahgs-*ȳ*ewss*) *nt* daylight

dagsnyheter (*daags-*nēw-hāy-terr) *pl* news

dagstidning (*dahgs-*teed-ning) *c* daily; newspaper

dagsutflykt (*dahgs-*ēwt-flewkt) *c* day trip

dal (daal) *c* valley

dalsänka (*daal-*sehng-kah) *c* depression, valley

dam (daam) *c* lady

dambinda (*daam-*bin-dah) *c* sanitary towel

damfrisör (*daam-*fri-sȳrr) *c* hairdresser

damm (dahm) *nt* dust; *c* dam

dammig (*dah-*mi) *adj* dusty

*****dammsuga** (*dahm-*sēw-gah) *v* hoover; vacuum *vAm*

dammsugare (*dahm-*sēw-gah-ray) *c* (pl ~) vacuum cleaner

damspel (*daam-*spāyl) *nt* draughts; checkers *plAm*

damtoalett (*daam-*tooah-layt) *c* ladies' room; powder room

damunderkläder (*daam-*ewn-derr-klai-derr) *pl* lingerie

Danmark (*dahn-*mahrk) Denmark

dans (dahns) *c* dance

dansa (*dahn-*sah) *v* dance

dansk (dahnsk) *c* Dane; *adj* Danish

darra (*dah-*rah) *v* tremble

data (*daa-*tah) *pl* data *pl*

datum (*daa-*tewm) *nt* (pl data,

~) date

day spa (day spah) *c* day spa

de (dāy) *pron* they; ~ **där** those; ~ **här** these

debatt (der-*baht*) *c* debate; discussion

debattera (der-bah-tāy-rah) *v* discuss; argue

debet (*dāy-*bayt) *c* debit

december (der-*saym-*berr) December

decimalsystem (day-si-maal-sew-stāym) *nt* decimal system

defekt (der-*fehkt*) *c* fault

definiera (der-fi-ni-āy-rah) *v* define

definition (der-fi-ni-shōōn) *c* definition

deg (dāyg) *c* dough

deklaration (day-klah-rah-shōōn) *c* declaration; statement

dekoration (day-ko-rah-shōōn) *c* decoration

dekorera (day-ko-rāy-rah) *v* decorate

del (dāyl) *c* part; share

dela (*dāy-*lah) *v* divide; share; ~ **sig** fork; ~ **ut** *****deal; administer

delegat (day-ler-*gaat*) *c* delegate

delegation (day-ler-gah-shōōn) *c* delegation

delikatess (day-li-kah-*tayss*) *c* delicacy

delikatessaffär (day-li-kah-tayss-ah-*fær*) *c* delicatessen

delning (*dāyl-*ning) *c* division

*delta (dāyl-taa) v participate

deltagande (dāyl-taa-gahn-der) adj sympathetic; nt attendance

deltagare (dāyl-taa-gah-rer) c (pl ~) participant

delvis (dāyl-veess) adv partly; adj partial

delägare (dāyl-ai-gah-rer) c (pl ~) associate

dem (dom) pron them

demokrati (day-mo-krah-tee) c democracy

demokratisk (day-moa-kraa-tisk) adj democratic

demonstration (day-mons-trah-shōōn) c demonstration

demonstrera (day-mons-trāy-rah) v demonstrate

den (dayn) pron (nt det, pl de) that; ~ där that; ~ här this

denna (deh-nah) pron (nt detta, pl dessa) this

deodorant (dāy-o-do-rahnt) c deodorant

departement (day-pahr-ter-mehnt) nt department; ministry

deponera (der-po-nāy-rah) v deposit; bank

depression (der-pray-shōōn) c depression

deprimera (der-pri-māy-rah) v depress

deprimerad (der-pri-māy-rahd) adj depressed

deputation (der-pew-tah-shōōn) c deputation, delegation

deputerad (der-pew-tāy-

rahd) c (pl ~e) deputy

depå (der-pōa) c depot

deras (dāy-rahss) pron their

desertera (der-sehr-tāy-rah) v desert

desinfektera (diss-in-fayk-tāy-rah) v disinfect

desinfektionsmedel (diss-in-fayk-shōōns-māy-dayl) nt disinfectant

desperat (derss-pay-raat) adj desperate

dess (dehss) pron its

dessert (der-sæær) c dessert; sweet

dessförinnan (dehss-fur-ri-nahn) adv before then

dessutom (dehss-ēw-tom) adv besides; moreover, also, furthermore

dessvärre (dehss-væ-rer) adv unfortunately

ju ... desto (yēw ... dehss-too) the ... the

det (dāy) pron it; **det beror på** that depends

detalj (der-tahlʸ) c detail

detaljerad (der-tahl-ʸāy-rahd) adj detailed

detaljhandel (der-tahlʸ-hahn-dayl) c retail trade

detaljhandlare (der-tahlʸ-hahnd-lah-rer) c (pl ~) retailer

detaljist (der-tahl-ʸist) c retailer

detektiv (day-tehk-teev) c detective

detektivroman (day-tehk-teev-roo-maan) c detective

story

devalvera (der-vahl-*vay*-rah)
v devalue

devalvering (der-vahl-*vay*-
ring) *c* devaluation

diabetes (diah-*bay*-terss) *c*
diabetes

diabetiker (di-ah-*bay*-ti-kerr)
c (pl ~) diabetic

diagnos (dee-ahg-*noass*) *c*
diagnosis; **ställa en ~**
diagnose

diagonal (di-ah-go-*naal*) *c*
diagonal; *adj* diagonal

diagram (dee-ah-*grahm*) *nt*
graph; chart, diagram

dialekt (dee-ah-*laykt*) *c*
dialect

diamant (dee-ah-*mahnt*) *c*
diamond

diapositiv (*dee*-ah-poo-si-
teev) *nt* slide

diarré (dee-ah-*ray*) *c*
diarrhoea

diesel (*dee*-serl) *c* diesel

diet (di-*ayt*) *c* diet

difteri (dif-ter-*ree*) *c*
diphtheria

dig (day) *pron* you, yourself

digital (di-gi-*taal*) *adj* digital

digital projektor (di-gi-*taal*
pro-*shayk*-torr) *nt* digital
projector

digitalfoto (di-gi-*taal* -*foo*-
too) *nt* digital photo

digitalkamera (di-gi-*taal*-
kaa-meh-rah) *c* digital
camera

dike (*dee*-ker) *nt* ditch

dikt (dikt) *c* poem

diktafon (dik-tah-*foan*) *c*
dictaphone

diktamen (dik-*taa*-mern) *c* (pl
~, -mina) dictation

diktare (*dik*-tah-rer) *c* (pl ~)
poet

diktator (dik-*taa*-tor) *c*
dictator

diktera (dik-*tay*-rah) *v* dictate

dimension (di-mehn-*shoon*)
c dimension, size

dimma (*di*-mah) *c* mist, fog

dimmig (*di*-mi) *adj* foggy

din (din) *pron* yours

diplom (di-*ploam*) *nt*
diploma; certificate

diplomat (di-plo-*maat*) *c*
diplomat

diplomatisk (dip-lo-*maa*-
tisk) *adj* diplomatic

direkt (di-*raykt*) *adj* direct

direktion (di-rehk-*shoon*) *c*
direction, management

direktiv (di-rehk-*teev*) *nt*
directive

direktmeddelande (di-*raykt*-
mayd-day-lahn-der) *nt*
instant message

direktör (di-rayk-*turr*) *c*
director; executive, manager

dirigent (di-ri-*shaynt*) *c*
conductor

dirigera (di-ri-*shay*-rah) *v*
conduct

dis (deess) *nt* haze

disciplin (di-si-*pleen*) *c*
discipline

disig (*dee*-si) *adj* misty, hazy

disk (disk) *c* counter, bar;
washingup

diska (*diss*-kah) *v* wash up

diskbråck (*disk*-brok) *nt* slipped disc

diskonto (diss-*kon*-too) *nt* bank rate

diskussion (diss-kew-*shōōn*) *c* discussion; argument

diskutera (diss-kew-*tāy*-rah) *v* argue, discuss

disponibel (diss-poo-*nee*-berl) *adj* available

dispyt (diss-*pēwt*) *c* dispute

distrikt (dist-*rikt*) *nt* district

dit (deet) *adv* there

djungel (*ʸewng*-ayl) *c* (pl djungler) jungle

djup (ʸēwp) *nt* depth; *adj* deep, low

djupsinnig (ʸēwp-si-ni) *adj* profound

djur (ʸēwr) *nt* beast, animal

djurkretsen (*ʸēwr*-kreht-sern) zodiac

djurpark (*ʸēwr*-pahrk) *c* zoological gardens

djurreservat (*ʸewr*-ray-sær-vaat) *nt* game reserve

djurskinn (*ʸewr*-shin) *nt* skin

djärv (ʸærv) *adj* bold

djävul (*ʸai*-vewl) *c* (pl -vlar) devil

dock (dok) *conj* yet, nevertheless; but, yet

docka¹ (*doa*-kah) *c* doll

docka² (*doa*-kah) *c* dock; *v* dock

dockteater (*dok*-tay-aa-terr) *c* (pl -trar) puppet-show

doft (doft) *c* scent

doktor (*doak*-toar) *c* doctor

dokumentportfölj (do-kew-*maynt*-port-*furlʸ*) *c* attaché case

dollar (*dol*-laar) *c* (pl ∼) dollar

dom (doom) *c* judgment; verdict, sentence; **fällande** ∼ conviction

domare (*doo*-mah-rer) (pl ∼) judge; *c* umpire, referee

domkraft (*doom*-krahft) *c* jack

domkyrka (*doom*-tʸewr-kah) *c* cathedral

domnad (*dom*-nahd) *adj* numb

domslut (*doom*-slēwt) *nt* verdict

domstol (*doom*-stōōl) *c* court; law court

donation (do-nah-*shōōn*) *c* donation

donator (do-*naa*-tor) *c* donor

donera (do-*nāy*-rah) *v* donate

dop (dōōp) *nt* baptism; christening

doppvärmare (*dop*-vær-mah-rer) *c* (pl ∼) immersion heater

dos (dōōss) *c* dose

dotter (*do*-terr) *c* (pl döttrar) daughter

dotterdotter (*do*-terr-do-terr) *c* (pl -döttrar) granddaughter

dotterson (*do*-terr-soan) *c* (pl -söner) grandson

dov (dōav) *adj* dull

*dra (draa) *v* *draw; pull; ∼ av deduct; ∼ ifrån subtract; ∼

sig tillbaka *v* retire; ~ **till** tighten; ~ **tillbaka** *withdraw; ~ **upp** *wind; ~ **ur** disconnect; ~ **åt** tighten

drag (draag) *nt* move; trait; draught

dragning (draag-ning) *c* draw; tendency; tinge

drake (draa-ker) *c* dragon

drama (draa-mah) *nt* (pl -mer) drama

dramatisk (drah-maa-tisk) *adj* dramatic

dressera (drer-say-rah) *v* train

***dricka** (dri-kah) *v* *drink

drickbar (drik-baar) *adj* for drinking

dricks (driks) *c* tip

dricksvatten (driks-vah-tern) *nt* drinking water

drink (drink) *c* drink

***driva** (dree-vah) *v* drift; ~ **framåt** propel; ~ **med** kid

drive-in (driye-in) *v* drive-thru

drivhus (dreev-hewss) *nt* greenhouse

drivkraft (dreev-krahft) *c* driving force

drog (droag) *c* drug

droppe (dro-per) *c* drop

drottning (drot-ning) *c* queen

drunkna (drewngk-nah) *v* *be drowned

dryck (drewk) *c* drink; beverage; **alkoholfri** ~ soft drink

dränera (dreh-nay-rah) *v* drain

dränka (drehng-kah) *v* drown

dröm (drurm) *c* (pl ~mar) dream

drömma (drur-mah) *v* *dream

du (dew) *pron* you

dubbdäck (dewb-dehk) *nt* spiked tyre

dubbel (dew-behl) *adj* double

dubbelsäng (dew-berl-sehng) *c* double bed

duggregn (dewg-rehngn) *nt* drizzle

duglig (dewg-li) *adj* capable, able

duk (dewk) *c* tablecloth

duka (dew-kah) *v* *set the table

duka under (dew-kah) succumb

duktig (dewk-ti) *adj* capable; skilful, smart

dum (dewm) *adj* silly; foolish, stupid, dumb

dumbom (dewm-boom) *c* (pl ~mar) fool

dumdristig (dewm-driss-ti) *adj* daring, foolhardy

dumheter (dewm-hāy-terr) *pl* nonsense

dun (dewn) *nt* down

dunka (dewng-kah) *v* thump; bump

dunkel (dewng-kerl) *adj* obscure; dim

dunkelhet (dewng-kerl-hāyt) *c* gloom

duntäcke (dewn-teh-ker) *nt* eiderdown

durkslag (dewrk-slaag) *nt*

strainer

dusch (dewsh) *c* shower

dussin (dew-sin) *nt* dozen

duva (*dew*-vah) *c* pigeon

DVD (day-vay-day) *c* DVD

DVD-ROM (day-vay-day-raam) *c* DVD-ROM

dvärg (dvær^y) *c* dwarf

dygd (dewgd) *c* virtue

dygn (dewngn) *nt* twenty-four hours

*****dyka** (*dew*-kah) *v* dive

dykarglasögon (*dew*-kahr-glaa-sūr-gon) *pl* diving goggles

dylik (*dew*-leek) *adj* such, similar

dyn (dewn) *c* dune

dyna (*dew*-nah) *c* pad

dynamo (*dew*-nah-moo) *c* dynamo

dynga (dewng-ah) *c* dung

dyr (dewr) *adj* expensive; dear

dyrbar (*dewr*-baar) *adj* precious; dear, valuable, expensive

dyrka (dewr-kah) *v* worship

dyster (dewss-terr) *adj* gloomy; sombre

då (dōa) *adv* then; *conj* when; **då och då** occasionally; now and then

dålig (*dōa*-li) *adj* bad; ill

dån (dōan) *nt* roar

dåraktig (*dōar*-ahk-ti) *adj* foolish

dåre (*dōa*-rer) *c* fool

däck (dehk) *nt* tire, tyre; deck

däckshytt (*dehks*-hewt) *c* deck cabin

däggdjur (dehg-^yewr) *nt* mammal

där (dæær) *adv* there; **~ borta** over there; **~ nere** downstairs; down there; **~ uppe** upstairs; up there

därefter (dæær-ayf-terr) *adv* afterwards; then

däremot (dæær-ay-mōōt) *adv* on the other hand

därför (dæær-fūrr) *adv* therefore; **~ att** because, as

därifrån (dæær-i-frōan) *adv* from there

*****dö** (dūr) *v* die

död (dūrd) *c* death; *adj* dead

döda (*dūr*-dah) *v* kill

dödlig (*dūrd*-li) *adj* mortal, fatal

dödsstraff (*durds*-strahf) *nt* death penalty

*****dölja** (*durl*-^yah) *v* conceal; *hide

döma (*dur*-mah) *v* judge; sentence

döpa (*dūr*-pah) *v* baptize; christen

dörr (durr) *c* door

dörrklocka (*durr*-klo-kah) *c* doorbell

dörrvaktmästare (*durr*-vahkt-mehss-tah-rer) *c* (pl ~) doorman

döv (dūrv) *adj* deaf

E

ebb (ayb) *c* low tide

ebenholts (*ay*-bayn-holts) *c* ebony

e-biljett (*ay*-bil-*yayt*) *c* e-ticket

Ecuador (ayk-vah-*doar*) Ecuador

ecuadorian (ayk-vah-*doa*-ri-aan) *c* Ecuadorian

ed (āyd) *c* oath, vow

effektförvaring (ay-fehkt-furr-vaa-ring) *c* left-luggage office

effektiv (ay-fayk-*teev*) *adj* effective; efficient

efter (*ayf*-terr) *prep* after

efterforska (*ayf*-terr-fors-kah) *v* investigate

efterfrågan (*ayf*-terr-fröa-gahn) *c* demand

efterlikna (*ayf*-terr-leek-nah) *v* imitate

efterlämna (*ayf*-terr-lehm-nah) *v* *leave behind

eftermiddag (*ayf*-terr-mi-daag) *c* afternoon; i ~ this afternoon

efternamn (*ayf*-terr-nahmn) *nt* surname; family name

eftersom (*ayf*-terr-som) *conj* because, as, since

eftersträva (*ayf*-terr-strai-vah) *v* pursue; aim at

eftersända (*ayf*-terr-sehn-dah) *v* forward

efterträda (*ayf*-terr-trai-dah)

v succeed

efteråt (*ayf*-terr-ōāt) *adv* afterwards

egen (*āy*-gayn) *adj* own

egendom (*āy*-gayn-doom) *c* property

egendomlig (*āy*-gern-doom-li) *adj* peculiar

egendomlighet (*āy*-gern-doom-li-*hayt*) *c* peculiarity

egenskap (*āy*-gern-skaap) *c* quality; property

egentligen (ay-*Ɂaynt*-li-ern) *adv* really

egoism (ay-goo-*ism*) *c* selfishness

Egypten (ay-*Ɂewp*-tern) Egypt

egypter (ay-*Ɂewp*-terr) *c* (pl ~) Egyptian

egyptisk (ay-*Ɂewp*-tisk) *adj* Egyptian

ehuru (*āy*-*hēw*-rew) *conj* though

ek (āyk) *c* oak

eker (*āy*-kerr) *c* (pl ekrar) spoke

ekipage (ay-ki-*paash*) *nt* carriage

eko (*āy*-koo) *nt* echo

ekollon (*āyk*-o-lon) *nt* acorn

ekonom (ay-ko-*nōam*) *c* economist

ekonomi (ay-ko-no-*mee*) *c* economy

ekonomisk (ay-ko-*nōa*-misk)

adj economical, economic;
thrifty

ekorre (*ayk*-orer) *c* squirrel

ekoturist (*ay*-ko-*tew*-rist) *c*
eco-tourist

eksem (ehk-*saym*) *nt* eczema

ekvatorn (ayk-*vaa*-torn)
equator

elak (*ay*-lahk) *adj* evil; ill

elakartad (*ay*-lahk-aar-tahd)
adj malignant

elasticitet (ay-lahss-ti-si-*tayt*)
c elasticity

elastisk (ay-*lahss*-tisk) *adj*
elastic

eld (ayld) *c* fire; ~ **upphör**
ceasefire

eldfarlig (ayld-faar-li) *adj*
inflammable

eldfast (*ayld*-fahst) *adj*
fireproof

eldstad (*ayld*-staad) *c* (pl
-städer) hearth

eldsvåda (aylds-*vōa*-dah) *c*
fire

elefant (ay-lay-*fahnt*) *c*
elephant

elegans (ay-lay-*gahns*) *c*
elegance

elegant (ay-lay-*gahnt*) *adj*
elegant

elektricitet (ay-layk-tri-si-
tayt) *c* electricity

elektriker (ay-*layk*-tri-kerr) *c*
(pl ~) electrician

elektrisk (ay-*layk*-trisk) *adj*
electric

elektronisk (ay-layk-*trōa*-
nisk) *adj* electronic

element (ay-lay-*mehnt*) *nt*

element

elementär (ay-lay-mehn-
tæær) *adj* primary

elev (ay-*layv*) *c* pupil

elfenben (*ayl*-fayn-bayn) *nt*
ivory

elfte (*aylf*-tay) *num* eleventh

eliminera (ay-li-mi-*nay*-rah) *v*
eliminate

eller (*ayl*-err) *conj* or

elva (*ayl*-vah) *num* eleven

elände (ay-lehn-der) *nt*
misery

eländig (ay-*lehn*-di) *adj*
miserable

emalj (ay-*mahl*[y]) *c* enamel

emaljerad (ay-mahl-*[y]ay*-
rahd) *adj* enamelled

embargo (aym-*bahr*-goo) *nt*
embargo

embarkering (aym-bahr-*kay*-
ring) *c* embarkation

emblem (aym-*blaym*) *nt*
emblem

emellertid (ay-*meh*-lerr-teed)
adv though, however

emot (ay-*mōot*) *prep* against;
towards; ***ha något ~** mind

en¹ (ayn) *art* (nt ett) a *art*

en² (ayn) *num* one

-en³ (ayn) *suf* (nt -et) the *art*

enaktare (*ay*-nahk-tah-rer) *c*
(pl ~) one-act play

enastående (*ay*-nah-stōa-
ayn-der) *adj* exceptional

enbart (*ayn*-baart) *adv*
exclusively

enda (*ayn*-dah) *pron* only; **en**
~ **single**

endast (*ayn*-dahst) *adv* alone,

only; merely

endera (ayn-day-rah) pron either

endossera (ayn-do-say-rah) v endorse

energi (ay-nær-shee) c power, energy

energisk (ay-nær-gisk) adj energetic

engelsk (ehng-erlsk) adj English

Engelska kanalen (ehngerls-kah kah-naa-lern) English Channel

engelsman (ehng-erls-mahn) c (pl -män) Englishman

England (ehng-lahnd) England; Britain

engångs- (ayn-gongs) disposable

engångsflaska (ayn-gongs-flahss-kah) c no return bottle

enhet (ayn-hayt) c unit, unity

*vara enig (vaa-rah ay-ni) agree

enighet (ay-ni-hayt) c agreement

enkel (ayng-kayl) adj simple; plain

enkelrum (ayng-kayl-rewm) nt single room

enkelt (ayng-kerlt) adv simply; helt ~ simply

enligt (ayn-lit) prep according to

enorm (ay-norm) adj enormous; immense

ensam (ayn-sahm) adj lonely; sole

ensidig (ayn-see-di) adj one-sided

enskild (ayn-shild) adj individual

enstämmig (ayn-stehm-i) adj unanimous

entreprenör (ehnt-rer-pray-nurr) c contractor

entusiasm (ayn-tew-si-ahsm) c enthusiasm

entusiastisk (ayn-tew-si-ahss-tisk) adj enthusiastic

envar (ayn-vaar) pron everyone

envis (ayn-veess) adj stubborn; obstinate; head-strong

envoyé (ayn-voo-ah-yay) c envoy

epidemi (ay-pi-der-mee) c epidemic

epilepsi (ay-pi-lehp-see) c epilepsy

epilog (eh-pi-loag) c epilogue

episk (ay-pisk) adj epic

episod (eh-pi-sood) c episode

epos (ay-poss) nt epic

e-post (ay-post) c (pl ~) e-mail

Er (ayr) pron you; your; yourself

er (ayr) pron you; your; yourselves

era (ay-rah) pron your

*erbjuda (ayr-byew-dah) v offer; ~ sig offer one's services

erbjudande (ayr-byew-dahn-der) nt offer

*erfara (ayr-faa-rah) v

experience

erfaren (*ayr*-faa-rern) *adj*
experienced

erfarenhet (*ayr*-faa-rern-hāyt) *c* experience

erforderlig (*ayr*-fōōr-derr-li) *adj* requisite

*****erhålla** (*āy*r-ho-lah) *v* obtain

erinra sig (*āy*r-in-rah) recall

erkänna (*āy*r-t-²eh-nah) *v* admit; confess, acknowledge, recognize

erkännande (*āy*r-t-²eh-nahn-der) *nt* recognition

*****ersätta** (*āy*r-seh-tah) *v* substitute; replace

ersättning (*āy*r-seht-ning) *c* indemnity; compensation

erövra (*āy*r-ūrv-rah) *v* conquer

erövrare (*āy*r-ūrv-rah-rer) *c* (pl ~) conqueror

erövring (*āy*r-ūrv-ring) *c* conquest; capture

eskort (ayss-*kort*) *c* escort

eskortera (ayss-kor-*tāy*-rah) *v* escort

esplanad (ayss-plah-*naad*) *c* esplanade

essens (ay-*sehns*) *c* essence

essä (ay-*sai*) *c* essay

etablera (ay-tah-*blāy*-rah) *v* establish

etapp (ay-*tahp*) *c* stage, lap

eter (*āy*-terr) *c* ether

etikett (ay-ti-*kayt*) *c* label; tag

etikettera (ayti-keh-*tāy*-rah) *v* label

Etiopien (ay-ti-*ōō*-pi-ern) Ethiopia

etiopier (ay-ti-*ōō*-pi-err) *c* (pl ~) Ethiopian

etiopisk (ay-ti-*ōō*-pisk) *adj* Ethiopian

etsning (*ehts*-ning) *c* etching

etui (ay-tew-*ee*) *nt* case

EU (*āy*-*ēw*) EU

euro (*ēw*-rōō) *c* (pl ~) Euro

Europa (*āy*-*rōō*-pah) Europe

europé (*āy*-roo-*pāy*) *c* European

europeisk (*āy*-roo-*pāy*-isk) *adj* European

Europeiska Unionen (ay-roo-*pay*-is-kah *ēw*-ni-*ōōn*-en) *c* European Union

evakuera (ay-vah-kew-*āy*-rah) *v* evacuate

evangelium (ay-vahn-²*āy*-li-²ewm) *nt* (pl -lier) gospel

eventuell (ay-vehn-tew-*ayl*) *adj* possible

evolution (ay-vo-lew-*shōōn*) *c* evolution

exakt (ayks-*ahkt*) *adv* exactly; *adj* exact

examen (ayk-*saa*-mern) *c* examination; ***ta** ~ graduate

excentrisk (ayk-*sehnt*-risk) *adj* eccentric

exempel (ayk-*sehm*-perl) *nt* example; instance; **till** ~ for example; for instance

exemplar (ayks-aym-*plaar*) *nt* copy; specimen

existens (ayk-si-*stehns*) *c* existence

existera (ayk-si-*stāy*-rah) *v* exist

exklusiv (ehks-kloo-*seev*) *adj*

exclusive

exotisk (ehk-*sōa*-tisk) *adj* exotic

expansion (ehks-*pahng*-shōn) *c* expansion

expedit (ehks-pay-*deet*) *c* shop assistant

expedition (ayks-pay-di-*shōōn*) *c* expedition

experiment (ayks-peh-ri-*mehnt*) *nt* experiment

experimentera (ayks-peh-ri-mayn-*tāy*-rah) *v* experiment

expert (ayks-*pært*) *c* expert

explodera (ayks-plo-*dāy*-rah) *v* explode

explosion (ayks-plo-*shōōn*) *c* blast, explosion

explosiv (ayks-plo-*seev*) *adj* explosive

exponering (ayks-po-*nāy*-

ring) *c* exposure

exponeringsmätare (ayks-po-*nāy*-rings-*mai*-tah-rer) *c* (pl ∼) exposure meter

exportera (ayks-por-*tāy*-rah) *v* export

expresståg (ayks-*prayss*-tōag) *nt* express train

expressutdelning (ayks-*prayss*-ewt-*dāyl*-ning) *c* special delivery

extas (ayks-*taass*) *c* ecstasy

extra (*aykst*-rah) *adj* extra, additional; spare

extrastorlek (*aykst*-rah-stōōr-*lāyk*) *c* outsize

extravagant (ayk-strah-vah-*gahnt*) *adj* extravagant

extrem (ehk-*strāym*) *adj* extreme

F

fabrik (fahb-*reek*) *c* factory; works *pl*; plant, mill

fabrikant (fahb-ri-*kahnt*) *c* manufacturer

fack (fahk) *nt* compartment; trade

fackförening (*fahk*-furr-*āy*-ning) *c* trade union

fackla (*fahk*-lah) *c* torch

fackman (*fahk*-mahn) *c* (pl -män) expert

fager (*faa*-gerr) *adj* fair

faktisk (*fahk*-tisk) *adj* actual, factual

faktiskt (*fahk*-tist) *adv* in

effect, actually, as a matter of fact, really

faktor (*fahk*-tor) *c* factor

faktum (*fahk*-tewm) *nt* (pl fakta) fact

faktura (fahk-*tēw*-rah) *c* invoice

fakturera (fahk-tew-*rāyrah*) *v* bill

fakultet (fah-kewl-*tāyt*) *c* faculty

falk (fahlk) *c* hawk

fall (fahl) *nt* fall; case; instance; **i varje ∼** at any rate; anyway

falla　　　　　　　　　　　　　　50

*falla (fahl-ah) v *fall
fallenhet (fahl-ern-hāyt) c
faculty
fallfärdig (fahl-fæær-di) adj
ramshackle
falsk (fahlsk) adj false
familj (fah-mil³) c family
familjär (fah-mil-³ææær) adj
familiar
famn (fahmng) c (pl famnar)
arms
fanatisk (fah-naa-tisk) adj
fanatical
fantasi (fahn-tah-see) c
imagination, fantasy
fantasilös (fahn-tah-see-
lūrss) adj unimaginative
fantastisk (fahn-tahss-tisk)
adj fantastic
fantom (fahn-tōam) c
phantom
far (faar) c (pl fäder) father
fara (faa-rah) c peril, risk,
danger
*fara (faa-rah) v *go away; ~
runt om by-pass
farbror (fahr-brōōr) c (pl
-bröder) uncle
farfar (fahr-faar) c (pl -fäder)
grandfather
farföräldrar (faar-furr-ehld-
rahr) pl grandparents pl
farlig (faar-li) adj dangerous
farmakologi (fahr-mah-ko-
loo-gee) c pharmacology
farmor (fahr-mōōr) c (pl
-mödrar) grandmother
fart (faart) c speed; rate
fartbegränsning (faart-bay-
grehns-ning) c speed limit

fartyg (faar-tēwg) nt ship;
vessel
fas (faass) c stage, phase
fasa (faa-sah) c horror
fasad (fah-saad) c façade
fasan (fah-saan) c pheasant
fascinera (fah-shi-nāy-rah) v
fascinate
fascism (fah-shism) c fascism
fascist (fah-shist) c fascist
fascistisk (fah-shiss-tisk) adj
fascist
fast (fahst) adj fixed; firm;
permanent; adv tight
faster (fahss-terr) c (pl -trar)
aunt
fastighet (fahss-ti-hāyt) c
house, property; premises pl
fastighetsmäklare (fahss-ti-
hāyts-maik-lah-rer) c (pl ~)
house agent
fastland (fahst-lahnd) nt
mainland
fastställa (fahst-steh-lah) v
establish; determine,
ascertain, state
fastän (fahst-ehn) conj
though, although
fat (faat) nt dish; barrel
fatal (fah-taal) adj fatal
fatta (fah-tah) v conceive;
*take
fattas (fah-tahss) v fail
fattig (fah-ti) adj poor
fattigdom (fah-ti-doom) c
poverty
fatöl (faat-ūrl) nt draught
beer
favorit (fah-vōō-reet) c
favourite

fax (fahgs) *nt* fax; **skicka ett ~** send a fax

fe (fay) *c* fairy

feber (*fay*-berr) *c* fever

febrig (*fayb*-ri) *adj* feverish

februari (fayb-rew-*aa*-ri) February

federation (fay-day-rah-*shōōn*) *c* federation

feg (fayg) *adj* cowardly

fel (fayl) *nt* mistake, error, fault; *adj* false, wrong; **ha ~ *be wrong; *ta ~** err

felaktig (*fayl*-ahk-ti) *adj* incorrect; mistaken

felfri (*fayl*-free) *adj* faultless

felsteg (*fayl*-stayg) *nt* slip

fem (fehm) *num* five

feminin (*fay*-mi-neen) *adj* feminine

femte (*fehm*-ter) *num* fifth

femtio (*fehm*-ti) *num* fifty

femton (fehm-ton) *num* fifteen

femtonde (*fehm*-ton-der) *num* fifteenth

feodal (fay-o-*daal*) *adj* feudal

ferieläger (*fay*-ri-er-lai-gerr) *nt* holiday camp

fernissa (fær-*nee*-sah) *c* varnish; *v* varnish

fest (fehst) *c* party; feast

festival (fayss-ti-*vaal*) *c* festival

festlig (*fayst*-li) *adj* festive

fet (fayt) *adj* fatty; fat; corpulent

fett (fayt) *nt* fat, grease

fettfri (fayt-free) *adj* fat free

fettsugning (*fayt-sewg*-ning)

c liposuction

fiber (*fee*-berr) *c* fibre

ficka (*fi*-kah) *c* pocket

fickalmanacka (*fik*-ahl-mah-nah-kah) *c* diary

fickkniv (*fik*-kneev) *c* pocketknife

ficklampa (*fik*-lahm-pah) *c* torch; flashlight

fiende (*fee*-ayn-der) *c* enemy

fientlig (fi-*ehnt*-li) *adj* hostile

figur (fi-*gewr*) *c* figure

fikon (*fee*-kon) *nt* fig

fiktion (fik-*shōōn*) *c* fiction

fil (feel) *c* file; row; lane

filial (fil-i-*aal*) *c* branch

Filippinerna (fi-li-*pee*-nerr-nah) Philippines *pl*

filippinsk (fili-*peensk*) *adj* Philippine

film (film) *c* film; movie; **tecknad ~** cartoon

filma (*fil*-mah) *v* film

filmduk (*film*-dewk) *c* screen

filmkamera (*film*-kaa-mer-rah) *c* film camera

filosof (fi-lo-*sōaf*) *c* philosopher

filosofi (fi-lo-so-*fee*) *c* philosophy

filt (filt) *c* blanket; felt

filter (*fil*-terr) *nt* filter

fin (feen) *adj* fine; delicate; **fint!** all right!; okay!

finanser (fi-*nahng*-serr) *pl* finances *pl*

finansiell (fi-nahng-si-*ayl*) *adj* financial

finansiera (fi-nahng-*si*-ay-rah) *v* finance

finger (*fing*-err) *nt* (pl fingrar) finger

fingeravtryck (*fing*-err-aav-trewk) *nt* fingerprint

fingerborg (*fing*-er-bor^y) *c* thimble

finhacka (*feen*-hah-kah) *v* mince

Finland (*fin*-lahnd) Finland

finländare (*fin*-lehn-der-rer) *c* (pl ~) Finn

finmala (*feen*-maa-lah) *v* *grind

*finna (*fi*-nah) *v* *find

finne (*fi*-ner) *c* pimple; finnar acne

finsk (finsk) *adj* Finnish

fiol (fi-*ōōl*) *c* violin

fira (*fee*-rah) *v* celebrate

firande (fee-rahn-der) *nt* celebration

firma (*feer*-mah) *c* firm; company

fisk (fisk) *c* fish

fiska (*fiss*-kah) *v* fish

fiskaffär (fiss-ah-*fæær*) *c* fish shop

fiskare (*fiss*-kah-rer) *c* (pl ~) fisherman

fiskben (*fisk*-bāyn) *nt* fishbone; bone

fiskedon (*fiss*-ker-dōōn) *nt* fishing tackle

fiskekort (*fiss*-ker-kōōrt) *nt* fishing licence

fiskerinäring (fiss-ker-*ree*-næ-ring) *c* fishing industry

fiskmås (*fisk*-mōass) *c* seagull

fisknät (*fisk*-nait) *nt* fishing net

fiskredskap (*fisk*-rāyd-skaap) *nt* fishing gear

fiskrom (*fisk*-rom) *c* roe

fjorton (*fyōōr*-ton) *num* fourteen

fjortonde (f^y*ōōr*-ton-der) *num* fourteenth

fjäder (f^y*ai*-derr) *c* (pl -drar) feather; spring

fjäderfä (f^y*ai*-derr-fai) *nt* poultry; fowl

fjädring (f^y*aid*-ring) *c* suspension

fjäll (f^yehl) *nt* scale; mountain

fjälla (f^y*eh*-lah) *v* peel

fjärde (f^y*æær*-der) *num* fourth

fjäril (f^y*ææ*-ril) *c* butterfly

fjärilsim (f^y*ææ*-ril-sim) *nt* butterfly stroke

fjärrkontroll (fyairr-kon-troll) *c* remote control

flagga (*flah*-gah) *c* flag

flamingo (flahm-ing-goo) *c* flamingo

flanell (flah-*nayl*) *c* flannel

flanera (flah-*nāy*-rah) *v* stroll

flanör (flah-*nūrr*) *c* stroller

flaska (*flahss*-kah) *c* bottle

flaskhals (*flahsk*-hahls) *c* bottleneck

flasköppnare (*flahsk*-urp-nah-rer) *c* (pl ~) bottle opener

flat (flaat) *adj* flat

fler (flāyr) *adj* more; (de) flesta most; flera several

flicka (*fli*-kah) *c* girl

flicknamn (*flik*-nahmn) *nt*

maiden name; girl's name
flickvän (flik-vehn) *c*
girlfriend
flin (fleen) *nt* grin
flina (flee-nah) *v* grin
flintskallig (flint-skah-li) *adj*
bald
flintsten (flint-stayn) *c* flint
flisa (flee-sah) *c* chip
flit (fleet) *c* diligence
flitig (flee-ti) *adj* industrious,
diligent
flod (flood) *c* river; flood
flodbank (flood-bahngk) *c*
bank
flodmynning (flood-mew-
ning) *c* river mouth, estuary
flodstrand (flood-strahnd) *c*
(pl -stränder) riverside; river
bank
flott (flott) *adj* posh *colloquial*
flotta (flo-tah) *c* navy; fleet;
flott- naval
flotte (flo-ter) *c* raft
flottig (flo-ti) *adj* greasy
flottör (flo-furr) *c* float
fluga (flew-gah) *c* fly; bow tie
fly (flew) *v* flee
flyg (flewg) *nt* flight
***flyga** (flew-gah) *v* *fly
flygbolag (flewg-boo-laag) *c*
airline
flygel (flew-gerl) *c* (pl -glar)
grand piano
flygfält (flewg-fehlt) *nt*
airfield
flygkapten (flewg-kahp-tayn)
c captain
flygolycka (flewg-oo-lew-
kah) *c* plane crash

flygplan (flewg-plaan) *nt*
aeroplane, aircraft, plane;
airplane *nAm*
flygplats (flewg-plahts) *c*
airport
flygpost (flewg-post) *c*
airmail
flygresa (flewg-ray-sah) *c*
flight
flygsjuka (flewg-shew-kah) *c*
airsickness
flygvärdinna (flewg-vær-di-
nah) *c* stewardess
flykt (flewkt) *c* escape
flyktig (flewk-ti) *adj* passing;
volatile
flykting (flewk-ting) *c* refugee
***flyta** (flew-tah) *v* flow; float
flytande (flew-tahn-der) *adj*
fluent; liquid, fluid
flytta (flewt-ah) *v* move
flyttbar (flewt-baar) *adj*
movable
flyttning (flewt-ning) *c* move
flytväst (flewt-vehst) *c* life
jacket
fläck (flehk) *c* stain, spot;
speck, blot; **fläcka ned** stain
fläckborttagningsmedel
(flehk-boart-taag-nings-
may-dayl) *nt* stain remover
fläckfri (flehk-free) *adj*
spotless, stainless
fläckig (fleh-ki) *adj* spotted
fläkt (flehkt) *c* breath of air,
breeze; fan
fläktrem (flehkt-rehm) *c* (pl
~mar) fan belt
flämta (flehm-tah) *v* pant
flöjt (flur^yt) *c* flute

fnittra (*fnit*-rah) *v* giggle

foajé (foo-ah-*ʸaȳ*) *c* lobby, foyer

foder (*foo*-derr) *nt* lining; forage

foderbehållare (*foo*-derr-*ho*-lah-rer) *c* (pl ∿) manger

fodral (foo-*draal*) *nt* case; cover

fogde (*foog*-der) *c* bailiff

folk (folk) *nt* folk, nation, people; *pl* people *pl*; **folk-**national, popular

folkdans (*folk*-dahns) *c* folk dance

folklore (*folk*-lōar) *c* folklore

folkmassa (*folk*-mah-sah) *c* crowd

folkrik (*folk*-reek) *adj* populous

folkvisa (*folk*-vee-sah) *c* folk song

fond (fond) *c* fund

fondbörs (*fond*-burrs) *c* stock exchange

fondmarknad (*fond*-mahrk-nahd) *c* stock market

fonetisk (fo-*nāȳ*-tisk) *adj* phonetic

fontän (fon-*tain*) *c* fountain

forcera (for-*sāȳ*-rah) *v* force

fordon (*foo*-doon) *nt* vehicle

fordra (*foo̅d*-rah) *v* demand; claim

fordran (*foo̅d*-rahn) *c* (pl -ringar) claim

fordringsägare (*foo̅d*-rings-ai-gah-rer) *c* (pl ∿) creditor

forell (fo-*rayl*) *c* trout

form (form) *c* form; shape

forma (*for*-mah) *v* form; model, shape

formalitet (for-mah-li-*tāȳt*) *c* formality

format (for-*maat*) *nt* format; size

formel (*for*-merl) *c* (pl -mler) formula

formell (for-*mehl*) *adj* formal

formulär (for-mēw-*læær*) *nt* form

forntida (*foorn*-tee-dah) *adj* ancient

forskning (*forsk*-ning) *c* research

fort (foort) *adv* in a hurry

*****fortgå** (*foort*-gōa) *v* continue

*****fortkörning** (*foort*-t∿ʸurr-ning) *c* speeding

*****fortsätta** (*foort*-seh-tah) *v* *keep on; continue; *go on, *go ahead, carry on; proceed

fortsättning (*foort*-seht-ning) *c* continuation

fosterföräldrar (*fooss*-terr-furr-*ehld*-rar) *pl* foster parents *pl*

fosterland (*fooss*-terr-lahnd) *nt* (pl -länder) native country

fot (foot) *c* (pl fötter) foot; **till fots** on foot; walking

fotboll (*foo̅t*-bol) *c* football; soccer

fotbollslag (*foo̅t*-bols-laag) *nt* soccer team

fotbollsmatch (*foo̅t*-bols-mahch) *c* football match

fotbroms (*fōōt*-broms) *c* foot brake

fotgängare (*fōōt*-ᵞehng-ah-rer) *c* (pl ~) pedestrian

fotnot (*fōōt*-nōōt) *c* note

foto (*fōō*-too) *nt* photo

fotoaffär (*fōō*-too-ah-*fæær*) *c* camera shop

fotogen (fo-to-*shāyn*) *c* paraffin; kerosene

fotograf (foo-too-*graaf*) *c* photographer

fotografera (foo-too-grah-*fāy*-rah) *v* photograph

fotografering (foo-too-grah-*fāy*-ring) *c* photography

fotografi (foo-too-grah-*fee*) *nt* photograph

fotomeddelande (*fōō*-too-māy-*dāy*-lahn-der) *nt* photo message

fotostatkopia (*foo*-too-staat-koo-*pee*-ah) *c* photostat

fotpuder (*fōōt*-pēw-derr) *nt* foot powder

frakt (frahkt) *c* freight

fram (frahm) *adv* forward

framför (*frahm*-fūrr) *prep* before; in front of; *adv* ahead

framföra (*frahm*-fūr-rah) *v* present, state

*****framgå** (*frahm*-goa) *v* appear

framgång (*frahm*-gong) *c* prosperity

framgångsrik (*frahm*-gongs-reek) *adj* successful

framkalla (*frahm*-kah-lah) *v* develop

*****framlägga** (*frahm*-lehg-ah) *v* present

framsida (*frahm*-see-dah) *c* front; face

framsteg (*frahm*-stāyg) *nt* progress; advance; *****göra ~** advance, *****make progress; *****get on

framstegsvänlig (*frahm*-stāygs-vehn-li) *adj* progressive

framstående (*frahm*-stōā-ayn-der) *adj* prominent; distinguished

framställa (*frahm*-steh-lah) *v* produce, represent

framtid (*frahm*-teed) *c* future

framtida (*frahm*-tee-dah) *adj* future

framträda (*frahm*-trai-dah) *v* appear

framträdande (*frahm*-treh-dahn-der) *nt* appearance

framvisa (*frahm*-vee-sah) *v* *****show

framåt (*frahm*-ōāt) *adv* onwards, forward, ahead

framåtsträvande (*frahm*-ōāt-strai-vahn-der) *adj* progressive

frankera (frahng-*kāy*-rah) *v* stamp

franko (*frahng*-koo) *adj* post--paid

Frankrike (*frahngk*-ri-ker) France

frans (frahns) *c* fringe

fransa sig (*frahn*-sah) fray

fransk (frahnsk) *adj* French

fransman (*frahns*-mahn) *m*

(pl -män) Frenchman

fras (fraass) c phrase

frasig (fraa-si) adj crisp

fred (frayd) c peace

fredag (fray-daag) c Friday

frekvens (frer-kvehns) c frequency

fresta (frayss-tah) v tempt

frestelse (frayss-tayl-ser) c temptation

fri (free) adj free

fribiljett (free-bil-ᶯayt) c free ticket

frid (freed) c peace

fridfull (freed-fewl) adj peaceful; serene

*frige (fri-ᶯay) v release

frigivande (free-ᶯee-vahn-der) nt liberation

frigörelse (free-ᶯūr-rerl-ser) c emancipation, liberation

frihet (free-hāyt) c liberty, freedom

friidrott (free-ee-drot) c athletics pl

frikalla (free-kah-lah) v exempt

frikostig (free-koss-ti) adj liberal

friktion (frik-shoon) c friction

frikännande (free-tᶯeh-nahn-der) nt acquittal

frimärke (free-mær-ker) nt postage stamp

frimärksautomat (free-mærks-ou-too-maat) c stamp machine

frisk (frisk) adj well, healthy

friskintyg (frisk-in-tēwg) nt health certificate

frisyr (fri-sēwr) c hairdo

*frita (free-taa) v exempt; ~ från discharge of

fritid (free-teed) c spare time

fritidscenter (free-teeds-sehn-terr) nt recreation centre

frivillig¹ (free-vi-li) c (pl ~a) volunteer

frivillig² (free-vi-li) adj voluntary

frivol (fri-vol) adj frivolous

from (froom) adj pious

frost (frost) c frost

frostskyddsvätska (frost-shewds-vehts-kah) c antifreeze

frotté (fro-tay) c terry cloth

fru (frew) c madam

frukost (frew-kost) c breakfast

frukt (frewkt) c fruit

frukta (frewk-tah) v dread, fear

fruktan (frewk-tahn) c dread, fright

fruktansvärd (frewk-tahns-væærd) adj awful

fruktbar (frewkt-baar) adj fertile

fruktsaft (frewkt-sahft) c squash, juice

fruktträdgård (frewkt-trai-gōard) c orchard

frusen (frēw-sern) adj frozen, cold

frys (frēwss) c (pl frysar) freezer

*frysa (frēw-sah) v *be cold; *freeze

fryspunkt (*frewss*-pewngkt) *c* freezing point

fråga (*fröa*-gah) *c* question; matter, issue; *v* ask

frågesport (*fröa*-ger-sport) *c* quiz

frågetecken (*fröa*-ger-tay-kern) *nt* question mark

frågvis (*fröag*-veess) *adj* inquisitive

från (*fröan*) *prep* from; off, as from, out of; ~ **och med** from; as from

frånstötande (*fröan*-stür-tahn-der) *adj* repellent; repulsive

frånvarande (*fröan*-vaa-rahn-der) *adj* absent

frånvaro (*fröan*-vaa-roo) *c* absence

fräck (frehk) *adj* impertinent, insolent; bold; cheeky *colloquial*

fräckhet (*frehk*-hāyt) *c* nerve

frälsa (*frehl*-sah) *v* redeem; deliver

frälsning (*frehls*-ning) *c* delivery

främling (*frehm*-ling) *c* stranger; alien

främmande (*frehm*-ahn-der) *adj* strange; foreign

frö (frür) *nt* seed

fröjd (frur³d) *c* joy

fröken (*frür*-kayn) *c* miss; spinster

fukt (fewkt) *c* damp

fukta (*fewk*-tah) *v* moisten; damp

fuktig (*fewk*-ti) *adj* damp; humid, moist

fuktighet (*fewk*-ti-hāyt) *c* humidity, moisture

ful (fewl) *adj* ugly

full (fewl) *adj* full; drunk

fullborda (*fewl*-boor-dah) *v* accomplish; finish

***fullgöra** (*fewl*-³ur-rah) *v* fulfill; perform

fullkomlig (*fewl*-kom-li) *adj* complete; perfect;

fullkomligt completely; entirely

fullkomlighet (*fewl*-kom-li-hāyt) *c* perfection

fullkornsbröd (*fewl*-köörns-brürd) *nt* wholemeal bread

fullpackad (*fewl*-pahk-ahd) *adj* chockfull; crowded

fullsatt (*fewl*-saht) *adj* full up

fullständig (*fewl*-stehn-di) *adj* complete, total, utter; **fullständigt** completely

fullända (*fewl*-ehn-dah) *v* complete

fundera på (fewn-*dāy*-rah) *think over, ponder upon

fungera (fewng-*gāy*-rah) *v* work; operate

funktion (fewngk-*shōōn*) *c* function; working, operation

funktionsoduglig (fewngk-*shōōns*-öö-dewg-li) *adj* out of order

fuska (*fewss*-kah) *v* cheat

fy! (few) shame!

fylla (*few*-lah) *v* fill; ~ **i** fill in; fill out *Am*

fylld (fewld) *adj* stuffed

fyllning (*fewl*-ning) *c* filling;

stuffing

fynd (fewnd) *nt* discovery, find; bargain

fyr (fēwr) *c* lighthouse

fyra (fēw-rah) *num* four

fyrtio (furr-ti) *num* forty

fysik (few-seek) *c* physics

fysiker (fēw-si-kerr) *c* (pl ～) physicist

fysiologi (few-si-o-lo-gee) *c* physiology

fysisk (fēw-sisk) *adj* physical

få (fōa) *adj* few

*få (fōa) *v* *get; *may, *have, *be allowed to

fåfänglig (fōa-fehng-li) *adj* vain

fågel (fōa-gerl) *c* (pl fåglar) bird

fåll (fol) *c* hem

fånga (fong-ah) *v* *catch

fånge (fong-er) *c* prisoner

fångenskap (fong-ayn-skaap) *c* imprisonment

får (fōar) *nt* sheep

fåra (fōa-rah) *c* furrow, groove

fårkött (fōar-t³urt) *nt* mutton

*få tag i (faw taag ee) *come across

fåtölj (fōa-turl³) *c* armchair; easy chair

fäkta (fehk-tah) *v* fence

fälg (fehl³) *c* rim

fälla (fehl-ah) *c* trap

fält (fehlt) *nt* field

fältkikare (fehlt-t³ee-kah-rer) *c* (pl ～) field glasses

fältsäng (fehlt-sehng) *c* camp bed

fängelse (fehng-ayl-ser) *nt*

prison; jail

fängsla (fehngs-lah) *v* imprison, captivate

färdig (fæær-di) *adj* finished; ready

färg (fær³) *c* colour; dye

färga (fær-³ah) *v* dye

färgad (fær-³ahd) *adj* coloured, dyed

färgblind (fær³-blind) *adj* colour-blind

färgfilm (fær³-film) *c* colour film

färglåda (fær³-lōa-dah) *c* paintbox

färgrik (fær³-reek) *adj* richly coloured, vivid

färgstark (fær³-stahrk) *adj* colourful

färja (fær-³ah) *c* ferry-boat

färsk (færsk) *adj* fresh

fästa (fehss-tah) *v* attach, fasten; *stick; ～ med nål pin; **fäst vid** attached to

fästman (fehst-mahn) *c* (pl -män) fiancé

fästmö (fehst-mūr) *c* fiancée

fästning (fehst-ning) *c* fortress; stronghold

föda (fūr-dah) *c* food

född (furd) *adj* born

födelse (fūr-dayl-ser) *c* birth

födelsedag (fūr-dayl-ser-daag) *c* birthday

födelseort (fūr-dayl-ser-oort) *c* place of birth

födsel (furd-serl) *c* (pl -slar) birth

föga (fūr-gah) *adj* little

följa (furl-³ah) *v* accompany;

follow; ~ efter follow

följaktligen (*furl^y*-ahkt-li-gayn) *adv* consequently

följande (furl-^yahn-der) *adj* following; next, subsequent

följd (furl^yd) *c* consequence; result; succession

följeslagare (furl-^yer-slaa-gah-rer) *c* (pl ~) companion

följetong (furl-^yer-tong) *c* serial

fönster (*furns*-terr) *nt* window

fönsterbräde (furn-sterr-braider) *nt* windowsill

fönstergaller (furns-terr-gahl-err) *nt* bar

fönsterlucka (furns-terr-lew-kah) *c* shutter

för (furr) *prep* for, conj for; ~ alltid forever, for ever; ~ att to; ~ en gångs skull for once

föra (fūr-rah) *v* convey, carry

förakt (furr-ahkt) *nt* scorn, contempt

förakta (furr-ahk-tah) *v* despise; scorn

förare (fūr-rah-rer) *c* (pl ~) driver

förarga (furr-ahr-^yah) *v* annoy; displease

förargelse (furr-ahr-^yerl-ser) *c* annoyance

förarglig (furr-ahr^y-li) *adj* annoying

förband (furr-bahnd) *nt* bandage

förbandslåda (furr-bahnds-lōā-dah) *c* first aid kit

förbanna (furr-bahn-ah) *v* damn; förbannat Damn!

förbehåll (fūrr-ber-hol) *nt* reservation; qualification; utan ~ unconditionally

förbereda (fūrr-ber-rāy-dah) *v* prepare

förberedelse (fūrr-ber-rāy-dayl-ser) *c* preparation

förbi (furr-bee) *prep* past; *gå ~ pass by

förbinda (furr-bin-dah) *v* connect; join; dress

förbindelse (furr-bin-dehl-ser) *c* connection

förbipasserande (furr-bee-pah-sāy-rahn-der) *c* (pl ~) passer-by

förbise (fūrr-bi-sāy) *v* overlook

förbiseende (fūrr-bi-sāy-ayn-der) *nt* oversight

förbjuda (furr-b^yew-dah) *v* *forbid; prohibit

förbjuden (furr-b^yew-dayn) *adj* prohibited

förbli (furr-blee) *v* remain; stay

förbluffa (furr-blew-fah) *v* amaze

förbruka (furr-brēw-kah) *v* consume; *spend; use up

förbrukning (furr-brēwk-ning) *c* consumption

förbryllande (furr-brew-lahn-der) *adj* puzzling

förbrytare (furr-brēw-tah-rer) *c* (pl ~) criminal

förbud (furr-bēwd) *nt* prohibition

förbund (furr-bewnd) *nt*

league; **förbunds-** federal
förbundsstat (furr-*bewnd*-
staat) *c* federation
förbättra (furr-*beht*-rah) *v*
improve
förbättring (furr-*beht*-ring) *c*
improvement
fördel (*furr*-dāyl) *c*
advantage; profit
fördelaktig (*furr*-dāyl-ahk-ti)
adj advantageous; attractive
fördom (*furr*-doom) *c*
prejudice
***fördriva** (furr-*dree*-vah) *v*
expel, chase
fördröja (furr-*drur*-ᵞah) *v*
delay; slow down
fördämning (furr-*dehm*-
ning) *c* dike
fördärva (furr-*dær*-vah) *v*
*spoil
före (*fūr*-rer) *prep* before;
ahead of; ~ **detta** former
förebrå (*fūr*-rer-broā) *v*
reproach; blame
förebråelse (*fūr*-rer-broā-
ayl-ser) *c* reproach
förebygga (*fūr*-rer-bewg-ah)
v prevent
förebyggande (*fūr*-rer-bew-
gahn-der) *adj* preventive
***föredra** (*fūr*-rer-draa) *v*
prefer
föredrag (*fūr*-rer-draag) *nt*
lecture, talk
***föregripa** (*fūr*-rer-gree-pah)
v anticipate
***förega** (fur-rer-*gōa*) *v*
precede
föregående (*fūr*-rer-*gōa*-ern-

der) *adj* previous;
preceding; prior
föregångare (*fūr*-rer-gong-
ah-rer) *c* (pl ~) predecessor
***förekomma** (*fūr*-rer-ko-
mah) *v* occur; anticipate
förekomst (*fūr*-rer-komst) *c*
frequency
föreläsning (*fūr*-rer-laiss-
ning) *c* lecture
föremål (*fūr*-rer-moāl) *nt*
object
förena (furr-*āy*-nah) *v* join,
unite
förenad (furr-*āy*-nahd) *adj*
united, combined, joint
förening (furr-*āy*-ning) *c*
association; society, club;
union
Förenta Staterna (fur-*rayn*-
tah-*staa*-terr-nah) United
States; the States
***föreslå** (*fūr*-rer-sloā) *v*
propose; suggest
förespråkare (*fūr*-rer-sprōa-
kah-ray) *c* (pl ~) spokesman,
advocate
förestående (*fūr*-rer-stoā-
ayn-der) *adj* oncoming
föreståndarinna (*fūr*-rer-
ston-dah-*ri*-nah) *c* matron;
manageress
föreställa (*fūr*-rer-stehl-ah) *v*
introduce; represent; ~ **sig**
imagine; fancy
föreställning (*fūr*-rer-stehl-
ning) *c* idea; performance,
show
***företa** (*fūr*-rer-tah) *v*
*undertake

företag (*fūr*-rer-taag) *nt*
enterprise; undertaking;
concern, company

företräde (*fūr*-rer-trai-der) *nt*
priority

förevisa (*fūr*-rer-vee-sah) *v*
exhibit

förevändning (*fūr*-rer-
vehnd-ning) *c* pretence

förfader (furr-faa-derr) *c* (pl
-fäder) ancestor

förfall (furr-*fahl*) *nt* decay

***förfalla** (furr-*fah*-lah) *v*
deteriorate; expire

förfallen (furr-*fahl*-ern) *adj*
dilapidated; ~ **till betalning**
overdue

förfallodag (furr-*fah*-lo-
daag) *c* due date, day of
maturity

förfalska (furr-*fahls*-kah) *v*
forge; counterfeit

förfalskning (furr-*fahlsk*-
ning) *c* fake, falsification

förfaringssätt (furr-*faa*-
rings-seht) *nt* method

författare (furr-*fah*-tah-rer) *c*
(pl ~) author; writer

förfluten (furr-*flew*-tayn) *adj*
past; **det förflutna** the past

***förflyta** (furr-*flew*-tah) *v* pass

förflyttning (furr-*flewt*-ning)
c transfer

förfogande (furr-*fōōg*-ahn-
der) *nt* disposal

förfriskning (furr-*frisk*-ning)
c refreshment

förfråga sig (furr-*frōag*-ah)
inquire

förfrågan (furr-*frōa*-gahn) *c*

(pl -gningar) request,
inquiry; query

förfärlig (furr-*fæær*-li) *adj*
terrible; dreadful, frightful

förfölja (furr-*furl*-Yah) *v*
pursue; chase

förföra (furr-*fūr*-rah) *v* seduce

förförisk (furr-*fūr*-risk) *adj*
seductive

förgasare (furr-*gaa*-sah-rer)
c (pl ~) carburettor

förgifta (furr-Yif-tah) *v* poison

förgrena (furr-*grāy*-nahss) *v*
fork, ramify

förgrund (*fūrr*-grewnd) *c*
foreground

förgylld (furr-Yewld) *adj* gilt

***förgå sig** (furr-*gōa*) offend

förgäves (furr-Yaiv-erss) *adv*
in vain

på förhand (pōa *fūrr*-hahnd)
in advance

förhandla (furr-*hahnd*-lah) *v*
negotiate

förhandling (furr-*hahnd*-
ling) *c* negotiation

förhandsvisning (furr-
hahnds-veess-ning) *c*
preview

förhastad (furr-*hahss*-tahd)
adj rash; premature

förhindra (furr-*hin*-drah) *v*
prevent

förhoppning (furr-*hop*-ning)
c hope

förhållande (furr-*hol*-ahn-
der) *nt* relation; affair

förhör (furr-*hūrr*) *nt*
interrogation; examination

förhöra (furr-*hūr*-rah) *v*

interrogate; ~ **sig** inquire; enquire

förkasta (furr-*kahss*-tah) *v* reject; turn down

förklara (furr-*klaa*-rah) *v* explain; declare; ~ **skyldig** convict

förklaring (furr-*klaa*-ring) *c* explanation; declaration

förklä sig (furr-*klai*) disguise

förkläde (*furr*-klai-der) *nt* apron

förklädnad (furr-*klaid*-nahd) *c* disguise

förkorta (furr-*kor*-tah) *v* shorten

förkortning (furr-*kort*-ning) *c* abbreviation

förkylning (furr-t*ʸewl*-ning) *c* cold; ***bli förkyld** *catch a cold

förkämpe (*fūrr*-t*ʸ*ehm-per) *c* advocate, champion

förkärlek (*fūrr*-t*ʸ*æær-layk) *c* preference

förkörsrätt (*fūrr*-t*ʸ*ūrrs-reht) *c* right of way

förlag (furr-*laag*) *nt* publishing house

förlamad (furr-*laa*-mahd) *adj* paralyzed; lame

förlikning (furr-*leek*-ning) *c* settlement

förlopp (furr-*lop*) *nt* process

förlora (furr-*lōō*-rah) *v* *lose

förlorare (furr-*lōh*-rah-rer) *c* (pl ~) loser

förlossning (furr-*loss*-ning) *c* delivery; redemption

förlovad (furr-*lōā*-vahd) *adj* engaged

förlovning (furr-*lōāv*-ning) *c* engagement

förlovningsring (furr-*lōāv*-nings-ring) *c* engagement ring

förlust (furr-*lewst*) *c* loss

*förlåta (furr-*lōā*-tah) *v* *forgive; **förlåt!** sorry!

förlåtelse (furr-*lōā*-tayl-ser) *c* pardon

förlägen (furr-*lai*-gern) *adj* embarrassed; ***göra** ~ embarrass

förlägenhet (furr-*lai*-gen-hāyt) *c* embarrassment

*förlägga (furr-*leh*-gah) *v* place; *mislay

förläggare (furr-*leh*-gah-rer) *c* (pl ~) publisher

förlänga (furr-*lehng*-ah) *v* lengthen; extend; renew

förlängning (furr-*lehng*-ning) *c* extension

förlängningssladd (furr-*lehng*-nings-slahd) *c* extension cord

förlöjliga (furr-*lur*ʸ-li-gah) *v* ridicule

förman (*fūrr*-mahn) *c* (pl -män) foreman

förmedlare (furr-*māyd*-lah-rer) *c* (pl ~) intermediary

förmiddag (*fūrr*-mi-daag) *c* morning

förminska (furr-*mins*-kah) *v* lessen, reduce

förmoda (furr-*mōōd*-ah) *v* suppose; guess, reckon, assume

förmodan (furr-*mōōd*-ahn) c (pl ~den) supposition

förmyndare (furr-mewn-dah-rer) c (pl ~) tutor; guardian

förmynderskap (*furr*-mewn-derr-*skaap*) nt custody, guardianship

förmå att (furr-*mōa*) *be able to; cause to

förmåga (furr-*mōa*-gah) c ability; faculty, capacity

förmån (*furr*-mōan) c benefit; **till ~ för** in favour of ...

förmånlig (*furr*-mōan-li) adj advantageous

förmögen (furr-*mūr*-gern) adj wealthy

förmögenhet (furr-*mūr*-gern-hāyt) c fortune

förmörkelse (furr-*murr*-kehl-ser) c eclipse

förnamn (*furr*-nahmn) nt first name; Christian name

förneka (furr-*nāy*-kah) v deny

*förnimma (furr-*nim*-ah) v sense, perceive; apprehend

förnimmelse (furr-*nim*-erl-ser) c sensation; perception

förnuft (furr-*newft*) nt reason; sense

förnuftig (furr-*newf*-ti) adj reasonable, sensible

förnya (furr-*nēw*-ah) v renew

förnybar (*furr*-nēw-baar) adj renewable

förnämst (furr-*naimst*) adj leading, foremost, greatest

förolämpa (*furr*-ōō-lehm-pah) v insult

förolämpning (*furr*-ōō-

lehmp-ning) c insult

förorda (*furr*-ōōr-dah) v recommend

förorena (*fūr*-oo-rāy-nah) v pollute

förorening (*fūr*-oo-*rāy*-ning) c pollution

förorsaka (*fūrr*-oor-saa-kah) v cause

förort (*furr*-oort) c suburb

förpackning (furr-*pahk*-ning) c packing; package

förpliktelse (furr-*plik*-terl-ser) c obligation; engagement

förr (furr) adv formerly

förra (*furr*-ah) adj last; past

förresten (furr-*rehss*-tayn) adv by the way; besides

i förrgår (ee *furr*-gōar) the day before yesterday

förråd (furr-*rōad*) nt supply

förråda (furr-*rōad*-ah) v betray; *give away

förrådsbyggnad (fur-*rōads*-bewg-nahd) c warehouse

förrädare (furr-*rai*-dah-rer) c traitor

förräderi (furr-aid-er-*ree*) nt treason

förrätt (*furr*-reht) c hors d'œuvre; first course

församling (furr-*sahm*-ling) c assembly; parish, congregation

*förse (furr-*sāy*) v supply, furnish

förseelse (furr-*sāy*-ayl-ser) c offence

försena (furr-*sāy*-nah) v

delay; **försenad** late;
delayed; overdue

försening (furr-*sāy*-ning) *c*
delay

försiktig (furr-*sik*-ti) *adj*
cautious, careful

försiktighet (furr-*sik*-ti-hāyt)
c caution; precaution

försiktighetsåtgärd (furr-
sik-ti-hayts-ōāt-'æærd) *c*
precaution

förskott (*fürr*-skot) *nt*
advance; **betald i ~** prepaid

förskottera (*fürr*-sko-*tāy*-rah)
v advance

förskräcka (furr-*skreh*-kah) *v*
terrify; ***bli förskräckt** *be
frightened

förskräcklig (furr-*skrehk*-li)
adj frightful; dreadful,
terrible, horrible

förslag (furr-*slaag*) *nt*
proposal; suggestion,
proposition

försoning (furr-*sōōn*-ing) *c*
reconciliation

***försova sig** (furr-*sōā*-vah)
*oversleep

försprång (*fürr*-sprong) *nt*
lead, start

först (furrst) *adv* at first

första (furrs-tah) *num* first;
adj foremost, initial, earliest,
original

förstad (*fürr*-staad) *c* (pl
-städer) suburb; **förstads-**
suburban

förstavelse (*fürr*-staa-vayl-
ser) *c* prefix

förstklassig (*furrst*-klahss-i)

adj first-class; first-rate

förstoppning (furr-*stop*-
ning) *c* constipation

förstora (furr-*stōō*-rah) *v*
magnify

förstoring (furr-*stōō*-ring) *c*
enlargement

förstoringsglas (furr-*stōō*-
rings-glaass) *nt* magnifying
glass

förströelse (furr-*strür*-ayl-
ser) *c* amusement; diversion

***förstå** (furr-*stōā*) *v*
*understand; *see;
comprehend

förståelse (furr-*stōā*-ayl-ser)
c understanding

förstående (furr-*stōā*-ern-
der) *adj* understanding

förstånd (furr-*stond*) *nt*
intellect; reason, brain

förstöra (furr-*stö*-rah) *v*
damage, destroy

förstörelse (furr-*stür*-rayl-
ser) *c* destruction

försumlig (furr-*sewm*-li) *adj*
neglectful

försumma (furr-*sewm*-ah) *v*
neglect; fail

försvar (furr-*svaar*) *nt*
defence

försvara (furr-*svaa*-rah) *v*
defend, justify

***försvinna** (furr-*svi*-nah) *v*
disappear; vanish

försvunnen (furr-*svew*-nayn)
adj lost; missing

försäkra (furr-*saik*-rah) *v*
assure; insure; affirm

försäkring (furr-*saik*-ring) *c*

insurance

försäkringsbrev (furr-*saik*-rings-*brayv*) *nt* insurance policy; policy

försäkringspremie (furr-*saik*-rings-*pray*-mi-ay) *c* premium

försäljare (furr-*sehl*-²ah-rer) *c* (pl ∼) salesman

försäljerska (furr-*sehl*-²errs-kah) *c* salesgirl

försäljning (furr-*sehl*²-ning) *c* sale

försändelse (furr-*sehn*-dayl-ser) *c* consignment; item of mail

försök (furr-*sūrk*) *nt* attempt; experiment, try

försöka (furr-*sūr*-kah) *v* try; attempt

förtal (furr-*taal*) *nt* slander, calumny

förteckning (furr-*tayk*-ning) *c* index, list

förtjusande (furr-t²*ewss*-ahn-der) *adj* delightful; lovely

förtjusning (furr-t²*ewss*-ning) *c* delight

förtjust (furr-t²*ewst*) *adj* delighted; joyful

förtjäna (furr-t²*ai*-nah) *v* merit, deserve; earn

förtjänst (furr-t²*ehnst*) *c* gain; merit

förtret (furr-*trāyt*) *c* annoyance

förtroende (furr-*trōō*-en-der) *nt* confidence; trust

förtrolig (furr-*trōō*-li) *adj*

intimate

förtrollande (furr-*trol*-ahn-der) *adj* enchanting; glamorous

förtrycka (furr-*trew*-kah) *v* oppress

förträfflig (furr-*trehf*-li) *adj* excellent

förtulla (furr-*tew*-ler) *v* declare

förtunna (furr-*tewn*-ah) *v* dilute

förtvivla (furr-*tveev*-lah) *v* despair

förtvivlan (furr-*tveev*-lahn) *c* despair

förundran (furr-*ewnd*-rahn) *c* wonder

förundra sig (furr-*ewnd*-rah) wonder

förut (*fūrr*-ēwt) *adv* before; formerly

förutsatt att (furr-ēwt-saht aht) provided that

*****förutse** (*fūrr*-ēwt-*sāy*) *v* anticipate

förutspå (*fūrr*-ēwt-spōa) *v* predict

*****förutsäga** (*fūrr*-ēwt-seh-²ah) *v* forecast

förutsägelse (*fūrr*-ēwt-sayayl-ser) *c* forecast

förutvarande (*fūrr*-rēwt-vaa-rahn-der) *adj* former

förvaltande (*fūrr*-vahl-tahn-der) *adj* administrative

förvaltare (furr-*vahl*-tah-rer) *c* (∼) administrator; trustee

förvaltning (furr-*vahlt*-ning)

c administration

förvaltningsrätt (furr-*vahlt-nings*-reht) *c* administrative law

förvandla (furr-*vahnd*-lah) *v* transform; **förvandlas till** turn into

förvaring (furr-*vaa*-ring) *c* custody

förvaringsbox (furr-*vaa*-rings-boks) *c* locker

förverkliga (furr-*værk*-li-gah) *v* realize

förvirra (furr-*vi*-rah) *v* confuse; muddle

förvirrad (furr-*vi*-rahd) *adj* confused

förvirring (furr-*vi*-ring) *c* confusion

förvissa sig om (furr-*viss*-ah) ascertain

förvåna (furr-*voān*-ah) *v* astonish; surprise; amaze

förvånansvärd (furr-*voā*-nahns-væærd) *adj* astonishing

förvåning (furr-*voāning*) *c* astonishment; amazement

i förväg (ee *furr*-vaig) in advance

förvänta (furr-*vehn*-tahn) *c* (pl -tningar) expectation

förvänta sig (furr-*vehn*-tah) expect

förvärv (furr-*værv*) *nt* acquisition

förväxla (furr-*vehks*-lah) *v* *mistake, confuse, mix up

föråldrad (furr-*old*-rahd) *adj* antiquated, out-of-date

förälder (fürr-*ehl*-der) *c* (pl föräldrar) parent

föräldrar (furr-*ehld*-rahr) *pl* parents *pl*

förälskad (furr-*ehls*-kahd) *adj* in love

förändra (furr-*ehnd*-rah) *v* change; alter

förändring (furr-*ehnd*-ring) *c* change, variation, alteration

föröva (furr-*ūrv*-ah) *v* commit

G

gagnlös (*gahngn*-lūrss) *adj* futile, useless, fruitless

galen (*gaa*-lern) *adj* crazy

galge (*gahl-³er*) *c* coat hanger; gallows *pl*

galla (*gahl*-ah) *c* bile; gall

gallblåsa (*gahl*-blöäss-ah) *c* gall bladder

galleri (gah-ler-*ree*) *nt* gallery

gallsten (*gahl*-stäyn) *c*

gallstone

galopp (gah-*lop*) *c* gallop

gam (gaam) *c* vulture

gammal (*gahm*-ahl) *adj* old; ancient, aged; stale

gammaldags (*gahm*-ahl-dahks) *adj* old-fashioned; quaint

gammalmodig (*gahm*-ahl-mōō-di) *adj* old-fashioned,

outmoded
ganska (*gahns*-kah) *adv*
fairly; pretty, rather, quite
gap (gaap) *nt* jaws *pl*; mouth
gapa (*gaapah*) *v* open one's
mouth
garage (gah-*raash*) *nt* garage
garantera (gah-rahn-*tay*-rah)
v guarantee
garanti (gah-rahn-*tee*) *c*
guarantee
garderob (gahr-der-*roab*) *c*
wardrobe; closet *nAm*;
checkroom *nAm*
gardin (gahr-*deen*) *c* curtain
garn (gaarn) *nt* (pl ~er) yarn
gas (gaass) *c* gas
gaskök (*gaass*-t^y*urk*) *nt* gas
cooker
gaspedal (*gaass*-pay-*daal*) *c*
accelerator
gasspis (*gaass*-speess) *c* gas
cooker
gastronom (gahst-ro-*noam*)
c gourmet
gasverk (*gaass*-værk) *nt*
gasworks
gata (*gaa*-tah) *c* street; road
gatubeläggning (gaa-tew-
bay-lehg-ning) *c* pavement
gatukorsning (*gaatew*-kors-
ning) *c* crossroads
gavel (*gaa*-vayl) *c* (pl gavlar)
gable
***ge** (^y*ay*) *v* *give; pass; ~ efter
*give in; indulge; ~ sig
surrender; ~ sig av *set out,
*leave; ~ upp *give up; quit;
~ ut publish
gedigen (^yay-*dee*-gern) *adj*

solid
gelé (shay-*lay*) *c* jelly
gemen (^yay-*mayn*) *adj* mean,
foul
gemensam (^yay-*mayn*-sahm)
adj common; joint, mutual;
gemensamt jointly; in
common
gemenskap (^yay-*mayn*-
skaap) *c* community,
fellowship
genast (^y*ay*-nahst) *adv*
immediately, at once,
straight away
genera (shay-*nay*-rah) *v*
embarrass
general (^yay-nay-*raal*) *c*
general
generation (^yay-nay-rah-
shoon) *c* generation
generator (^yay-nay-*raa*-tor) *c*
generator
generös (shay-nay-*rurss*) *adj*
generous
geni (^y*ay*-nee) *nt* (pl ~er)
genius
genljud (^y*ayn*-^y*ewd*) *nt* echo
genom (^y*ay*-nom) *prep*
through
genomborra (^y*ay*-nom-bo-
rah) *v* pierce
genomföra (^y*ay*-nom-*fur*-
rah) *v* carry out
***genomgå** (^y*ay*-nom-*goa*) *v*
*go through
genomresa (^y*ay*-nom-*ray*-
sah) *c* passage, transit
genomskinlig (^y*ay*-nom-
sheen-li) *adj* transparent;
sheer

genomsnitt (ˈ*ay*-nom-snit) *nt* average; mean; i ~ on the average

genomsnittlig (ˈ*ay*-nom-snit-li) *adj* average; medium

genomsöka (ˈ*ay*-nom-sū-kah) *v* search, ransack

genomtränga (ˈ*ay*-nom-trehng-ah) *v* penetrate

gentemot (ˈ*ay*nt-ay-*mōōt*) *prep* towards

genus (*gay*-newss) *nt* gender

geografi (ˈ*ay*-o-grah-*fee*) *c* geography

geologi (ˈ*ay*-o-lo-*gee*) *c* geology

geometri (ˈ*ay*-o-mayt-*ree*) *c* geometry

gest (shehst) *c* gesture

gestikulera (shehss-ti-kew-*layr*-ah) *v* gesticulate

get (ˈ*ay*t) *c* (pl ~ter) goat; **getabock** billy goat

geting (ˈ*ay*-ting) *c* wasp

getskinn (ˈ*ay*t-shin) *nt* kid

gevär (ˈ*e*r-*væær*) *nt* rifle; gun

gift (ˈift) *nt* poison

gifta sig (ˈ*if*-tah) marry

giftig (ˈ*if*-ti) *adj* poisonous; toxic

gikt (ˈikt) *c* gout

gilla (ˈ*i*-lah) *v* like; approve

gillande (ˈ*i*-lahn-der) *nt* approval

giltig (ˈ*il*-ti) *adj* valid

gips (ˈips) *c* plaster

gissa (ˈ*i*-sah) *v* guess

gisslan (ˈ*iss*-lahn) *c* hostage

gitarr (ˈ*i*-*tahr*) *c* guitar

givetvis (ˈ*ee*-vert-veess) *adv* of course

givmild (ˈ*eev*-mild) *adj* generous; liberal

givmildhet (ˈ*eev*-mild-hāyt) *c* generosity

*****gjuta** (ˈ*ēw*-tah) *v* *cast

gjutjärn (ˈ*ēwt*-ˈ*ærn*) *nt* cast iron

glaciär (glah-si-ˈ*æær*) *c* glacier

glad (glaad) *adj* glad; cheerful, joyful

gladlynt (*glaad*-lewnt) *adj* good-humoured

glans (glahns) *c* gloss

glas (glaass) *nt* glass; **färgat** ~ stained glass; **glas-** glass

glasera (glah-*say*-rah) *v* glaze

glass (glahss) *c* ice cream

glasögon (*glaass*-ūr-gon) *pl* glasses; spectacles

*****glida** (*glee*-dah) *v* *slide; glide

glidning (*gleed*-ning) *c* slide

glimt (glimt) *c* glimpse; flash

glob (glōōb) *c* globe

globalisera (glōō-baal-i-*say*-rah) *v* globalize

globalisering (glōō-baali-*say*-ring) *c* globalization

global uppvärmning (glōō-baal ewp-værm-ning) *c* global warming

glupsk (glewpsk) *adj* greedy

*****glädja** (*glaid*-ˈah) *v* please, delight

glädje (*glaid*-ˈer) *c* joy, pleasure; gladness; **med** ~ gladly

glänsa (glehn-sah) *v* *shine

glänsande (*glehn*-sahn-der)
   adj shining, lustrous

glänta (*glehn*-tah) *c* glade

glöd (glūrd) *c* embers *pl*; glow

glöda (*glūr*-dah) *v* glow

glödlampa (*glūrd*-lahm-pah)
   c light bulb

glödlampshållare (*glūrd*-
   lahmps-*ho*-lah-rer) *c* (pl ~)
   socket

glömma (*glur*-mah) *v* *forget

glömsk (glurmsk) *adj*
   forgetful

***gnida** (*gneed*-ah) *v* rub

gnissla (*gniss*-lah) *v* creak

gnista (*gniss*-tah) *c* spark

gnistra (*gnist*-rah) *v* sparkle

gnistrande (*gnist*-rahn-der)
   adj sparkling

god (gōōd) *adj* nice; good;
   kind; var ~ please; var så ~
   here you are

goddag! (gōō-daa) hello!

godis (*gōōd*-iss) *nt* candy
   nAm

godkänna (*gōōd*-tʸehn-ah) *v*
   approve of

godlynt (*gōōd*-lewnt) *adj*
   good-tempered

godmodig (*gōōd*-mōō-di)
   adj good-natured

gods (goods) *nt* estate

godståg (goods-tōāg) *nt*
   goods train; freight train
   nAm

godsvagn (*goods*-vahngn) *c*
   waggon

godtrogen (*gōōd*-trōō-gern)
   adj credulous

godtycklig (*gōōd*-tewk-li) *adj*

arbitrary, fortuitous

golf (golf) *c* golf

golfbana (*golf*-baa-ner) *c*
   golf course; golf links

golv (golv) *nt* floor

gondol (gon-*dōāl*) *c* gondola

gosse (*goss*-er) *c* lad

gottaffär (*got*-ah-*fæær*) *c*
   sweetshop; candy store *Am*

gotter (*got*-err) *pl* sweets

***gottgöra** (*got*-ʸ*ūrr*-ah) *v*
   *make good, indemnify

gottgörelse (*got*-ʸ*ūr*-rerl-ser)
   c indemnity

GPS (ge-peh-s) *c* GPS ; global
   positioning system

grabb (grahb) *c* chap

grace (graass) *c* grace

graciös (grah-si-*ūrss*) *adj*
   graceful

grad (graad) *c* degree; grade;
   till den ~ so

gradvis (*graad*-veess) *adj*
   gradual

grafisk (*graa*-fisk) *adj*
   graphic; ~ framställning
   diagram

gram (grahm) *nt* gram

grammatik (grah-mah-*teek*) *c*
   grammar

grammatisk (grah-*mah*-tisk)
   adj grammatical

grammofon (grah-mo-*fōān*)
   c record player;
   gramophone

grammofonskiva (grah-mo-
   fōān-shee-vah) *c* record; disc

gran (graan) *c* fir tree

granit (grah-*neet*) *c* granite

granne (*grah*-ner) *c*

neighbour

grannskap (*grahn*-skaap) *nt*
neighbourhood

grapefrukt (*graip*-frewkt) *c*
grapefruit

gratis (*graa*-tiss) *adj* free;
gratis

gratulation (grah-tew-lah-*shoon*) *c* congratulation

gratulera (grah-tew-*lay*-rah)
v compliment, congratulate

grav (graav) *c* grave; tomb

gravera (grah-*vay*-rah) *v*
engrave

gravid (grah-*veed*) *adj*
pregnant

gravsten (*graav*-stayn) *c*
gravestone; tombstone

gravsättning (*graav*-seht-ning) *c* burial

gravyr (grah-*vewr*) *c*
engraving

gravör (grah-*vurr*) *c* engraver

grej (gray) *c* gadget

grek (grayk) *c* Greek

grekisk (*gray*-kisk) *adj* Greek

Grekland (*grayk*-lahnd)
Greece

gren (grayn) *c* branch

grepp (grayp) *nt* grasp;
clutch, grip

greve (*gray*-ver) *c* count; earl

grevinna (gray-*vi*-nah) *c*
countess

grevskap (*grayv*-skaap) *nt*
county

griffeltavla (*gri*-ferl-taav-lah)
c slate

grill (grill) *c*; (pl **griller**)
barbecue

grilla (*gri*-lah) *v* grill; roast

grillrestaurang (*gril*-rayss-tew-*rahng*) *c* grillroom

grind (grind) *c* gate

*****gripa** (*greep*-ah) *v* grasp;
*take, grip, seize, *catch

gripbar (*greep*-baar) *adj*
tangible

gris (greess) *c* pig

griskött (*greess*-t³urt) *nt* pork

groda (*groo*-dah) *c* frog

grodd (grood) *c* germ

grop (groop) *c* pit

gropig (*groo*-pi) *adj* bumpy,
rough

gross (gross) *nt* gross

grossist (gro-*sist*) *c*
wholesale dealer

grotta (*gro*-tah) *c* grotto; cave

grov (groov) *adj* coarse; gross

grund (grewnd) *c* cause;
ground; *adj* shallow; **på ~ av**
because of; on account of,
for

grunda (*grewn*-dah) *v* found;
base, ground

grundlag (*grewnd*-laag) *c*
constitutional law

grundlig (*grewnd*-li) *adj*
thorough

grundläggande (*grewnd*-leh-gahn-der) *adj*
fundamental; basic

grundprincip (*grewnd*-prin-seep) *c* basis

grundsats (*grewnd*-sahts) *c*
fundamental principle

grundval (*grewnd*-vaal) *c*
base, foundation

grupp (grewp) *c* group; set

grus (grewss) nt gravel; grit

grusväg (grewss-vaig) c gravelled road

gruva (grew-vah) c mine; pit

gruvarbetare (grewv-ahr-bay-tah-rer) c (pl ~) miner

gruvdrift (grewv-drift) c mining

grym (grewm) adj cruel; harsh

gryning (grew-ning) c dawn

gryta (grew-tah) c pot, casserole

grå (grōa) adj grey

*gråta (grōa-tah) v cry; *weep

grädde (greh-der) c cream

gräddfärgad (grehd-fær-yahd) adj cream

grål (grail) nt quarrel; dispute

gräla (grai-lah) v argue, quarrel; ~ på scold

gränd (grehnd) c alley; lane

gräns (grehns) c frontier; border; limit, bound

gränslinje (grehns-lin-yer) c boundary

gräs (graiss) nt grass

gräshoppa (graiss-ho-pah) c grasshopper

gräslig (graiss-li) adj horrible

gräslök (graiss-lūrk) c chives pl

gräsmatta (graiss-mah-tah) c lawn

grässtrå (graiss-strōa) nt blade of grass

gräva (grai-vah) v *dig; ~ ut excavate

grön (grūrn) adj green

grönsak (grūrn-saak) c vegetable

grönsakshandlare (grūrn-saaks-hahnd-lah-rer) c (pl ~) greengrocer; vegetable merchant

grönsallad (grūrn-sahl-ahd) c lettuce

gud (gewd) c god

gudfar (gewd-faar) c (pl -fäder) godfather

gudinna (gew-din-ah) c goddess

gudmor (gewd-mōōr) c (pl -mödrar) godmother

gudomlig (gew-doom-li) adj divine

gudstjänst (gewds-tyehnst) c worship, divine service

guide (gighd) c guide

gul (gewl) adj yellow

guld (gewld) nt gold

guldsmed (gewld-smayd) c goldsmith

gulsot (gewl-sōōt) c jaundice

gummi (gew-mi) nt rubber; gum

gummiband (gew-mi-bahnd) nt rubber band

gunga (gewng-ah) c swing; v rock, *swing

gungbräda (gewng-brai-dah) c seesaw

gunstling (gewnst-ling) c favourite

gurgla (gewrg-lah) v gargle

gurka (gewr-kah) c cucumber

guvernant (gew-verr-nahnt) c governess

guvernör (gew-verr-nūrr) c governor

gylf (ˠewlf) c fly

gyllene (ˠewl-ler-ner) adj golden

gymnast (ˠewm-*nahst*) c gymnast

gymnastik (ˠewm-nah-*steek*) c gymnastics pl

gymnastikbyxor (ˠewm-nah-*steek*-bewk-serr) pl trunks pl

gymnastiksal (ˠewm-nah-*steek*-saal) c gymnasium

gymnastikskor (ˠewm-nah-*steek*-skoor) pl gym shoes; plimsolls pl; sneakers plAm

gynekolog (ˠew-nay-ko-*lōāg*) c gynaecologist

gynna (ˠewn-ah) v favour

gynnsam (ˠewn-sahm) adj favourable

gyttja (ˠewt-ˠah) c mud

*gå (gōā) v *go; walk; ~ förbi pass by; ~ igenom pass through; ~ i land land; ~ in enter; ~ med på consent to; ~ ombord embark; ~ till val go to the polls; ~ upp *rise; ~ ut *go out

gång (gong) c time; passage, corridor, aisle; en ~ once; some time; en ~ till once more; gång på gång again and again; någon ~ some day; två gånger twice

gångart (gong-aart) c gait

gångbana (gong-baan-ah) c sidewalk nAm

gångjärn (gong-ˠæærn) nt hinge

gångstig (gong-steeg) c footpath

gård (gōārd) c farm; yard

gås (gōāss) c (pl gäss) goose

gåshud (gōāss-hewd) c goose flesh

gåta (gōā-tah) c riddle; enigma

gåtfull (gōāt-fewl) adj mysterious

gåva (gōā-vah) c gift; present

gädda (ˠeh-dah) c pike

gäl (ˠail) c gill

gäll (ˠehl) adj loud

gälla (ˠehl-ah) v apply

gällande (ˠehl-ahn-der) adj current, valid

gäng (ˠehng) nt gang

gärna (ˠæær-nah) adv gladly, willingly

gärning (ˠæær-ning) c deed, act

gäspa (ˠehss-pah) v yawn

gäst (ˠehst) c guest

gästfri (ˠehst-free) adj hospitable

gästfrihet (ˠehst-free-hāyt) c hospitality

gästrum (ˠehst-rewm) nt guest room; spare room

gödsel (ˠur-serl) c manure

gök (ˠürk) c cuckoo

gömma (ˠur-mah) v *hide

*göra (ˠūr-rah) v *do; *make; ~ illa harm; ~ ljusare brighten; ~ modfälld discourage; ~ sig av med get rid of; ~ upp settle; *make up

gördel (ˠūrr-dayl) c (pl -dlar) girdle

*ha (haa) v *have

H

habegär (haa-bay-^{y}ǽǽr) nt
greed
hacka (hahk-ah) c hoe; v hoe,
chop
hagalen (haa-gaa-lern) adj
greedy
hagel (haa-gerl) nt hail
haj (high) c shark
haka (haa-kah) c chin
hal (haal) adj slippery
halka (hahl-kah) v slip
hall (hahl) c hall
hallon (hah-lon) nt raspberry
halm (hahlm) c straw
halmtak (hahlm-taak) nt
thatched roof
hals (hahls) c throat; neck
halsband (hahls-bahnd) nt
necklace; collar
halsbränna (hahls-breh-nah)
c heartburn
halsduk (hahls-dewk) c scarf
halsfluss (hahls-flewss) c
tonsilitis
halsmandlar (hahls-mahnd-
lahr) pl tonsils pl
halsont (hahls-oont) nt sore
throat
halstra (hahl-strah) v roast
halt (hahlt) adj lame
halta (hahl-tah) v limp
halv (hahlv) adj half
halvcirkel (hahlv-seer-kerl) c
(pl -klar) semicircle
halvera (hahl-vay-rah) v
halve

halvlek (hahlv-layk) c half
time
halvpension (hahlv-pahng-
shoon) c half board
halvvägs (hahl-vaigs) adv
halfway
halvö (hahlv-ūr) c peninsula
hammare (hah-mah-rer) c (pl
~) hammer
hamn (hahmn) c port,
harbour
hamnarbetare (hahmn-ahr-
bāy-tah-rer) c (pl ~) docker
hamnpir (hahmn-peer) c
jetty
hamnstad (hahmn-staad) c
(pl -städer) seaport
hampa (hahm-pah) c hemp
han (hahn) pron he
han- (haan) pref male
hand (hahnd) c (pl händer)
hand; hand- handheld; *ta ~
om look after; *take care of,
attend to
handarbete (hahnd-ahr-
bāyt-er) nt needlework
handbagage (hahnd-bah-
gaash) nt hand luggage;
hand baggage Am
handbojor (hahnd-bo-^{y}or) pl
handcuffs pl
handbok (hahnd-book) c (pl
-böcker) handbook
handbroms (hahnd-broms) c
handbrake
handduk (hahnd-dewk) c

towel

handel (*hahn*-derl) *c* trade;
business, commerce; *driva
~ trade; **handels**-
commercial

handelsidkare (*hahn*-derls-
eed-kaar-rer) *c* (pl ~)
tradeswoman

handelsman (*hahn*-derls-
mahn) *c* (pl -män)
tradesman

handelsrätt (*hahn*-derls-
reht) *c* commercial law

handelsvara (*hahn*-derls-
vaa-rah) *c* merchandise

handfat (*hahnd*-faat) *nt*
washbasin

handflata (*hahnd*-flaa-tah) *c*
palm

handfull (*hahnd*-fewl) *c*
handful

handgjord (*hahnd*-ⁱōōrd) *adj*
hand-made

handikapp (*hahn*-di-kahp) *nt*
(pl ~) handicap

handikappad (*hahn*-di-
kahp-ahd) *adj* handicapped,
disabled

handkräm (*hahnd*-kraim) *c*
hand cream

handla (*hahnd*-lah) *v* shop;
act

-handlare (*hahnd*-lah-rer) *c*
dealer

handled (*hahnd*-lāyd) *c* wrist

handling (*hahnd*-ling) *c*
action; act, plot, deed;
certificate; **handlingar**
documents *pl*

handpenning (*hahnd*-pay-

ning) *c* down payment,
deposit

handske (*hahnd*-sker) *c*
glove

handslag (*hahnd*-slaag) *nt*
handshake

handstil (*hahnd*-steel) *c*
handwriting

handtag (*hahnd*-taag) *nt*
knob, handle

handväska (*hahnd*-vehss-
kah) *c* handbag; bag

hans (hahns) *pron* his

hantera (hahn-*tāy*-rah) *v*
handle

hanterlig (hahn-*tāyr*-li) *adj*
manageable

hantverk (*hahnt*-værk) *nt*
handicraft

hare (*haa*-rer) *c* hare

harmoni (hahr-mo-*nee*) *c*
harmony

harpa (*hahr*-pah) *c* harp

hasselnöt (*hahss*-erl-*nurt*) *c*
(pl ~ter) hazelnut

hast (hahst) *c* haste

hastig (*hahss*-ti) *adj* fast,
rapid; hasty

hastighet (*hahss*-ti-hāyt) *c*
speed

hastighetsbegränsning
(*hahss*-ti-hāyts-ber-*grehns*-
ning) *c* speed limit

hastighetsmätare (*hahss*-ti-
hāyts-*mai*-tah-rer) *c* (pl ~)
speedometer

hat (haat) *nt* hatred, hate

hata (*haa*-tah) *v* hate

hatt (haht) *c* hat

hatthylla (*haht*-hew-lah) *c* hat

rack

hav (haav) *nt* sea

havande (*haa*-vahn-der) *adj* pregnant

havre (*haav*-rer) *c* oats *pl*

havsstrand (*hahvs*-strahnd) *c* (pl -stränder) seashore

havsvatten (*hahvs*-vah-tern) *nt* sea water

hebreiska (hay-*bráy*-iss-kah) *c* Hebrew

hed (hāyd) *c* heath

heder (*hāy*-derr) *c* honour

hederlig (*hāy*-derr-li) *adj* honest, straight

hederskänsla (*hāy*-derrs-t⁴ehns-lah) *c* sense of honour

hedning (*hāyd*-ning) *c* pagan, heathen

hednisk (*hāyd*-nisk) *adj* heathen; pagan

hedra (*hāyd*-rah) *v* honour

hej! (hay) hello!; hej då! Bye--bye! *colloquial*

hel (hāyl) *adj* entire; whole

helgdag (*hehl⁴*-daag) *c* holiday

helgedom (*hehl*-ger-doom) *c* shrine, sanctuary

helgeflundra (*hehl*-⁴er-flewnd-rah) *c* halibut

helgerån (*hehl*-⁴eh-rōan) *nt* sacrilege

helgon (*hehl*-gon) *nt* saint

helhet (*hāyl*-hayt) *c* whole

helig (*hāy*-li) *adj* holy; sacred

helikopter (heh-li-*kop*-ter) *c* (pl -koptrar) helicopter

hellre (*hehl*-rer) *adv* rather;

sooner

helpension (*hāyl*-pahng-shōōn) *c* full board; bed and board; board and lodging

helt (hāylt) *adv* entirely; quite; ~ och hållet wholly; altogether

helvete (*hehl*-vāy-ter) *nt* hell

hem (hehm) *nt* home; *adv* home; *gå ~ *go home; hem- domestic

hembiträde (*hehm*-bee-trai-der) *nt* housemaid

hemgjord (*hehm*-⁴ōōrd) *adj* home-made

hemland (*hehm*-lahnd) *nt* (pl -länder) native country

hemlig (*hehm*-li) *adj* secret

hemlighet (*hehm*-li-hāyt) *c* secret

hemlängtan (hehm-*lehng*-tahn) *c* homesickness

hemma (*hehm*-ah) *adv* at home; home

hemmafru (*heh*-mah-frew) *c* house-wife

hemorrojder (heh-mo-*roi*-derr) *pl* haemorrhoids *pl*; piles *pl*

hemort (*hehm*-oort) *c* domicile

hemsk (hehmsk) *adj* terrible

hemtrevlig (*hehm*-trāyv-li) *adj* cosy

henne (*hehn*-er) *pron* her

hennes (*hehn*-erss) *pron* her

herde (*hāyr*-der) *c* shepherd

herr (hær) *c* mister

herravälde (*hær*-ah-vehl-der) *nt* domination;

dominion

herre (*hær*-er) *c* gentleman;
min ~ sir

herrfrisör (*hær*-fri-*sürr*) *c*
barber

herrgård (*hær*-goård) *c*
manor house

herrtoalett (*hær*-too-ah-*layt*)
c men's room

hertig (*hær*-tig) *c* duke

hertiginna (*hær*-ti-gin-ah) *c*
duchess

hes (hāyss) *adj* hoarse

het (hāyt) *adj* hot

heta (*hāy*-tah) *v* *be called

heterosexuell (heh-ter-ro-
sehk-sew-*ayl*) *adj*
heterosexual

hetlevrad (*hāyt*-lāyv-rahd)
adj hot-tempered

hetta (*hay*-tah) *c* heat

hicka (*hi*-kah) *v* hiccup

hierarki (hi-err-ahr-*kee*) *c*
hierarchy

himmel (*him*-erl) *c* (pl -mlar)
sky; heaven

hinder (*hin*-derr) *nt* obstacle;
impediment

hindra (*hind*-rah) *v* hinder;
impede; embarrass

hink (hingk) *c* bucket

hinna (*hin*-ah) *c* membrane

*****hinna** (*hin*-ah) *v* *catch;
*find time

hip-hop (hip-hop) *c* hip-hop

hiss (hiss) *c* lift; elevator
nAm

hissa (*hiss*-ah) *v* hoist

historia (hiss-*too*-ri-ah) *c*
history; story

historiker (hiss-*too*-ri-kerr) *c*
(pl ~) historian

historisk (hiss-*too*-risk) *adj*
historic; historical

hitta (*hit*-ah) *v* *find

hittegods (*hi*-ter-goods) *nt*
lost and found

hittegodsmagasin (*hi*-ter-
goods-mah-gah-*seen*) *nt* lost
property office

hittills (*heet*-tils) *adv* so far

hjord (*Ⴑoord*) *c* herd; flock

hjort (*Ⴑoort*) *c* deer

hjortkalv (*Ⴑoort*-kahlv) *c*
fawn

hjul (*Ⴑewl*) *nt* wheel

hjulaxel (*Ⴑewl*-ahk-serl) *c* (pl
-axlar) axle

hjälm (*Ⴑehlm*) *c* helmet

hjälp (*Ⴑehlp*) *c* help; aid,
assistance; relief; helper;
första hjälpen first aid

hjälpa (*Ⴑehl*-pah) *v* help; aid,
assist

hjälpsam (*Ⴑehlp*-sahm) *adj*
helpful

hjälpstation (*Ⴑehlp*-stah-
shoon) *c* first aid post

hjälte (*Ⴑehl*-ter) *c* hero

hjärna (*Ⴑæær*-nah) *c* brain

hjärnskakning (*Ⴑæærn*-
skaak-ning) *c* concussion

hjärta (*Ⴑær*-tah) *nt* heart

hjärtattack (*Ⴑært*-ah-*tahk*) *c*
heart attack

hjärtklappning (*Ⴑært*-klahp-
ning) *c* palpitation

hjärtlig (*Ⴑært*-li) *adj* cordial;
hearty

hjärtlös (*Ⴑært*-*lürss*) *adj*

heartless
hobby (*ho*-bi) *c* (pl -bies, ~er)
hobby
hockey (*ho*-ki) *c* hockey
hoj (hōōy) *c* (pl hojar) bike
colloquial
Holland (*ho*-lahnd) Holland
holländare (*ho*-lehn-dah-rer)
c (pl ~) Dutchman
holländsk (*ho*-lehndsk) *adj*
Dutch
homosexuell (*ho*-moo-sehk-
sew-*ayl*) *adj* homosexual
hon (hoon) *pron* she
hon- (hōōn) *pref* female
honom (*ho*-nom) *pron* him
honung (*hōa*-newng) *c* honey
hop (hōōp) *c* crowd; bunch
hopp (hop) *nt* hope; jump,
leap, hop
hoppa (*ho*-pah) *v* jump;
*leap, hop; ~ över skip, jump
over
hoppas (*ho*-pahss) *v* hope
hoppfull (*hop*-fewl) *adj*
hopeful, confident
hopplös (*hop*-lūrss) *adj*
hopeless
hora (*hōō*-rah) *c* whore
horisont (ho-ri-*sont*) *c*
horizon
horisontal (ho-ri-son-*taal*)
adj horizontal
horn (hoorn) *nt* horn
hos (hooss) *prep* at
hosta (*hooss*-tah) *v* cough; *c*
cough
hot (hōōt) *nt* threat
hota (*hōō*-tah) *v* threaten
hotande (*hōō*-tahn-der) *adj*

threatening
hotell (ho-*tayl*) *nt* hotel
hov[1] (hōav) *nt* court
hov[2] (hōōv) *c* hoof
hovmästare (*hōav*-mehss-
tah-rer) *c* (pl ~) head waiter
hud (hewd) *c* skin
hudkräm (*hewd*-krehm) *c*
skin cream
hudutslag (*hewd*-ēwt-slaag)
nt rash
***hugga** (*hew*-gah) *v* *hew
humle (*hewm*-lay) *nt* hop
hummer (*hew*-merr) *c* (pl
-mrar) lobster
humor (*hew*-mor) *c* humour
humoristisk (hew-mo-*riss*-
tisk) *adj* humorous
humör (hew-*mūrr*) *nt* mood;
temper, temperament
hund (hewnd) *c* dog
hundkoja (*hewnd*-ko-
ᵛah) *c*
kennel
hundra (*hewnd*-rah) *num*
hundred
hunger (*hewng*-err) *c* hunger
hungrig (*hewng*-ri) *adj*
hungry
hur (hewr) *adv* how; ~ mycket
how much; ~ många how
many; ~ som helst anyhow;
any way
hus (hewss) *nt* house; home
husblock (*hewss*-blok) *nt*
house block *Am*
husbåt (*hewss*-bōat) *c*
houseboat
hushåll (*hewss*-hol) *nt*
household
hushållerska (*hewss*-ho-

lerrs-kah) *c* housekeeper

hushållning (*hewss*-hol-ning) *c* housekeeping; economy

hushållsarbete (*hewss*-hols-ahr-*bay*-ter) *nt* housework

hushållssysslor (*hewss*-hols-sewss-lor) *pl* housekeeping

husmor (*hewss*-mōōr) *c* (pl -mödrar) mistress

husrum (*hewss*-rewm) *nt* accommodation; lodging

hustru (*hewst*-rew) *c* wife

husvagn (*hewss*-vahngn) *c* caravan; trailer *nAm*

huttra (*hewt*-rah) *v* shiver

huvud (*hew*-er) *nt* (pl ~, ~en) head; **huvud-** main; chief, cardinal, principal, capital, primary

huvudbry (*hew*-verd-*brew*) *nt* puzzle

huvudgata (*hew*-verd-gaa-tah) *c* main street; thoroughfare

huvudkudde (*hew*-verd-kew-der) *c* pillow

huvudledning (*hew*-verd-*layd*-ning) *c* mains *pl*

huvudlinje (*hew*-verd-lin-ʸer) *c* main line

huvudrätt (*hew*-verd-reht) *c* main course

huvudsaklig (*hew*-verd-*saak*-li) *adj* cardinal, capital; **huvudsakligen** mainly

huvudstad (*hew*-verd-staad) *c* (pl -städer) capital

huvudväg (*hew*-verd-*vaig*) *c* main road; thoroughfare

huvudvärk (*hew*-verd-*værk*) *c* headache

hy (*hew*) *c* complexion, skin

hycklande (*hewk*-lahn-der) *adj* hypocritical

hycklare (*hewk*-lah-rer) *c* (pl ~) hypocrite

hyckleri (hewk-ler-*ree*) *nt* (pl ~er) hypocrisy

hydda (*hew*-dah) *c* hut; cabin

hygien (hew-gi-*ayn*) *c* hygiene

hygienisk (hew-gi-*ay*-nisk) *adj* hygienic

hylla (*hew*-lah) *v* congratulate, honour; *c* shelf, rack

hyllning (*hewl*-ning) *c* tribute; homage; congratulations *pl*

hymn (hewmn) *c* hymn, anthem

hypotek (hew-po-*tayk*) *nt* mortgage

hyra (*hew*-rah) *v* rent, hire; lease; *c* rent; lease; **~ ut** *let

hyresgäst (*hew*-rerss-ʸehst) *c* tenant

hyreshus (*hew*-rerss-*hewss*) *nt* block of flats; apartment house *Am*

hyreskontrakt (*hew*-rerss-kon-*trahkt*) *nt* lease

hyresvärd (*hew*-rerss-*væærd*) *c* landlord

hyresvärdinna (*hew*-rerss-vær-*di*-nah) *c* landlady

hysterisk (hewss-*tay*-risk) *adj* hysterical

hytt (hewt) c cabin; booth

hyttventil (hewt-vehn-teel) c
porthole

hågkomst (hōōg-komst) c
remembrance

hål (hōal) nt hole; *göra ~
pierce

håla (hōal-ah) c cavern

hålighet (hōal-i-hāyt) c
cavity, hollow

håll (hol) nt way; stitch

*hålla (ho-lah) v *hold;
*keep; ~ av love; ~ fast
*hold; ~ tillbaka restrain; ~
uppe support; *hold up; ~
upp med stop; ~ ut *keep up

hållning (hol-ning) c gait,
carriage; attitude

hållplats (hol-plahts) c stop,
halt

hån (hōan) nt scorn; mockery,
derision

håna (hōa-nah) v mock,
deride

hår (hōar) nt hair; ~ gelé nt
hair gel

hårborste (hōar-bors-ter) c
hairbrush

hård (hōard) adj hard

hårdnackad (hōard-nahk-
ahd) adj obstinate, stubborn

hårig (hōar-i) adj hairy

hårklippning (hōar-klip-
ning) c haircut

hårklämma (hōar-kleh-mah)
c bobby pin Am

hårkräm (hōar-kraim) c hair
cream

hårnål (hōar-nōal) c hairpin

hårnät (hōar-nait) nt hair net

hårolja (hōar-ol-ᵞah) c hair
oil

hårrullar (hōar-rew-lahr) pl
hair rollers

hårspray (hōar-spray) nt hair
spray

hårspänne (hōar-speh-nay)
nt hairgrip

hårtork (hōar-tork) c
hairdrier, hairdryer

hårvatten (hōar-vah-tern) nt
hair tonic

häck (hehk) c hedge

häftig (hehf-ti) adj violent,
severe; intense, fierce

häftklammer (hehft-klah-
merr) c (pl ~, -mrar) staple

häftplåster (hehft-ploss-terr)
nt sticking-plaster

häftstift (hehft-stift) nt
drawing pin; thumbtack
nAm

häger (hai-gerr) c heron

häkte (hehk-ter) nt custody

häl (hail) c heel

hälft (hehlft) c half; till ~
hälften half

hälla (heh-lah) v pour

hälsa (hehl-sah) v greet;
salute; c health

hälsning (hehls-ning) c
greeting

hälsosam (hehl-soo-sahm)
adj wholesome, salubrious

hälsovårdscentral (hehl-
soo-vōards-sehn-traal) c
health centre

hämma (hehm-mah) v inhibit

hämnd (hehmnd) c revenge

hämta (hehm-tah) v fetch;

hända

*get, collect, pick up
hända (*hehn*-dah) v happen; occur
händelse (*hehn*-dayl-ser) c event, happening; incident; **i ~ av** in case of
händig (*hehn*-di) adj skilful
hänga (*hehng*-ah) v *hang; ~ **med** *keep up with
hängare (*hehng*-ah-rer) c (pl ~) peg, hook, hanger
hängbro (*hehng*-brōō) c suspension bridge
hänglås (*hehng*-lōäss) nt padlock
hängmatta (*hehng*-mah-tah) c hammock
hängslen (*hehngs*-lern) pl braces pl; suspenders plAm
hängsmycke (*hehng*-smew-ker) nt pendant
hänsyn (*hain*-sēwn) c regard; **med ~ till** considering; as regards; *ta ~ till consider
hänsynsfull (*hain*-sēwns-fewl) adj considerate
hänsynsfullhet (*hain*-sewns-fewl-hayt) c consideration
hänvisa till (*hain*-vee-sah) refer to
hänvisning (*hain*-veess-ning) c reference
häpnads-väckande (*hep*-nahds-vayk-ahn-der) adj amazing
här (*hæær*) adv here
härbärge (*hæær*-bær-¹ah) nt hostel
härbärgera (*hær*-bær-¹āy-rah) v accommodate

härkomst (*hæær*-komst) c origin
härleda (*hæær*-lāyd-ah) v deduce
härlig (*hæær*-li) adj wonderful; delightful; fine
häromdagen (*hæær*-om-daa-gern) adv recently
härskare (*hærs*-kah-rer) c (pl ~) ruler; sovereign
härsken (*hærs*-kayn) adj rancid
härstamning (*hæær*-stahm-ning) c origin
häst (hehst) c horse
hästkapplöpning (*hehst*-kahp-lürp-ning) c horserace
hästkapplöpningsbana (*hehst*-kahp-lürp-nings-baa-nah) c racecourse
hästkraft (*hehst*-krahft) c horsepower
hästsko (*hehst*-skōō) c horseshoe
hävarm (*haiv*-ahrm) c lever
hävstång (*haiv*-stong) c (pl -stänger) lever
häxa (*hehk*-sah) c witch
hö (hūr) nt hay
höft (hurft) c hip
höfthållare (*hurft*-ho-lah-rer) c (pl ~) girdle
hög (hūrg) c lot, heap, pile; adj high; tall
högdragen (*hūrg*-draa-gern) adj haughty
höger (*hūr*-gerr) adj right, right-hand; **på ~ hand** on the right-hand side; **till ~ to** the right

idiotisk

högkvarter (*hūrg*-kvahr-*tair*) *nt* headquarters *pl*

högland (*hūrg*-lahnd) *nt* (pl -länder) uplands *pl*

högljudd (*hūrg*-ʸewd) *adj* loud

högmodig (*hūrg*-mōō-di) *adj* haughty

högskola (*hūrg*-skōō-lah) *c* college

högsäsong (*hūrg*-seh-song) *c* peak season; high season

högt (hurkt) *adv* aloud

högtalare (*hūrg*-taa-lah-rer) *c* loudspeaker

högtalartelefon (*hūrg*-taa-lahr-tay-lay-*fōān*) *c* speaker phone

högtidlig (*hūrg*-teed-li) *adj* solemn, ceremonious

högvatten (*hūrg*-vah-tern) *nt* high tide

höja (hur*ʸ*-ah) *v* raise; lift

höjd (hur*ʸ*d) *c* height; altitude; **på sin ~** at most

höjdpunkt (hur*ʸ*d-pewngt) *c* height; peak, climax

hök (hūrk) *c* hawk

höna (*hūr*-nah) *c* hen

höra (*hūr*-rah) *v* *hear

hörbar (*hūrr*-baar) *adj* audible

hörn (hūrrn) *nt* corner

hörsal (*hūrr*-saal) *c* auditorium

hörsel (hurr-sayl) *c* hearing

hösnuva (*hūr*-snēw-vah) *c* hay fever

höst (hurst) *c* autumn; fall *nAm*

hövding (hurv-ding) *c* chieftain

hövlig (*hūrv*-li) *adj* polite, civil

***iaktta** (ee-ahkt-taa) *v* observe; watch

I

iakttagelse (eeahkt-taa-gerl-ser) *c* observation

ibland (i-*blahnd*) *adv* sometimes; *prep* among

icke-rökare (*i*-keh-*rūr*-kah-rer) *c* (pl ∼) non-smoker

idag (i-*daag*) *adv* today

idé (i-*dāy*) *c* idea

ideal (i-day-*aal*) *nt* ideal

idealisk (i-day-*aal*-isk) *adj* ideal

identifiera (i-dayn-ti-fi-*āyr*-ah) *v* identify

identifiering (i-dayn-ti-fi-*āy*-ring) *c* identification

identisk (i-*dayn*-tisk) *adj* identical

identitet (i-dayn-ti-*tāyt*) *c* identity

identitetskort (i-dayn-ti-*tāyts*-koort) *nt* identity card

idiom (i-di-*ōām*) *nt* idiom

idiomatisk (i-di-o-*maa*-tisk) *adj* idiomatic

idiot (i-di-*ōōt*) *c* idiot

idiotisk (i-di-*ōōt*-isk) *adj*

idiotic

idol (i-dōal) c idol

idrottskvinna (eed-rots-kvi-nah) c (pl -kvinnor) sportswoman

idrottsman (eed-rots-mahn) c (pl -män) sportsman

ifall (i-fahl) conj if; in case

igelkott (ee-gerl-kot) c hedgehog

igen (i-Yehn) adv again

igenvuxen (i-Yn-vewk-sern) adj overgrown

ignorera (ing-noa-rāy-rah) v ignore

igår (i-gōar) adv yesterday

ihålig (ee-hoā-li) adj hollow

ihärdig (ee-hæær-di) adj persevering, tenacious

ikon (i-kōan) c icon

illaluktande (i-lah-lewk-tahn-der) adj smelly

illamående (i-lah-moā-ayn-der) nt nausea, sickness; adj sick

illegal (il-er-gaal) adj illegal

illtjut (il-tⁿewt) nt shriek

illusion (il-ew-shōon) c illusion

illustration (i-lew-strah-shōon) c illustration; picture

illustrera (i-lew-strāy-rah) v illustrate

illvillig (il-vi-li) adj spiteful, malicious

ilska (ils-kah) c anger

imitation (i-mi-tah-shōon) c imitation

imitera (i-mi-tāy-rah) v imitate

immigrera (i-mi-grāy-rah) v immigrate

immunisera (i-mew-ni-sāy-rah) v immunize

immunitet (i-mew-ni-tāyt) c immunity

imperium (im-pāy-ri-ewm) nt empire; **imperial**- imperial

imponera (im-po-nāy-rah) v impress

imponerande (im-po-nāyr-ahn-der) adj impressive; imposing

impopulär (im-po-pew-læær) adj unpopular

import (im-port) c import

importera (im-por-tāy-rah) v import

importtull (im-port-tewl) c import duty

importvara (im-port-vaa-rah) c import

importör (im-por-tūrr) c importer

impotens (im-po-tayns) c impotence

impotent (im-po-taynt) adj impotent

impregnerad (im-prayng-nāy-rahd) adj rainproof, impregnated

improvisera (im-pro-vi-sāy-rah) v improvise

impuls (im-pewls) c impulse

impulsiv (im-pewl-seev) adj impulsive

in (in) adv in; *gå ~ *go in; ~ i into; inside

inackordering (in-ahk-or-dāyr-ing) c boarder; lodger

inandas (*in*-ahn-dahss) *v* inhale

*inbegripa (*in*-ber-*gree*-pah) *v* comprise

inberäknad (*in*-ber-*raik*-nahd) *adj* included

inbetalning (*in*-ber-*taal*-ning) *c* payment, deposit

inbillad (*in*-bi-lahd) *adj* imaginary

inbilla sig (*in*-bi-lah) imagine

inbillning (*in*-bil-ning) *c* imagination

*inbjuda (*in*-b$\overline{y}$ew-dah) *v* invite; ask

inbjudan (*in*-b$\overline{y}$ew-dahn) *c* invitation

inblanda (*in*-blahn-dah) *v* involve

inblandad (*in*-blahn-dahd) *adj* involved; concerned

inblandning (*in*-blahnd-ning) *c* interference

inbrott (*in*-brot) *nt* burglary; ***göra** ~ burgle

inbrottstjuv (*in*-brots-t$\overline{y}$ewv) *c* burglar

inbördes (*in*-b$\overline{u}$rr-derss) *adj* mutual

indela (*in*-d$\overline{ay}$l-ah) *v* divide; classify

indian (*in*-di-*aan*) *c* Indian

indiansk (*in*-di-*aansk*) *adj* Indian

Indien (*in*-di-ayn) India

indier (*in*-di-$\overline{y}$err) *c* (pl ~) Indian

indignation (*in*-ding-nah-sh$\overline{oo}$n) *c* indignation

indirekt (*in*-di-raykt) *adj*

indirect

indisk (*in*-disk) *adj* Indian

individ (*in*-di-*veed*) *c* individual

individuell (*in*-di-vee-dew-*ayl*) *adj* individual

indones (*in*-doo-*nā*yss) *c* Indonesian

Indonesien (*in*-doo-*nā*y-si-$\overline{y}$ern) Indonesia

indonesisk (*in*-doo-*nā*yss-isk) *adj* Indonesian

industri (*in*-dewss-*tree*) *c* industry

industriell (*in*-dewss-tri-*ayl*) *adj* industrial

industriområde (*in*-dew-stree*-om-*ro*̄a-der) *nt* industrial area

ineffektiv (*in*-ay-fehk-*teev*) *adj* ineffective; inefficient

infall (*in*-fahl) *nt* whim; idea

infanteri (*in*-fahn-ter-*ree*) *c* infantry

infektion (*in*-fehk-sh$\overline{oo}$n) *c* infection

infinitiv (*in*-fi-ni-teev) *c* infinitive

inflammation (*in*-flah-mah-sh$\overline{oo}$n) *c* inflammation; ***bli inflammerad** ***become** septic

inflation (*in*-flah-sh$\overline{oo}$n) *c* inflation

influensa (*in*-fl$\overline{ew}$-*ayn*-sah) *c* flu; influenza

inflytelserik (*in*-fl$\overline{ew}$-*tayl*-say-reek) *adj* influential

infoga (*in*-f$\overline{oo}$-gah) *v* insert

informator (*in*-for-*maa*-tor) *c*

tutor

informell (in-for-*mayl*) *adj*
informal; casual

informera (in-for-*mayr*-ah) *v*
inform

infraröd (*in*-frah-rŭrd) *adj*
infra-red

infödd (*in*-furd) *adj* native

inföding (*in*-fŭr-ding) *c*
native

införa (*in*-fŭrr-ah) *v* import;
introduce

införsel (*in*-fŭrr-serl) *c* (pl
-slar) import

ingefära (*i*-nger-fææ-rah) *c*
ginger

ingen (*ing*-ayn) *pron* nobody;
none; no one; no

ingendera (*i*-ngayn-*day*-rah)
pron neither

ingenjör (*in*-shayn-*y̆urr*) *c*
engineer

ingenstans (*ing*-ayn-stahns)
adv nowhere

ingenting (*ing*-ayn-ting) *pron*
nothing; nil

ingrediens (ing-gray-di-*ayns*)
c ingredient

*****ingripa** (*in*-gree-pah) *v*
interfere; intervene

ingång (*in*-gong) *c* entrance;
way in, entry

inhemsk (*in*-haymsk) *adj*
domestic

initial (i-ni-tsi-*aal*) *c* initial

initiativ (i-nit-si-ah-*teev*) *nt*
initiative

injektion (in-y̆ayk-*shōōn*) *c*
injection

injektionsspruta (in-y̆ehk-

shōōns-sprēw-tah) *c* syringe

inkassera (*in*-kah-*say*-rah) *v*
cash

inklusive (ing-klew-*see*-ver)
adj inclusive; **allt inkluderat**
all included, all in

inkompetent (in-kom-per-
tehnt) *adj* incompetent

inkomst (*in*-komst) *c* income;
revenue; **inkomster**
earnings *pl*

inkomstskatt (*in*-komst-
skaht) *c* income tax

inkräkta (*in*-krehk-tah) *v*
trespass

inkräktare (*in*-krehk-tah-rer)
c (pl ~) trespasser

inkvartera (*in*-kvahr-*tay*-rah)
v lodge

inkvartering (*in*-kvahr-tay-
ring) *c* lodgings *pl*

inköpspris (*in*-t'*urps*-preess)
nt cost price

inledande (in-*layd*-ahn-der)
adj preliminary

inledning (in-*layd*-ning) *c*
introduction

innan (*i*-nahn) *conj* before;
adv before

innanför (*in*-ahn-fŭrr) *prep*
inside

innanmäte (*in*-ahn-mait-er)
nt entrails, pulp

inne (*i*-ner) *adv* inside,
indoors

*****innebära** (*i*-ner-bæær-ah) *v*
imply

innefatta (*i*-ner-fah-tah) *v*
include

innehavare (*i*-ner-haa-vah-

instruera

rer) c (pl ~) owner; occupant

innehåll (i-ner-hol) nt contents pl

*****innehålla** (i-ner-ho-lah) v contain

innehållsförteckning (i-ner-hols-furr-*tayk*-ning) c table of contents

innerslang (in-err-slahng) c inner tube

innersta (in-ayrs-tah) nt heart

innertak (i-nerr-taak) nt ceiling

*****innesluta** (i-ner-slewt-ah) v encircle; enclose

inneställe (i-ner-*steh*-ler) c hotspot

inofficiell (in-o-fi-si-ayl) adj unofficial

inom (in-om) prep within; ~ kort soon; shortly

inomhus (in-om-hewss) adj indoor; adv indoors

inre (in-rer) adj inner; internal, inside

inrikes (in-reeh-kez) adj domestic

inringa (in-ring-ah) v encircle

inrätta (in-reh-tah) v institute, establish

insats (in-sahts) c bet, inset; contribution

*****inse** (in-*say*) v realize; *see

insekt (in-sehkt) c insect; bug nAm

insektsgift (in-sehkts-ᵞift) nt insecticide

insektsmedel (in-sehkts-*may*-dayl) nt insect repellent

insida (in-seed-ah) c inside;

interior

insikt (in-sikt) c insight

insistera (in-si-*stayr*-ah) v insist

inskription (in-skrip-*shoon*) c inscription

*****inskriva** (in-skree-vah) v list, enter, inscribe; ~ sig register

inskrivningsblankett (in-skreev-nings-blahng-*kayt*) c registration form

inskränkning (in-skrehngk-ning) c restriction, limitation

inskränkt (in-skrehngkt) adj restricted; limited; narrow--minded

inspektera (in-spayk-*tay*-rah) v inspect

inspektion (in-spayk-*shoon*) c inspection

inspektör (in-spayk-*turr*) c inspector

inspelning (in-spayl-ning) c recording

inspirera (in-spi-*rayr*-ah) v inspire

inspruta (in-sprew-tah) v inject

instabil (in-stah-*beel*) adj unstable

installation (in-stah-lah-*shoon*) c installation

installera (in-stah-*lay*-rah) v install; induct

instinkt (in-stingt) c instinct

institut (in-sti-*tewt*) nt institute

institution (in-sti-tew-*shoon*) c institution

instruera (in-strew-*ay*-rah) v

instruct

instruktion (in-strewk-*shoōn*) c direction

instruktör (in-strewk-*tūrr*) c instructor

instrument (in-strew-*maynt*) nt instrument

instrumentbräda (in-strew-*maynt*-brai-dah) c dashboard

inställning (*in*-stehl-ning) c attitude; position

instämma (*in*-stehm-ah) v agree

*****inta** (*in*-taa) v capture, take

intagning (*in*-taag-ning) c admission

intakt (*in*-*tahkt*) adj unbroken; intact

inte (*in*-ter) adv not; ~ alls by no means; ~ desto mindre nevertheless; ~ ens not even; ~ heller nor; ~ längre no longer

inteckning (*in*-tayk-ning) c mortgage

integrera (in-ter-*grāy*-rah) v integrate

intellekt (in-ter-*laykt*) nt intellect

intellektuell (in-ter-layk-tew-*ayl*) adj intellectual

intelligens (in-ter-li-*gayns*) c intelligence

intelligent (in-ter-li-*gaynt*) adj intelligent; clever

intendent (in-tern-*daynt*) c superintendent, curator, controller

intensiv (in-tayn-*seev*) adj

intense

intern (in-*tæærn*) c prisoner

internationell (in-terr-naht-shoo-*nayl*) adj international

internatskola (in-terr-*naat*-skōō-lah) c boarding school

Internet (*in*-terr-nayht) nt (pl ~) Internet

interrogativ (in-ter-ro-gahteev) adj interrogative

intervall (in-terr-*vahl*) c interval

intervju (in-terr-*v~yew*) c interview

intet (*in*-*tert*) nt nothing

intetsägande (*in*-tert-sai-gahn-der) adj insignificant

intressant (in-tray-*sahnt*) adj interesting

intresse (in-*treh*-ser) nt interest

intressera (in-trer-*sāy*-rah) v interest

intresserad (in-trer-*sāy*-rahd) adj interested

introducera (in-tro-dew-*sāy*r-ah) v introduce

intryck (*in*-trewk) nt impression; *****göra ~ på impress

inträde (*in*-trai-der) nt entrance; admission

inträdesavgift (*in*-traiderss-aav-*y*ift) c entrance fee

intyg (*in*-*tēwg*) nt certificate; document; testimonial

intyga (*in*-tēwg-ah) v attest

intäkter (*in*-tehk-terr) pl earnings pl

inuti (*in*-ēw-ti) adv within,

inside

invadera (in-vah-*dāy*-rah) *v* invade

invalid (in-vah-*leed*) *c* invalid

invalidiserad (*in*-vah-li-di-*sāy*-rahd) *adj* crippled; invalid, disabled

invand (*in*-vaand) *adj* habitual

invandrare (*in*-vahnd-rah-rer) *c* (pl ~) immigrant

invandring (*in*-vahnd-ring) *c* immigration

invasion (in-vah-*shōōn*) *c* invasion

invecklad (*in*-vayk-lahd) *adj* complicated; complex, involved

inventering (in-vayn-*tāy*-ring) *c* inventory

investera (in-vayss-*tāy*-rah) *v* invest

investering (in-vayss-*tāy*-ring) *c* investment

invånare (*in*-vōa-nah-rer) *c* (pl ~) inhabitant; resident

invända (*in*-vehn-dah) *v* object

invändig (*in*-vehn-di) *adj* internal, inside

invändning (*in*-vehnd-ning) *c* objection

inåt (*in*-ōat) *adv* inwards

inälvor (in-ehl-vor) *pl* bowels *pl*; intestines *pl*

Irak (i-*raak*) Iraq

irakier (i-*raa*-ki-err) *c* (pl ~) Iraqi

irakisk (i-*raak*-isk) *adj* Iraqi

Iran (i-*raan*) Iran

iranier (i-*raan*-i-err) *c* (pl ~) Iranian

iransk (i-*raansk*) *adj* Iranian

Irland (*eer*-lahnd) Ireland

irländsk (*eer*-lehnsk) *adj* Irish

ironi (i-roo-*nee*) *c* irony

ironisk (i-*rōōn*-isk) *adj* ironical

irra (eer-ah) *v* err

irritera (eer-i-*tāyr*-ah) *v* irritate; annoy

is (eess) *c* ice

isblåsa (*eess*-blōa-sah) *c* ice bag

iskall (eess-kahl) *adj* freezing

Island (*eess*-lahnd) Iceland

isländsk (*eess*-lehnsk) *adj* Icelandic

isländning (*eess*-lehn-ing) *c* Icelander

isolator (i-soo-laa-*tor*) *c* insulator, insulant

isolera (i-soo-*lāy*-rah) *v* isolate; insulate

isolerad (i-soo-*lāy*-rahd) *adj* isolated

isolering (i-soo-*lāy*-ring) *c* isolation; insulation

Israel (*eess*-rah-ayl) Israel

israelier (iss-rah-*āy*-li-err) *c* (pl ~) Israeli

israelisk (iss-rah-*āy*-lisk) *adj* Israeli

isvatten (*eess*-vah-tern) *nt* iced water

isär (i-*sæær*) *adv* apart

Italien (i-*taal*-ᵞayn) Italy

italienare (i-tahl-ᵞ*āy*-nah-rer) *c* (pl ~) Italian

italiensk (i-tahl-ᵞ*aynsk*) *adj*

Italian

iver (*ee*-verr) *c* zeal; eagerness

ivrig (*eev*-ri) *adj* eager;

anxious

iväg (i-*vaig*) *adv* off

J

ja (*aa*) yes; **ja ja!** well!

jacka (*ah*-kah) *c* jacket

jade (*aa*-der) *c* jade

jag (*aa*) *pron* I; *nt* self

jaga (*aa*-gah) *v* hunt; ~ **bort** chase; ~ **efter** hunt for

jakande (*aa*-kahn-der) *adj* affirmative

jakt (*ahkt*) *c* hunt; chase

jaktstuga (*ahkt*-stewg-ah) *c* lodge

januari (*ah*-new-*aa*-ri) January

Japan (*aa*-pahn) Japan

japan (*ah-paan*) *c* Japanese

japansk (*ah-paansk*) *adj* Japanese

jeans (djiins) *pl* jeans

jerseytyg (*urr*-si-tewg) *nt* jersey

jet lag (*eyt* lehg) *c* jet lag

jetplan (*eht*-plaan) *nt* jet

jobb (*ob*) *nt* job

jockey (*djo*-ki) *c* jockey

jod (*od*) *c* iodine

jolle (*o*-ler) *c* dinghy

jord (oord) *c* earth; soil

Jordanien (oor-*daa*-ni-ern) Jordan

jordanier (oor-*daa*-ni-err) *c* (pl ~) Jordanian

jordansk (oor-*daansk*) *adj* Jordanian

jordbruk (oord-brewk) *nt* agriculture

jordbävning (oord-behv-ning) *c* earthquake

jordgubbe (oord-gew-ber) *c* strawberry

jordisk (oor-disk) *adj* earthly

jordklot (oord-kloot) *nt* globe

jordlott (oord-lot) *c* allotment, plot

jordmån (oord-moon) *c* soil

jordnöt (oord-nürt) *c* (pl ~ter) peanut

jordvall (oord-vahl) *c* dam

journalfilm (shoor-*naal*-film) *c* newsreel

journalism (shoor-nah-*lism*) *c* journalism

journalist (shoor-nah-*list*) *c* journalist

jubileum (*ew*-bi-*lay*-ewm) *nt* (pl -leer) jubilee

jude (*ew*-der) *c* Jew

judisk (*ew*-disk) *adj* Jewish

juice (*ooss*) *c* juice

jul (*ewl*) *c* Christmas; Xmas; **god ~!** Merry Christmas!; ~ **gåva** *c* Christmas present

juli (*ew*-li) July

jumper (*ewm*-perr) *c* (pl -prar) jumper

jungfru (ˀewng-frēw) c virgin

juni (ˀēw-ni) June

junior (ˀēw-ni-or) adj junior

juridik (ˀew-ri-deek) c law

juridisk (ˀew-ree-disk) adj juridical, legal

jurist (ˀew-rist) c lawyer

jury (ˀewr-i) c jury

just¹ (ˀewst) adv just

just² (shewst) adj fair

justera (shew-stayr-ah) v adjust

juvel (ˀew-vāyl) c gem; juveler jewellery

juvelerare (ˀew-ver-lāy-rah-rer) c (pl ~) jeweller

jägare (ˀai-gah-rer) c (pl ~) hunter

jämföra (ˀehm-fūr-rah) v compare

jämförelse (ˀehm-fūr-rayl-say) c comparison

jämlikhet (ˀehm-leek-hāyt) c equality

jämlöpande (ˀehm-lūr-pahn-der) adj parallel

jämn (ˀehmn) adj even; smooth, level

jämna (ˀehm-nah) v level

jämra sig (ˀehm-rah) moan

jämvikt (ˀehm-vikt) c balance

järn (ˀæærn) nt iron; järn- iron

järnhandel (ˀæærn-hahn-dayl) c hardware store

järnvaror (ˀæærn-vaa-ror) pl hardware

järnväg (ˀæærn-vaig) c railway; railroad nAm

järnvägsspår (ˀæærn-vaig-spoār) nt track

järnvägsstation (ˀæærn-vaig-stah-shōōn) c station

järnvägsvagn (ˀæærn-vaigs-vahngn) c carriage; passenger car Am

järnvägsövergång (ˀæærn-vaigs-ūr-verr-gong) c railway crossing, level crossing

jäsa (ˀaiss-ah) v ferment

jäst (ˀehst) c yeast

jätte (ˀeht-er) c giant

jättestor (ˀeh-ter-stōōr) adj huge

K

kabel (kaab-erl) c (pl kablar) cable

kabin (kah-been) c cabin

kabinett (kah-bi-nayt) nt cabinet

kafé (kah-fāy) nt (pl ~er) café

kafeteria (kah-fer-tāy-ri-ah) c cafeteria

kaffe (kah-fay) nt coffee

kaffebryggare (kah-fay-brew-gah-rer) c (pl ~) percolator

kagge (kah-ger) c cask

kaj (kigh) c quay; dock

kajuta (kah-ˀēw-tah) c cabin

kaka (kaa-kah) c cake

kakel (kaa-kerl) nt tile

kaki (kaa-ki) c khaki

kal (kaal) *adj* bare, naked

kalas (kah-*laass*) *nt* party

kalcium (*kahl*-si-ewm) *nt* calcium

kalender (kah-*layn*-derr) *c* (pl -drar) calendar

kalk (kahlk) *c* lime

kalkon (kahl-*kōōn*) *c* turkey

kall (kahl) *adj* cold

kalla (*kahl*-ah) *v* call; **så kallad** so-called

kalori (kah-loo-*ree*) *c* calorie

kalsonger (kahl-*song*-err) *pl* drawers; briefs *pl*; shorts *plAm*; underpants *plAm*

kalv (kahlv) *c* calf

kalvinism (kahl-vi-*nism*) *c* Calvinism

kalvkött (*kahlv*-t⁺urt) *nt* veal

kalvskinn (*kahlv*-shin) *nt* calf skin

kam (kahm) *c* (pl ~mar) comb

kamé (kah-*māy*) *c* cameo

kamel (kah-*māyl*) *c* camel

kamera (*kaa*-mer-rah) *c* camera

kamin (kah-*meen*) *c* heater, stove

kamma (*kah*-mah) *v* comb

kammare (*kah*-mah-rer) *c* (pl ~, kamrar) chamber

kammartjänare (*kahm*-ahr-t⁺ai-nah-ber) *c* (pl ~) valet

kamp (kahmp) *c* fight; struggle, combat, battle

kampa (*kahm*-pah) *v* camp

kampanj (kahm-*pahn*ʸ) *c* campaign

kampare (*kahm*-pah-rer) *c* (pl ~) camper

kampingplats (*kahm*-ping-plahts) *c* camping site

kamrat (kahm-*raat*) *c* comrade

Kanada (*kah*-nah-dah) Canada

kanadensare (kah-nah-*dayn*-sah-rer) *c* (pl ~) Canadian

kanadensisk (kah-nah-*dayn*-sisk) *adj* Canadian

kanal (kah-*naal*) *c* canal; channel

kanariefågel (kah-*naa*-ri-er-fōā-gerl) *c* (pl -glar) canary

kandidat (kahn-di-*daat*) *c* candidate

kanel (kah-*nāyl*) *c* cinnamon

kanhända (kahn-*hehn*-dah) *adv* perhaps

kanin (kah-*neen*) *c* rabbit

kanon (kah-*nōōn*) *c* gun

kanot (kah-*nōōt*) *c* canoe

kanske (*kahn*-sher) *adv* perhaps; maybe

kant (kahnt) *c* edge; border; verge, rim

kantin (kahn-*teen*) *c* canteen

kaos (*kaa*-oss) *nt* chaos

kaotisk (kah-*ōā*-tisk) *adj* chaotic

kapa (*kaa*-pah) *v* hijack

kapabel (kah-*paa*-berl) *adj* capable

kapacitet (kah-pah-si-*tāyt*) *c* capacity

kapare (*kaa*-pah-rer) *c* (pl ~) hijacker

kapell (kah-*payl*) *nt* chapel

kapital (kah-pi-*taal*) *nt* capital

kapitalism (kah-pi-tah-*lism*)
c capitalism

kapitalplacering (kah-pi-*taal*-plah-*sǎy*-ring) c
investment

kapitulation (kah-pi-tew-lah-*shōōn*) c capitulation,
surrender

kaplan (kah-*plaan*) c chaplain

kappa (*kah*-pah) c coat

kapplöpning (*kahp*-lūrp-ning) c race

kapplöpningshäst (*kahp*-lūrp-nings-hehst) c
racehorse

kapprum (*kahp*-rewm) nt
cloakroom

kappsegling (*kahp*-sǎyg-ling) c regatta

kappsäck (*kahp*-sehk) c
suitcase, grip

kapsyl (kahp-*sewl*) c capsule

kapten (kahp-*tǎyn*) c captain

kapuschong (kah-pew-*shong*) c hood

karakterisera (kah-rahk-ter-ri-*sǎy*-rah) v characterize

karakteristisk (kah-rahk-ter-*riss*-tisk) adj characteristic;
typical

karaktär (kah-rahk-*tæær*) c
character

karaktärsdrag (kah-rahk-*tæærs*-draag) nt
characteristic

karamell (kah-rah-*mayl*) c
caramel, sweet; candy nAm

karantän (kah-rahn-*tain*) c
quarantine

karat (kah-*raat*) c (pl ~) carat

karbonkopia (kahr-*bōān*-koo-*pee*-ah) c carbon copy

karbonpapper (kahr-*bōān*-pah-perr) nt carbon paper

kardinal (kahr-di-*naal*) c
cardinal

karg (kahrʸ) adj bare

karl (kaar) c guy; chap, fellow

karmosinröd (kahr-mo-*seen*-rūrd) adj crimson

karneval (kahr-nay-*vaal*) c
carnival

kaross (kah-*ross*) c coach

karosseri (kah-ro-ser-*ree*) nt
(pl ~er) motor body Am

karp (kahrp) c carp

karriär (kah-ri-*æær*) c career

karta (*kaar*-tah) c map

kartong (kahr-*tong*) c carton

karusell (kah-rew-*sayl*) c
merry-go-round

kaschmir (kahsh-*meer*) c
cashmere

kasern (kah-*sæærn*) c
barracks pl

kasino (kah-*see*-no) nt casino

kassa (*kah*-sah) c cash, fund;
pay desk

kassaskåp (*kah*-sah-*skōap*)
nt safe

kassavalv (*kah*-sah-vahlv) nt
vault

kasse (*kah*-ser) c shopping
bag

kassera (kah-*sǎy*-rah) v
discard

kassett (kah-*seht*) c cassette

kassör (kah-*sūrr*) c cashier

kassörska (kah-*sūrrs*-kah) c
cashier

kast (kahst) *nt* throw; cast

kasta (*kahss*-tah) *v* *throw; toss, *cast; *overcast

kastanj (kahss-*tahn³*) *c* chestnut

kastby (*kahst*-bēw) *c* gust

kastrull (kahst-*rewl*) *c* saucepan

katakomb (kah-tah-*komb*) *c* catacomb

katalog (kah-tah-*lõag*) *c* catalogue

katarr (kah-*tahr*) *c* catarrh

katastrof (kah-tah-*strõaf*) *c* catastrophe; disaster; calamity

katastrofal (kah-tah-stro-*faal*) *adj* disastrous

katedral (kah-ter-*draal*) *c* cathedral

kategori (kah-ter-gõa-*ree*) *c* category

katolsk (kah-*tõolsk*) *adj* catholic; **romersk ~** Roman Catholic

katrinplommon (kaht-*reen*-ploo-mon) *nt* prune

katt (kaht) *c* cat

kavaj (kah-*vigh*) *c* jacket

kaviar (*kah*-vi-³ahr) *c* caviar

kedja (*t³ayd*-³ah) *c* chain

kejsardöme (*t³ay*-sahr-dūr-mer) *nt* empire

kejsare (*t³ay*-sah-rer) *c* (pl ∼) emperor

kejsarinna (*t³ay*-sah-*ri*-nah) *c* empress

kejserlig (*t³ay*-serr-li) *adj* imperial

kelgris (*t³ayl*-greess) *c* pet

kemi (t³ay-*mee*) *c* chemistry

kemikalieaffär (t³ay-mi-*kaa*-li-ay-ah-fær) *c* chemist's; drugstore; *nAm*

kemisk (*t³āy*-misk) *adj* chemical

kemtvätt (*t³ãym*-tveht) *c* dry cleaner's

kemtvätta (*t³ãym*-tveh-tah) *v* dry-clean

kennel (*keh*-nerl) *c* (pl -nlar) kennel

Kenya (*kãyn*-i-ah) Kenya

keramik (t³ay-rah-*meek*) *c* ceramics *pl*; pottery

kex (kayks) *nt* biscuit; cookie *nAm*; cracker *nAm*

kika (*t³ee*-kah) *v* peep

kikare (*t³ee*-kah-rer) *c* (pl ∼) binoculars *pl*

kikhosta (*t³eek*-hooss-tah) *c* whooping-cough

kil (t³eel) *c* wedge, gusset

kilo (*t³ee*-loo) *nt* kilogram

kilometer (t³ee-loo-*mãy*-terr) *c* (pl ∼) kilometre

Kina (*t³ee*-nah) China

kind (t³ind) *c* cheek

kindben (*t³ind*-bãyn) *nt* cheekbone

kindtand (*t³ind*-tahnd) *c* (pl -tänder) molar

kines (t³i-*nãyss*) *c* Chinese

kinesisk (t³i-*nãy*-sisk) *adj* Chinese

kinkig (*t³ing*-ki) *adj* difficult

kiosk (t³i-*osk*) *c* kiosk

kirurg (t³i-*rewrg*) *c* surgeon

kissekatt (ki-ser-*kaht*) *c* pussy-cat

kista (*t²iss*-tah) *c* chest; coffin
kittel (*t²i*-terl) *c* (pl -tlar) kettle
kittla (*t²it*-lah) *v* tickle
kiv (*t²eev*) *nt* strife, quarrelling
kivas (*t²eev*-ahss) *v* quarrel
kjol (t²ool) *c* skirt
klack (klahk) *c* heel
klaga (*klaa*-gah) *v* complain
klagomål (*klaa*-goo-moål) *nt* complaint
klander (*klahn*-derr) *nt* blame
klandra (*klahn*-drah) *v* blame
klang (klahng) *c* tone
klar (klaar) *adj* ready; clear, serene
klara det (*klaa*-rah dāy) *v* cope; **klara sig** manage; get along; pass; **klara sig med** *make do with
***klargöra** (*klaar*-²ūr-rah) *v* clarify
***klarlägga** (*klaar*-lehg-ah) *v* elucidate
klass (klahss) *c* class; form
klassificera (klah-si-fi-sāy-rah) *v* classify, grade
klassisk (*klah*-sisk) *adj* classical
klasskamrat (klahss-kahm-raat) *c* classmate
klassrum (*klahss*-rewm) *nt* classroom
klatsch (klahch) *c* smack
klausul (klahew-sēwl) *c* clause
klenod (klay-nōōd) *c* gem
klia (*klee*-ah) *v* itch

klibbig (*kli*-bi) *adj* sticky
klicka (*kli*-kah) *v* click; ~ **fast** click into place
klient (kli-*aynt*) *c* client; customer
klimat (kli-*maat*) *nt* climate
klimpig (*klim*-pi) *adj* lumpy
klinik (kli-*neek*) *c* clinic
klippa¹ (*kli*-pah) *v* *cut; ~ **av** *cut off
klippa² (*kli*-pah) *c* rock; cliff
klippbok (*klip*-bōōk) *c* (pl -böcker) scrapbook
klippig (*kli*-pi) *adj* rocky
klipsk (klipsk) *adj* smart, shrewd
klister (*kliss*-terr) *nt* gum
klistermärke (*kliss*-terr-mær-ker) *nt* sticker
klisterremsa (*kliss*-terr-raym-sah) *c* adhesive tape
klistra (*kliss*-trah) *v* paste; *stick
klo (klōō) *c* claw
kloak (kloo-*aak*) *c* sewer
klocka (*klo*-kah) *c* watch; bell; **klockan ... at ...** o'clock; **klockan tolv** noon
klockarmband (*klo*-ahrm-bahnd) *nt* watchstrap
klockspel (*klok*-spāyl) *nt* chimes *pl*
klok (klōōk) *adj* clever
klon (klōān) *c* clone
klona (*klōā*-nah) *v* clone
klor (klōār) *c* chlorine
kloss (kloss) *c* block
kloster (*kloss*-terr) *nt* cloister; convent, monastery
klot (klōōt) *nt* sphere

klubb (klewb) c club

klubba (klew-bah) c club; mallet; lollipop

klump (klewmp) c lump

klumpig (klewm-pi) adj clumsy; awkward

klumpsumma (klewmp-sewm-ah) c lump sum

klyfta (klewf-tah) c cleft; cleavage; segment

*__klyva__ (klew-vah) v *split

klåda (kloa-dah) c itch

klä (klai) v *become; clothe; cover; ~ av sig undress; ~ om sig change; ~ på dress; ~ på sig *put on; ~ sig dress; *vara klädd i *wear

kläder (klai-derr) pl clothes pl

klädhängare (klehd-hehng-ah-rer) c (pl ~) hanger

klädskåp (klaid-skoap) nt wardrobe

klämma (klehm-ah) c clamp; v squeeze

klänga sig (klenhg-ah say) v cling; ~ fast cling to

klänning (klehn-ing) c dress; frock, gown

klättra (kleht-rah) v climb

klättring (kleht-ring) c climb

klösa (klur-sah) v scratch

klöver (klur-verr) c clover

knacka (knah-kah) v knock; tap

knackning (knahk-ning) c knock

knapp[1] (knahp) c button

knapp[2] (knahp) adj scarce; knappast scarcely; **knappt**

adv hardly

knappast (knahp-ahst) hardly

knapphet (knahp-hāyt) c scarcity

knapphål (knahp-hōal) nt buttonhole

knappnål (knahp-nōal) c pin

knaprig (knaap-ri) adj crisp

knekt (knehkt) c knave

*__knipa__ (knee-pah) v pinch

kniptång (kneep-tong) c (pl -tänger) pincers pl

kniv (kneev) c knife

knivblad (kneev-blaad) nt blade

knoge (knōō-ger) c knuckle

knopp (knop) c bud

knorra (kno-rah) v grumble

knubbig (knewb-i) adj plump

knuff (knewf) c push

knulla (knewl-ah) v fuck V

knut (knewt) c knot

knutpunkt (knewt-pewngkt) c junction

*__knyta__ (knew-tah) v tie; knot; ~ upp untie

knytnäve (knewt-nai-ver) c fist

knytnävsslag (knewt-naivs-slaag) nt punch

knä (knai) nt knee

knäböja (knai-bur-Yah) v *kneel

knäppa (knehp-ah) v button; zap; ~ upp unbutton

knäskål (knai-skoal) c kneecap

ko (kōō) c cow

kock (kok) c cook

kod (kōad) c code

koffein (ko-fer-*een*) nt caffeine

koffeinfri (ko-fer-*een*-free) adj decaf(feinated)

koffert (*ko*-ferrt) c trunk

kofta (*kof*-tah) c cardigan

kofångare (*kōo*-fong-ah-rer) c (pl ∼) bumper

koj (koi) c bunk

koka (*kōo*-kah) v boil

kokain (koo-kah-*een*) nt cocaine

kokbok (*kōok*-book) c (pl -böcker) cookery book; cookbook nAm

kokmöjligheter (*kōok*-murʸ-li-hāy-ter) pl cooking facilities pl

kokosnöt (*koo*-kooss-nūrt) c (pl ∼ter) coconut

kol (kōal) nt coal

kola (*kōa*-lah) c toffee

kolja (*kol*-ʸah) c haddock

kolla (*kol*-ah) v check

kollapsa (ko-*lahp*-sah) v collapse

kollega (ko-*lāy*-gah) c colleague

kollektiv (*ko*-lehk-teev) adj collective

kollidera (ko-li-*dāy*-rah) v collide; crash

kollision (ko-li-*shōon*) c collision; crash

koloni (ko-lo-*nee*) c colony

kolonn (ko-*lon*) c column

kolossal (ko-lo-*saal*) adj huge

koltrast (*kōal*-trahst) c blackbird

kolumn (ko-*lewmn*) c column

kolv (kolv) c piston

kolvring (*kolv*-ring) c piston ring

koma (*kōa*-mah) c coma

kombination (kom-bi-nah-*shōon*) c combination

kombinera (koam-bi-*nāy*-rah) v combine

komedi (ko-may-*dee*) c comedy; **musikalisk** ∼ musical comedy

komfort (kom-*fort*) c comfort

komfortabel (kom-for-*taa*-berl) adj comfortable

komiker (*kōo*-mi-kerr) c (pl ∼) comedian

komisk (*kōo*-misk) adj comic

*****komma** (*ko*-mah) v *come; ∼ **ihåg** remember; ∼ **tillbaka** return; *get back

kommatecken (*ko*-mah-tay-kern) nt comma

kommentar (ko-mayn-*taar*) c comment

kommentera (ko-mayn-*tāy*-rah) v comment

kommersiell (ko-mær-si-*ayl*) adj commercial

kommission (ko-mi-*shōon*) c commission

kommitté (ko-mi-*tāy*) c committee

kommun (ko-*mēwn*) c municipality; commune

kommunal- municipal

kommunfullmäktige (ko-mēwn-fewl-mehk-ti-ger) c municipality council

kommunikation (ko-mew-ni-kah-*shoon*) c communication

kommuniké (ko-mew-ni-*kay*) c communiqué

kommunism (ko-mew-*nism*) c communism

kommunist (ko-mew-*nist*) c communist

kompakt (kom-*pahkt*) adj compact

kompanjon (koam-pahn-*yoon*) c partner; associate

kompass (kom-*pahss*) c compass

kompensation (kom-payn-sah-*shoon*) c compensation

kompensera (kom-pern-*say*-rah) v compensate

kompetent (koam-pay-*taynt*) adj qualified

kompis (*kom*-piss) c buddy colloquial

komplett (kom-*playt*) adj complete

komplex (kom-*plehks*) nt complex

komplicerad (kom-pli-*sayr*-ahd) adj complicated

komplimang (kom-pli-*mahng*) c compliment

komplimentera (kom-pli-mern-*tay*-rah) v compliment

komplott (kom-*plot*) c plot; conspiracy

komponera (kom-poo-*nay*-rah) v compose

komposition (kom-po-si-*shoon*) c composition

kompositör (kom-po-si-*turr*) c composer

kompromiss (kom-pro-*miss*) c compromise

koncentration (kon-sayn-trah-*shoon*) c concentration

koncentrera (kon-sayn-*tray*-rah) v concentrate

koncern (kon-*surrn*) c concern

koncession (kon-ser-*shoon*) c concession

koncis (kon-*seess*) adj concise

kondition (kon-di-*shoon*) c condition

konditor (kon-*dee*-toar) c confectioner

konditori (kon-di-too-*ree*) nt (pl ~er) pastry shop

kondom (kon-*doam*) c condom

konduktör (kon-dewk-*turr*) c ticket collector

konfektionssydd (kon-fayk-*shoon*-sewd) adj ready--made

konferens (kon-fer-*rayns*) c conference

konfidentiell (kon-fi-daynts-*ayl*) adj confidential

konfiskera (kon-fi-*skayr*-ah) v confiscate

konflikt (kon-*flikt*) c conflict

konfrontera (kon-fron-*tay*-rah) v confront, face

kongregation (kon-gray-gah-*shoon*) c congregation

kongress (kong-*rayss*) c congress

konjak (*kon*-yahk) c cognac

konkret (kon-*krayt*) *adj* concrete

konkurrens (kon-kew-*rayns*) *c* competition

konkurrent (kon-kew-*raynt*) *c* competitor

konkurrera (kon-kew-*rayr*-ah) *v* compete

konkursmässig (kon-*kewrs*-meh-si) *adj* bankrupt

konsekvens (kon-ser-*kvayns*) *c* consequence; issue

konsert (kon-*sæær*) *c* concert

konsertsal (kon-*sær*-saal) *c* concert hall

konservativ (kon-sær-vah-*teev*) *adj* conservative

konservatorium (kon-*sær*-vah-*tōō*-ri-ewm) *nt* (pl -rier) music academy

konservburk (kon-*særv*-bewrk) *c* can, tin

konserver (kon-*særv*-err) *pl* tinned food

konservera (kon-sær-*vay*-rah) *v* preserve

konservering (kon-sær-*vay*-ring) *c* preservation

konservöppnare (kon-*særv*-urp-nah-rer) *c* (pl ~) can opener, tin opener

konst (konst) *c* art; **de sköna konsterna** fine arts

konstakademi (*konst*-ah-kah-day-*mee*) *c* art school

konstatera (kons-tah-*tayr*-ah) *v* ascertain, establish; diagnose

konstgalleri (*konst*-gah-ler-*ri*) *nt* (pl ~er) art gallery; gallery

konstgjord (*konst*-*ȳōōrd*) *adj* artificial

konsthantverk (*konst*-hahnt-værk) *nt* handicraft

konsthistoria (*konst*-hiss-tōō-ri-ah) *c* art history

konstig (*kons*-ti) *adj* funny, odd; queer

konstindustri (*konst*-in-dew-*stree*) *c* arts and crafts

konstnär (*konst*-næær) *c* artist

konstnärinna (*konst*-næ-ri-nah) *c* artist

konstnärlig (*konst*-*næær*-li) *adj* artistic

konstruera (kon-strew-*ȳr*-ah) *v* construct

konstruktion (kon-strewk-*shōōn*) *c* construction

konstsamling (*konst*-sahm-ling) *c* art collection

konstsiden (*konst*-see-dern) *c* rayon

konststycke (*konst*-stew-ker) *nt* trick

konstutställning (*konst*-*ēwt*-stehl-ning) *c* art exhibition

konstverk (*konst*-værk) *nt* work of art

konsul (*kon*-sewl) *c* consul

konsulat (kon-sew-*laat*) *nt* consulate

konsultation (kon-sewl-tah-*shōōn*) *c* consultation

konsument (kon-sew-*maynt*) *c* consumer

konsumera (kon-sew-*may*-

rah) *v* consume

kontakt (kon-*tahkt*) *c* contact

kontakta (kon-*tahk*-tah) *v* contact

kontaktlinser (kon-*tahkt*-lin-serr) *pl* contact lenses

kontanter (kon-*tahn*-terr) *pl* cash

kontinent (kon-ti-*naynt*) *c* continent

kontinental (kon-ti-nayn-*taal*) *adj* continental

kontinuerlig (kon-ti-new-*āyr*-li) *adj* continuous

konto (*kon*-too) *nt* account

kontokort (*kon*-toh-koort) *nt* debit card

kontor (kon-*tōōr*) *nt* office

kontorist (kon-too-*rist*) *c* clerk

kontorsartiklar (kon-*tōōrs*-ahr-tik-lahr) *pl* stationery

kontorstid (kon-*tōōrs*-teed) *c* office hours; business hours

kontra (*kont*-rah) *prep* versus

kontrakt (kon-*trahkt*) *nt* contract; agreement

kontrast (kon-*trahst*) *c* contrast

kontroll (kon-*trol*) *c* control; inspection; supervision

kontrollera (kon-tro-*lāy*-rah) *v* control; check, inspect, supervise

kontur (kon-*tēwr*) *c* contour

konversation (kon-vær-sah-*shōōn*) *c* conversation

kooperation (koo-o-per-rah-*shōōn*) *c* co-operative

kooperativ (koo-o-per-rah-*teev*) *adj* co-operative

kopia (ko-*pee*-ah) *c* copy

kopiera (koo-pi-*āyr*-rah) *v* copy

kopp (kop) *c* cup

koppar (*ko*-pahr) *c* copper

koppel (*ko*-payl) *nt* leash; lead

koppla (*kop*-lah) *v* connect; ~ av relax; ~ på switch on; ~ till connect; ~ ur disconnect; declutch

koppling (*kop*-ling) *c* clutch

kopplingsbord (*kop*-lings-bōōrd) *nt* switchboard

korall (ko-*rahl*) *c* coral

korg (kor^y) *c* basket; hamper

korint (ko-*rint*) *c* currant

kork (kork) *c* cork

korka upp (*kor*-kah) uncork

korkskruv (*kork*-skrēwv) *c* corkscrew

korn (kōōrn) *nt* grain; corn; barley

korp (korp) *c* raven

korpulent (kor-pew-*laynt*) *adj* corpulent; stout

korrekt (ko-*raykt*) *adj* correct

korrespondens (ko-ray-spon-*dahngs*) *c* correspondence

korrespondent (ko-rayss-pon-*daynt*) *c* correspondent

korrespondera (ko-rayss-pon-*dāy*-rah) *v* correspond

korridor (ko-ri-*dōar*) *c* corridor

korrumpera (ko-rewm-*pāy*-rah) *v* corrupt

korrumperad (ko-rewm-*pāy*-

rahd) *adj* corrupt

korruption (ko-rewp-*shōōn*) *c* corruption

kors (kors) *nt* cross

korsett (kor-*sayt*) *c* corset

korsfästa (*kors*-fehss-tah) *v* crucify

korsfästelse (*kors*-fehss-tayl-ser) *c* crucifixion

korsning (*kors*-ning) *c* crossing

korståg (*kors*-tōag) *nt* crusade

kort[1] (kort) *adj* short; brief

kort[2] (koort) *nt* card; snapshot; **grönt ~** green card

kortfattad (*kort*-faht-ahd) *adj* brief; concise

kortslutning (*kort*-slewt-ning) *c* short circuit

korv (korv) *c* sausage

kosmetika (koss-*māy*-ti-kah) *pl* cosmetics *pl*

kost (kost) *c* fare

kosta (*koss*-tah) *v* *cost

kostnad (*kost*-nahd) *c* cost

kostnadsfri (*kost*-nahds-free) *adj* free of charge

kostsam (*kost*-sahm) *adj* expensive

kostym (koss-*tewm*) *c* suit

kotlett (kot-*leht*) *c* chop; cutlet

krabba (*krah*-bah) *c* crab

kraft (krahft) *c* force; energy, strength, power

kraftig (*krahf*-ti) *adj* strong, powerful; robust

kraftverk (*krahft*-værk) *nt* power station

krage (*kraa*-gay) *c* collar

kragknapp (*kraag*-knahp) *c* collar stud

kram (kraam) *c* hug

krama (*kraam*-ah) *v* cuddle, embrace

kramp (krahmp) *c* cramp; convulsion

krampa (*krahm*-pah) *c* clamp

kran (kraan) *c* tap

krasslig (*krahss*-li) *adj* unwell

krater (*kraa*-terr) *c* (pl -trar) crater

kratta (*krah*-tah) *c* rake

krav (kraav) *nt* requirement

kreativ (*kray*-ah-teev) *adj* creative

kredit (kray-*deet*) *c* credit

kreditera (kray-di-*tāy*-rah) *v* credit

kreditiv (kray-*di*-teev) *nt* letter of credit

kreditkort (kray-*deet*-koort) *nt* credit card; charge plate *Am*

kremera (kray-*māyr*-ah) *v* cremate

krets (krayts) *c* circuit; circle

kretslopp (*krayts*-lop) *nt* circulation, orbit, cycle

kricket (*kri*-kayt) *nt* cricket

krig (kreeg) *nt* war

krigsfånge (*kriks*-fong-er) *c* prisoner of war

krigsmakt (*kriks*-mahkt) *c* military force

kriminell (kri-mi-*nayl*) *adj* criminal

kringliggande (*kring*-li-gahn-der) *adj* surrounding

kris (kreess) *c* crisis

kristall (kriss-*tahl*) *c* crystal;
kristall- crystal

kristen¹ (*kriss*-tern) *c* (pl
-tna) Christian

kristen² (*kriss*-tern) *adj*
Christian

Kristus (*kriss*-tewss) Christ

krita (*kreet*-ah) *c* chalk

kritik (kri-*teek*) *c* criticism

kritiker (*kree*-ti-kerr) *c* (pl ~)
critic

kritisera (kri-ti-*say*-rah) *v*
criticize

kritisk (*kree*-tisk) *adj* critical

krockkudde (*crock*-kew-day)
c airbag

krog (kroog) *c* restaurant

krok (krook) *c* hook

krokig (*krook*-i) *adj* crooked,
curved, bent

krokodil (kroo-koo-*deel*) *c*
crocodile

krona (*kroo*-nah) *c* crown

kronblad (*kroon*-blaad) *nt*
petal

kronisk (*kroo*-nisk) *adj*
chronic

kronologisk (kroo-noo-*loag*-
isk) *adj* chronological

kronärtskocka (*kroon*-ærts-
ko-kah) *c* artichoke

kropp (krop) *c* body; **fast ~**
solid

krossa (*kro͞s*-sah) *v* crush

krucifix (krew-si-*fiks*) *nt*
crucifix

kruka (*krew*-kah) *c* jar

krus (krewss) *nt* pitcher

krusa (*krew*-sah) *v* curl

krusbär (*krewss*-bæær) *nt*
gooseberry

krut (krewt) *nt* gunpowder

krycka (krew-kah) *c* crutch

krydda (*krew*-dah) *c* spice; *v*
flavour

kryddad (*krew*-dahd) *adj*
spiced; spicy

krympa (*krewm*-pah) *v*
*shrink

krympfri (*krewmp*-free) *adj*
shrinkproof

***krypa** (*krewp*-ah) *v* *creep;
crawl

kryssning (krewss-ning) *c*
cruise

kråka (*kroak*-ah) *c* crow

kräfta (*krehf*-tah) *c* crayfish

kräkas (*krai*-kahss) *v* vomit

kräldjur (krail-*yewr*) *nt*
reptile

kräm (kraim) *c* cream

krämpa (*krehm*-pah) *c*
ailment

kränka (krehng-kah) *v* offend

kränkande (*krehng*-kahn-
der) *adj* offensive

kränkning (*krehngk*-ning) *c*
offence; violation

kräsen (*krai*-sern) *adj* choosy,
fastidious, particular

kräva (*krai*-vah) *v* demand;
require, claim

krök (krurk) *c* bend

kröna (*krur*-nah) *v* crown

kub (kewb) *c* cube

Kuba (*kew*-bah) Cuba

kuban (kew-*baan*) *c* Cuban

kubansk (kew-*baansk*) *adj*

Cuban

kudde (*kew*-day) *c* cushion; pillow

kuggas (*kewg*-ahss) *v* fail

kula (*kew*-lah) *c* bullet

kull (kewl) *c* litter

kulle (*kew*-lay) *c* hill; mound

kullkasta (*kewl*-kahss-tah) *v* *upset

kulspetspenna (*kewl*-spayts-pay-nah) *c* ballpoint pen

kultiverad (kewl-ti-*vāy*-rahd) *adj* cultured, refined

kultur (kewl-*tewr*) *c* culture

kund (kewnd) *c* customer; client

kung (kewng) *c* king

kungarike (*kewng*-ah-ree-ker) *nt* kingdom

kunglig (*kewng*-li) *adj* royal

***kungöra** (kewn-ᵞ*ūrr*-ah) *v* proclaim

kungörelse (kewn-ᵞ*ūr*-rayl-ser) *c* announcement; proclamation, notice

***kunna** (*kewn*-ah) *v* *can; *may, *be able to

kunskap (*kewn*-skaap) *c* knowledge

kupé (kēw-*pāy*) *c* compartment

kuperad (kēw-*pāy*-rahd) *adj* hilly

kupol (kēw-*pōal*) *c* dome

kupong (kēw-*pong*) *c* coupon; voucher

kur (kēwr) *c* cure

kurort (*kēwr*-oort) *c* spa

kurs (kewrs) *c* course

kurva (*kewr*-vah) *c* curve, turning, bend

kusin (kew-*seen*) *c* cousin

kuslig (*kēwss*-li) *adj* creepy

kust (kewst) *c* coast; seashore, seaside

kuvert (kew-*væær*) *nt* envelope

kuvertavgift (kēw-*væær*-aav-ᵞift) *c* cover charge

kvacksalvare (*kvahk*-sahl-vah-rer) *c* (pl ∼) quack

kvadrat (kvah-*draat*) *c* square

kvadratisk (kvah-*draa*-tisk) *adj* square

kvalificera sig (kvah-li-fi-*sāyr*-ah) qualify

kvalificerad (kvah-li-fi-*sāyr*-ahd) *adj* qualified

kvalifikation (kvah-li-fi-kah-*shōon*) *c* qualification

kvalitet (kvah-li-*tāyt*) *c* quality

kvantitet (kvahn-ti-*tāyt*) *c* quantity

kvar (kvaar) *adv* left

kvarleva (*kvaar*-lāy-vah) *c* remnant

kvarn (kvaarn) *c* mill

kvart (kvahrt) *c* quarter of an hour; quarter

kvartal (kvahr-*taal*) *nt* quarter; **kvartals-** quarterly

kvarter (kvahr-*tāyr*) *nt* block

kvast (kvahst) *c* broom

kvav (kvaav) *adj* stuffy

kvick (kvik) *adj* quick

kvicksilver (*kvik*-sil-vehr) *nt* mercury

kvicktänkt (*kvik*-tehngkt) *adj* bright

kvinna (*kvi*-nah) *c* woman

kvinnlig (*kvin*-li) *adj* feminine

kvist (kvist) *c* twig

kvitto (*kvi*-too) *nt* receipt

kvot (kvōōt) *c* quota

kväll (kvehl) *c* evening; night; **i ~** tonight

kvällsmat (*kvehls*-maat) *c* supper

kväva (*kvai*-vah) *v* choke

kvävas (*kvai*-vahss) *v* choke

kväve (*kvai*-ver) *nt* nitrogen

kyckling (*tʸewk*-ling) *c* chicken

kyla (*tʸēw*-lah) *c* cold

kylig (*tʸēw*-li) *adj* cool; chilly

kylskåp (*tʸewl*-skoap) *nt* fridge, refrigerator

kypare (*tʸēw*-pah-rer) *c* (pl ~) waiter

kyrka (*tʸewr*-kah) *c* church

kyrkogård (*tʸewr*-koo-gōard) *c* churchyard; cemetery

kyrktorn (*tʸewrk*-toorn) *nt* church tower

kyrkvaktmästare (*tʸewrk*-vahkt-mehss-tah-rer) *c* (pl ~) sexton

kysk (tʸewsk) *adj* chaste

kyss (tʸewss) *c* kiss

kyssa (*tʸew*-sah) *v* kiss

kål (kōal) *c* cabbage

käck (tʸehk) *adj* plucky

käft (tʸehft) *c* mouth

kägelspel (*tʸai*-gerl-spāyl) *nt* bowling

käke (*tʸai*-ker) *c* jaw

kälkborgerlig (*tʸehlk*-bor-ʸerr-li) *adj* bourgeois

kälke (*tʸehl*-ker) *c* sleigh, sledge

källa (*tʸehl*-ah) *c* spring; source, fountain

källare (*tʸeh*-lah-rer) *c* (pl ~) cellar

källarvåning (*tʸeh*-lahr-vōaning) *c* basement

kämpa (*tʸehm*-pah) *v* *fight; struggle, combat, battle

känd (tʸehnd) *adj* famous, known, noted

känguru (*tʸehng*-gew-rew) *c* kangaroo

känna (*tʸehn*-ah) *v* *feel; *know; **~ igen** recognize

kännare (*tʸeh*-nah-rer) *c* (pl ~) connoisseur

kännbar (*tʸehn*-baar) *adj* perceptible, noticeable

kännedom (*tʸehn*-er-doom) *c* knowledge

kännemärke (*tʸehn*-er-mær-ker) *nt* feature

kännetecken (*tʸeh*-ner-tay-kern) *nt* characteristic

känsel (*tʸehn*-serl) *c* touch; feeling; **utan ~** numb

känsla (*tʸehns*-lah) *c* emotion, sensation

känslig (*tʸehns*-li) *adj* sensitive; delicate

känslolös (*tʸayns*-loo-*lūrss*) *adj* insensitive

käpp (tʸehp) *c* cane; stick

käpphäst (*tʸehp*-hehst) *c* hobbyhorse

kär (tʸæær) *adj* dear

kärl (tʸæærl) *nt* vessel

kärlek (*tʸæær*-lāyk) *c* love

kärleksaffär (t^y*ǽær*-lāyks-ah-fǽær) c affair

kärleksfull (t^y*ǽær*-lāyks-fewl) adj affectionate

kärlekshistoria (t^y*ǽær*-lāyks-hiss-tōō-ri-ah) c love story

kärn- (t^y*ǽærn) nuclear; atomic

kärna (t^y*ǽr*-nah) c stone, pip; core, essence; nucleus

kärnhus (t^y*ǽærn*-hēwss) nt core

kärnkraft (t^y*ǽærn*-krahft) c nuclear energy

kärra (t^y*ǽ*-rah) c cart; barrow

kö (kūr) c queue

köa (kūr-ah) v queue; stand in line Am

kök (t^{y}ürk) nt kitchen

kökschef (t^{y}urks-shāyf) c chef

kökshandduk (t^{y}urks-hahn-dēwk) c kitchen towel

köksredskap (t^{y}urks-rāyd-skaap) nt utensil

köksspis (t^{y}urk-speess) c stove, cooker

köksträdgård (t^{y}urks-trai-gōård) c kitchen garden

köl (t^{y}ürl) c keel

kön (t^{y}ürn) nt sex; **köns-**genital

könssjukdom (t^y**ū**rns-shēwk-doom) c venereal disease

köp (t^{y}ürp) nt purchase

köpa (t^{y}ur-pah) v *buy; purchase

köpare (t^{y}ūr-pah-rer) c (pl ~) buyer; purchaser

köpcenter (ryūrp-sayn-ter) nt (pl -centra) mall

köpesumma (t^{y}ūr-per-sew-mah) c purchase price

köpman (t^{y}ürp-mahn) c (pl -män) merchant; trader

*****köpslå** (t^{y}ürp-slōa) v bargain

kör (kūr) c choir

köra (t^{y}ūr-rah) v *drive; ~ **för fort** *speed; ~ **om** *overtake; pass vAm

körbana (t^{y}ūr-baan-ah) c carriageway; roadway nAm

körfil (t^{y}ūrr-feel) c lane

körkort (t^{y}ūrr-koort) nt (pl ~) driver's licence, driving licence

körriktningsvisare (t^{y}urr-rikt-nings-vee-sah-rer) c (pl ~) trafficator; directional signal Am

körsbär (t^{y}urrs-bæær) nt cherry

körsnär (t^{y}urrs-næær) c furrier

körtel (t^{y}urr-terl) c (pl -tlar) gland

kött (t^{y}urt) nt flesh; meat

L

labyrint (lah-bew-*rint*) *c*
labyrinth; maze

lack (lahk) *nt* lacquer; varnish

lada (*laa*-dah) *c* barn

ladda upp (lah-dah *ewp*) *v*
upload

laddning (*lahd*-ning) *c*
charge; cargo

lag (laag) *c* law; *nt* team

laga (*laa*-gah) *v* fix; mend

lager (*laa*-gerr) *nt* store,
stock; layer

laglig (*laag*-li) *adj* legal;
lawful

lagra (*laag*-rah) *v* store; stock

lagring (*laag*-ring) *c* storage

lagun (lah-*gewn*) *c* lagoon

lakan (*laa*-kahn) *nt* sheet

lakrits (*laa*-krits) *c* liquorice

laktos (lahk-*toos*) *c* lactose

laktosintolerant (lahk-*toos*-
in-tool-e-*rahnt*) *adj* lactose
intolerant

lamm (lahm) *nt* lamb

lammkött (*lahm*-t⁺urt) *nt*
lamb

lampa (*lahm*-pah) *c* lamp

lampskärm (*lahmp*-shærm) *c*
lampshade

land (lahnd) *nt* (pl länder)
land; country; *gå i ~* land,
disembark; *i ~* ashore

landa (*lahn*-dah) *v* land

landgräns (*lahnd*-grehns) *c*
boundary

landgång (*lahnd*-gong) *c*
gangway

landmärke (*lahnd*-mær-ker)
nt landmark

landsbygd (*lahnds*-bewgd) *c*
countryside; country

landsflykt (*lahnds*-flewkt) *c*
exile

landsflykting (*lahnds*-flewk-
ting) *c* exile

landskap (*lahnd*-skaap) *nt*
province, landscape;
scenery

landsman (*lahnds*-mahn) *c*
(pl -män) countryman

*landstiga (*lahnd*-steeg-ah) *v*
disembark

landsväg (*lahnds*-vaig) *c*
highway

lantbruk (*lahnt*-brewk) *nt*
farm

lantbrukare (*lahnt*-brew-kah-
rer) *c* (pl ~) farmer

lantegendom (*lahnt*-āy-
gayn-doom) *c* estate

lantlig (*lahnt*-li) *adj* rural

lantställe (*lahnt*-steh-ler) *nt*
country house

lappa (*lahp*-ah) *v* patch

larma (*lahr*-mah) *v* alarm;
clamour

lasarett (lah-sah-*reht*) *nt*
hospital

last (lahst) *c* cargo; load,
freight; vice

lasta (*lahss*-tah) *v* load;
charge; *~ av* unload

lastbil (*lahst*-beel) *c* lorry; truck *nAm*

lastkaj (*lahst*-kigh) *c* wharf

lastrum (*lahst*-rewm) *nt* hold

lat (laat) *adj* lazy; idle

Latinamerika (lah-*teen*-ah-*māy*-ri-kah) Latin America

latinamerikansk (lah-*teen*-ah-*may*-ri-*kaansk*) *adj* Latin-American

lavin (lah-*veen*) *c* avalanche

lax (lahks) *c* salmon

***le** (lāy) *v* smile

led (lāyd) *c* joint; **ur** ~ dislocated

leda (*lāyd*-ah) *v* *lead; head, direct

ledande (*lāy*-dahn-der) *adj* leading

ledare (*lāy*-dah-rer) *c* (pl ~) leader

ledarhund (*lāyd*-ahr-hewnd) *c* guide dog

ledarskap (*lāyd*-ahr-skaap) *nt* leadership

ledig (*lāy*-di) *adj* vacant; unoccupied

ledighet (*lāy*-di-hāyt) *c* leave; leisure

ledning (*lāyd*-ning) *c* lead, guidance; management

ledsaga (*lāyd*-saag-ah) *v* accompany; conduct

ledsen (lay-sayn) *adj* sad, sorry

ledstång (*lāyd*-stong) *c* (pl -stänger) rail, banister

leende (*lāy*-ern-der) *nt* smile

legal (lay-*gaal*) *adj* legal

legalisering (lay-gah-li-*sāyr*-ing) *c* legalization

legat (lay-*gaat*) *nt* legacy

legation (lay-gah-*shōōn*) *c* legation

legitimation (lay-gi-ti-mah-*shōōn*) *c* identification

lejon (*lay*-on) *nt* lion

lek (lāyk) *c* play

leka (*lāyk*-ah) *v* play

lekman (*lāyk*-mahn) *c* (pl -män) layman

lekplats (*lāyk*-plahts) *c* playground

leksak (*lāyk*-saak) *c* toy

leksaksaffär (*lāyk*-sahks-ah-*fæær*) *c* toyshop

lekskola (*lāyk*-skōōl-ah) *c* kindergarten

lektion (lehk-*shōōn*) *c* lesson

lektor (*lehk*-tor) *c* lecturer, senior master

lem (laym) *c* (pl ~mar) limb

len (lāyn) *adj* soft, smooth

lera (*lāy*-rah) *c* clay

lergods (*lair*-goods) *nt* pottery, ceramics *pl*; crockery

lerig (*lāy*-ri) *adj* muddy

leta efter (*lāy*-tah) look for

leva (*lāy*-vah) *v* live

levande (*lāy*-vahn-der) *adj* alive; live

lever (*lāy*-verr) *c* (pl levrar) liver

leverans (lay-vay-*rahns*) *c* delivery; supply

leverera (lay-vay-*rāy*-rah) *v* deliver; furnish

levnadsstandard (*lāyv*-nahds-stahn-dahrd) *c*

standard of living
levnadssätt (*lāyv*-nahds-seht) *nt* (pl ~) living
libanes (li-bah-*nāyss*) *c* Lebanese
libanesisk (li-bah-*nāyss*-isk) *adj* Lebanese
Libanon (*lee*-bah-non) Lebanon
liberal (li-bay-*raal*) *adj* liberal
Liberia (li-*bāyri*-ah) Liberia
liberian (li-bay-ri-*aan*) *c* Liberian
liberiansk (li-bay-ri-*aansk*) *adj* Liberian
licens (li-*sayns*) *c* licence
*****lida** (*lee*-dah) *v* suffer
lidande (*leed*-ahn-der) *nt* suffering
lidelse (*leed*-erl-ser) *c* passion
lidelsefull (*leed*-erl-ser-*fewl*) *adj* passionate
lifta (*lif*-tah) *v* hitchhike
liftare (*lif*-tah-rer) *c* (pl ~) hitchhiker
*****ligga** (*li*-gah) *v* *lie; *be situated
lik (leek) *nt* corpse; *adj* alike, like
lika (*lee*-kah) *adj* equal; even; *adv* equally, as; ~ **mycket** as much
likadan (*lee*-kah-*daan*) *adj* alike
likaledes (*lee*-kah-*lāyd*-erss) *adv* likewise
likasinnad (*lee*-kah-*sin*-ahd) *adj* like-minded
likaså (*lee*-kah-*sōa*) *adv*

likewise; as well, as much
likformig (*leek*-for-mi) *adj* uniform, homogeneous
likgiltig (*leek*-*y*il-ti) *adj* indifferent
likhet (*leek*-hāyt) *c* resemblance; similarity
likna (*leek*-nah) *v* resemble
liknande (*leek*-nahn-der) *adj* similar, such
liksom (*lik*-som) *conj* as
likström (*leek*-strurm) *c* direct current
liktorn (*leek*-tōarn) *c* corn
likväl (leek-*vail*) *adv* yet; however, still
likvärdig (leek-vær-di) *adj* equivalent; *vara ~ equal
likör (li-*kurr*) *c* liqueur
lilja (*lil*-*y*ah) *c* lily
lillfinger (*lil*-fing-ayr) *nt* (pl -fingrar) little finger
lim (lim) *nt* glue
limpa (*lim*-pah) *c* loaf; carton of cigarettes
lina (*leen*-ah) *c* cord, line
lind (lind) *c* lime; limetree
linda (*lin*-dah) *v* *wind
lindra (*lind*-rah) *v* relieve, mitigate, soothe
linjal (lin-*yaal*) *c* ruler
linje (leen-*y*er) *c* line
linjefartyg (leen-*y*er-faar-tēwg) *nt* liner
linjerederi (lin-*y*er-ray-day-ree) *nt* (pl ~er) shipping line
linne (*li*-ner) *nt* linen
lins (lins) *c* lens; lentil
list (list) *c* ruse; artifice; border

lista (*liss*-tah) c list

listig (*liss*-ti) adj cunning

lita på (*lee*-tah) trust; rely on

liten (*lee*-tern) adj (pl små) minor, small; little; petty, short; **ytterst ~ minute**

liter (*lee*-terr) c litre

litteratur (li-ter-rah-*tewr*) c literature; literary

litterär (li-ter-*ræær*) adj literary

liv (leev) nt life

livbälte (*leev*-behl-ter) nt lifebelt

livfull (*leev*-fewl) adj lively

livförsäkring (*liv*-furr-*saik*-ring) c life insurance

livlig (*leev*-li) adj vivid; busy

livmoder (*leev*-mood-err) c (pl -drar) womb

livräddare (*leev*-reh-dah-rer) c (pl ~) life-saver

livsfarlig (*lifs*-faar-li) adj perilous

livsmedel (*lifs*-mãy-derl) nt food

livsmedelsbutik (*lifs*-mãy-derls-bew-teek) c grocer's

livstid (*lifs*-teed) c lifetime

livsviktig (*lifs*-vik-ti) adj vital

livvakt (*leev*-vahkt) c bodyguard

ljud (*yewd*) nt sound

*ljuda (*yew*-dah) v sound

ljudband (*yewd*-bahnd) nt tape

ljuddämpare (*yewd*-dehm-pah-rer) c (pl ~) silencer; muffler nAm

ljudisolerad (*yewd*-i-soo-lãy-rahd) adj soundproof

*ljuga (*yewg*-ah) v lie

ljum (*yewm*) adj lukewarm, tepid

ljumske (*yewms*-ker) c groin

ljung (*yewng*) c heather

ljunghed (*yewng*-hãyd) c moor

ljus (*yewss*) adj light; nt light

ljushårig (*yewss*-hõa-ri) adj fair

ljuvlig (*yewv*-li) adj lovely

lock (lok) nt cover, lid, top; c curl

locka (*lok*-ah) v curl; entice, tempt

lockelse (*lo*-kayl-ser) c attraction

lockig (*lo*-ki) adj curly

lodrät (*lood*-rait) adj vertical; perpendicular

logera (lo-*shãy*-rah) v accommodate

logga in (loo-gah-*in*) v log in; **~ ut** log off

logi (lo-*shee*) nt (pl ~er, ~n) accommodation

logik (lo-*geek*) c logic

logisk (*lawg*-isk) adj logical

lojal (lo-*ªaal*) adj loyal

lok (*look*) nt locomotive

lokal (loo-*kaal*) adj local; lokal- local

lokalisera (loo-kah-li-*sãy*-rah) v locate

lokalsamtal (loo-*kaal*-sahm-taal) nt local call

lokaltåg (loo-*kaal*-tõag) nt local train

lokomotiv (loo-koo-moo-

teev) nt engine

longitud (*long-gi-tēwd*) c longitude

lopp (lop) nt race; course

lort (loort) c dirt, filth

lortig (*loort-i*) adj filthy, dirty

lossa (*loss-ah*) v loosen; unfasten; discharge

lots (loots) c pilot

lott (lot) c lot; lottery ticket

lotteri (lo-ter-*ree*) nt lottery

lov (lōav) nt vacation; permission

lova (*lōa*-vah) v promise

LP-skiva (ayl-pay-*shee*-vah) c long-playing record

lucka (*lew*-kah) c hatch

luffare (*lewf*-ah-rer) c (pl ∼) tramp

luft (lewft) c air; sky; **luft-** air-; pneumatic

lufta (*lewf*-tah) v air, ventilate

luftfilter (*lewft*-fil-terr) nt (pl ∼, -trer) air-filter

luftig (*lewf*-ti) adj airy

luftkonditionerad (*lewft*-kon-di-shoo-*nāy*-rahd) adj air-conditioned

luftkonditionering (*lewft*-kon-di-shoo-*nāy*r-ing) c air conditioning

luftrörskatarr (*lewft*-rūrrs-kah-*tahr*) c bronchitis

lufttryck (*lewft*-trewk) nt atmospheric pressure

lufttät (*lewft*-tait) adj airtight

lugn (lewngn) adj calm; quiet, tranquil; restful

lugna (*lewng*-nah) v calm down; reassure; ∼ **sig** calm

down

lukt (lewkt) c smell; odour

lukta (*lewk*-tah) v *smell

lunch (lewnsh) c lunch; luncheon

lunga (*lewng*-ah) c lung

lunginflammation (*lewng*-in-flah-mah-*shōōn*) c pneumonia

lura (*lew*-rah) v cheat

lus (lēwss) c (pl löss) louse

lust (lewst) c desire; zest; ***ha** ∼ **att** *feel like; fancy

lustig (*lewss*-ti) adj funny; amusing, jolly, humorous

lustjakt (*lewst-y*ahkt) c yacht

lustspel (*lewst*-spāyl) nt comedy

luta (*lēw*-tah) v *lean; ∼ **sig** *lean

lutande (*lēw*-tahn-der) adj slanting

lutning (*lēwt*-ning) c inclination

luxuös (lewk-sew-*ūrss*) adj luxurious

lya (*lēw*-ah) c den

lycka (*lewk*-ah) c happiness; fortune, luck; ∼ **till!** Good luck!

lyckas (*lewk*-ahss) v manage, succeed

lycklig (*lewk*-li) adj happy; fortunate; **lyckligtvis** adv fortunately

lyckosam (*lew*-ko-sahm) adj lucky

lyckönska (*lewk*-urns-kah) v congratulate

lyckönskning (*lewk*-urnsk-

ning) *c* congratulation
lyda (*lēwd*-ah) *v* obey
lydig (*lēw*-di) *adj* obedient
lydnad (*lēwd*-nahd) *c* obedience
lyfta (*lewf*-tah) *v* lift; *take off
lyftkran (*lewft*-kraan) *c* crane
lykta (*lewk*-tah) *c* lantern
lymmel (*lew*-merl) *c* (pl -mlar) rascal
lysande (*lēw*-sahn-der) *adj* luminous
lysa upp (*lēw*-sah) illuminate, light up; brighten
lyssna (*lewss*-nah) *v* listen
lyssnare (*lewss*-nah-rer) *c* (pl ~) listener
lyx (lewks) *c* luxury
låda (*lōa*-dah) *c* drawer
låg (lōag) *adj* low
låga (*lōa*-gah) *c* flame
lågland (*lōag*-lahnd) *nt* (pl -länder) lowlands *pl*
lågsäsong (*lōag*-seh-*song*) *c* low season; off season
lågtryck (*lōag*-trewk) *nt* depression
lågvatten (*lōag*-vaht-ern) *nt* low tide
lån (lōan) *nt* loan
låna (*lōa*-nah) *v* borrow; ~ ut *lend
lång (long) *adj* long; tall
långbyxor (*long*-bewks-err) *pl* trousers *pl*; slacks *pl*
långsam (*long*-sahm) *adj* slow
långt (longt) *adv* far; **längre bort** further away; **längst bort** furthest; **långt bort** far

away; **på ~ när** by far
långtråkig (*long*-trōa-ki) *adj* boring; dull
långvarig (*long*-var-i) *adj* long, lengthy
lår (lōar) *nt* thigh
lås (lōass) *nt* lock
låsa (*lōa*-sah) *v* lock; ~ **in** lock up; ~ **upp** unlock
***låta** (*lōa*-tah) *v* sound; allow to, *let; *leave
låtsa (*lot*-sah) *v* simulate, pretend
läcka (*leh*-kah) *c* leak; *v* leak
läcker (*lehk*-err) *adj* delicious
läder (*leh*-derr) *nt* leather; **läder-** leather
läge (*lai*-ger) *nt* location; position; situation, site
lägenhet (*lai*-gern-*hāyt*) *c* flat; apartment *nAm*
läger (*lai*-gerr) *nt* camp
***lägga** (*lehg*-ah) *v* *put; *lay; ~ **på** *put on; apply; add; ~ **sig** *lie down; ~ **till** add; ~ **ut på** entreprenad outsource
läggningsvätska (*lehg*-nings-vehts-kah) *c* setting lotion
läka (*lai*-kah) *v* heal
läkare (*lai*-kah-rer) *c* (pl ~) doctor; physician; **allmänpraktiserande ~** general practitioner
läkarmottagning (*lai*-kahr-moot *taag*-ning) *c* surgery
läkarvetenskap (*lai*-kahr-vāy-tern-skaap) *c* medicine
läkemedel (*lai*-ker-*māy*-dayl) *nt* remedy

läktare (*lehk*-tah-rer) *c* (pl ~) stand

lämna (*lehm*-nah) *v* *leave; check out; ~ **i sticket** *let down

lämplig (*lehmp*-li) *adj* appropriate; proper, fit, convenient

län (lain) *nt* province

längd (lehngd) *c* length; **på längden** lengthways

längs (lehngs) *prep* along; past

längta (*lehng*-tah) *v* desire; ~ **efter** long for

längtan (*lehng*-tahn) *c* longing; wish

länk (lehngk) *c* link

läpp (lehp) *c* lip

läppstift (*lehp*-stift) *nt* lipstick

lära (*læær*-ah) *c* teachings *pl*; *v* *teach; ~ **sig** *learn; ~ **sig utantill** memorize

lärare (*læær*-ah-rer) *c* (pl ~) teacher; master, schoolmaster, schoolteacher

lärarinna (læær-ah-*rin*-ah) *c* teacher

lärd (læærd) *c* scholar

lärka (*lær*-kah) *c* lark

lärling (*læær*-ling) *c* apprentice

lärobok (*lææ*-roo-book) *c* (pl -böcker) textbook

lärorik (*lææ*-roo-reek) *adj* instructive

läroverk (*lææ*-roo-væærk) *nt* secondary school

läsa (*lai*-sah) *v* *read

läsesal (*lai*-ser-saal) *c* reading room

läsk (lehsk) *c* soda

läskedryck (*lehss*-ker-drewk) *c* lemonade

läskpapper (*lehsk*-pahp-err) *nt* blotting paper

läslampa (*laiss*-lahm-pah) *c* reading lamp

läslig (*laiss*-li) *adj* legible

läsning (*laiss*-ning) *c* reading

lätt (leht) *adj* easy; light, slight

lätta (*leht*-ah) *v* relieve; lighten, ease

lätthanterlig (*leht*-hahn-tayr-li) *adj* easy to handle

lätthet (*leht*-hāyt) *c* ease

lättnad (*leht*-nahd) *c* relief

lättretad (*leht*-rāy-tahd) *adj* irritable

lättretlig (*leht*-rāyt-li) *adj* touchy; quick-tempered

lättsmält (*leht*-smehlt) *adj* digestible

läxa (*lehks*-ah) *c* (pl läxor) homework, lesson

lödder (*lur*-derr) *nt* lather

löfte (*lurf*-ter) *nt* promise; vow

lögn (lurngn) *c* lie

lögnare (*lurng*-nah-rer) *c* (pl ~) liar

löjeväckande (*lur*-ᵞer-veh-kahn-der) *adj* ludicrous

löjlig (*lurᵞ*-li) *adj* ridiculous; ludicrous, foolish

lök (lūrk) *c* onion

lön (lūrn) *c* salary; wages *pl*, pay

löna sig (*lūrn*-ah) *pay
lönande (*lūrn*-ahn-der) *adj*
paying
löneförhöjning (*lūrn*-er-furr-hur^y-ning) *c* rise; raise *nAm*
lönlös (*lūrn*-lūrss) *adj*
useless, futile
lönn (lurn) *c* maple
lönsam (*lūrn*-sahm) *adj*
profitable
löntagare (*lūrn*-taa-gah-rer) *c* (pl ~) employee
löpare (*lūr*-pah-rer) *c* (pl ~) runner
lördag (*lūrr*-daag) *c* Saturday

lös (lūrss) *adj* loose
lösa (*lūr*-sah) *v* solve; ~ **in**
cash; ~ **upp** *undo
lösen (*lūr*-sern) *c* ransom
lösenord (*lūrss*-ern-ōōrd) *nt*
password
löshår (*lūrss*-hoar) *nt* hair
piece
löslig (*lūrss*-li) *adj* soluble
lösning (*lūrss*-ning) *c*
solution
löständer (*lūrss*-tehn-derr)
pl false teeth
löv (lūrv) *nt* leaf

M

madrass (mah-*drahss*) *c*
mattress
magasin (mah-gah-*seen*) *nt*
store house; warehouse
mage (*maa*-ger) *c* stomach;
mag- gastric
mager (*maa*-gerr) *adj* thin;
lean
magisk (*maa*-isk) *adj* magic
magnetapparat (mahng-*nāyt*-ah-pah-raat) *c* magneto
magnetisk (mahng-*nāy*-tisk)
adj magnetic
magnifik (mahng-ni-*feek*) *adj*
magnificent
magont (*maag*-oont) *nt*
stomach ache
magplågor (*maag*-plōag-or)
pl stomach ache
magra (*maag*-rah) *v* slim
magsår (*maag*-soar) *nt*

gastric ulcer
maj (migh) May
major (mah-*ȳoor*) *c* major
majoritet (mah-^yoo-ri-*tāyt*) *c*
majority
majs (mighss) *c* maize
majskolv (*mighss*-kolv) *c*
corn on the cob
maka (*maak*-ah) *c* wife
make (*maak*-er) *c* husband
makrill (*mahk*-ril) *c* mackerel
makt (mahkt) *c* power; might,
force; rule
maktbefogenhet (*mahkt*-bay-fōō-gern-hāyt) *c*
authority
maktlös (*mahkt*-lūrss) *adj*
powerless
mal (maal) *c* moth
mala (*maa*-lah) *v* *grind
malaria (mah-*laa*-ri-^yah) *c*

malaria
Malaysia (mah-*ligh*-si-ah)
Malaysia
malaysier (mah-*ligh*-si-err) *c*
(pl ∼) Malay
malaysisk (mah-*ligh*-sisk)
adj Malaysian
mallig (*mahl*-i) *adj* cocky
malm (mahlm) *c* ore
malplacerad (mahl-plah-
sāyr-ahd) *adj* misplaced
man¹ (mahn) *pron* one
man² (mahn) *c* (pl **män**) man
manchester (mahn-*shayss*-
terr) *c* corduroy
mandarin (mahn-dah-*reen*) *c*
mandarin; tangerine
mandat (mahn-*daat*) *nt*
mandate
mandel (*mahn*-dayl) *c* (pl
-dlar) almond
manet (mah-*nāyt*) *c* jellyfish
mani (mah-*nee*) *c* craze
manikyr (mah-ni-*kēwr*) *c*
manicure
manikyrera (mah-ni-kew-
rāy-rah) *v* manicure
manlig (*mahn*-li) *adj*
masculine
mannekäng (mah-ner-
kehng) *c* model
manschett (mahn-*shayt*) *c*
cuff
manschettknappar (mahn-
shayt-knah-pahr) *pl* cuff
links *pl*
manuskript (mah-new-
skript) *nt* manuscript
mardröm (*maar*-drurm) *c* (pl
∼mar) nightmare

margarin (mahr-gah-*reen*) *nt*
margarine
marginal (mahr-ʸi-*naal*) *c*
margin
marinmålning (mah-*reen*-
mōal-ning) *c* seascape
maritim (mah-ri-*teem*) *adj*
maritime
mark (mahrk) *c* ground,
earth; grounds
markant (mahr-*kahnt*) *adj*
striking
markera (mahr-*kāy*-rah) *v*
mark
markis (mahr-*keess*) *c*
awning; marquis
marknad (*mahrk*-nahd) *c* fair
marmelad (mahr-may-*laad*) *c*
marmalade
marmor (*mahr*-moor) *c*
marble
marockan (mah-ro-*kaan*) *c*
Moroccan
marockansk (mah-ro-
kaansk) *adj* Moroccan
Marocko (mah-*rok*-o)
Morocco
mars (mahrs) March
marsch (mahrsh) *c* march
marschera (mahr-*shāy*-rah) *v*
march
marschfart (*mahrsh*-faart) *c*
cruising speed
marsvin (*maar*-sveen) *nt*
guinea pig
martyr (mahr-*tēwr*) *c* martyr
mask (mahsk) *c* worm; mask
maska (*mahss*-kah) *c* mesh;
ladder
maskara (mahss-*kaa*-rah) *c*

mascara
maskin (mah-*sheen*) c
  engine; machine;
  livsuppehållande ~ life
  support; ***skriva** ~ type
maskineri (mah-shi-ner-*ree*)
  nt (pl ~er) machinery
maskinskriverska (mah-
  sheen-skree-vayrs-kah) c
  typist
maskros (*mahsk*-rōōss) c
  dandelion
massa (*mahss*-ah) c mass;
  bulk
massage (mah-*saash*) c
  massage
massera (mah-*sāy*-rah) v
  massage
massförstörelsevapen
  (*mahss*-furr-stūr-ayl-se-
  vaap-ern) nt (pl ~) weapons
  of mass destruction; WMD
massiv (mah-*seev*) adj solid;
  massive
massmöte (*mahss*-mūr-ter)
  nt rally
massproduktion (*mahss*-
  pro-dewk-*shōōn*) c mass
  production
massör (mah-*sūrr*) c masseur
mast (mahst) c mast
mat (maat) c food; fare;
  djupfryst ~ frozen food;
  laga ~ cook; ~ **och logi** bed
  and board; room and board,
  board and lodging; **smälta**
  maten digest
mata (*maa*-tah) v *feed
match (mahch) c match
matematik (mah-tay-mah-

teek) c mathematics
matematisk (mah-tay-*maat*-
  isk) adj mathematical
materia (mah-*tāy*-ri-ah) c
  matter
material (mah-teh-ri-*aal*) nt
  material
materiell (mah-teh-ri-*ayl*) adj
  material
matförgiftning (*maat*-furr-
  ift-ning) c food poisoning
matlust (*maat*-lewst) c
  appetite
matros (mah-*trōōss*) c
  seaman
maträtt (*maat*-reht) c dish
matsal (*maat*-saal) c dining
  room
matsedel (*maat*-sāy-derl) c
  menu
matservis (*maat*-sehr-*veess*)
  c dinner service
matsked (*maat*-shāyd) c
  tablespoon
matsmältning (*maat*-smehlt-
  ning) c digestion
matsmältningsbesvär
  (*maat*-smehlt-nings-bay-
  svæær) nt indigestion
matt (maht) adj dim, mat; dull
matta (*mah*-tah) c carpet; mat
matvaror (*maat*-vaa-roor) pl
  foodstuffs pl
mausoleum (mou-so-*lāy*-
  ewm) nt (pl ~leer)
  mausoleum
med (māyd) prep with; by;
  *ha ~ **sig** *bring
medalj (may-*dahlʸ*) c medal
medan (*māy*-dahn) conj

while; whilst

medarbetare (mayd-ahr-bay-tah-rer) c (pl ~) colleague

medborgare (mayd-bor-ʸah-rer) c (pl ~) citizen; medborgar- civic

medborgarskap (mayd-bor-ʸah-skaap) nt citizenship

medborgerlig (mayd-bor-ʸayr-li) adj civil

meddela (mayd-day-lah) v inform; report, communicate, notify

meddelande (mayd-day-lahn-day) nt message; information, communication

meddelandeforum (mayd-day-lahn-day-foar-ewm) c message board

medel (may-derl) nt means; antiseptiskt ~ antiseptic; lugnande ~ sedative; tranquillizer; smärtstillande ~ analgesic; stärkande ~ tonic

medel- (may-derl) medium

Medelhavet (may-derl-haa-vert) Mediterranean

medelklass (may-derl-klahss) c middle class

medelmåttig (mayd-erl-mot-i) adj moderate; medium

medelpunkt (mayd-erl-pewngt) c centre

medeltida (may-derl-tee-dah) adj mediaeval

Medeltiden (may-derl-tee-dern) Middle Ages

medfödd (mayd-furd) adj

inborn

medföra (mayd-fur-rah) v *bring

*****medge** (mayd-ʸay) v admit; grant

medhjälpare (mayd-ʸehl-pah-rer) c (pl ~) assistant

media (may-di-ah) pl media

medicin (may-di-seen) c medicine; drug

medicinsk (may-di-seensk) adj medical

meditera (may-di-tay-rah) v meditate

medkänsla (mayd-tʸehns-lah) c sympathy

medla (mayd-lah) v mediate

medlare (mayd-lah-rer) c (pl ~) mediator

medlem (mayd-laym) c (pl ~mar) member; associate

medlemskap (mayd-laym-skaap) nt membership

medlidande (mayd-lee-dahn-der) nt pity; *ha ~ med pity

medräkna (mayd-raik-nah) v count, include

medströms (mayd-strurms) adv downstream

medtävlare (mayd-taiv-lah-rer) c (pl ~) competitor

medvetande (mayd-vay-tahn-der) nt consciousness

medveten (mayd-vay-tern) adj conscious; aware

medvetslös (mayd-vayts-lurss) adj unconscious

mejeri (may-ʸay-ree) nt (pl ~er) dairy

midsommar

mejsel (*may*-sayl) *c* (pl -slar)
chisel

mekaniker (may-*kaa*-ni-kerr)
c (pl ~) mechanic

mekanisk (may-*kaa*-nisk) *adj*
mechanical

mekanism (may-kah-*nism*) *c*
mechanism

mellan (*may*-lahn) *prep*
between; among

mellanmål (*may*-lahn-mōal)
nt snack

mellanrum (*may*-lahn-rewm)
nt space

mellanspel (*may*-lahn-spāyl)
nt interlude

mellantid (*may*-lahn-teed) *c*
interim

mellersta (*may*-lerrs-tah) *adj*
middle

melodi (may-lo-*dee*) *c*
melody; tune

melodisk (mer-*lōod*-isk) *adj*
melodious

melodrama (may-loo-*draam*-
ah) *nt* (pl -mer) melodrama

melon (may-*lōon*) *c* melon

memorandum (may-moo-
rahn-dewm) *nt* (pl -da)
memo

men (mayn) *conj* but; only

mena (*mayn*-ah) *v* *mean

mened (*mayn*-āyd) *c* perjury

mening (*māy*-ning) *c*
sentence; sense; meaning

meningslös (*māy*-nings-
lūrss) *adj* meaningless

menstruation (mayn-strew-
ah-*shōon*) *c* menstruation

mental (mayn-*taal*) *adj*
mental

mentalsjukhus (mehn-*taal*-
shēwk-hewss) *nt* asylum

meny (mer-*nēw*) *c* menu;**fast
~** set menu

mer (māyr) *adv* more; **lite ~**
some more

mest av allt (mayst aav ahlt)
most of all

för det mesta (furr day
mayss-tah) mostly

meta (*māyt*-ah) *v* fish; angle

metall (may-*tahl*) *c* metal;
metall- metal

meter (*māy*-terr) *c* (pl ~)
metre

metkrok (*māyt*-krōok) *c*
fishing hook

metod (may-*tōod*) *c* method

metodisk (may-*tōo*-disk) *adj*
methodical

metrev (*māyt*-rāyv) *c* fishing
line

metrisk (*māyt*-risk) *adj*
metric

metspö (*māyt*-spur) *nt*
fishing rod

mexikanare (mayks-i-*kaa*-
nah-rer) *c* (pl ~) Mexican

mexikansk (mayks-i-*kaansk*)
adj Mexican

Mexiko (*mayks*-i-koo)
Mexico

middag (*mi*-dah) *c* dinner;
*äta ~ dine

midja (*meed*-ah) *c* waist

midnatt (*meed*-naht) *c*
midnight

midsommar (*mid*-so-mahr) *c*
midsummer

mig (may) *pron* me; myself

migrän (mi-*grain*) *c* migraine

mikrofon (mik-ro-*fōan*) *c* microphone

mil (meel) *c* ten kilometres

mild (mild) *adj* mild; gentle

miljard (mil-*Ɏaard*) *c* billion

miljon (mil-*Ɏōōn*) *c* million

miljonär (mil-*Ɏoo-næær*) *c* millionaire

miljö (mil-*Ɏūr*) *c* environment; milieu

milstolpe (*meel*-stol-per) *c* milestone

min (min) *pron* (nt mitt, pl mina) my

mindervärdig (*min*-derr-væær-di) *adj* inferior

minderårig (*min*-derr-*ōā*-ri) *adj* under age; *c* minor

mindre (*mind*-rer) *adv* less; *adj* minor

mineral (mi-ner-*raal*) *nt* mineral

mineralvatten (mi-ner-*raal*-vah-tern) *nt* mineral water; soda water

mingla (*ming*-lah) *v* mingle

miniatyr (mi-ni-ah-*tewr*) *c* miniature

minimum (*mee*-ni-mewm) *nt* (pl ~, -ma) minimum

minister (mi-*niss*-terr) *c* (pl -trar) minister

mink (mingk) *c* mink

minnas (*min*-ahss) *v* remember, recollect

minne (*minah*) *nt* memory; remembrance

minnesfest (*mi*-nayss-fehst)

c commemoration

minnesmärke (*mi*-nayss-mær-ker) *nt* memorial; monument

minnesvärd (*mi*-nayss-væærd) *adj* memorable

minoritet (mi-noo-ri-*tāyt*) *c* minority

minska (*mins*-kah) *v* decrease; subtract; lower

minskning (*minsk*-ning) *c* decrease, reduction

minst (minst) *adj* least

minus (*mee*-newss) *prep* minus

minut (mi-*nēwt*) *c* minute

mirakel (mi-*raa*-kayl) *nt* (pl -kler) miracle

missa (*miss*-ah) *v* miss

missbelåten (*miss*-ber-*lōā*-tern) *adj* discontented

missbruk (*miss*-brēwk) *c* abuse; misuse

missbruka (*miss*-brēwkah) *v* abuse

missfall (*miss*-fahl) *nt* miscarriage

missfärgad (*miss*-fær-Ɏahd) *adj* discoloured

*missförstå (*miss*-furr-*stōā*) *v* *misunderstand

missförstånd (*miss*-furr-stond) *nt* misunderstanding

misshaga (*miss*-haa-gah) *v* displease

misslyckad (*miss*-lew-kahd) *adj* unsuccessful

misslyckande (*miss*-lew-kahn-der) *nt* failure

misslyckas (*miss*-lew-kahss)

v fail

missnöjd (*miss*-nur³d) *adj* dissatisfied

*missta (*miss*-taa) *be mistaken; err

misstag (*miss*-taag) *nt* mistake; error

misstanke (*miss*-tahng-ker) *c* suspicion

misstro (*miss*-trōō) *v* mistrust; *c* distrust

misstrogen (*miss*-trōō-gern) *adj* distrustful

misstänka (*miss*-tehng-kah) *v* suspect

misstänksam (*miss*-tehngk-sahm) *adj* suspicious

misstänksamhet (*miss*-tayngk-sahm-hāyt) *c* suspicion

misstänkt¹ (*miss*-tehngt) *c* (pl ∼a) suspect

misstänkt² (*miss*-tehngt) *adj* suspicious, suspected

missunna (*miss*-ewn-ah) *v* grudge

missöde (*miss*-ūr-day) *nt* mishap

mista (*miss*-tah) *v* *lose

mitt (mit) *c* middle; midst; ∼ i amid; ∼ **ibland** amid

mittemellan (*mit*-ay-may-lahn) *adv* in between

mittemot (*mit*-ay-*mōōt*) *prep* opposite; facing

mixer (*miks*-err) *c* (pl ∼) mixer

mjuk (m³ēwk) *adj* soft; smooth; supple

mjuka upp (m³ēw-kah)

soften

mjäll (m³ehl) *nt* dandruff; *adj* tender

mjöl (m³ūrl) *nt* flour

mjölk (m³urlk) *c* milk

mjölkbud (m³urlk-bēwd) *nt* milkman

mjölkig (m³url-ki) *adj* milky

mjölnare (m³ūrl-nah-rer) *c* (pl ∼) miller

mobil (mōō-*beel*) *adj* mobile

mobiltelefon (mōō-*beel*-tay-lay-foān) *c* cellphone

mockaskinn (*mo*-kah-shin) *nt* suede

mod (mōōd) *nt* courage; guts

mode (*mōō*-der) *nt* fashion

modell (moo-*dayl*) *c* model

modellera (moo-day-*lāyr*-ah) *v* model

modem (mōō-*daym*) *nt* (pl ∼) modem

moderat (moo-der-*raat*) *adj* moderate

modern (moo-*dæærn*) *adj* modern; fashionable

modersmål (*mōō*-derrs-mōāl) *nt* mother tongue; native language

modig (*mōō*-di) *adj* brave, courageous

mogen (*mōō*-gayn) *adj* mature; ripe

mognad (*mōōg*-nahd) *c* maturity

mohair (moo-*hæær*) *c* mohair

moln (mōāln) *nt* cloud

molnig (*mōāl*-ni) *adj* cloudy

monark (moo-*nahrk*) *c* monarch

monarki (moo-nahr-*kee*) c
monarchy

monetär (mo-ner-*tæær*) adj
monetary

monolog (mo-noo-*lōāg*) c
monologue

monopol (mo-no-*pōāl*) nt
monopoly

monoton (mo-no-*tōān*) adj
monotonous

monter (*mon*-terr) c (pl -trar)
showcase

montera (mon-*tāy*-rah) v
assemble

montering (mon-*tāy*-ring) c
assembly

montör (mon-*türr*) c fitter,
assembler

monument (mo-new-*mehnt*)
nt monument

moped (moo-*pāyd*) c moped;
motorbike nAm

mor (*mōōr*) c (pl mödrar)
mother

moral (moo-*raal*) c moral

moralisk (moo-*raa*-lisk) adj
moral

morallära (moo-*raal*-læærah) c morality

morbror (*moor*-broor) c (pl -bröder) uncle

mord (*mōōrd*) nt murder;
assassination

morfar (*moor*-fahr) c (pl -fäder) grandfather

morfin (mor-*feen*) nt
morphine

morgon (*mor*-on) c (pl -gnar)
morning; i ~ tomorrow

morgonrock (*mo*-ron-rok) c
dressing gown

morgontidning (*mo*-ron-teed-ning) c morning paper

morgonupplaga (*mor*-on-ewp-laag-ah) c morning
edition

mormor (*moor*-moor) c (pl -mödrar) grandmother

morot (*mōō*-rōōt) c (pl morötter) carrot

morra (*mor*-ah) v growl

i morse (ee *mor*-ser) this
morning

mosa (*mōōss*-ah) v mash

mosaik (moo-sah-*eek*) c
mosaic

moské (moss-*kāy*) c mosque

moskit (mo-*skeet*) c mosquito

mossa (*moss*-ah) c moss

moster (*mōōss*-terr) c (pl -trar) aunt

mot (*mōōt*) prep against;
towards

motbjudande (*mōōt*-b'ew-dahn-day) adj revolting

motell (mo-*tayl*) nt motel

motgång (*mōōt*-gong) c
adversity

motion (mot-*shōōn*) c
exercise; motion

motiv (moo-*teev*) nt motive

motivera (moo-tee-*vāy*-rah)
v motivate

motor (*mōō*-tor) c engine,
motor

motorbåt (*mōō*-tor-bōāt) c
motorboat

motorcykel (*mōō*-tor-sew-kerl) c (pl -klar) motorcycle

motorfartyg (*mōō*-tor-*faar*-

tēwg) *nt* motor vessel

motorhuv (*mōō*-tor-hēwv) *c*
bonnet; hood *nAm*

motorskada (*mōō*-tor-skaa-
dah) *c* engine failure

motorstopp (*mōō*-tor-stop)
nt breakdown

motorväg (*mōō*-tor-vaig) *c*
motorway; highway *nAm*

motsats (*mōōt*-sahts) *c*
contrary; reverse

motsatt (*mōōt*-saht) *adj*
opposite; contrary

motstående (*mōōt*-stoā-ayn-
der) *adj* opposite

motstånd (*mōōt*-stond) *nt*
resistance; resistor

motståndare (*mōōt*-ston-
dah-rer) *c* (pl ~) opponent

motsvara (*mōōt*-svaar-ah) *v*
correspond to

motsvarande (*mōōt*-svaar-
ahn-der) *adj* equivalent

motsvarighet (*mōōt*-svaa-ri-
hāyt) *c* equivalence

*****motsäga** (*mōōt*-say-ah) *v*
contradict

motsägande (*mōōt*-say-ahn-
der) *adj* contradictory

*****motta** (*mōōt*-taa) *v* receive;
accept

mottagande (*mōōt*-taag-
ahn-der) *nt* reception;
receipt

mottagning (*mōōt*-taag-
ning) *c* reception;
consultation hours

mottagningsbevis (*mōōt*-
taag-nings-ber-*veess*) *nt*

receipt

motto (*mot*-oo) *nt* motto

motvilja (*mōōt*-vil-ʸah) *c*
antipathy; dislike; aversion

mousserande (moo-*sāy*-
rahn-der) *adj* sparkling

mugg (mewg) *c* mug

mulen (*mewl*-ern) *adj*
overcast, cloudy

multikulturell (mewl-ti-kewl-
tew-*rell*) *adj* multicultural

multiplex (mewl-ti-*plex*) *c*
multiplex

multiplicera (mewl-ti-pli-
sāy-rah) *v* multiply

multiplikation (mewl-ti-pli-
kah-*shōōn*) *c* multiplication

mulåsna (*mewl*-ōass-nah) *c*
mule

mun (mewn) *c* (pl ~nar)
mouth

munk (mewngk) *c* monk

munsbit (*mewns*-beet) *c* bite

munstycke (mewn-*stew*-ker)
nt nozzle

munter (mewn-terr) *adj*
merry; gay, cheerful

munterhet (*mewn*-terr-hāyt)
c gaiety

muntlig (*mewnt*-li) *adj* oral;
verbal

muntra upp (*mewnt*-rah)
cheer up

munvatten (*mewn*-vah-tern)
nt mouthwash

mur (mēwr) *c* wall

mura (*mēwr*-ah) *v* *lay bricks

murare (*mēwr*-rah-rer) *c* (pl ~)
bricklayer

murgröna (*mēwr*-grür-nah) *c*

ivy

mus (me̅wss) c (pl möss)
mouse

museum (mew-sáy-ewm) nt
(pl museer) museum

musik (me̅w-seek) c music

musikal (me̅w-si-kaal) c
musical

musikalisk (me̅w-si-kaa-lisk)
adj musical

musiker (me̅w-si-kerr) c (pl
~) musician

musikinstrument (me̅w-
seek-in-stre̅w-mehnt) nt
musical instrument

muskel (mewss-kerl) c
muscle

muskotnöt (mewss-kot-nürt)
c (pl ~ter) nutmeg

muskulös (mewss-kew-lürss)
adj muscular

muslin (mewss-leen) nt
muslin

mustasch (mewss-taash) c
moustache

muta (me̅wt-ah) v bribe

mutning (me̅wt-ning) c
bribery

mutter (mew-terr) c (pl -trar)
nut

mycket (mew-ker) adv very;
much, far

mygga (mewg-ah) c mosquito

myggnät (mewg-nait) nt
mosquito net

myndig (mewn-di) adj of age

myndigheter (mewn-di-háy-
terr) pl authorities pl

mynning (mewn-ing) c
mouth

mynt (mewnt) nt coin

mynta (mewn-tah) c mint

myntenhet (mewnt-áyn-hávt)
c monetary unit

myntöppning (mewnt-urp-
ning) c slot

myra (me̅w-rah) c ant

mysig (me̅w-si) adj cosy

mysterium (mewss-táy-ri-
ewm) nt (pl -rier) mystery

mystisk (mewss-tisk) adj
mysterious

myt (me̅wt) c myth

myteri (mew-ter-ree) nt (pl
~er) mutiny

må (mo̅a) v *feel

mål (mo̅al) nt goal; meal

måla (mo̅al-ah) v paint

målare (mo̅a-lah-rer) c (pl ~)
painter

målarfärg (mo̅a-lahr-færʸ) c
paint

mållinje (mo̅al-lin-ʸer) c
finish, finishing line

mållös (mo̅al-lürss) adj
speechless

målning (mo̅al-ning) c
painting

målsättning (mo̅al-seht-
ning) c objective, aim

måltavla (mo̅al-taav-lah) c
target

måltid (mo̅al-teed) c meal

målvakt (mo̅al-vahkt) c
goalkeeper

månad (mo̅a-nahd) c month

månadstidning (mo̅a-nahds-
teed-ning) c monthly
magazine

månatlig (mo̅a-naht-li) adj

monthly

måndag (*mon*-daag) *c* Monday

måne (*mōa*-ner) *c* moon

många (*mong*-ah) *adj* many; much

månsken (*mōan*-shäyn) *nt* moonlight

mås (*mōass*) *c* gull

***måste** (*moss*-ter) *v* *must; *be obliged to, *have to, need to; *be bound to

mått (mot) *nt* measure

måttband (*mot*-bahnd) *nt* tape measure

måttlig (*mot*-li) *adj* moderate

mäklare (*maik*-lah-rer) *c* (pl ∼) broker

mäktig (*mehk*-ti) *adj* powerful; mighty

mängd (mehngd) *c* amount; lot

människa (*meh*-ni-shah) *c* human being; man

mänsklig (*mehnsk*-li) *adj* human

mänsklighet (*mehn*-skli-häyt) *c* humanity; mankind

märg (mæærʸ) *c* marrow

märka (*mæær*-kah) *v* notice, sense; mark

märkbar (*mærk*-baar) *adj* noticeable; perceptible

märke (*mær*-ker) *nt* mark; brand; *lägga ∼ till notice

märkvärdig (*mærk*-væær-di) *adj* curious

mässa (*meh*-sah) *c* Mass

mässing (*meh*-sing) *c* brass

mässingsorkester (*mehss*-ings-or-*kehss*-terr) *c* (pl -trar) brass band

mässling (*mehss*-ling) *c* measles

mästare (*mayss*-tah-rer) *c* (pl ∼) master; champion

mästerverk (*mehss*-terr-værk) *nt* masterpiece

mäta (*mai*-tah) *v* measure

mätare (*mait*-ah-rer) *c* (pl ∼) meter; gauge

möbelben (*mūr*-berl-*bāyn*) *nt* leg

möbler (*mūrb*-lerr) *pl* furniture

möblera (mūr-*blāy*-rah) *v* furnish

möda (*mūrdah*) *c* pains, trouble

mögel (*mūr*-gerl) *nt* mildew

möglig (*mūrg*-li) *adj* mouldy

möjlig (*murʸ*-li) *adj* possible

***möjliggöra** (*murʸ*-li-ʸ*ūr*-rah) *v* *make possible; enable

möjlighet (*murʸ*-li-häyt) *c* possibility

mönster (*murns*-terr) *nt* pattern

mör (mūrr) *adj* tender

mörda (*mūrr*-dah) *v* murder

mördare (*mūrr*-dah-rer) *c* (pl ∼) murderer

mörk (murrk) *adj* dark; obscure

mörker (*murr*-kerr) *nt* dark; darkness

mört (murrt) *c* roach

mössa (*mur*-sah) *c* cap

möta (*mūr*-tah) *v* *meet

encounter
mötande (*mūr*-tahn-der) *adj*
oncoming
möte (*mūrt*-er) *nt* meeting;

avtalat ~ appointment;
engagement
mötesplats (*mūr*-tayss-
plahts) *c* meeting place

N

nacke (*nahk*-er) *c* nape of the
neck
nagel (*naa*-gayl) *c* (pl naglar)
nail
nagelfil (*naa*-gayl-feel) *c* nail
file
nagellack (*naa*-gayl-lahk) *nt*
nail polish
nagelsax (*naa*-gayl-sahks) *c*
nail scissors *pl*
naiv (nah-*eev*) *adj* naïve
naken (*naa*-kern) *adj* naked;
nude, bare
nakenstudie (*naa*-kern-*stew*-
di-er) *c* nude
namn (nahmn) *nt* name; **i ...
namn** in the name of
narkos (nahr-*kōass*) *c*
narcosis
narkotika (nahr-*kōa*-ti-kah) *c*
narcotic
nation (naht-*shōon*) *c* nation
nationaldräkt (naht-shoo-
naal-drehkt) *c* national dress
nationalisera (naht-shoo-
nah-li-*sāyr*-ah) *v* nationalize
nationalitet (naht-shoo-nah-
li-*tāyt*) *c* nationality
nationalpark (naht-shoo-
naal-pahrk) *c* national park
nationalsång (naht-shoo-
naal-song) *c* national

anthem
nationell (naht-shoo-*nayl*)
adj national
natt (naht) *c* (pl nätter) night;
i ~ tonight; **om natten** by
night; **över natten** overnight
nattaxa (*naht*-tahk-sah) *c*
night rate
nattflyg (*naht*-flewg) *nt* night
flight
nattklubb (*naht*-klewb) *c*
nightclub; cabaret
nattkräm (*naht*-kraim) *c* night
cream
nattlig (*naht*-li) *adj* nightly
nattåg (*naht*-tōag) *nt* night
train
natur (nah-*tewr*) *c* nature
naturlig (nah-*tewr*-li) *adj*
natural
naturligtvis (nah-*tewr*-lit-
veess) *adv* of course;
naturally
naturskön (nah-*tewr*-shurn)
adj scenic
naturvetenskap (nah-*tewr*-
vāyt-ern-*skaap*) *c* physics
navel (*naav*-erl) *c* (pl navlar)
navel
navigation (nah-vi-gah-
shōon) *c* navigation
navigera (nah-vi-*gāy*-rah) *v*

navigate

necessär (nay-ser-*sær*) *c*
toilet case

ned (nāyd) *adv* down

nedan (nāy-dahn) *adv*
beneath, below

nedanför (nāy-dahn-*fürr*)
prep below; under

nederbörd (nāyd-err-*bürrd*)
c precipitation

nederlag (nāyd-err-laag) *nt*
defeat

nederländare (nāy-derr-
lehn-dah-rer) *c* (pl ∼)
Dutchman

Nederländerna (nāy-derr-
lehn-derr-nah) the
Netherlands

nederländsk (nāy-dayr-
lehnsk) *adj* Dutch

nedersta (nāy-derr-stah) *adj*
bottom, lowest

nedre (nāyd-rer) *adj* inferior

nedslående (nāyd-sloā-ayn-
der) *adj* depressing

nedsmutsad (nāyd-smewt-
sahd) *adj* soiled

nedstigning (nāyd-steeg-
ning) *c* descent

nedstämd (nāyd-stehmd) *adj*
low; down, down-hearted

nedåt (nāyd-ot) *adv* down;
downwards

negativ (nay-gah-teev) *adj*
negative; *nt* negative

neger (nāy-gerr) *c* (pl negrer)
Negro

negligé (nay-gli-*shāy*) *c*
negligee

nej (nay) no

neka (nāyk-ah) *v* deny

nekande (nāyk-ahn-der) *adj*
negative

ner (nāyr) *adv* down,
downstairs

nerladdning (nāyr-lahd-
ning) *c* download

nerv (nærv) *c* nerve

nervös (nær-*vürss*) *adj*
nervous

netto- (nayt-oo) net

neuralgi (nayv-rahl-gee) *c*
neuralgia

neuros (nayv-*rōāss*) *c*
neurosis

neutral (nay^ew-traal) *adj*
neutral

neutrum (nāy-ewt-rewm)
neuter

Ni (nee) *pron* you

ni (nee) *pron* you

nick (nik) *c* nod

nicka (nik-ah) *v* nod

nickel (nik-erl) *c* nickel

*niga (nee-gah) *v* curtsy

Nigeria (ni-gāyr-i-ah) Nigeria

nigerian (ni-gay-ri-*aan*) *c*
Nigerian

nigeriansk (ni-gay-ri-*aansk*)
adj Nigerian

nikotin (ni-koo-*teen*) *nt*
nicotine

nio (neeoo) *num* nine

nionde (nee-on-der) *num*
ninth

nit (neet) *nt* zeal, ardour

nittio (nit-i) *num* ninety

nitton (nit-on) *num* nineteen

nittonde (nit-on-der) *num*
nineteenth

nivå (ni-*voa*) c level

njure (n*y*ew-rer) c kidney

*njuta (n*y*ew-tah) v enjoy

njutning (n*y*ewt-ning) c delight

nog (nōōg) adv enough; probably

noga (nōō-gah) adj precise

noggrann (nōōg-rahn) adj accurate, precise

nolla (*no*-lah) c zero; nought

nominell (noo-mi-*nayl*) adj nominal

nominera (noo-mi-*nāyr*-ah) v nominate

nominering (noo-mi-*nāyr*-ing) c nomination

nord (nōōrd) c north

nordlig (nōōrd-li) adj northern; north

nordost (nōōrd-*oost*) c north--east

Nordpolen (nōōrd-pōō-lern) North Pole

nordväst (nōōrd-*vehst*) c north-west

Norge (*nor*-*y*er) Norway

norm (norm) c norm, standard

normal (nor-*maal*) adj normal; regular

norrman (*nor*-mahn) c (pl -män) Norwegian

norsk (norsk) adj Norwegian

nos (nōōss) c snout

noshörning (*nōōss*-hürr-ning) c rhinoceros

nota (nōōt-ah) c bill; check nAm

notera (noo-*tāyr*-ah) v note

novell (noo-*vehl*) c short story

november (noo-*vehm*-berr) November

nu (new) adv now

nudistbadstrand (new-*dist*-baad-strahnd) c (pl -stränder) nudist beach

nuförtiden (*new*-furr-*tee*-dayn) adv nowadays

nummer (newm-err) nt number; act

nummerplåt (new-*merr*-plōat) c registration plate; licence plate nAm

nummerpresentatör (newm-err-pray-sayn-tah-*türr*) c caller ID

nunna (newn-ah) c nun

nutid (*new*-teed) c present

nutida (*new*-tee-dah) adj contemporary

nuvarande (*new*-vaa-rahn-der) adj present; current

ny (new) adj new; recent; splitter ~ brand-new

nyans (new-*ahngs*) c nuance; shade

Nya Zeeland (*new*ah *say*-lahnd) New Zealand

nybörjare (*new*-burr-*y*ah-rer) c (pl ~) beginner; learner

nyck (newk) c whim; fancy

nyckel (*new*-kerl) c (pl -klar) key

nyckelben (*new*-kerl-bāyn) nt collarbone

nyckelhål (*new*-kerl-hōal) nt keyhole

nyfiken (*new*-fee-kern) adj

näsduk

curious; nosy *colloquial*

nyfikenhet (*new*-fee-kern-hāyt) c curiosity

nyhet (*new*-hāyt) c news

nyheter (*new*-hāy-terr) pl news

nykter (newk-terr) adj sober

nyligen (*new*-li-gayn) adv recently; lately

nylon (new-*lōan*) nt nylon

nynna (*newn*-ah) v hum

***nypa** (*new*-pah) v pinch

***nysa** (*new*-sah) v sneeze

nyss (newss) adv a moment ago

nytta (*new*-tah) c use; benefit, profit; *ha ~ av benefit by, profit by

nyttig (new-ti) adj useful

nyttighet (new-ti-hāyt) c utility

nyttja (newt-ʸah) v use, employ

nyår (*new*-ōar) nt New Year

nå (nōa) v reach

nåd (nōad) c grace; mercy

någon (nōa-gon) pron somebody; any, someone

någonsin (nōa-gon-sin) adv ever

någonstans (nōa-gon-stahns) adv somewhere

någorlunda (nōa-goor-lewn-dah) adv quite; rather

något (nōa-got) pron something, some

några (nōag-rah) pron some; adj some

nål (nōal) c needle

näbb (nehb) c beak

näktergal (nehk-terr-gaal) c nightingale

nämligen (nehm-li-gern) adv namely

nämna (nehm-nah) v mention

när (næær) adv when; *conj* when

nära (næær-ah) adj near; close

närande (næær-ahn-der) adj nourishing; nutritious

närapå (næær-rah-poa) adv nearly

närbelägen (næær-bay-laig-ern) adj near

närgången (næær-gong-ern) adj inquisitive

närhelst (næær-hehlst) conj whenever

närhet (næær-hāyt) c vicinity

närliggande (næær-li-gahn-der) adj nearby

närma sig (nær-mah) approach

närmast (nær-mahst) adv closest; nearest

närsynt (næær-sēwnt) adj short-sighted

närvarande (næær-vaa-rahn-der) adj present; *vara ~ vid attend, assist at

närvaro (næær-vaa-roo) c presence

näsa (nai-sah) c nose

näsblod (naiss-blōōd) nt nosebleed

näsborre (naiss-bo-rer) c nostril

näsduk (naiss-dēwk) c

handkerchief
nästa (nehss-tah) adj
following, next
nästan (nehss-tahn) adv
practically; almost; nearly
näsvis (naiss-veess) adj
impertinent
näsvishet (naiss-veess-hāyt)
c impertinence
nät (nait) nt net
näthinna (nait-hin-ah) c
retina
nätverk (nait-værk) nt
network
nätverksarbete (nait-verks-
ahr-bāy-ter) c networking
nöd (nūrd) c misery; distress
nödläge (nūrd-lai-ger) nt
emergency
nödsignal (nūrd-sing-naal) c
distress signal
nödsituation (nūrd-si-tew-

ah-shōōn) c emergency
nödtvång (nūrd-tvong) nt
urgency
nödutgång (nūrd-ēwt-gong)
c emergency exit
nödvändig (nūrd-vehn-di)
adj necessary
nödvändighet (nūrd-vehn-
di-hāyt) c necessity; need
nöja sig (nur-ʸah) content
oneself
nöjd (nurʸd) adj content;
pleased
nöje (nurʸ-er) nt pleasure;
enjoyment, fun, amusement
nöt (nūrt) c (pl ~ter) nut
nötknäppare (nūrt-knehp-
ah-rer) c (pl ~) nutcrackers
pl
nötskal (nūrt-skaal) nt
nutshell

O

oaktat (ōō-ahk-taht) prep in
spite of
oanad (ōō-aan-ahd) adj
unexpected
oangenäm (ōō-ahn-ʸer-
naim) adj unpleasant
oansenlig (ōō-ahn-sāyn-li)
adj insignificant;
inconspicuous
oanständig (ōō-ahn-stehn-
di) adj obscene
oantagbar (ōō-ahn-taag-
baar) adj unacceptable
oas (oo-aass) c oasis

oavbruten (ōō-aav-brēw-
tern) adj continuous;
uninterrupted
oavsiktlig (ōō-aav-sikt-li) adj
unintentional
obduktion (ob-dewk-shōōn)
c autopsy
obebodd (ōō-ber-bood) adj
uninhabited
obeboelig (ōō-ber-boo-ay-li)
adj uninhabitable
obegriplig (ōō-ber-greep-li)
adj incomprehensible
obegränsad (ōō-ber-grehn-

officiell

sahd) *adj* unlimited
obehaglig (oo-ber-*haag*-li) *adj* unpleasant; disagreeable
obekant (oo-ber-*kahnt*) *adj* unfamiliar
obekväm (oo-ber-*kvaim*) *adj* uncomfortable, inconvenient
oberoende (oo-ber-*roo*-ayn-der) *adj* independent
oberättigad (oo-ber-*reh*-ti-gahd) *adj* unauthorized
obestämd (oo-ber-*stehmd*) *adj* indefinite
obesvarad (oo-ber-*svaa*-rahd) *adj* unanswered
obetydlig (oo-ber-*tewd*-li) *adj* insignificant; petty
obetänksam (oo-ber-*tehngk*-sahm) *adj* thoughtless, rash
obildad (oo-*bil*-dahd) *adj* uneducated
objekt (ob-*ʸaykt*) *nt* object
objektiv (ob-*ʸerk*-teev) *adj* objective
obligation (ob-li-gah-*shoon*) *c* bond
obligatorisk (ob-li-gah-*too*-risk) *adj* compulsory; obligatory
oblyg (oo-*blewg*) *adj* immodest
obotlig (oo-*boot*-li) *adj* incurable
observation (ob-serr-vah-*shoon*) *c* observation
observatorium (ob-serr-vah-*too*-ri-ewm) *nt* (pl -rier) observatory
observera (ob-serr-*vayr*-ah) *v* observe; note
och (o) *conj* and
också (ok-*soa*) *adv* also; too
ockupation (o-kew-pah-*shoon*) *c* occupation
ockupera (o-kew-*pay*-rah) *v* occupy
odla (*ood*-lah) *v* cultivate; *grow, raise
oduglig (oo-*dewg*-li) *adj* incapable, incompetent
odygdig (oo-*dewg*-di) *adj* mischievous, naughty
*vara oenig** (vaa-rah oo-*ay*-ni) disagree
*vara oense** (vaa-rah oo-*ayn*-say) disagree
oerfaren (oo-*ayr*-faa-rern) *adj* inexperienced
oerhörd (oo-ayr-*hürrd*) *adj* immense; tremendous
ofantlig (oo-*fahnt*-li) *adj* vast
ofarlig (oo-*faar*-li) *adj* harmless
ofattbar (oo-*faht*-baar) *adj* incomprehensible, inconceivable
offensiv (of-ern-*seev*) *adj* offensive; *c* offensive
offentlig (o-*faynt*-li) *adj* public
*offentliggöra** (o-*faynt*-li-ʸ*ür*-rah) *v* announce; publish
offentliggörande (o-*faynt*-li-ʸür-rahn-der) *nt* publication
offer (o-ferr) *nt* sacrifice; victim; casualty
officer (o-fi-*sayr*) *c* officer
officiell (o-fi-si-*ayl*) *adj* official

offra (*of*-rah) *v* sacrifice

ofog ($\overline{oo}$-fŏŏg) *nt* mischief

oframkomlig ($\overline{oo}$-frahm-kom-li) *adj* impassable

ofta (*of*-tah) *adv* often; frequently

ofullkomlig ($\overline{oo}$-fewl-kom-li) *adj* imperfect

ofullständig ($\overline{oo}$-fewl-stehn-di) *adj* incomplete

ofärdig ($\overline{oo}$-fær-di) *adj* crippled, disabled

oförarglig ($\overline{oo}$-furr-ahr-y-li) *adj* harmless

oförklarlig ($\overline{oo}$-furr-*klaar*-li) *adj* inexplicable, unaccountable

oförmodad ($\overline{oo}$-furr-$\overline{moo}$-dahd) *adj* unexpected, casual

oförmögen ($\overline{oo}$-fürr-*mür*-gern) *adj* incapable, unable

oförskämd ($\overline{oo}$-furr-shehmd) *adj* impertinent, insolent, impudent

oförskämdhet ($\overline{oo}$-furr-shehmd-hāyt) *c* insolence

oförståndig ($\overline{oo}$-furr-*ston*-di) *adj* unwise

oförtjänt ($\overline{oo}$-furr-t-y*aint*) *adj* unearned

ogift ($\overline{oo}$-y*ift*) *adj* single

ogilla ($\overline{oo}$-y*i*-lah) *v* disapprove of, dislike

ogiltig ($\overline{oo}$-y*il*-ti) *adj* invalid; expired, void

ogräs ($\overline{oo}$-graiss) *nt* weed

ogynnsam ($\overline{oo}$-y*ewn*-sahm) *adj* unfavourable

ohälsosam ($\overline{oo}$-hehl-soo-sahm) *adj* unhealthy

ohövlig ($\overline{oo}$-hürv-li) *adj* impolite; rude

ojust ($\overline{oo}$-shewst) *adj* unfair

ojämn ($\overline{oo}$-y*ehmn*) *adj* uneven; rough

ok ($\overline{ook}$) *nt* yoke

oklanderlig (oo-*klahn*-derr-li) *adj* faultless

oklar ($\overline{oo}$-klaar) *adj* dim; obscure

okonstlad ($\overline{oo}$-konst-lahd) *adj* simple, ingenious

okrossbar ($\overline{oo}$-kross-baar) *adj* unbreakable

oktober (ok-t$\overline{oo}$-berr) October

okunnig ($\overline{oo}$-kew-ni) *adj* ignorant

okvalificerad ($\overline{oo}$-kvah-li-fi-sāy-rahd) *adj* unqualified

okänd ($\overline{oo}$-t-y*ehnd*) *adj* unknown

olaglig ($\overline{oo}$-laag-li) *adj* unlawful; illegal

olik ($\overline{oo}$-leek) *adj* different; distinct, unlike; *~vara ~* differ; vary

olika ($\overline{oo}$-lee-kah) *adj* different; unequal; various

oliv (o-*leev*) *c* olive

olivolja (o-*leev*-ol-y*ah*) *c* olive oil

olja (*ol*-y*ah*) *c* oil; *v* lubricate

oljebyte (*ol*-y*er*-bēw-ter) *nt* oil-change

oljefilter (*ol*-y*er*-fil-terr) *nt* (pl -trer, ~) oil filter

oljefyndighet (*ol*-y*er*-fewn-di-hāyt) *c* oil well

oljekälla (ol-ᵞer-tᵞeh-lah) c
oil well

oljemålning (ol-ᵞer-mōal-
ning) c oil painting

oljeraffinaderi (ol-ᵞer-rah-fi-
nah-der-ree) nt (pl ~er) oil
refinery

oljetryck (ol-ᵞer-trewk) nt oil
pressure

oljig (ol-ᵞi) adj oily; greasy

oljud (ōō-ᵞewd) nt noise

olustig (ōō-lewss-ti) adj
uneasy; out of spirits

olycka (ōō-lew-kah) c
accident; misfortune,
calamity, disaster

olycklig (ōō-lewk-li) adj
unhappy; miserable,
unfortunate

olycksbådande (ōō-lewks-
bōad-ahn-der) adj ominous;
sinister

olycksfall (ōō-lewks-fahl) nt
accident

olägenhet (ōō-leh-gern-hāyt)
c inconvenience

olämplig (ōō-lehmp-li) adj
inconvenient; inappropriate

oläslig (ōō-laiss-li) adj
illegible

om (om) conj if; whether;
prep about, in; runt ~ round

ombord (om-bōōrd) adv
aboard; *gå ~ embark

ombordläggning (om-
bōōrd-lehg-ning) c collision

omdirigering (om-di-ri-shāy-
ring) c diversion, detour

omdöme (om-dur-mer) nt
judgement

omdömesgill (om-dur-
merss-ᵞil) adj judicious

omedelbar (ōō-māy-dayl-
baar) adj immediate;
spontaneous; omedelbart
instantly, immediately,
straight away

omedveten (ōō-māyd-vāy-
tern) adj unaware

omelett (o-mer-layt) c
omelette

omfamna (om-fahm-nah) v
embrace; hug

omfamning (om-fahm-ning)
c embrace

omfartsled (om-faarts-lāyd)
c by-pass

omfatta (om-fah-tah) v
comprise; include

omfattande (om-faht-ahn-
der) adj extensive;
comprehensive

omfång (om-fong) nt extent

omfångsrik (om-fongs-reek)
adj bulky, big; extensive

*omge (om-gāy) v surround;
circle

omgivning (om-ᵞeev-ning) c
setting; environment

omgående (om-gōa-ayn-der)
adj prompt

*omkomma (om-kom-ah) v
perish

omkostnader (om-kost-nah-
derr) pl expenses pl

omkring (om-kring) prep
round; around; adv about

omkull (om-kewl) adv down,
over; *slå ~ knock down

omkörning förbjuden (om-

t‿urr-ning furr-b‿ew-dayn)
no overtaking; no passing
Am

omlopp (om-lop) nt (pl ~)
circulation; orbit

omnämna (om-nehm-nah) v
mention

omnämnande (om-nehm-
nahn-der) nt mention

omodern (oo-moo-dæærn)
adj out of date

omringa (om-ring-ah) v
surround; encircle

område (om-rōad-er) nt
district; region, area, zone

omräkna (om-raik-nah) v
convert

omräkningstabell (om-raik-
nings-tah-bayl) c conversion
chart

omslagspapper (om-slaags-
pah-perr) nt wrapping paper

*omsluta (om-slew-tah) v
surround; encircle

omsorgsfull (om-sor‿s-fewl)
adj thorough, careful

omstridd (om-strid) adj
controversial

omständighet (om-stehn-di-
hāyt) c circumstance

omsvängning (om-svehng-
ning) c sudden change

omsättning (om-seht-ning) c
turnover

omtvistad (om-tviss-tahd)
adj controversial

omtänksam (om-tehngk-
sahm) adj considerate,
thoughtful

omtänksamhet (om-tehngk-

sahm-hāyt) c thoughtfulness

omvandla (om-vahnd-lah) v
transform

omväg (om-vaig) c detour

omvänd (om-vehnd) adj
inverted; converted

omvända (om-vehn-dah) v
convert

omväxlande (om-vehks-
lahn-der) adj varied

omväxling (om-vehks-ling) c
change; variety; som ~ for a
change

omåttlighet (oo-mot-li-hāyt)
c immoderation

omöjlig (oo-mur‿-li) adj
impossible

ond (oond) adj evil; wicked

ondska (oonds-kah) c (pl
ondskor) evil; spite

ondskefull (oond-skay-fewl)
adj vicious; spiteful

onsdag (oons-daag) c
Wednesday

ont (oont) nt harm

onyx (ōa-newks) c onyx

onödig (oo-nūr-di) adj
unnecessary

oordentlig (oo-or-daynt-li)
adj untidy; sloppy

oordning (oo-oard-ning) c
mess

opal (oo-paal) c opal

opartisk (oo-paart-isk) adj
impartial

opassande (oo-pah-sahn-
der) adj improper; indecent,
unsuitable

opera (oo-per-rah) c opera

operahus (oo-per-rah-hēwss)

nt opera house

operation (o-per-rah-*shoon*) *c* operation

operera (o-per-*rayr*-ah) *v* operate

opersonlig (ōō-pehr-*soon*-li) *adj* impersonal

opponera sig (o-po-*nayr*-ah) oppose

opposition (o-po-si-*shoon*) *c* opposition

optiker (*op*-ti-kerr) *c* (pl ~) optician

optimism (op-ti-*mism*) *c* optimism

optimist (op-ti-*mist*) *c* optimist

optimistisk (op-ti-*miss*-tisk) *adj* optimistic

opålitlig (ōō-pōā-leet-li) *adj* unreliable; untrustworthy

ord (ōōrd) *nt* word

ordbok (ōōrd-bōōk) *c* (pl -böcker) dictionary

ordentlig (or-*dehnt*-li) *adj* thorough

order (*ōar*-derr) *c* (pl ~) order

orderblankett (*ōar*-derr-blahng-*keht*) *c* order form

ordförande (ōōrd-*fūr*-rahn-der) *c* (pl ~) chairperson; president

ordförråd (ōōrd-furr-*rōad*) *nt* vocabulary

ordinera (ōar-di-*nay*-rah) *v* prescribe

ordinär (ōar-di-*nær*) *adj* ordinary, common

ordlek (ōōrd-*layk*) *c* pun

ordlista (ōōrd-*liss*-tah) *c* vocabulary, wordbook

ordna (ōōard-nah) *v* arrange; settle; sort

ordning (ōōard-ning) *c* order; method; tidiness; *göra i ~ prepare; i ~ in order

ordningsföljd (awrd-nings-furl³d) *c* order; sequence

ordspråk (ōōrd-sprōak) *nt* proverb

ordväxling (ōōrd-vehks-ling) *c* argument

oreda (ōō-rayd-ah) *c* disorder; mess, muddle

oregelbunden (ōō-ray-gayl-bewn-dayn) *adj* irregular

oren (ōō-rayn) *adj* unclean

organ (or-gaan) *nt* organ

organisation (or-gah-ni-sah-*shoon*) *c* organization

organisera (or-gah-ni-*say*-rah) *v* organize

organisk (or-*gaa*-nisk) *adj* organic

orgel (or-³erl) *c* (pl orglar) organ

orientalisk (o-ri-ayn-*taa*-lisk) *adj* oriental

Orienten (o-ri-*ayn*-tayn) the Orient

orientera sig (o-ri-ayn-*tay*-rah) orientate oneself

originell (o-ri-gi-*nayl*) *adj* original

oriktig (ōō-rik-ti) *adj* incorrect; inaccurate

orimlig (ōō-rim-li) *adj* unreasonable; absurd

orkan (or-*kaan*) *c* hurricane

orkester (or-*kayss*-terr) *c* (pl

-trar) orchestra

orm (oorm) c snake

oro (ōō-rōō) c concern; disturbance, fear, worry; unrest

oroa (ōō-rōō-ah) v alarm; ~ **sig** worry

orolig (ōō-roo-li) adj anxious

oroväckande (ōō-rōō-veh-kahn-der) adj alarming

orsak (ōōr-saak) c cause; reason

orsaka (ōōr-saa-kah) v cause

ort (oort) c place

ortodox (or-to-doks) adj orthodox

orubblig (ōō-rewb-li) adj steadfast

orätt (ōō-reht) c wrong; adj wrong; *göra ~ wrong

orättvis (ōō-reht-veess) adj unfair, unjust

orättvisa (ōō-reht-veesah) c injustice

osann (ōō-sahn) adj untrue

osannolik (ōō-sah-noo-leek) adj unlikely

osjälvisk (ōō-shehl-visk) adj unselfish

oskadad (ōō-skaa-dahd) adj unhurt; whole

oskuld (ōō-skewld) c innocence; virgin; virginity

oskyddad (ōō-shew-dahd) adj unprotected

oskyldig (ōō-shewl-di) adj innocent, harmless

osnygg (ōō-snewg) adj slovenly, foul

oss (oss) pron us; ourselves

ost (oost) c cheese

ostadig (ōō-staa-di) adj unsteady

ostlig (oost-li) adj eastern

ostron (oost-ron) nt oyster

osund (ōō-sewnd) adj unsound

osympatisk (ōō-sewm-paat-isk) adj disagreeable

osynlig (ōō-sewn-li) adj invisible

osäker (ōō-sai-kerr) adj uncertain

osäkerhet (ōō-sai-kerr-hāyt) c insecurity; incertainty

otacksam (ōō-tahk-sahm) adj ungrateful

otillfredsställande (ōō-til-frāyds-steh-lahn-der) adj unsatisfactory

otillgänglig (ōō-til-ᵉehng-li) adj inaccessible

otillräcklig (ōō-til-rehk-li) adj insufficient; inadequate

otrevlig (ōō-trāyv-li) adj unpleasant

otrogen (ōō-trōō-gayn) adj unfaithful

otrolig (ōō-trōō-li) adj incredible; improbable

otur (ōō-tēwr) c bad luck; misfortune

oturlig (ōō-tēwr-li) adj unlucky

otvivelaktigt (ōō-tveev-erl-ahk-tit) adv undoubtedly

otålig (ōō-tōal-i) adj impatient; eager

otäck (ōō-tehk) adj nasty

otät (ōō-tait) adj leaky

oumbärlig ($\overline{oo}$-ewm-bæær-li)
adj indispensable

oundviklig ($\overline{oo}$-ewnd-veek-li)
adj unavoidable, inevitable

oupphörligen ($\overline{oo}$-ewp-hürr-li-ern) *adv* continually

ouppodlad ($\overline{oo}$-ewp-$\overline{oo}$d-lahd) *adj* uncultivated

outhärdlig ($\overline{oo}$-ewt-hæærd-li)
adj unbearable, intolerable

ouvertyr (oo-vær-$\overline{tewr}$) *c*
overture

oval (oo-*vaal*) *adj* oval

ovan[1] ($\overline{oa}$-vahn) *adv* above;
overhead

ovan[2] ($\overline{oo}$-vaan) *adj*
unaccustomed

ovanför ($\overline{oa}$-vahn-fürr) *prep*
over; above

ovanlig ($\overline{oo}$-vaan-li) *adj*
unusual; uncommon;
exceptional

ovanpå ($\overline{oa}$-vahn-poa) *prep*
on top of

overall ($\overline{oa}$-ver-*roal*) *c*
overalls *pl*

overklig ($\overline{oo}$-værk-li) *adj*
unreal

overksam ($\overline{oo}$-værk-sahm)
adj idle

oviktig ($\overline{oo}$-vik-ti) *adj*
unimportant; insignificant

ovillig ($\overline{oo}$-vi-li) *adj* unwilling

ovillkorlig ($\overline{oo}$-vil-*koar*-li) *adj*
unconditional

oviss ($\overline{oo}$-viss) *adj* uncertain;
vague

oväder ($\overline{oo}$-vai-derr) *nt*
tempest

ovälkommen ($\overline{oo}$-verl-ko-mern) *adj* unwelcome,
undesirable

ovänlig ($\overline{oo}$-vehn-li) *adj*
unkind; unfriendly

oväntad ($\overline{oo}$-vehn-tahd) *adj*
unexpected

ovärderlig ($\overline{oo}$-vær-*dāyr*-li)
adj priceless

oväsen ($\overline{oo}$-vai-sayn) *nt*
noise; racket

oväsentlig ($\overline{oo}$-vai-*sehnt*-li)
adj petty

oxe (*ooks*-er) *c* ox

oxkött (*ooks*-t³yurt) *nt* beef

ozon ($\overline{oo}$-*sōon*) *nt* (pl ~)
ozone

oåterkallelig ($\overline{oo}$-*oat*-err-*kahl*-er-li) *adj* irrevocable

oäkta ($\overline{oo}$-*ehk*-tah) *adj* false

oändlig ($\overline{oo}$-*ehnd*-li) *adj*
infinite, endless; immense

oärlig ($\overline{oo}$-*æær*-li) *adj*
dishonest; crooked

oätbar ($\overline{oo}$-*ait*-baar) *adj*
inedible

oöverkomlig ($\overline{oo}$-*ūr*-verr-kom-li) *adj* insurmountable;
prohibitive

oöverträffad ($\overline{oo}$-*ūrv*-err-trehf-ahd) *adj* unsurpassed

P

pacifist (pah-si-*fist*) c pacifist
pacifistisk (pah-si-*fiss*-tisk)
  adj pacifist
packa (*pah*-kah) v pack; ~ in
  pack; ~ upp unpack
packning (*pahk*-ning) c pack;
  packing
padda (*pahd*-ah) c toad
paddel (*pah*-dayl) c (pl -dlar)
  paddle
paket (pah-*kāyt*) nt packet;
  parcel, package
Pakistan (pah-ki-*staan*)
  Pakistan
pakistanier (pah-ki-*staa*-ni-
  err) c (pl ~) Pakistani
pakistansk (pah-ki-*staansk*)
  adj Pakistani
pakt (pahkt) c pact
palats (pah-*lahts*) nt palace
palm (pahlm) c palm
panel (pah-*nāyl*) c panel;
  panelling
panik (pah-*neek*) c panic
pank (pahngk) *adj* broke
panna (*pahn*-ah) c forehead;
  pan
pant (pahnt) c pledge;
  security
pantlånare (*pahnt*-lōa-nah-
  ray) c (pl ~) pawnbroker
*pantsätta (*pahnt*-seh-tah) v
  pawn
papegoja (pah-per-*goi*-ah) c
  parakeet, parrot
papiljott (pah-pil-*ʸot*) c curler

papp (pahp) c cardboard;
  papp- cardboard
pappa (*pah*-pah) c daddy
papper (*pah*-perr) nt paper;
  pappers- paper
pappershandel (*pah*-perrs-
  hahn-dayl) c (pl -dlar)
  stationer's
papperskniv (*pah*-perrs-
  kneev) c paper knife
papperskorg (*pah*-perrs-
  korʸ) c wastepaper basket
pappersnäsduk (*pah*-perrs-
  naiss-dēwk) c paper hanky,
  tissue
papperspåse (*pah*-perrs-
  pōa-ser) c paper bag
pappersservett (*pah*-perrs-
  sær-vayt) c paper napkin
par (paar) nt pair; couple;
  äkta ~ married couple
parabol (pah-rah-*bōal*) c
  satellite dish
parad (pah-*raad*) c parade
paradis (pah-rah-dees) nt (pl
  ~) paradise
parafera (pah-rah-*fāy*-rah) v
  initial
paragraf (pah-rah-*graaf*) c
  paragraph
parallell (pah-rah-*layl*) c
  parallel, *adj* parallel
paralysera (pah-rah-lew-*sāy*-
  rah) v paralyse
paraply (pah-rah-*plēw*) nt
  umbrella

pelargång

parfym (pahr-*fewm*) c
perfume

park (pahrk) c park; **offentlig**
~ public garden

parkera (pahr-*kāy*-rah) v
park

parkering (pahr-*kāy*-ring) c
parking; ~ **förbjuden** no
parking

parkeringsavgift (pahr-*kāy*-
rings-*aav*-Ⅴift) c parking fee

parkeringsljus (pahr-*kāy*-
rings-Ⅴewss) nt parking light

parkeringsmätare (pahr-
kāy-rings-mai-tah-rer) c (pl
~) parking meter

parkeringsplats (pahr-*kāy*-
rings-plahts) c car park;
parking lot Am

parkeringszon (pahr-*kāy*-
rings-sōōn) c parking zone

parkett (pahr-*kayt*) c parquet;
stall; orchestra seat Am

parlament (pahr-lah-*maynt*)
nt parliament

parlamentarisk (pahr-lah-
mayn-*taar*-isk) adj
parliamentary

parlör (pahr-*lūrr*) c phrase
book

parti (pahr-*tee*) nt (pl ~er)
party; side

partisk (*paar*-tisk) adj partial

partner (*paart*-nerr) c (pl ~)
partner

pass (pahss) nt passport; pass

passa (*pahss*-ah) v fit; suit;
look after, match

passage (pah-*saash*) c
passage

passagerare (pah-sah-*shāy*-
rah-rer) c (pl ~) passenger

passande (*pahss*-ahn-der)
adj proper, suitable;
convenient, adequate

passera (pah-*sāyr*-ah) v pass

passfoto (*pahss*-fōō-too) nt
passport photograph

passion (pah-*shōōn*) c
passion

passiv (*pah*-seev) adj passive

passkontroll (*pahss*-kon-
trol) c passport control

patent (pah-*taynt*) nt patent

patentbrev (pah-*taynt*-brāyv)
nt patent

pater (*paa*-terr) c (pl patrar)
father

patient (pah-si-*ehnt*) c patient

patricierhus (paht-*ree*-si-err-
hewss) nt mansion

patriot (paht-ri-*ōōt*) c patriot

patron (paht-*rōōn*) c
cartridge

patrull (paht-*rewl*) c patrol

patrullera (pah-trew-*lāyr*-ah)
v patrol

paus (pouss) c pause;
intermission, interval; *göra
~ pause

paviljong (pah-vil-Ⅴ*ong*) c
pavilion

pedal (pay-*daal*) c pedal

peka (*pāyk*-ah) v point

pekfinger (*pāyk*-fing-err) nt
(pl -grar) index finger

pelare (*pāy*-lah-rer) c (pl ~)
column; pillar

pelargång (*pāy*-lahr-gong) c
arcade

pelikan 136

pelikan (pay-li-*kaan*) *c*
pelican

pendlare (*pehnd*-lah-rer) *c*
(pl ~) commuter

pengar (*payng*-ahr) *pl*
money; **placera** ~ invest

penicillin (pay-ni-si-*leen*) *nt*
penicillin

penna (*peh*-nah) *c* pen

penningförsändelse (*payn*-
ing-furr-*sehn*-dayl-ser) *c*
remittance

pennkniv (*pehn*-kneev) *c*
penknife

pennvässare (*pehn*-veh-sah-
rer) *c* (pl ~) pencil sharpener

penny (*peh*-nee) *c* penny

pensel (*pehn*-serl) *c* (pl -slar)
paintbrush

pension (pahng-*shoon*) *c*
pension; board

pensionat (pahng-shoo-*naat*)
nt boardinghouse; pension;
guesthouse

pensionerad (pahng-shoo-
nay-rahd) *adj* retired

pensionering (pahng-shoo-
nehr-ing) *c* retirement

peppar (*pay*-pahr) *c* pepper

pepparmint (*pay*-pahr-mint)
nt peppermint

pepparrot (*pay*-pahr-*root*) *c*
horseradish

per (payr) *prep* per

perfekt (pær-*faykt*) *adj*
perfect

period (pay-ri-*ood*) *c* period;
term

periodisk (pay-ri-*oo*-disk)
adj periodical

permanent (pær-mah-*naynt*)
c permanent wave

permanentveck (pær-mah-
naynt-vayk) permanent
press

perrong (pæ-*rong*) *c* platform

perrongbiljett (pæ-*rong*-bil-
Yayt) *c* platform ticket

perser (*pær*-serr) *c* (pl ~)
Persian

Persien (*pær*-si-ern) Persia

persienn (pær-si-*æn*) *c* blind;
shutter

persika (*pær*-si-kah) *c* peach

persilja (pær-*sil*-Yah) *c*
parsley

persisk (*pær*-sisk) *adj* Persian

person (pær-*soon*) *c* person;
enskild ~ individual; per ~
per person

personal (pær-soo-*naal*) *c*
staff; personnel

personbil (pær-*soon*-beel) *c*
car

personlig (pær-*soon*-li) *adj*
personal; private

personlighet (pær-*soon*-li-
hāyt) *c* personality

persontåg (pær-*soon*-toåg)
nt slow train

perspektiv (pær-spayk-*teev*)
nt perspective

peruk (per-*rēwk*) *c* wig

pessimism (pay-si-*mism*) *c*
pessimism

pessimist (pay-si-*mist*) *c*
pessimist

pessimistisk (pay-si-*miss*-
tisk) *adj* pessimistic

petition (pay-ti-*shoon*) *c*

petition

pianist (pi-ah-*nist*) c pianist

piano (pi-*aa*-noo) nt piano

pickels (*pik*-erls) pl pickles pl

picknick (*pik*-nik) c picnic

picknicka (*pik*-ni-kah) v picnic

pigg (pig) adj brisk; alert

piggsvin (*pig*-sveen) nt porcupine

pikant (pi-*kahnt*) adj spicy

pil (peel) c arrow; willow

pilgrim (*peel*-grim) c pilgrim

pilgrimsfärd (*peel*-grims-fæærd) c pilgrimage

piller (*pi*-lerr) nt pill

pilot (pi-*lōōt*) c pilot

pimpsten (*pimp*-stäyn) c pumice stone

PIN (peen) c PIN; personal identification number

pina (*pee*-nah) c torment

pincett (pin-*sayt*) c tweezers pl

pingst (pingst) c (pl pingster) Whitsun, Pentecost

pingvin (ping-*veen*) c penguin

pinsam (*peen*-sahm) adj embarrassing

pionjär (pi-on-*Yæær*) c pioneer

pipa (*pee*-pah) c pipe

*pipa (*pee*-pah) v chirp

piprensare (*peep*-rayn-sah-rer) c (pl ~) pipe cleaner

piptobak (*peep*-too-bahk) c pipe tobacco

pir (peer) c pier

pirog (pee-*roog*) c pasty

piska (*piss*-kah) c whip

pistol (piss-*tool*) c pistol

pittoresk (pi-to-*raysk*) adj picturesque

pjäs (p^yaiss) c play

pjäxor (p^y*ehks*-or) pl ski boots

placera (plah-*sāyr*-ah) v place; *lay, *put

plakat (plah-*kaat*) nt placard

plan (plaan) c plan; project, scheme, map; nt level; adj even, level, plane

planera (plah-*nāy*-rah) v plan

planet (plah-*nāyt*) c planet

planetarium (plah-nay-*taa*-ri-ewm) nt (pl -rier) planetarium

planka (*plahng*-kah) c plank

*planlägga (*plaan*-leh-gah) v plan, design

planta (*plahn*-tah) c plant

plantage (plahn-*taash*) c plantation

plantera (plahn-*tāy*-rah) v plant

plantskola (*plahnt*-skōōl-ah) c nursery

plast (plahst) c plastic; plast-plastic

platina (plah-*tee*-nah) c platinum

plats (plahts) c place; spot; seat; room; job; ställa på ~ *put away; öppen ~ square

platsbiljett (*plahts*-bil-*^yeht*) c seat reservation

platt (plaht) adj flat

platta (*plaht*-ah) c plate

plattform (*plaht*-form) c

platform

platå (plah-*tōa*) c plateau

plikt (plikt) c duty

plocka (*plok*-ah) v pick; ~ **upp** pick up

plog (plōōg) c plough

plomb (plomb) c filling

plommon (*ploom*-on) nt plum

plural (*plēw*-raal) c plural

plus (plewss) prep plus

plåga (*plōag*-ah) c plague; v torment

plånbok (*plōan-bōōk*) c (pl -böcker) wallet; pocketbook

plåster (*ploss*-terr) nt plaster

plåt (plōat) c sheet metal; plate

plåtburk (*plōat*-bewrk) c tin, can

plädera (pleh-*dāyr*-ah) v plead

plöja (*plur*ᵞ-ah) v plough

plötslig (*plurts*-li) adj sudden; **plötsligt** suddenly

pocketbok (*po*-kert-bōōk) c (pl -böcker) paperback

poesi (poo-ay-*see*) c poetry

pojke (*poi*-ker) c boy

pojkvän (poik-vehn) c (pl -vänner) boyfriend

pokal (poo-*kaal*) c cup

Polen (*pōa*-lern) Poland

polera (poo-*lāy*-rah) v polish

polio (pōō-li-oo) c polio

polis (poo-*leess*) c police pl; policeman

poliskonstapel (poo-*leess*-kon-*staa*-perl) c (pl -plar) policeman

polisonger (po-li-*song*-err) pl whiskers pl; sideburns pl

polisstation (poo-*leess*-stah-*shōōn*) c police station

politik (poo-li-*teek*) c politics; policy

politiker (poo-*lee*-ti-kerr) c (pl ~) politician

politisk (poo-*lee*-tisk) adj political

pollett (po-*layt*) c token

polsk (pōalsk) adj Polish

pommes frites (pom-*frit*) chips; nAm french fries

ponny (po-new) c (pl -nies, ~er) pony

popmusik (*pop*-mēw-*seek*) c pop music

populär (po-pēw-*læær*) adj popular

porslin (pors-*leen*) nt china; crockery, porcelain

port (pōōrt) c front door, gate

portfölj (port-*furl*ᵞ) c briefcase

portier (port-ᵞ*ay*) c hall porter, receptionist

portion (port-*shōōn*) c portion; helping

portmonnä (port-mo-*nai*) c purse

portnyckel (*poort*-new-kerl) c (pl -klar) latchkey

porto (*por*-too) nt postage

portofri (*por*-too-free) adj postage paid

porträtt (poort-*reht*) nt portrait

Portugal (*por*-tew-gahl) Portugal

portugis (por-tew-*geess*) *c*
Portuguese

portugisisk (por-tew-*gee-sisk*) *adj* Portuguese

portvakt (*poort*-vahkt) *c*
janitor, concierge

position (po-si-*shoon*) *c*
position; station

positiv (*poo*-si-teev) *adj*
positive

post (post) *c* item; mail; post

posta (*poss*-tah) *v* mail; post

postanvisning (*post*-ahn-veess-ning) *c* postal order; money order; mail order *nAm*

poste restante (post rer-*stahnt*) poste restante

postkontor (*post*-kon-*tōōr*) *nt* post-office

postnummer (*post*-new-merr) *nt* zip code *Am*

postväsen (*post*-vai-sern) *nt* postal service

potatis (poo-*taa*-tiss) *c* potato

potatismos (poo-*taa*-tiss-moos) *nt* mashed potatoes

poäng (po-*ehng*) *c* point; *'få ~ score

poängsumma (po-*ehng*-sew-mah) *c* score

prakt (prahkt) *c* splendour

praktfull (*prahkt*-fewl) *adj* splendid; magnificent, glorious, gorgeous

praktik (prahk-*teek*) *c* practice

praktikant (prahk-tee-*kahnt*) *c* trainee

praktisera (prahk-ti-*sāy*-rah) *v*

practise

praktisk (*prahk*-tisk) *adj* practical

prat (praat) *nt* chat

prata (*praat*-ah) *v* chat; talk; ~ **strunt** talk rubbish

pratmakare (*praat*-maa-kah-rer) *c* (pl ~) chatterbox

pratsam (*praat*-sahm) *adj* talkative

pratstund (*praat*-stewnd) *c* chat

precis (pray-*seess*) *adj* exact, precise; *adv* exactly, just

predika (pray-*deek*-ah) *v* preach

predikan (pray-*deek*-ahn) *c* sermon

predikstol (pray-*dik*-stōōl) *c* pulpit

preliminär (pray-li-mi-*næær*) *adj* preliminary

premiärminister (pray-mi-*ær*-mi-niss-terr) *c* (pl -trar) premier

prenumerant (pray-new-mer-*rahnt*) *c* subscriber

preposition (pray-po-si-*shoon*) *c* preposition

present (pray-*saynt*) *c* present

presentation (pray-sayn-tah-*shoon*) *c* introduction

presentera (pray-sayn-*āy*-rah) *v* introduce; present

presentkort (pray-*saynt*-koort) *nt* (pl ~) gift card

president (pray-si-*daynt*) *c* president

pressa (*prayss*-ah) *v* press

presskonferens (*prayss-kon-fer-rayns*) *c* press conference

prestation (*prayss-tah-shoon*) *c* achievement; feat

prestera (*pray-stay-rah*) *v* achieve

prestige (*pray-steesh*) *c* prestige

preventivmedel (*pray-vayn-teev-may-dayl*) *nt* contraceptive

pricka av (*prik*-ah) tick off

prickskytt (*prik*-shewt) *c* sniper

primär (pri-*mæær*) *adj* primary

princip (prin-*seep*) *c* principle

prins (prins) *c* prince

prinsessa (prin-*say*-sah) *c* princess

prioritet (pri-o-ri-*tayt*) *c* priority

pris (preess) *nt* (pl ~, ~er) price; cost, rate; award, prize

prisfall (*preess*-fahl) *nt* fall in prices; break; slump

prislista (*preess*-liss-tah) *c* price list

prisnedsättning (*preess*-nayd-seht-ning) *c* reduction

*prissätta (*preess*-seh-tah) *v* price

privat (pri-*vaat*) *adj* private

privatliv (pri-*vaat*-leev) *nt* privacy

privilegiera (pri-vi-lay-gi-*ayr*-ah) *v* privilege, favour

privilegium (pri-vi-*lay*-gi-ewm) *nt* (pl -gier) privilege

problem (proo-*blaym*) *nt* problem; question

procedur (proo-ser-*dewr*) *c* procedure

procent (proo-*saynt*) *c* (pl ~) per cent

procentsats (proo-*saynt*-sahts) *c* percentage

process (proo-*sayss*) *c* process; lawsuit

procession (proo-seh-*shoon*) *c* procession

pro-choice (pro-t⁷*ōōys*) *adj* pro-choice

producent (proo-dew-*sehnt*) *c* producer

produkt (proo-*dewkt*) *c* produce; product

produktion (proo-dewk-*shoon*) *c* production; output

professor (pro-*fay*-sor) *c* professor

profet (pro-*fayt*) *c* prophet

program (proo-*grahm*) *nt* programme

programvara (proo-*grahm*-vaar-ah) *c* (pl -varor) software

projekt (pro-*shaykt*) *nt* project

proklamera (prok-lah-*may*-rah) *v* proclaim

pro-life (pro-*layf*) *adj* pro-life

promenad (pro-mer-*naad*) *c* walk; promenade, stroll

promenadkäpp (pro-mer-*naad*-t⁷*ehp*) *c* walking stick

promenera (pro-mer-*nay*-rah) *v* walk

pronomen (pro-*nōā*-mayn) *nt* pronoun

propaganda (pro-pah-*gahn*-dah) *c* propaganda

propeller (pro-*pay*-lerr) *c* (pl -lrar) propeller

proportion (pro-por-*shōōn*) *c* proportion

proportionell (pro-por-shōō-*nayl*) *adj* proportional

propp (prop) *c* stopper; fuse

proppfull (*prop*-fewl) *adj* chock-full

prospekt (proo-*spaykt*) *nt* prospectus

prostituerad (pross-ti-tew-*āy*-rahd) *c* (pl ~e) prostitute

protein (proo-tay-*een*) *nt* protein

protest (proo-*tayst*) *c* protest

protestantisk (proo-tay-*stahn*-tisk) *adj* Protestant

protestera (proo-tay-*stāy*-rah) *v* protest; object; ~ mot object to

protokoll (pro-to-*kol*) *nt* record; minutes

prov (prōōv) *nt* test; trial; proof; sample; **skriftligt** ~ written test; exercise

prova (*prōō*-vah) *v* try on

proviant (proo-vi-*ahnt*) *c* provisions *pl*

provinsiell (proo-vin-si-*ayl*) *adj* provincial

provisorisk (proo-vi-*sōōr*-isk) *adj* temporary; provisional

provrum (*prōōv*-rewm) *nt* fitting room

pruta (*prēw*-tah) *v* bargain

prydlig (*prēwd*-li) *adj* neat

präst (prehst) *c* clergyman; parson, minister, rector; **katolsk** ~ priest

prästgård (*prehst*-gōārd) *c* vicarage; parsonage

pröva (*prūr*-vah) *v* attempt; test

prövning (*prūrv*-ning) *c* test

psalm (sahlm) *c* hymn

psykiater (psew-ki-*aa*-terr) *c* (pl ~) psychiatrist

psykisk (*psēw*-kisk) *adj* mental, psychic

psykoanalytiker (psew-ko-ah-nah-*lēw*-ti-kerr) *c* (pl ~) analyst; psychoanalyst

psykolog (psew-ko-*lōāg*) *c* psychologist

psykologi (psew-ko-lo-*gee*) *c* psychology

psykologisk (psew-ko-*lōā*-gisk) *adj* psychological

publicera (pewb-li-*sāy*-rah) *v* publish

publicitet (pewb-li-si-*tāyt*) *c* publicity

publik (pew-*bleek*) *c* audience; public

puder (*pēw*-derr) *nt* powder

puderdosa (*pēw*-derr-dōō-sah) *c* powder compact

pullover (pew-*lōāv*-err) *c* pullover

puls (pewls) *c* pulse

pulsåder (*pewls*-ōā-derr) *c* (pl -dror) artery

pump (pewmp) *c* pump

pumpa (*pewm*-pah) *v* pump

pund (pewnd) *nt* pound

pung (pewng) *c* pouch

punkt (pewngkt) *c* point; item; full stop, period

punkterad (pewngk-*tay*-rahd) *adj* punctured

punktering (pewngk-*tay*-ring) *c* puncture; flat tyre, blowout

punktlig (pewngkt-li) *adj* punctual

pur (pewr) *adj* sheer

purpur (pewr-pewr) *adj* purple

puss (pewss) *c* kiss

pussel (pewss-erl) *nt* jigsaw puzzle; puzzle

pyjamas (pew-*Yaa*-mahss) *c* (pl ~, ~ar) pyjamas *pl*

pytteliten (*pew*-ter-lee-tern) *adj* tiny

på (poa) *prep* on; upon; at; in; ~ en gång at once; ~ TV on TV

påbörja (*poa*-burr-*Yah*) *v* initiate

påfallande (*poa*-fahl-ahn-der) *adj* striking

påfrestning (*poa*-frayst-ning) *c* strain

påfyllningsförpackning (*poa*-fewl-nings-furr-*pahk*-ning) *c* refill

påfågel (*poa*-foag-erl) *c* (pl -glar) peacock

*pågå (*poa*-goa) *v* *be in progress

påhitt (*poa*-hit) *nt* idea, invention

påklädningsrum (*poa*-klaid-

nings-rewm) *nt* dressing room

påle (*poa*-ler) *c* pole

pålitlig (*poa*-leet-li) *adj* reliable; sound, trustworthy

*pålägga (*poa*-leh-gah) *v* impose, inflict

påminna (*poa*-mi-nah) *v* remind

påpeka (*poa*-pay-kah) *v* remark; indicate

påringning (*poa*-ring-ning) *c* call

påse (*poa*-ser) *c* bag

påsk (posk) *c* Easter

påsklilja (posk-lil-*Yah*) *c* daffodil

påssjuka (*poass*-shew-kah) *c* mumps

*påstå (*poa*-stoa) *v* claim

påstående (*poa*-stoa-ayn-der) *nt* statement

påtryckning (*poa*-trewk-ning) *c* pressure

påve (*poa*-ver) *c* pope

påverka (*poa*-vær-kah) *v* affect; influence

påverkan (*poa*-vær-kahn) *c* (pl -kningar) influence

päls (pehls) *c* fur coat; fur

pärla (*pæær*-lah) *c* pearl; bead

pärlemor (*pæær*-ler-*moor*) *c* mother of pearl

pärlhalsband (*pæærl*-hahls-bahnd) *nt* pearl necklace, beads *pl*

pärm (pærm) *c* cover

päron (*pææ*-ron) *nt* pear

pöl (purl) *c* puddle

R

rabarber (rah-*bahr*-berr) c
rhubarb

rabatt (rah-*baht*) c discount;
rebate; flowerbed

rabies (*raa*-bi-erss) c rabies

racket (rah-*kayt*) c (*tennis*)
racket

rad (raad) c row; line, file,
rank

radband (*raad*-bahnd) nt
rosary; beads pl

radergummi (rah-*dayr*-gew-
mi) nt eraser

radie (*raa*-di-^yer) c radius

radikal (rah-di-*kaal*) adj
radical

radio (*raa*-di-oo) c radio;
wireless

raffinaderi (rah-fi-nah-der-
ree) nt (pl ~er) refinery

rak (raak) adj straight

raka sig (*raa*-kah) shave

rakapparat (*raak*-ah-pah-
raat) c electric razor; shaver

rakblad (*raak*-blaad) nt razor
blade

rakborste (*raak*-bors-ter) c
shaving brush

raket (rah-*kayt*) c rocket

rakhyvel (*raak*-hew-verl) c
(pl -vlar) safety razor

rakkniv (*raak*-kneev) c razor

rakkräm (*raak*-kraim) c
shaving cream

rakt (raakt) adv straight; ~
fram straight ahead; straight

on

raktvål (*raak*-tvōal) c shaving
soap

rakvatten (*raak*-vah-tern) nt
aftershave lotion

ram (raam) c frame

ramp (rahmp) c ramp

rand (rahnd) c (pl ränder)
stripe

randig (*rahn*-di) adj striped

rang (rahng) c rank

ranson (rahn-*sōōn*) c ration

rapp (rahp) c rap

rapphöna (*rahp*-hūrn-ah) c
partridge

rappning (*rahp*-ning) c
plaster

rapport (rah-*port*) c report

rapportera (rah-por-*tay*-rah)
v report

raring (*raa*-ring) c sweetheart

ras (raass) c breed, race; nt
landslide; ras- racial

rasa (*raass*-ah) v collapse;
rage

rasande (*raass*-ahn-der) adj
furious; mad; *vara ~ rage

raseri (raa-say-*ree*) nt fury,
rage

rask (rahsk) adj swift

rast (rahst) c break

rastlös (*rahst*-lūrss) adj
restless

rastlöshet (*rahst*-lūrss-hāyt)
c unrest

ratt (raht) c steering wheel

rattstång (*raht*-stong) c (pl
-stänger) steering column
reagera (ray-ah-*gay*-rah) v
react
reaktion (ray-ahk-*shōōn*) c
reaction
realisation (ray-ah-li-sah-
shōōn) c sales; clearance
sale
realisera (ray-ah-li-*sāyr*-ah) v
realize
recension (ray-sayn-*shōōn*) c
review
recept (ray-*saypt*) nt
prescription; recipe
reception (ray-sayp-*shōōn*) c
reception office
receptionist (ray-sayp-shoo-
nist) c receptionist
redaktör (ray-dahk-*tūrr*) c
editor
redan (*rāy*-dahn) adv already
redigera (ray-di-*shāy*-rah) v
edit; *write, *draw up
redogörelse (*rāy*-doo-Yūr-
rayl-ser) c report; account
redovisa (*rāy*-doo-vee-sah) v
account for
redskap (*rāyd*-skaap) nt tool;
implement, utensil
reducera (ray-dew-*sāy*-rah) v
reduce
reduktion (ray-dewk-*shōōn*) c
reduction
referens (ray-fer-*rayns*) c
reference
reflektera (ray-flayk-*tāy*-rah)
v reflect
reflektor (ray-*flayk*-tor) c
reflector

reflex (rayf-*lehks*) c reflection
Reformationen (ray-for-
mah-*shōōn*-nern) c
reformation
regel¹ (*rāy*-gerl) c rule;
regulation; **som ~ as a rule
regel² (*rāy*-gerl) c bolt
regelbunden (*rāy*-gerl-bewn-
dayn) adj regular
regelmässig (*rāy*-gerl-
mehss-i) adj regular
regent (ray-*Yehnt*) c ruler
regera (ray-*Yāy*-rah) v rule;
govern, reign
regering (ray-*Yāy*-ring) c
government; rule
regeringstid (ray-*Yāy*-rings-
teed) c reign
regi (ray-*shee*) c direction
regim (ray-*sheem*) c régime
region (ray-gi-*ōōn*) c region
regional (ray-gi-oo-*naal*) adj
regional
regissera (rer-shi-*sāyr*-ah) v
direct
regissör (ray-shi-*sūrr*) c
director
register (ray-Yiss-terr) nt
index
registrering (ray-Yi-*strāy*-
ring) c registration
registreringsnummer (ray-
Yi-*strāy*-rings-newm-err) c
registration number; licence
number Am
registreringsskylt (rayg-Yi-
strāy-rings-shewlt) c license
plate
reglemente (rayg-ler-*mayn*-
ter) nt regulation

reglera (ray-gl$\overline{ay}$-rah) v
regulate

reglering (ray-gl$\overline{ayr}$-ing) c
regulation

regn (rehngn) nt rain

regna (rehng-nah) v rain

regnbåge (rehngn-b$\overline{oa}$-ger) c
rainbow

regnig (rehng-ni) adj rainy

regnrock (rehng-rok) c
mackintosh; raincoat

regnskur (rehngn-sk$\overline{ew}$r) c
shower

reguljär (ray-gewl-^{y}æær) adj
regular

rehabilitering (ray-hah-bi-li-
t$\overline{ay}$-ring) c rehabilitation

reklam (rayk-laam) c
advertising

reklamationsbok (rayk-lah-
mah-sh$\overline{oons}$-b$\overline{ook}$) c (pl
-böcker) complaints book

reklamsändning (rayk-laam-
sehnd-ning) c commercial

rekommendation (ray-ko-
mayn-dah-sh$\overline{oon}$) c
recommendation

rekommendationsbrev
(ray-ko-mayn-dah-sh$\overline{oons}$-
br$\overline{ay}$v) nt letter of
recommendation

rekommendera (ray-ko-
mayn-d$\overline{ay}$-rah) v
recommend; register

rekonstruktiv kirurgi (ray-
kon-strewk-teev ^{y}t-i-rewrg-
ee) c reconstructive surgery

rekord (rer-kord) nt record

rekreation (rayk-r$\overline{ay}$-ah-
sh$\overline{oon}$) c recreation

rekryt (ray-kr$\overline{ewt}$) c recruit

rektangel (rayk-tahng-erl) c
(pl -glar) rectangle; oblong

rektangulär (rayk-tahng-
gew-l$\overline{æær}$) adj rectangular

rektor (rayk-tor) c
headmaster; principal

relatera (ray-lah-t$\overline{ay}$-rah) v
relate

relation (ray-lah-sh$\overline{oon}$) c
relation

relativ (ray-lahteev) adj
relative; comparative

relief (ray-li-ayf) c relief

religion (ray-li-$^y\overline{oon}$) c
religion

religiös (ray-li-sh$\overline{urss}$) adj
religious

relik (ray-leek) c relic

relikskrin (ray-leek-skreen) nt
shrine

rem (raym) c strap

remsa (raym-sah) c strip

ren[1] (r$\overline{ay}$n) c reindeer

ren[2] (r$\overline{ay}$n) adj pure, neat,
clean; sheer

*****rengöra** (r$\overline{ay}$n-$^y\overline{ur}$-rah) v
clean

rengöring (r$\overline{ay}$n-$^y\overline{ur}$-ring) c
cleaning

rengöringsmedel (r$\overline{ay}$n-$^y\overline{ur}$-
rings-m$\overline{ay}$-dayl) nt cleaning
fluid; detergent

renommé (rer-no-m$\overline{ay}$) nt
reputation

rep (r$\overline{ay}$p) nt rope; cord

repa (r$\overline{ay}$p-ah) c scratch

reparation (rer-pah-rah-
sh$\overline{oon}$) c repair; reparation

reparera (rer-pah-r$\overline{ay}$r-ah) v

repair; mend

repertoar (ray-pær-too-*aar*) c
repertory

repetera (ray-pay-*tāyr*-ah) v
rehearse

repetition (ray-pay-ti-*shōōn*)
c rehearsal; repetition;
revision

reporter (ray-*pōar*-terr) c (pl
-tar) reporter

representant (rer-pray-sayn-
tahnt) c representative,
agent

representation (rer-pray-
sayn-tah-*shōōn*) c
representation

representativ (rer-pray-sayn-
tah-*teev*) adj representative

representera (rer-pray-sayn-
tāy-rah) v represent

reproducera (rer-pro-dew-
sāy-rah) v reproduce

reproduktion (rer-pro-dewk-
shōōn) c reproduction

republik (rer-pew-*bleek*) c
republic

republikansk (rer-pewb-li-
kaansk) adj republican

resa (*rāy*-sah) c journey;
voyage, trip; v travel; ~ **bort**
*leave; ~ **sig** *get up

resebyrå (*rāy*-ser-bew-rōa) c
travel agency

resecheck (*rāy*-ser-t'ayk) c
traveller's cheque

reseförsäkring (*rāy*-ser-furr-
saik-ring) c travel insurance

resehandbok (*rāy*-ser-
hahnd-bōōk) c (pl -böcker)
guidebook

resekostnader (*rāy*-ser-kost-
nah-derr) pl travelling
expenses

reseledare (*rāy*-ser-lāy-dah-
rer) c (pl ~) guide, tour
leader

resenär (*rāy*-ser-*næær*) c
traveller

reserv (rer-*særv*) c reserve;
reserv- spare

reservation (rer-sær-vah-
shōōn) c reservation;
booking

reservdel (rer-*særv*-dāyl) c
spare part

reservdäck (rer-*særv*-dehk)
nt spare tyre

reservera (rer-sær-*vāyr*-ah) v
reserve; book

reserverad (rer-sær-*vāy*-
rahd) adj reserved

reservhjul (rer-*særv*-'ewl) nt
spare wheel

reservoar (rer-sær-voo-*aar*) c
reservoir

reservoarpenna (rer-sær-
voo-*aar*-pay-nah) c fountain
pen

resgodsfinka (*rāyss*-goots-
fin-kah) c luggage van

resolut (rer-so-*lewt*) adj
resolute

resonera (rer-so-*nāyr*-ah) v
reason

respekt (rer-*spaykt*) c
respect; esteem

respektabel (rer-spayk-*taa*-
berl) adj respectable

respektera (rer-spayk-*tāy*-
rah) v respect

respektfull (rer-*spaykt*-fewl) *adj* respectful

respektive (rayss-payk-teev-er) *adj* respective

resplan (*rayss*-plaan) *c* itinerary

resrutt (*rayss*-rewt) *c* itinerary

rest (rayst) *c* rest; remnant, remainder

restaurang (rayss-to-*rahng*) *c* restaurant

restaurangvagn (rayss-to-*rahng*-vahngn) *c* dining car

resterande (ray-*stayr*-ahn-der) *adj* remaining

restriktion (rayst-rik-*shōōn*) *c* restriction

resultat (ray-sewl-*taat*) *nt* result; outcome; issue

resultera (rer-sewl-*tāy*-rah) *v* result

resväska (*rāyss*-vehss-kah) *c* suitcase; case, bag

resårband (ray-*sōar*-bahnd) *nt* elastic band

reta (*rāyt*-ah) *v* tease; annoy, irritate

retsam (*rāyt*-sahm) *adj* teasing, annoying

returflyg (ray-tewr-flēwg) *nt* return flight

returnera (ray-tewr-*nāy*-rah) *v* *send back

reumatism (ray-ew-mah-*tism*) *c* rheumatism

rev (rāyv) *nt* reef

reva (*rāy*-vah) *c* tear

revben (*rāyv*-bāyn) *nt* rib

revidera (rer-vi-*dāy*-rah) *v* revise

revision (rer-vi-*shōōn*) *c* revision

revolt (rer-*volt*) *c* revolt

revolution (rer-vo-lew-*shōōn*) *c* revolution

revolutionär (rer-vo-lew-shoo-*næær*) *adj* revolutionary

revolver (rer-*vol*-verr) *c* revolver

revy (rer-*vēw*) *c* revue

revyteater (rer-*vēw*-tay-*aa*-terr) *c* (pl -trar) music hall

*rida (*reed*-ah) *v* *ride

riddare (*rid*-ah-rer) *c* (pl ∼) knight

ridning (*reed*-ning) *c* riding

ridskola (reed-skōōl-ah) *c* riding school

ridå (ri-*dōa*) *c* curtain

rik (reek) *adj* rich

rike (*reek*-er) *nt* country; kingdom; empire

rikedom (*ree*-ker-doom) *c* wealth; riches *pl*

riklig (*reek*-li) *adj* abundant, plentiful

riklighet (*reek*-li-hāyt) *c* plenty

riksdagsman (*riks*-dahks-mahn) *c* (pl -män) Member of Parliament

rikssamtal (*riks*-sahm-taal) *nt* long-distance call

riksväg (*riks*-vaig) *c* trunk road

rikta (*rik*-tah) *v* direct

riktig (*rik*-ti) *adj* right; just, correct, proper

riktighet (*rik*-ti-hāyt) *c*
correctness

riktlinje (*rikt*-leen-ʸer) *c*
guideline

riktning (*rikt*-ning) *c*
direction; way

riktnummer (*rikt*-new-merr)
nt area code

rim (rim) *nt* rhyme

rimlig (*rim*-li) *adj* reasonable

ring (ring) *c* ring

ringa (*ring*-ah) *v* call; *ring; ~
upp** phone, ring up; call up
Am

ringaktning (*ring*-ahkt-ning)
c contempt

ringklocka (*ring*-klo-kah) *c*
bell

***rinna** (*ri*-nah) *v* *run

ris (reess) *nt* rice

risk (risk) *c* risk; hazard,
chance

riskabel (riss-*kaa*-berl) *adj*
unsafe

riskera (ri-*skāy*r-ah) *v* risk

riskfylld (*risk*-fewld) *adj* risky

rispa (*riss*-pah) *v* scratch

rita (*ree*-tah) *v* *draw

***riva** (*ree*-vah) *v* *tear,
demolish; grate

rival (ri-*vaal*) *c* rival

rivalitet (ri-vah-li-*tāyt*) *c*
rivalry

rivjärn (*reev*-ʸæærn) *nt* grater

rivning (*reev*-ning) *c*
demolition

ro (rōō) *c* quiet; *v* row

roa (*rōō*-ah) *v* amuse;
entertain

roande (*rōō*-ahn-der) *adj*
entertaining

robust (ro-*bewst*) *adj* robust

rock (rok) *c* coat

rockslag (*rok*-slaag) *nt* lapel

roddbåt (*rood*-bōat) *c* rowing
boat

roder (*rōō*-derr) *nt* rudder

rodna (*rōad*-nah) *v* blush

rolig (*rōō*-li) *adj* funny;
enjoyable

Rollerblade® (roo-lerr-
blayd) *c* Rollerblade®

rom (rom) *c* roe

roman (ro-*maan*) *c* novel

romanförfattare (ro-*maan*-
furr-*fah*-tah-rer) *c* (pl ~)
novelist

romans (roo-*mahns*) *c*
romance

romantisk (roo-*mahn*-tisk)
adj romantic

rond (rond) *c* round

rondell (ron-*dayl*) *c*
roundabout

rop (rōōp) *nt* call; cry

ropa (*rōō*-pah) *v* call; cry

rorkult (*rōōr*-kewlt) *c* helm

rorsman (*rōōrs*-mahn) *c* (pl
-män) steersman; helmsman

ros (rōōss) *c* rose

rosa (*rōō*-sah) *adj* rose, pink

rost (rost) *c* rust

rostig (*ross*-ti) *adj* rusty

rot (rōōt) *c* (pl rötter) root

rotting (*rot*-ing) *c* rattan

rouge (rōōsh) *c* rouge

rovdjur (*rōōv*-ʸewr) *nt* beast
of prey

rubin (rew-*been*) *c* ruby

rubrik (rew-*breek*) *c* headline,

heading
ruin (rew-_een_) c ruins
ruinera (rew-ee-_nāy_-rah) v ruin
rulett (rew-_layt_) c roulette
rulla (_rewl_-ah) v roll
rulle (_rewl_-er) c roll
rullgardin (_rewl_-gahr-_deen_) c blind
rullskridskoåkning (_rewl_-skri-skoo-_ōāk_-ning) c roller-skating
rullstol (_rewl_-stōōl) c wheelchair
rulltrappa (_rewl_-trah-pah) c escalator
rum (rewm) nt room; space; ~ med frukost bed and breakfast
rumsbetjäning (rewms-ber-t_s_ai-ning) c room service
rumstemperatur (rewms-taym-per-rah-_tewr_) c room temperature
rumän (rew-_main_) c Rumanian
Rumänien (rew-_main_-ni-ern) Rumania
rumänsk (rew-_mainsk_) adj Rumanian
rund (rewnd) adj round
rundad (_rewn_-dahd) adj rounded
rundhänt (rewnd-hehnt) adj liberal
rundresa (rewnd-_rāy_-sah) c tour
runt (rewnt) adv around
rusa (_rewss_-ah) v rush; dash
rusningstid (_rewss_-nings-

teed) c rush hour; peak hour
russin (rewss-in) nt raisin
rustik (rew-_steek_) adj rustic
rustning (_rewst_-ning) c armour
ruta (_rewt_-ah) c square; pane
rutin (rew-_teen_) c routine
rutschbana (rewch-_baan_-ah) c slide
rutt (rewt) c route
rutten (_rewt_-ern) adj rotten
ryck (rewk) nt tug; wrench
rygg (rewg) c back
ryggrad (_rewg_-raad) c backbone; spine
ryggskott (rewg-skot) nt lumbago
ryggsäck (_rewg_-sehk) c rucksack; knapsack
ryggvärk (rewg-værk) c backache
*ryka (_rew_-kah) v smoke
ryktbarhet (rewkt-_baar_-hāyt) c fame
rykte (_rewk_-ter) nt rumour; reputation; renown
rymd (rewmd) c space
rymdraket (rewmd-rah-_kāy_) c space shuttle
rymlig (_rewm_-li) adj spacious; roomy, large
rymling (_rewm_-ling) c runaway
rymma (_rewm_-ah) v *run away; contain
rynka (_rewng_-kah) c wrinkle
rysk (rewsk) adj Russian
ryslig (_rewss_-li) adj horrible; awful
rysning (_rewss_-ning) c shiver;

shudder, *nt* chill

ryss (rewss) *c* Russian

Ryssland (*rewss*-lahnd) *c* Russia

*****ryta** (*rew*-tah) *v* roar

rytm (rewtm) *c* rhythm

ryttare (*rewt*-ah-rer) *c* (pl ∼) rider; horseman

rå (rōa) *adj* raw

råd (rōad) *nt* advice; ***ha** ∼ **med** afford

råda (*rōa*-dah) *v* advise

rådfråga (*rōad*-frōa-gah) *v* consult

*****rådgiva** (*rōad*-ʸee-vah) *v* advise

rådgivare (*rōad*-ʸee-vah-rer) *c* (pl ∼) counsellor

rådjurskalv (*rōa*-ʸewrs-kahlv) *c* fawn

rådman (*rōad*-mahn) *c* (pl -män) magistrate

rådsförsamling (*rōads*-furr-sahm-ling) *c* council

rådsmedlem (*rōads*-mayd-lehm) *c* (pl ∼mar) councillor

råmaterial (*rōa*-mah-tay-ri-aal) *nt* raw material

rån[1] (rōan) *nt* robbery; **väpnat** ∼ hold-up

rån[2] (rōan) *nt* wafer

råna (*rōa*-nah) *v* rob

rånare (*rōa*-nah-reh) *c* (pl ∼) robber

råolja (*rōa*-ol-ʸah) *c* petroleum

råtta (*ro*-tah) *c* rat

räcka (rehk-ah) *v* suffice

räcke (rehk-er) *nt* rail; railing

räckhåll (*rehk*-hol) *nt* reach

räckvidd (*rehk*-vid) *c* range

räd (raid) *c* raid

rädd (rehd) *adj* afraid

rädda (*rehd*-ah) *v* save; rescue

räddning (rehd-ning) *c* rescue

rädisa (*rai*-di-sah) *c* radish

rädsla (*raids*-lah) *c* fear

räka (*rai*-kah) *c* shrimp; prawn

räkna (raik-nah) *v* reckon, count; ∼ **ut** calculate

räknemaskin (*raik*-ner-mah-sheen) *c* adding-machine

räkneord (*raik*-ner-ōōrd) *nt* numeral

räkning (raik-ning) *c* bill; arithmetic

rännsten (*rehn*-stāyn) *c* gutter

ränta (rehn-tah) *c* interest

rätt[1] (reht) *c* course

rätt[2] (reht) *adj* appropriate, right, correct; *adv* rather; *c* justice; ***ha** ∼ * be right; **med** ∼ **ta** rightly

rätta (*reht*-ah) *v* correct; ∼ **till** correct, adjust

rättegång (*reh*-ter-gong) *c* trial; lawsuit

rättelse (*reh*-terl-ser) *c* correction

rättfärdig (reht-*fæær*-di) *adj* righteous

rättighet (*reh*-ti-hāyt) *c* right

rättmätig (*reht*-mai-ti) *adj* legitimate

rättskaffens (*rehts*-skahf-erns) *adj* honourable

rättvis (*reht-veess*) *adj* just; fair, right

rättvisa (*reht-vee-sah*) *c* justice

räv (raiv) *c* fox

röd (rūrd) *adj* red

rödbeta (*rūrd-bāy-tah*) *c* beetroot

rödhake (*rūrd-haa-ker*) *c* robin

rödlila (*rūrd-lee-lah*) *adj* mauve

rödspätta (*rūrd-speh-tah*) *c* plaice

rök (rūrk) *c* smoke

röka (*rū-kah*) *v* smoke

rökare (*rū-kah-rer*) *c* (pl ~) smoker

rökelse (*rūrk-erl-ser*) *c* incense

rökfritt (rūrk-freet) *adj* smoke-free

rökkupé (*rūrk-kēw-pāy*) *c* smoker, smoking compartment

rökning förbjuden (*rūrk-

ning furr-b'ēw-dern*) no smoking

röntga (*rurnt-kah*) *v* X-ray

röntgenbild (*rurnt-kern-bild*) *c* X-ray

rör (rūrr) *nt* pipe; tube; cane

röra[1] (*rūrr-ah*) *v* touch; move; ~ **om** stir; ~ **sig** move

röra[2] (*rūrr-ah*) *c* muddle

rörande (*rūrr-ahn-der*) *adj* touching; *prep* regarding

rörelse (*rūrr-erl-ser*) *c* motion, movement; emotion; *sätta i ~ move

rörlig (*rūrr-li*) *adj* mobile

rörmokare (*rūrr-moo-kah-rer*) *c* (pl ~) plumber

röst (rurst) *c* voice; vote

rösta (*rurss-tah*) *v* vote

röstbrevlåda (*rurst-brāyv-lōā-dah*) *c* (pl -lådor) voice mail

röstning (*rurst-ning*) *c* vote; poll

rösträtt (*rurst-reht*) *c* franchise; suffrage

S

safir (sah-*feer*) *c* sapphire

saft (sahft) *c* syrup

saftig (*sahf*-ti) *adj* juicy

saga (*saa*-gah) *c* fairytale; tale

sak (saak) *c* thing; matter; affair

sakkunnig (*saak*-kewn-i) *adj* expert

saklig (*saak*-li) *adj* matter-of-

-fact

sakna (*saak*-nah) *v* lack, miss

saknad (*saak*-nahd) *c* lack

sakta ned (*sahk*-tah) slow down

sal (saal) *c* hall

saldo (*sahl*-doo) *nt* balance

saliv (sah-*leev*) *c* saliva, spit

sallad (*sahl*-ahd) *c* salad

salladsolja (*sah*-lahds-ol-ʸah) c salad-oil

salong (sah-*long*) c drawing room; salon

salt (sahlt) nt salt; adj salty

saltkar (*sahlt*-kaar) nt salt cellar, salt shaker nAm

salu: till ~ (til saa-lew) for sale

saluhall (saa-lew-hahl) c market

salva (*sahl*-vah) c ointment

samarbete (sahm-ahr-*bāy*-tah) nt cooperation; v collaborate

samarbetsvillig (sahm-ahr-*bāyts*-vi-li) adj co-operative

samband (sahm-bahnd) nt relation

samfund (sahm-fewnd) nt society

samhälle (sahm-heh-ler) nt community; locality; samhälls- social

samhällsbevarande (sahm-hehls-ber-vaa-rahn-der) adj conservative

samla (sahm-lah) v gather; assemble, collect; ~ ihop compile; ~ in collect

samlag (sahm-laag) nt sexual intercourse

samlare (sahm-lah-rer) c (pl ~) collector

samlas (sahm-lahss) v gather

samling (sahm-ling) c collection

samma (sahm-ah) adj same

***sammanbinda** (sah-mahn-bin-dah) v link

sammandrag (sah-mahn-draag) nt summary

***sammanfalla** (sahm-ahn-fahl-ah) v coincide

sammanfatta (sahm-ahn-fah-tah) v summarize

sammanfattning (sah-mahn-faht-ning) c summary, résumé

sammanfoga (sahm-ahn-*fōōg*-ah) v join, *put together

sammanhang (sahm-ahn-hahng) nt connection; coherence, reference

sammankomst (sahm-ahn-komst) c meeting; assembly

sammanlagd (sahm-ahn-lahgd) adj overall, total

sammanslagning (sahm-ahn-slaag-ning) c merger

sammanslutning (sah-mahn-slewt-ning) c society; association

sammanställa (sahm-ahn-stehl-ah) v compose; compile

sammanstöta (sahm-ahn-stū-tah) v bump

sammanstötning (sahm-ahn-stūrt-ning) c collision

***sammansvärja sig** (sahm-ahn-*sver*-ʸah) conspire

sammansvärjning (sahm-ahn-*sver*ʸ-ning) c conspiracy, plot

sammansättning (sahm-ahn-seht-ning) c composition

sammanträde (sahm-ahn-traid-er) nt meeting

sammanträffande (*sahm-ahn-trehf-ahn-der*) *nt*
concurrence; encounter

sammet (*sah-mayt*) *c* velvet

samordna (*sahm-ord-nah*) *v* coordinate

samordning (*sahm-ord-ning*) *c* coordination

samtal (*sahm-taal*) *nt* conversation; talk, discussion; ~ **väntar** *nt* call waiting

samtalsämne (*sahm-taals-aim-ner*) *nt* topic

samtida (*sahm-tee-dah*) *adj* contemporary

samtidig (*sahm-tee-di*) *adj* simultaneous

samtycka (*sahm-tew-kah*) *v* consent

samtycke (*sahm-tew-ker*) *nt* consent

samverkan (*sahm-vær-kahn*) *c* cooperation

samvete (*sahm-vāy-ter*) *nt* conscience

samåka (*sahm-ōā-kah*) *v* carpool

samåkning (*sahm-ōāk-ning*) *c* carpool

sanatorium (*sah-nah-tōō-ri-ewm*) *nt* (pl -rier) sanatorium

sand (*sahnd*) *c* sand

sandal (*sahn-daal*) *c* sandal

sandig (*sahn-di*) *adj* sandy

sandpapper (*sahnd-pahp-err*) *nt* sandpaper

sanitär (*sah-ni-tǣær*) *adj* sanitary

sann (*sahn*) *adj* very, true

sannfärdig (*sahn-fǣær-di*) *adj* truthful

sanning (*sahn-ning*) *c* truth

sannolik (*sahn-oo-leek*) *adj* likely; probable

sansad (*sahns-ahd*) *adj* sober

sardin (*sahr-deen*) *c* sardine

satellit (*sah-tay-leet*) *c* satellite

satellitradio (*sah-tay-leet-raa-di-oo*) *c* satellite radio

sateng (*sah-tehng*) *c* satin

Saudiarabien (*sou-di-ah-raa-bi-ern*) Saudi Arabia

saudiarabisk (*sou-di-ah-raab-isk*) *adj* Saudi Arabian

sax (*sahks*) *c* scissors *pl*

scen (*sāyn*) *c* scene, stage

schack (*shahk*) *nt* chess; **schack!** check!

schackbräde (*shahk-brai-der*) *nt* checkerboard *nAm*

schal (*shaal*) *c* shawl

schampo (*shahm-pōō*) *nt* shampoo

scharlakansfeber (*shahr-laa-kahns-fāy-berr*) *c* scarlet fever

scharlakansröd (*shahr-laa-kahns-rūrd*) *adj* scarlet

schema (*shāy-mah*) *nt* scheme

schlager (*shlaa-gerr*) *c* (pl ~, -rar) hit

Schweiz (*shvayts*) Switzerland

schweizare (*shvay-tsah-rer*) *c* (pl ~) Swiss

schweizisk (*shvay-tsisk*) *adj*

Swiss

scout (skout) *c* boy scout

*se (say) *v* *see; notice; ~ **på** look at; ~ **till** attend to; ~ **upp** look out; watch out; ~ **ut** look

sebra (*sayb*-rah) *c* zebra

sedan (*say*-dahn) *adv* then; afterwards; *conj* since, after; *prep* since; **för ... ~** ago; ~ **dess** since

sedel (*say*-dayl) *c* (pl sedlar) banknote

seder (*say*-derr) *pl* customs *pl*

sediment (say-di-*maynt*) *nt* deposit

sedlig (*sayd*-li) *adj* moral

sedvanlig (*sayd*-vaan-li) *adj* customary

sedvänja (*sayd*-vehn-ʸah) *c* usage

seg (sayg) *adj* tough

segel (*say*-gerl) *nt* sail

segelbar (*say*-gerl-baar) *adj* navigable

segelbåt (*say*-gerl-bōat) *c* sailing boat

segelflygplan (*say*-gerl-flewg-plaan) *nt* glider

segelsport (*say*-gerl-sport) *c* yachting

segelsällskap (*say*-gerl-sehl-skaap) *nt* yacht club

seger (*say*-gerr) *c* (pl segrar) victory

segerrik (*say*-gerr-reek) *adj* triumphant

segla (*sayg*-lah) *v* sail; navigate

segra (*sayg*-rah) *v* *win

segrare (*sayg*-rah-ray) *c* (pl ~) winner, victor

sekreterare (sayk-ray-*tay*-rah-rer) *c* (pl ~) secretary; clerk

sektion (sehk-*shōōn*) *c* section

sekund (ser-*kewnd*) *c* second

sekundär (ser-kewn-*dæær*) *adj* secondary

selleri (say-ler-*ree*) *nt* celery

semester (say-*mayss*-terr) *c* holiday

semesterort (say-*mayss*-terr-oort) *c* holiday resort

semikolon (say-mi-*kōō*-lon) *nt* semicolon

sen (sayn) *adj* late; **för sent** too late

sena (*sayn*-ah) *c* sinew; tendon

senap (*say*-nahp) *c* mustard

senat (ser-*naat*) *c* senate

senator (ser-*naa*-tor) *c* senator

senil (say-*neel*) *adj* senile

sensation (sayn-sah-*shōōn*) *c* sensation

sensationell (sayn-sah-shoo-*nayl*) *adj* sensational

sentimental (sayn-ti-mayn-*taal*) *adj* sentimental

separat (say-pah-*raat*) *adv* separately

september (sayp-*taym*-berr) *c* September

septisk (*sayp*-tisk) *adj* septic

serie (*say*-ri-er) *c* series; **tecknad ~** comics *pl*

seriös (say-ri-*ürss*) *adj*

serious

servera (sær-*vāy*-rah) v serve

serveringsfat (sær-*vāy*-rings-faat) nt dish

servett (sær-*vayt*) c napkin; serviette

servitris (sær-vit-*reess*) c waitress

servitör (sær-vi-*tūrr*) c waiter

session (say-*shōōn*) c session

sevärdhet (*sāy*-væærd-hāyt) c sight

sex (sayks) num six

sextio (*sayks*-ti) num sixty

sextonde (*sayks*-ton-der) num sixteenth

sexualitet (sayk-sew-ah-li-*tāyt*) c sexuality

sexuell (sayk-sew-*ayl*) adj sexual

siames (see-ah-*māyss*) c Siamese

siamesisk (see-ah-*māyss*-isk) adj Siamese

sida (*see*-dah) c side; page; på andra sidan across; på andra sidan om beyond; åt sidan aside; sideways

siden (*see*-dayn) nt silk

sidogata (*see*-doo-gaat-ah) c side street

sidoljus (*see*-doo-*ᵞewss*) nt sidelight

sidoskepp (*see*-doo-shayp) nt aisle

siffra (*sif*-rah) c figure; digit

sig (say) pron himself, herself; themselves; itself

sigill (si-*ᵞil*) nt seal

signal (sing-*naal*) c signal

signalement (sing-nah-lay-*maynt*) nt description

signalera (sing-nah-*lāyr*-ah) v signal

signalhorn (sing-*naal*-hōōrn) nt hooter, horn

signatur (sing-nah-*tēwr*) c signature

sikt (sikt) c visibility

sikta¹ (*sik*-tah) v aim at; ~ på aim at

sikta² (*sik*-tah) v sift

sil (seel) c strainer

sila (*seel*-ah) v strain

sill (sil) c herring

silver (*sil*-verr) nt silver; silverware

silversmed (*sil*-verr-smāyd) c silversmith

simbassäng (*sim*-bah-*sehng*) c swimming pool

simma (*sim*-ah) v *swim

simmare (*si*-mah-rer) c (pl ~) swimmer

simning (*sim*-ning) c swimming

simpel (*sim*-perl) adj common

simulera (si-mew-*lāyr*-ah) v pretend

sin (sin) pron his, her, its, one's; their

singularis (*sing*-gēw-laa-riss) nt singular

sinne (*si*-ner) nt sense

sinnesförvirrad (*si*-nerss-furr-*vi*-rahd) adj mad

sinnesrörelse (*si*-nerss-*rūr*-rayl-ser) c emotion

sinnessjuk¹ (*si*-nerss-shewk)

adj insane

sinnessjuk² (*si*-nerss-shewk) *c* (pl ~a) lunatic

sinnesstämning (*si*-nerss-stehm-ning) *c* spirits

siren (si-*rāyn*) *c* siren

sist (sist) *adj* last; till ~ at last

sista (*siss*-tah) *adj* ultimate

*sitta (*sit*-ah) *v* *sit

sittplats (*sit*-plahts) *c* seat

situation (si-tew-ah-*shōōn*) *c* situation

sju (shew) *num* seven

sjuk (shewk) *adj* ill; sick

sjukdom (*shewk*-doom) *c* illness; sickness; disease

sjukhus (*shewk*-hewss) *nt* hospital

sjukledighet (*shewk*-lāy-di-hāyt) *c* sick-leave

sjuksköterska (*shewk*-shurt-err-skah) *c* nurse

sjukvård (*shewk*-vōard) *c* public health

sjunde (shewn-der) *num* seventh

*sjunga (shewng-ah) *v* *sing

*sjunka (shewng-kah) *v* *sink

sjuttio (shewt-i) *num* seventy

sjutton (shewt-on) *num* seventeen

sjuttonde (shewt-on-der) *num* seventeenth

själ (shail) *c* soul

själv (shehlv) *pron* myself, yourself, himself, herself, itself, oneself

själva (shehl-vah) *pron* ourselves, yourselves, themselves

självbetjäning (shehlv-ber-t'ai-ning) *c* self-service

självgod (shehlv-gōōd) *adj* self-righteous

självisk (shehl-visk) *adj* selfish

självklar (shehlv-klaar) *adj* self-evident

självmord (shehlv-mōōrd) *nt* suicide

självmordsattack (shehlv-mōōrds-ah-tahk) *c* suicide attack

självmordsbombare (shehlv-mōōrds-bomb-arer) *c* (pl ~) suicide bomber

självservering (shehlv-sayr-vāy-ring) *c* self-service restaurant

självstyre (shehlv-stēw-rer) *nt* self-government

självständig (shehlv-stehn-di) *adj* independent

självständighet (shehlv-stehn-di-hāyt) *c* independence

självupptagen (shehlv-ewp-taag-ern) *adj* self-centred

själte (sheh-ter) *num* sixth

sjö (shur) *c* lake

sjöborre (shūr-bo-rer) *c* sea urchin

sjöfart (shūr-faart) *c* navigation; shipping

sjöfågel (shūr-fōa-gayl) *c* (pl -glar) seabird

sjökort (shūr-koort) *nt* nautical chart

sjöman (shūr-mahn) *c* (pl -män) sailor

skicklighet

sjörövare (*shūr-rūr-vah-rer*) *c* (pl ~) pirate

sjösjuk (*shūr-shewk*) *adj* seasick

sjösjuka (*shūr-shew-kah*) *c* seasickness

sjösättning (*shūr-seht-ning*) *c* launching

sjötunga (*shūr-tewng-ah*) *c* sole

*ska (skaa) *v* *shall; *will

skada (*skaa-dah*) *c* injury; damage, mischief, harm; *v* *hurt, injure, harm

skadad (*skaa-dahd*) *adj* injured

skadeersättning (*skaa-der-äyr-seht-ning*) *c* compensation; indemnity

skadlig (*skaad-li*) *adj* harmful; hurtful

skaffa (*skahf-ah*) *v* get, procure, provide; ~ sig acquire, *v* acquire; obtain

skaft (skahft) *nt* handle

skaka (*skaa-kah*) *v* *shake

skal (skaal) *nt* skin, peel; shell

skala (*skaa-lah*) *c* scale; *v* peel

skalbagge (*skaal-bahg-er*) *c* beetle; bug

skald (skahld) *c* poet

skaldjur (*skaal-¥ewr*) *nt* shellfish

skalle (*skah-ler*) *c* skull

skam (skahm) *c* shame; disgrace

skamsen (*skahm-sayn*) *adj* ashamed

skandal (skahn-*daal*) *c* scandal

skandinav (skahn-di-*naav*) *c* Scandinavian

Skandinavien (skahn-di-*naav*-i-ern) Scandinavia

skandinavisk (skahn-di-*naav*-isk) *adj* Scandinavian

skanna (*skahn*-ah) *v* scan

skanner (*skahn*-ehr) *c* scanner

skanning (*skahn*-ing) *c* scan

skapa (*skaa-pah*) *v* create

skarp (skahrp) *adj* sharp; keen; strong

skatt (skaht) *c* tax; treasure

skattefri (*skah-ter-free*) *adj* tax-free

skattmästare (*skaht-mehss-tah-rer*) *c* (pl ~) treasurer

ske (shāy) *v* happen; occur

sked (shāyd) *c* spoon; spoonful

skelett (skay-*layt*) *nt* skeleton

skelögd (shāyl-*ūrgd*) *adj* cross-eyed

sken (shāyn) *nt* glare

skenhelig (shāyn-*hāy*-li) *adj* hypocritical

skepp (shayp) *nt* boat

skeppa (*shayp*-ah) *v* ship

skeppsredare (*shayps-rāy-dah-rer*) *c* (pl ~) shipowner

skeppsvarv (*shayps-vahrv*) *nt* shipyard

skicka (*shik*-ah) *v* *send; ~ bort dismiss; ~ efter *send for; ~ iväg *send off; ~ tillbaka *send back

skicklig (*shik*-li) *adj* skilled, skilful; clever

skicklighet (*shik*-li-hāyt) *c*

skida

ability; skill

skida (*shee*-dah) *c* ski; **åka skidor** ski

skidbyxor (*sheed*-bewks-err) *pl* ski pants

skidlift (*sheed*-lift) *c* ski lift

skidstavar (*sheed*-staa-vahr) *pl* ski sticks; ski poles *Am*

skidåkare (*sheed*-oā-kah-rer) *c* (pl ~) skier

skidåkning (*sheed*-oāk-ning) *c* skiing

skiffer (*shif*-err) *nt* slating

skift (shift) *nt* gang, shift

skiftnyckel (*shift*-new-kayl) *c* (pl -klar) wrench

skilja (*shil*-^{y}ah) *v* separate; part; **skiljas** divorce; ~ **sig** divorce

skiljedomare (skil-^{y}eh-doo-mah-rer) *c* (pl ~) referee

skiljevägg (*shil*-^{y}er-vehg) *c* (pl ~) partition

skillnad (*shil*-nahd) *c* difference; distinction; ***göra ~** distinguish

skilsmässa (*shils*-meh-sah) *c* divorce

*skina (*shee*-nah) *v* *shine

skinka (*shing*-kah) *c* ham; buttock

skinn (shin) *nt* hide; **skinn-**leather

skinna (*shi*-nah) *v* skin, fleece

skir (sheer) *adj* sheer

skiss (skiss) *c* sketch

skissera (ski-*sāy*-rah) *v* sketch

skit (scheet) *c* crap V

skiva (*sheev*-ah) *c* slice; disc

skivenhet (*sheev*-en-*hāyt*) *c* disk drive

skivspelare (shiv-*spāy*-lah-rer) *c* (pl ~) record player

skjorta (*shoor*-tah) *c* shirt

skjul (shewl) *nt* shed

*skjuta (*shewt*-ah) *v* fire, *shoot; push

skjutdörr (*shewt*-durr) *c* sliding door

sko (skoō) *c* shoe

skoaffär (skoō-ah-*fæær*) *c* shoe shop

skog (skoōg) *c* forest; wood

skogig (skoōg-i) *adj* wooded

skogsdunge (skoogs-dew-nger) *c* grove

skogstrakt (skoogs-trahkt) *c* woodland

skogvaktare (skoōg-vahk-tah-rer) *c* (pl ~) forester

skoj (skoi) *nt* fun

skoja (*skoi*-ah) *v* joke, fool

skokräm (skoō-krehm) *c* shoe polish

skola (*skool*-ah) *c* school

skolbänk (*skool*-behngk) *c* desk

skolflicka (skoōl-fli-kah) *c* schoolgirl

skolka (*skol*-kah) *v* play truant

skollärare (skoōl-læær-ah-rer) *c* (pl ~) schoolmaster, schoolteacher

skolpojke (skoōl-poi-ker) *c* schoolboy

skolväska (skoōl-vehss-kah) *c* satchel

skomakare (*skōō-maa-kah-*
rer) *c* (pl ~) shoemaker

skorpa (*skor-*pah) *c* crust;
rusk

skorsten (*skors-*tāyn) *c*
chimney

skosnöre (*skōō-*snūr-rer) *nt*
shoelace

skotsk (skotsk) *adj* Scottish

skott (skot) *nt* shot

skottavla (*skot-*taav-lah) *c*
target

skottkärra (*skot-*tᵞær-ah) *c*
wheelbarrow

Skottland (*skot-*lahnd)
Scotland

skottår (*skot-*ōar) *nt* leap year

skovel (*skōa-*verl) *c* (pl -vlar)
shovel

skrapa (*skraap-*ah) *v* scrape;
scratch

skratt (skraht) *nt* laugh;
laughter

skratta (*skrah-*tah) *v* laugh

skreva (*skrāy-*vah) *c* cleft

skri (skree) *nt* scream

skridsko (*skri-*skoo) *c* skate;
åka skridskor skate

skridskobana (*skri-*skoo-
baa-nah) *c* skating rink

skridskoåkning (*skri-*skoo-
ōak-ning) *c* skating

skriftlig (*skrift-*li) *adj* written

skrik (skreek) *nt* cry; scream,
shout

***skrika** (*skree-*kah) *v* shriek;
scream, shout; cry

***skriva** (*skree-*vah) *v* *write; ~
in book; enter; ~ in sig
check in; ~ om *rewrite; ~ på

endorse; ~ upp *write down

skrivblock (*skreev-*blok) *nt*
writing pad

skrivbord (*skreev-*bōōrd) *nt*
desk; bureau

skrivmaskin (*skreev-*mah-
sheen) *c* typewriter

skrivmaskinspapper
(*skreev-*mah-*sheens-*pah-
perr) *nt* typing paper

skrivpapper (*skreev-*pah-
perr) *nt* notepaper

skrovlig (*skrōav-*li) *adj*
hoarse

skrubbsår (*skrewb-*sōar) *nt*
graze

skruv (skrēwv) *c* screw

skruva (*skrēw-*vah) *v* screw; ~
av unscrew; ~ på screw on,
turn on

skruvmejsel (*skrēwv-*may-
sayl) *c* (pl -slar) screwdriver

skrymmande (*skrewm-*ahn-
der) *adj* bulky

skrynkla (*skrewngk-*lah) *c*
crease; *v* crease

***skryta** (*skrēwt-*ah) *v* boast

skråma (*skrōa-*mah) *c* scratch

skräck (skrehk) *c* scare;
fright; horror, terror

skräddare (*skreh-*dah-rer) *c*
(pl ~) tailor

skräddarsydd (*skreh-*dahr-
sewd) *adj* tailor-made

skrämd (skrehmd) *adj*
frightened

skrämma (*skrehm-*ah) *v*
frighten; scare

skrämmande (*skrehm-*ahn-
der) *adj* terrifying

skräp (skraip) *nt* rubbish; refuse, junk

skugga (skewg-ah) *c* shadow; shade

skuggig (skewg-i) *adj* shady

skuld (skewld) *c* guilt, fault; debt

skulptur (skewlp-*tewr*) *c* sculpture

skulptör (skewlp-*turr*) *c* sculptor

skum (skewm) *nt* foam; *adj* obscure

skumgummi (skewm-gewm-i) *nt* foam rubber

skumma (skewm-ah) *v* foam

skura (skew-rah) *v* scrub

skurk (skewrk) *c* villain

skutta (skew-tah) *v* skip; *leap

skvadron (skvah-*drōōn*) *c* squadron

skvaller (skvah-lerr) *nt* gossip

skvallra (skvahl-rah) *v* gossip

sky (shew) *c* sky, cloud; gravy

skydd (shewd) *nt* protection; shelter, cover

skydda (shewd-ah) *v* protect; shelter

skygg (shewg) *adj* shy

skygghet (shewg-hayt) *c* shyness

skyldig (shewl-di) *adj* guilty; *vara ~ owe

skyltdocka (shewlt-do-kah) *c* dummy, mannequin

skyltfönster (shewlt-furns-terr) *nt* shopwindow

skymfa (shewm-fah) *v* call names

skymning (shewm-ning) *c* twilight; dusk

skymt (shewmt) *c* glimpse

skymta (shewm-tah) *v* glimpse

skynda sig (shewn-dah) hurry; hasten

skyskrapa (shew-skraa-pah) *c* skyscraper

skådespel (skōa-der-späyl) *nt* spectacle; drama

skådespelare (skōa-der-späy-lah-rer) *c* (pl ~) actor; comedian

skådespelerska (skōa-der-späy-lerrs-kah) *c* actress

skådespelsförfattare (skōa-der-späyls-furr-*fah*-tah-rer) *c* (pl ~) playwright

skål (skoal) *c* bowl; basin; toast

skåp (skoap) *nt* cupboard; closet

skåpvagn (skoap-vahngn) *c* pick-up van

skägg (shehg) *nt* beard

skäl (shail) *nt* reason

källa (shehl-ah) *v* bark; bay; scold; ~ ut scold

skälm (shehlm) *c* rascal

skälva (shehl-vah) *v* shiver; tremble

skämma bort (sheh-mah bort) *spoil

skämmas (shehm-ahss) *v* *be ashamed

skämt (shehmt) *nt* joke

skämtsam (shehmt-sahm) *adj* humorous

skär (shæær) *adj* pink

*skära (*shææ-rah*) v *cut; carve; ~ av *cut off; ~ ned reduce, *cut down; decrease

skärgård (*shæær-goård*) c archipelago

skärm (*shærm*) c screen

skärmmössa (*shærm-mur-sah*) c cap

skärpt (*shærpt*) adj bright

skärsår (*shæær-soar*) nt cut

sköldpadda (*shurld-pahd-ah*) c turtle

skölja (*shurl-ʸah*) v rinse

sköljmedel (*shurlʸ-may-derl*) nt conditioner

sköljning (*shurlʸ-ning*) c rinse

skön (*shürn*) adj beautiful, fine; comfortable

skönhet (*shürn-hayt*) c beauty

skönhetsmedel (*shürn-hayts-mayd-ayl*) pl cosmetics pl

skönhetssalong (*shürn-hayts-sah-long*) c beauty salon

skönhetsvård (*shürn-hayts-voard*) c beauty treatment

skör (*shürr*) adj fragile

skörd (*shürrd*) c harvest; crop

skörda (*shürr-dah*) v reap; harvest; gather

sköta (*shürt-ah*) v look after; ~ om *take care of

sladd (*slahd*) c flex, electric cord; skid

slag¹ (*slaag*) nt a kind of, kind of; all slags all sorts of

slag² (*slaag*) nt battle; blow;

tap; bump; smash

slaganfall (*slaag-ahn-fahl*) nt stroke

slagord (*slaag-oord*) nt (pl ~) catchword

slagsmål (*slahgs-moal*) nt fight

slaktare (*slahk-tah-rer*) c (pl ~) butcher

slang (*slahng*) c slang

slangtryck (*slahng-trewk*) nt tyre pressure

slank (*slahngk*) adj slender; slim

slant (*slahnt*) c coin

slapp (*slahp*) adj limp

slappna av (*slahp-nah*) relax

slarv (*slahrv*) nt neglect

slarvig (*slahr-vi*) adj careless; slovenly

slav (*slaav*) c slave

slicka (*slik-ah*) v lick

slingra sig (*sling-rah*) *wind

slingrande (*sling-rahn-der*) adj winding

slipa (*slee-pah*) v sharpen

*slippa (*sli-pah*) v not *have to

slipprig (*slip-ri*) adj slippery

slips (*slips*) c necktie

slira (*slee-rah*) v skid; slip

*slita (*slee-tah*) v *tear; ~ ut wear out

sliten (*sleet-ern*) adj worn

slogan (*sloa-gahn*) c (pl ~) slogan

slott (*slot*) nt castle

slug (*slewg*) adj sly

sluka (*slew-kah*) v swallow

slump (*slewmp*) c chance,

luck; av en ~ by chance
slumpartad (*slewmp*-ahr-tahd) *adj* accidental
sluss (slewss) *c* lock
slut (slewt) *nt* end; finish
till slut at last
sluta (*slewt*-ah) *v* end;
discontinue, finish
*****sluta** (*slewt*-ah) *v* close
slutbetala (*slewt*-ber-*taa*-lah) *v* *pay off
sluten (*slewt*-ern) *adj* closed; reserved
slutlig (*slewt*-li) *adj* final; eventual; **slutligen** *adv* finally
slutresultat (*slewt*-ray-sewl-taat) *nt* final result
slutsats (slewt-sahts) *c* conclusion
slutta (*slewt*-ah) *v* slope; slant
sluttande (slewt-ahn-der) *adj* slanting, sloping
sluttning (*slewt*-ning) *c* hillside, slope; incline
*****slå** (sloa) *v* *beat; *strike, *hit; slap, punch; ~ **ifrån** switch off; ~ **igen** slam; ~ **ihop merge; ~ ihjäl** kill; ~ **in** wrap; ~ **till** *strike; ~ **upp** look up
slående (*sloa*-ayn-der) *adj* striking
*****slåss** (sloss) *v* struggle
släcka (*slehk*-ah) *v* *put out; extinguish
släde (*slai*-der) *c* sleigh, sledge
släkt (slehkt) *c* family
släkting (*slehk*-ting) *c*

relative; relation
slänga (*slehng*-ah) *v* *throw
släpa (*slaip*-ah) *v* drag; haul
släppa in (*slehp*-ah) admit; *let in
släpvagn (*slaip*-vahngn) *c* trailer
slät (slait) *adj* smooth; level
slätt (sleht) *c* plain
slätvar (*slait*-vaar) *c* brill
slö (slur) *adj* blunt, dull
slöja (*slur*-³ah) *c* veil
slösa bort (*slur*-sah bort) waste
slösaktig (*slurss*-ahk-ti) *adj* wasteful; lavish, extravagant
slöseri (slur-ser-*ree*) *nt* waste, wastefulness
smak (smaak) *c* taste; flavour
smaka (*smaa*-kah) *v* taste
smaklig (*smaak*-li) *adj* savoury
smaklös (*smaak*-*lūrss*) *adj* tasteless
smaksätta (*smaak*-say-tah) *v* flavour
smal (smaal) *adj* narrow
smaragd (smah-*rahgd*) *c* emerald
smed (smāyd) *c* blacksmith; smith
smekmånad (*smāyk*-*mōa*-nahd) *c* honeymoon
smeknamn (*smāyk*-nahmn) *nt* nickname
smet (smāyt) *c* batter
smidig (*smeed*-i) *adj* supple; flexible
smink (smingk) *c* make-up
*****smita** (*smee*-tah) *v* slip away

smitta (*smit*-ah) v infect

smittande (*smi*-tahn-der) adj contagious

smittkoppor (*smit*-ko-poor) pl smallpox

smittosam (*smi*-too-sahm) adj infectious; contagious

smoking (*smōa*-king) c dinner jacket; tuxedo *nAm*

smuggla (*smewg*-lah) v smuggle

smula (*smēw*-lah) c crumb; bit

smultron (*smewlt*-ron) nt wild strawberry

smuts (smewts) c dirt

smutsig (*smewt*-si) adj dirty; filthy

smycke (*smew*-ker) nt jewel; smycken jewellery

*smyga (*smēw*-gah) v sneak

småaktig (*smōa*-ahk-ti) adj stingy

småfranska (*smōa*-frahns-kah) c roll

småningom (*smōa*-ning-om) adv gradually; så ~ eventually

småpengar (*smōa*-payng-ahr) pl change

småprat (*smōa*-praat) nt chat

småprata (*smōa*-praat-ah) v chat

småskratta (*smōa*-skraht-ah) v chuckle

smäll (smehl) c spanking; crack

smälla (*smehl*-ah) v spank; crack

smälta (*smehl*-tah) v melt;

thaw; digest

smärta (*smær*-tah) c pain

smärtfri (*smært*-free) adj painless

smärting (*smær*-ting) c canvas

smärtsam (*smært*-sahm) adj painful

smärtstillande (*smært*-sti-lahn-der) adj pain-relieving; analgesic; ~ medel nt painkiller

smör (smurr) nt butter

smörgås (*smurr*-gōass) c sandwich

smörja (*smurr*-Yah) c trash

*smörja (*smurr*-Yah) v grease, lubricate

smörjning (*smurr*Y-ning) c lubrication

smörjolja (*smurr*Y-ol-Yah) c lubrication oil

smörjsystem (*smurr*Y-sew-stäym) nt lubrication system

snabb (snahb) adj rapid; fast

snabbgående (*snahb*-gōa-ayn-der) adj express; high-speed

snabbhet (*snahb*-hāyt) c rapidity, swiftness

snabbkurs (*snahb*-kewrs) c intensive course

snabbköp (*snahb*-t Yurp) nt supermarket

snabbuppringning (*snahb*-ewp-*ring*-ning) c speed dial(ing)

snackbar (*snahk*-baar) c snack bar

snarare (*snaar*-ah-rer) adv

rather

snarka (*snahr*-kah) *v* snore

snart (snaart) *adv* soon;
presently, shortly; **så ~ som**
as soon as

snask (snahsk) *nt* candy *nAm*

sned (snäyd) *adj* slanting

snickare (*snik*-ah-rer) *c* (pl ~)
carpenter

snida (*snee*-dah) *v* carve

snideri (snee-der-*ree*) *nt*
carving

snideriarbete (snee-der-*ree*-
ahr-*bay*-ter) *nt* wood carving

snigel (*snee*-gayl) *c* (pl -glar)
snail

snilleblixt (*sni*-ler-blikst) *c*
brain wave

snitt (snit) *nt* cut

snodd (snood) *c* twine

snorkel (*snor*-kayl) *c* (pl
-klar) snorkel

snubbla (*snewb*-lah) *v*
stumble

snurra (*snew*-rah) *v* *spin

snygg (snewg) *adj* good-
-looking

***snyta sig** (*snew*-tah) *blow
one's nose

snäcka (*sneh*-kah) *c* seashell

snäckskal (*snehk*-skaal) *nt*
shell

snäll (snehl) *adj* good; sweet,
kind, nice

snälltåg (*snehl*-tōäg) *nt*
through train, express train

snäv (snaiv) *adj* narrow

snö (snūr) *c* snow

snöa (*snūr*-ah) *v* snow

snöig (*snūr*-i) *adj* snowy

snöre (*snūr*-rer) *nt* string;
tape

snöslask (*snūr*-slahsk) *nt*
slush

snöstorm (*snūr*-storm) *c*
snowstorm; blizzard

social (soo-si-*aal*) *adj* social

socialism (soo-si-ah-*lism*) *c*
socialism

socialist (soo-si-ah-*list*) *c*
socialist

socialistisk (soo-siah-*liss*-
tisk) *adj* socialist

socka (*sok*-ah) *c* sock

socker (*so*-kerr) *nt* sugar

sockerbit (*so*-kerr-beet) *c*
lump of sugar

sockerlag (*so*-kerr-laag) *c*
syrup

sockersjuk (*so*-kerr-shēwk) *c*
(pl ~a) diabetic

sockersjuka (*so*-kerr-shēw-
kah) *c* diabetes

sodavatten (*sōō*-dah-vah-
tern) *nt* soda water

soffa (*so*-fah) *c* sofa; couch

sol (sōōl) *c* sun

sol- (sōōl) *adj* solar

solbada (*sōōl*-baa-dah) *v*
sunbathe

solbränd (*sōōl*-brehnd) *adj*
tanned

solbränna (*sōōl*-breh-nah) *c*
suntan

soldat (sol-*daat*) *c* soldier

solfjäder (*sōōl*-f³*eh*-derr) *c*
fan

solglasögon (*sōōl*-glaass-*ūr*-
goan) *pl* sunglasses *pl*

solid (so-*leed*) *adj* firm

solig (*sōō*-li) *adj* sunny

solistframträdande (*soo-list-frahm-trai-dahn-der*) *nt* recital

solljus (*sōōl*-ᵞ*ewss*) *nt* sunlight

solnedgång (*sōōl*-nāyd-gong) *c* sunset

sololja (*sōōl*-ol-ᵞ*ah*) *c* suntan oil

solparasoll (*sōōl*-pah-rah-sol) *nt* sunshade

solsken (*sōōl*-shāyn) *nt* sunshine

solsting (*sōōl*-sting) *nt* sunstroke

solsystem (*sōōl*-sewss-tāym) *nt* solar system

soluppgång (*sōōl*-ewp-gong) *c* sunrise

som (som) *conj* as; *pron* who, that, which; ~ om as if

somliga (*som*-li-gah) *pron* some

sommar (*so*-mahr) *c* summer

sommartid (*so*-mahr-teed) *c* summer time

son (sōān) *c* (pl söner) son

sondotter (*sōān*-do-terr) *c* (pl -döttrar) granddaughter

sonson (*sōān*-sōān) *c* (pl -söner) grandson

sopa (*sōō*-pah) *v* *sweep

sophink (*sōōp*-hingk) *c* rubbish bin

sopor (*soo*-por) *pl* garbage

soppa (*so*-pah) *c* soup

soppsked (*sop*-shāyd) *c* soup spoon

sopptallrik (*sop*-tahl-rik) *c*

soup plate

soptunna (*sōōp*-tewn-ah) *c* dustbin; trash can *Am*

sorg (sorᵞ) *c* sorrow; mourning, grief

sorgespel (*sor*-ᵞ*er*-spāyl) *nt* tragedy

sorglös (*sorᵞ*-lurss) *adj* carefree

sorgsen (*sorᵞ*-sayn) *adj* sad

sort (sort) *c* kind; sort

sortera (sor-*tāyr*-ah) *v* sort; assort

sortiment (sor-ti-*maynt*) *nt* assortment

souvenir (soo-ver-*neer*) *c* souvenir

*sova (*sōā*-vah) *v* *sleep

sovande (*sōāv*-ahn-der) *adj* asleep

sovbrits (*sōāv*-brits) *c* berth

sovjetisk (sov-ᵞ*ay*-tisk) *adj* Soviet

sovkupé (sov-kew-*pay*) *c* sleeping compartment

sovrum (*sōāv*-rewm) *nt* bedroom

sovsal (*sōāv*-saal) *c* dormitory

sovsäck (*sōāv*-sehk) *c* sleeping bag

sovvagn (*sōāv*-vahngn) *c* sleeping car; Pullman

spade (*spaa*-der) *c* spade

Spanien (*spah*-ni-ayn) Spain

spanjor (spahn-ᵞ*ōōr*) *c* Spaniard

spannmål (*spahn*-mōal) *c* corn, cereals *pl*

spansk (spahnsk) *adj*

Spanish

spara (*spaa-rah*) v save;
economize

sparbank (*spaar-*bahngk) c
savings bank

spargris (spaar-greess) c
piggy bank

spark (spahrk) c kick

sparka (*spahr*-kah) v kick

sparkcykel (*spahrk*-sew-kerl)
c (pl -klar) scooter

sparris (*spahr*-iss) c
asparagus

sparsam (*spaar*-sahm) adj
economical

sparv (spahrv) c sparrow

speceriaffär (spay-say-ree-
ah-*fæær*) c grocer's

specerier (spay-say-*ree*-err)
pl groceries pl

specerihandlare (spay-say-
ree-hahnd-lah-rer) c (pl ~)
grocer

specialisera sig (spay-si-ah-
li-*sāy*-rah) specialize

specialist (spay-si-ah-*list*) c
specialist

specialitet (spay-si-ah-li-*tāyt*)
c speciality

speciell (spay-si-*ayl*) adj
special

specifik (spay-si-*feek*) adj
specific

specimen (*spāy*-si-mern) nt
specimen

spegel (*spāy*-gayl) c (pl -glar)
mirror; looking-glass

spegelbild (*spāy*-gerl-bild) c
reflected image, reflection

spekulera (spay-kew-*lāy*-rah)

v speculate

spel (spāyl) nt game

spela (*spāyl*-ah) v play; act

spelare (*spāy*-lah-rer) c (pl ~)
player

spelkort (*spāyl*-koort) nt
playing card

spelkula (*spāyl*-kēwl-ah) c
marble

spelmark (*spāyl*-mahrk) c
chip, counter

spenat (spay-*naat*) c spinach

spendera (spayn-*dāyr*-ah) v
*spend

spets (spayts) c tip; point;
lace

spetsig (*spayt*-si) adj pointed

spett (spayt) nt spit

spetälska (*spāyt*-ehls-kah) c
leprosy

spik (speek) c nail

spikböld (*speek*-burld) c boil

spilla (*spil*-ah) v *spill

spindel (*spin*-dayl) c (pl
-dlar) spider

spindelnät (*spin*-derl-nait) nt
spider's web

*spinna** (*spin*-ah) v purr;
*spin

spion (spi-*ōōn*) c spy

spira (*spee*-rah) c spire

spirituell (spi-ri-*tēw*-ayl) adj
witty

spis (speess) c cooker; öppen
~ fireplace

spisgaller (*speess*-gah-lerr) c
grate

spjut (sp^yēwt) nt spear

spjäla (sp^yai-lah) c lath; bar;
splint

spjällåda (*spʸail*-lōād-ah) *c* crate
splitter (*spli*-terr) *nt* splinter
splitterfri (*spli*-terr-free) *adj* shatterproof
spole (spōōl-er) *c* spool
spoliera (spoo-li-āȳ-rah) *v* mess up
sporra (*spo*-rah) *v* incite
sport (sport) *c* sport
sportbil (*sport*-beel) *c* sports car
sportjacka (*sport*-ʸah-kah) *c* sports jacket
sportkläder (*sport*-klai-derr) *pl* sportswear
spott (spot) *nt* spit
spotta (*spo*-tah) *v* *spit
spratt (spraht) *nt* trick
spray (*spray*) *c* spray; atomizer
sprayflaska (*spray*-flahss-kah) *c* atomizer
spricka (*sprik*-ah) *c* crack
***spricka** (*sprik*-ah) *v* crack; *burst
***sprida** (*spreed*-ah) *v* *spread; *shed
***springa** (*spring*-ah) *v* *run
sprit (spreet) *c* liquor; booze *colloquial*
spritdrycker (*spreet*-drewk-err) *pl* spirits
spritkök (*spreet*-tʸūr̄k) *nt* spirit stove
spritvaror (*spreet*-vaa-ror) *pl* spirits
spruta (*sprēw̄t*-ah) *c* shot
språk (sprōāk) *nt* language; speech
språklaboratorium (*sprōāk*-lah-bo-rah-*tōō*-ri-ewm) *nt* (pl -rier) language laboratory
språng (sprong) *nt* jump
spräcka (*spreh*-kah) *v* crack
sprängämne (*sprehng*-ehm-ner) *nt* explosive
spy (spēw̄) *v* vomit
spår (spōār) *nt* trace; trail
spåra (*spōār*-ah) *v* trace
spårvagn (*spōār*-vahngn) *c* tram; streetcar *nAm*
spädbarn (*spaid*-baarn) *nt* infant
spädgris (*spaid*-greess) *c* piglet
spänd (spehnd) *adj* tense
spänna fast (*speh*-nah) fasten
spännande (*spehn*-ahn-der) *adj* exciting
spänne (*speh*-ner) *nt* buckle; fastener
spänning (*speh*-ning) *c* excitement; voltage, tension
spärra (*spæ*-rah) *v* block
spöke (*spūr̄*-ker) *nt* ghost; spirit
spörsmål (*spurrs*-mōāl) *nt* question, problem
stabil (stah-*beel*) *adj* stable
stad (staad) *c* (pl städer) city, town; **stads-** urban
stadig (*staa*-di) *adj* steady
stadigvarande (*staa*-di-vaa-rahn-der) *adj* permanent
stadion (*staad*-ʸon) *nt* stadium
stadium (*staa*-dʸewm) *nt* (pl

-dier) stage

stadsbo (stahds-boo) c
citizen

stadscentrum (stahds-saynt-rewm) nt town centre

stadsdel (stahds-dayl) c
district

stadshus (stahds-hēwss) nt
town hall

staket (stah-kāyt) nt fence

stall (stahl) nt stable

stam (stahm) c trunk; tribe

stamanställd (stahm-ahn-stehld) c (pl ~a) cadre,
regular

stamcell (stahm-sayl) c stem
cell

stamma (stahm-ah) v falter

stampa (stahm-pah) v stamp

standard- (stahn-dahrd)
standard

stanna (stahn-ah) v halt; pull
up; ~ kvar stay

stapel (staa-perl) c (pl -plar)
pile, stack

stapla (staap-lah) v pile, stack

stare (staar-er) c starling

stark (stahrk) adj strong;
powerful

start (staart) c take-off

starta (staar-tah) v start

startbana (stahrt-baa-nah) c
runway

stat (staat) c state; stats-national

station (stah-shōōn) c depot
nAm

statistik (stah-ti-steek) c
statistics pl

statskassa (stahts-kah-sah) c

treasury

statsman (stahts-mahn) c (pl
-män) statesman

statsminister (stahts-mi-niss-terr) c (pl -trar) Prime
Minister

statstjänsteman (stahts-t'ehns-ter-mahn) c (pl -män)
civil servant

statsöverhuvud (stahts-ūr-verr-hēw-vewd) nt (pl ~,
~en) head of state

staty (stah-tēw) c statue

stava (staa-vah) v *spell

stavelse (staa-vayl-ser) c
syllable

stavning (staav-ning) c
spelling

stearinljus (stāy-ah-reen-ȳewss) nt candle

steg (stāyg) nt step, move;
pace

stege (stāy-ger) c ladder

steka (stāy-kah) v fry

stekpanna (stāyk-pahn-ah) c
frying pan

stel (stāyl) adj stiff

sten (stāyn) c stone; sten-stone

stenblock (stāyn-blok) nt
boulder

stenbrott (stāyn-brot) nt
quarry

stengods (stāyn-goods) nt
stoneware

*stenlägga (stāyn-leh-gah) v
pave

stenografi (stay-noo-grah-fee) c shorthand

stereo (stay-ree-oh) c (pl ~)

straff

stereo

steril (stay-*reel*) adj sterile

sterilisera (stay-ri-li-*say*-rah) v sterilize

steward (st'*oo*-ahrd) c steward

stick (stik) nt sting

sticka (*stik*-ah) v *knit

*sticka (*stik*-ah) v *sting; prick; ~ in plug in

stickkontakt (*stik*-kon-tahkt) c plug, socket

stifta (*stif*-tah) v found; institute

stiftelse (*stif*-tayl-ser) c foundation

stig (steeg) c trail, path

*stiga (*steeg*-ah) v *rise; ascend; ~ av *get off; ~ ned descend; ~ på *get on; ~ upp *rise; *get up; ~ uppåt ascend

stigning (*steeg*-ning) c ascent

stil (steel) c style

stilla (*stil*-ah) adj quiet; calm, still

Stilla havet (*sti*-lah-*haa*-vert) Pacific Ocean

stillastående (*sti*-lah-stoa-ayn-der) adj stationary, still

stillhet (*stil*-hayt) c quiet

stillsam (*stil*-sahm) adj calm, quiet

stimulans (*sti*-mew-lahngs) c stimulant; impulse

stimulera (sti-mew-*layr*-ah) v stimulate

sting (sting) nt sting

*stinka (*sting*-kah) v *stink

stipendium (sti-*payn*-di-

ewm) nt (pl -dier) grant, scholarship

stipulera (sti-pew-*lay*-rah) v stipulate

stirra (*sti*-rah) v gaze, stare

*stjäla (shail-ah) v *steal

stjälk (shehlk) c stem

stjärna (*shæær*-nah) c star

stjärt (shært) c bottom

sto (stoo) nt mare

stock (stock) c log

stol (stool) c chair

stola (*stoal*-ah) c stole

stolpe (*stol*-per) c post; pillar

stolpiller (*stool*-pi-lerr) nt suppository

stolt (stolt) adj proud

stolthet (*stolt*-hayt) c pride

stoppa (*stop*-ah) v stop; *put; darn; upholster; stopp! stop!

stoppgarn (*stop*-gaarn) nt (pl ~er) darning wool

stor (stoor) adj large; great; big, major

storartad (*stoor*-aar-tahd) adj magnificent; superb, terrific

Storbritannien (*stoor*-bri-tahn-yayn) Great Britain

stork (stork) c stork

storlek (*stoor*-layk) c size

storm (storm) c gale, storm

stormig (*stor*-mi) adj stormy; gusty

stormlykta (*storm*-lewk-tah) c hurricane lamp

storslagen (*stoor*-slaa-gern) adj grand

straff (strahf) nt punishment; penalty

straffa

straffa (*strah*-fah) *v* punish

strafflag (*strahf*-laag) *c* criminal law

straffspark (*strahf*-spahrk) *c* penalty kick

stram (straam) *adj* tight

strama åt (*straa*-mah) tighten

strand (strahnd) *c* (pl ständer) beach; shore

strandsnäcka (*strahnd*-sneh-kah) *c* winkle

strandsten (*strahnd*-stāyn) *c* pebble

strax (strahks) *adv* presently

streberaktig (*strāy*-berr-ahk-ti) *adj* ambitious

streck (strayk) *nt* line

strejk (strayk) *c* strike

strejka (*stray*-kah) *v* *strike

stress (strayss) *c* stress

strid (streed) *c* fight; combat, struggle

*strida (*streed*-ah) *v* *fight

strikt (strikt) *adj* strict

strof (strōāf) *c* stanza

struktur (strewk-*tēwr*) *c* structure, fabric; texture

strumpa (*strewm*-pah) *c* stocking

strumpbyxor (*strewmp*-bewks-err) *c* tights *pl*; panty hose

strumpebandshållare (*strewm*-per-bahnds-ho-lah-rer) *c* (pl ~) garter belt *Am*

strunt (strewnt) *nt* rubbish

strupe (*strēw*-per) *c* throat

strupkatarr (*strēwp*-kah-*tahr*) *c* laryngitis

struts (strewts) *c* ostrich

*stryka (*strēw*-kah) *v* iron; ~ under underline

strykfri (*strēwk*-fri) *adj* drip-dry; wash and wear

strykjärn (*strēwk*-ᵞæærn) *nt* iron

*strypa (*strēwp*-ah) *v* strangle; choke

strålande (strōā-lahn-der) *adj* splendid, bright

stråle (strōāl-er) *c* ray, beam; spout, jet, squirt

strålkastare (strōāl-kahss-tah-rer) *c* (pl ~) searchlight; spotlight, headlamp, headlight

sträcka (streh-kah) *c* stretch

sträng (strehng) *adj* severe; strict, harsh; *c* string

sträv (straiv) *adj* harsh

sträva (straiv-ah) *v* aspire; ~ efter aim at

strö (strūr) *v* scatter, strew; sprinkle

ström (strurm) *c* (pl ~mar) stream, current

strömbrytare (strurm-brēw-tah-rer) *c* (pl ~) switch

strömdrag (strurm-draag) *nt* rapids *pl*

strömfördelare (strurm-furr-dāyl-ah-rer) *c* (pl ~) distributor

strömma (strurm-ah) *v* stream; flow

ströva (strūrv-ah) *v* roam

stubintråd (stew-*been*-trōad) *c* fuse

student (stew-*daynt*) *c* student

ständig

studentska (stew-*daynt*-skah) c student

studera (stew-*da͞yr*-ah) v study

studerande (stew-*da͞y*-rahn-der) c (pl ~) student

studier (*stew*-dee-er) pl studies pl

studium (*stew*-di-ewm) nt (pl -dier) study

stuga (*stew*-gah) c cottage

stuka (*stew*-kah) v sprain

stukning (*stewk*-ning) c sprain

stum (stewm) adj dumb; mute

stund (stewnd) c while

stup (stewp) nt precipice

stycke (*stewk*-er) nt piece; part, chunk

stygg (stewg) adj naughty; bad

stygn (stewngn) nt stitch

styra (*stew*-rah) v manage; rule; steer

styrbord (*stewr*-bo͞ord) starboard

styrelse (*stew*-rayl-ser) c government; direction, management; commitee

styrelseordförande (*stew*-rayl-ser-o͞ord-fur-rahn-der) c (pl ~) chairman of the board

styrelsesätt (*stew*-rayl-ser-seht) nt rule

styrka (*stewr*-kah) c strength, power; beväpnade styrkor armed forces

styvbarn (*stewv*-baarn) nt stepchild

styvfar (*stewv*-faar) c (pl -fäder) stepfather

styvmor (*stewv*-mo͞or) c (pl -mödrar) stepmother

*stå (sto͞a) v *stand; ~ ut med endure

stål (sto͞al) nt steel; rostfritt ~ stainless steel

ståltråd (*sto͞al*-tro͞ad) c wire

stånd (stond) nt stand; stall; *vara i ~ till *be able to

ståndpunkt (*stond*-poongkt) c standpoint

stång (stong) c (pl stänger) bar; rod

ståtlig (*sto͞at*-li) adj magnificent

städa (*staid*-ah) v clean; tidy up

städad (*stai*-dahd) adj tidy

städerska (*stai*-derr-skah) c cleaning-woman

ställa (*steh*-lah) v *put; ~ in tune in; ~ ut exhibit

ställe (*steh*-ler) nt place; spot i stället för (ee *steh*-lert furr) instead of

ställföreträdare (*stehl*-fūr-rer-trai-dah-rer) c (pl ~) substitute; deputy

ställning (*stehl*-ning) c position

stämma överens (*steh*-mah ūrver-rayns) agree, tally

stämning (*stehm*-ning) c atmosphere

stämpel (*stehm*-perl) c (pl -plar) stamp

ständig (*stehn*-di) adj constant; permanent; continual

stänga (stehng-ah) v *shut, close; fasten; ~ av turn off; *cut off; ~ in *shut in

stängd (stehngd) adj closed; shut

stängsel (stehng-serl) nt fence

stänka (stehng-kah) v splash

stärkelse (stær-kayl-ser) c starch

stöd (stürd) nt support

stödja (stürd-ʸah) v support

stödstrumpor (stürd-strewm-por) pl support hose

stöld (sturld) c theft; robbery

stöna (stürn-ah) v groan

störa (stür-rah) v disturb; bother

störning (stürr-ning) c disturbance

större (sturr-er) adj major, superior, bigger

störst (sturrst) adj major, main, biggest

störta (sturr-tah) v crash

störtregn (sturrt-rehngn) nt downpour

störtskur (sturrt-skēwr) c shower

stöt (stürt) c bump, thrust

stöta (stürt-ah) v bump; ~ emot knock against; ~ på *come across

stötdämpare (stürt-dehm-pah-rer) c (pl ~) shock absorber

stötta (stur-tah) v *hold up, prop

stövel (stur-verl) c (pl -vlar) boot

subjekt (sewb-ʸehkt) nt subject

substans (sewb-stahns) c substance

substantiv (sewb-stahn-teev) nt noun

subtil (sewb-teel) adj subtle

succé (sewk-sāy) c success

suddgummi (sewd-gew-mi) nt eraser, rubber

*suga (sēw-gah) v suck

sula (sēw-lah) c sole

summa (sewm-ah) c sum; total, amount

sumpmark (sewmp-mahrk) c marsh

*supa (sēw-pah) v booze

super (sēw-perr) adj super colloquial

superlativ (sew-perr-lah-teev) adj superlative; c superlative

sur (sēwr) adj sour

surfa (Nätet) (sewr-fah) v surf (the Net)

surfingbräda (sewr-fing-brai-dah) c surfboard

surr (sewrr) nt buzz

surrogat (sew-roo-gaat) nt substitute

suspendera (sewss-payn-dāyr-ah) v suspend

SUV (s-ew-ve) c SUV; sport utility vehicle

svag (svaag) adj weak; faint, slight, feeble

svaghet (svaag-hāyt) c weakness

svala (svaal-ah) c swallow

svalka (svahl-kah) v refresh

svamp (svahmp) c
mushroom; toadstool

svan (svaan) c swan

svans (svahns) c tail

svar (svaar) nt answer; reply

svara (svaa-rah) v answer;
reply

svart (svahrt) adj black

svartsjuk (svahrt-shewk) adj
jealous

svartsjuka (svahrt-shew-kah)
c jealousy

svensk (svaynsk) adj
Swedish; c Swede

svepa in (svāy-pah in) v
envelop

svepskäl (svāyp-shail) nt
pretext

Sverige (svær-²er) Sweden

svetsa (svayt-sah) v weld

svetsfog (svayts-fōōg) c
welding seam

svett (svayt) c sweat;
perspiration

svettas (svay-tahss) v sweat;
perspire

svettning (svayt-ning) c
perspiration

***svika** (svee-kah) v fail; betray

svimma (svi-mah) v faint

svindel (svin-derl) c swindle

svindla (svind-lah) v swindle

svindlare (svind-lah-rer) c (pl
~) swindler

svinläder (sveen-lai-derr) nt
pigskin

svit (sveet) c suite

svordom (svōōr-doom) c
curse

svullnad (svewl-nahd) c
swelling

svulst (svewlst) c tumour,
growth

svåger (svōā-gerr) c (pl -grar)
brother-in-law

svår (svōar) adj difficult, hard

svårighet (svōā-ri-hāyt) c
difficulty

svägerska (svai-gayr-skah) c
sister-in-law

***svälja** (svehl-²ah) v swallow

svälla (sveh-lah) v *swell

svälta (svehl-tah) v starve

svänga (svehng-ah) v turn;
*swing

svängdörr (svehng-durr) c
revolving door

***svära** (svææ-rah) v *swear,
curse; vow

svärd (svæærd) nt sword

svärdotter (svæær-do-terr)
(pl -döttrar) daughter-in-law

svärfar (svæær-faar) c (pl
-fäder) father-in-law

svärföräldrar (svæær-furr-
ehld-rahr) pl parents-in-law
pl

svärmor (svæær-mōōr) c (pl
-mödrar) mother-in-law

svärson (svæær-sōān) c (pl
-söner) son-in-law

sväva (svai-vah) v float in the
air

swahili (svah-hee-li) Swahili

sy (sew) v *sew; ~ ihop *sew
up

Sydafrika (sēwd-aaf-ri-kah)
South Africa

sydlig (sēwd-li) adj southern;
southerly

sydost (sēwd-*oost*) c
southeast

Sydpolen (sēwd-pōō-lern)
South Pole

sydväst (sēwd-*vehst*) c
southwest

syfte (*sewf*-ter) nt aim;
purpose, object

sylt (sewlt) c jam

symaskin (*sew*-mah-sheen) c
sewing machine

symbol (sewm-*bōal*) c
symbol

symfoni (sewm-fo-*nee*) c
symphony

sympati (sewm-pah-*tee*) c
sympathy

sympatisk (sewm-*paat*-isk)
adj nice

symptom (sewmp-*tōam*) nt
symptom

syn (sēwn) c eyesight; sight;
outlook

synagoga (sew-nah-gōō-gah)
c synagogue

synas (*sew*-nahss) v seem;
appear; **det syns att** it is
obvious that

synbar (sēwn-baar) adj
visible

synbarligen (sēwn-baar-li-
ern) adv apparently

synd (sewnd) c sin; **så synd!**
what a pity!

syndabock (sewn-dah-bok) c
scapegoat

synhåll (sēwn-hol) nt sight

synlig (*sewn*-li) adj visible

synnerligen (sew-nerr-li-ern)
adj extremely

synonym (sew-noo-*nēwm*) c
synonym

synpunkt (sēwn-pewngkt) c
point of view

syntetisk (sewn-*tāy*-tisk) adj
synthetic

syre (*sew*-rer) nt oxygen

Syrien (sēwr-i-ern) Syria

syrier (sēwr-i-err) c Syrian

syrisk (*sewr*-isk) adj Syrian

syrsa (*sewr*-sah) c cricket

*****sysselsätta** (sew-serl-seht-
ah) v occupy, employ; **~ sig**
occupy oneself

sysselsättning (sew-sayl-
seht-ning) c occupation;
employment

syssla (*sewss*-lah) c work,
task

system (sewss-*tāym*) nt
system

systematisk (sewss-tay-*maa*-
tisk) adj systematic

systembolag (sewss-*tāym*-
boo-laag) nt off-licence,
liquor store nAm

syster (*sewss*-terr) c (pl -trar)
sister

systerdotter (sewss-terr-do-
terr) c (pl -döttrar) niece

systerson (sewss-terr-soan) c
(pl -söner) nephew

så¹ (sōa) adv how, so, such;
conj so that, so; **~ att** so that

så² (sōa) v *sow

sådan (sōa-dahn) adj such; **~
som** such as

såg (sōag) c saw

sågspån (sōag-spōan) nt
sawdust

särskild

sågverk (soag-værk) nt
sawmill

således (soa-lay-dayss) adv
thus

sålla (sol-ah) v sift

sång (song) c song

sångare (song-ah-rer) c (pl ~)
singer

sångerska (song-err-skah) c
singer

sår (soar) nt wound; ulcer,
sore

såra (soa-ah) v injure,
wound; offend, *hurt

sårbar (soar-baar) adj
vulnerable

sås (soass) c sauce

såsom (soa-som) conj like

såväl som (soa-vail som) as
well as

säck (sehk) c sack

säd (said) c corn

sädesfält (sai-derss-fehlt) nt
cornfield

sädeskorn (sai-derss-koorn)
nt grain

*säga (seh-'ah) v *say; ~ hej
till say hello to

säker (sai-kerr) adj sure;
certain; safe, secure; helt
säkert without fail

säkerhet (sai-kerr-hayt) c
safety, security; guarantee

säkerhetsbälte (sai-kerr-
hayts-behl-ter) nt safety
belt; seat belt

säkerhetsnål (sai-kerr-hayts-
noal) c safety pin

säkerligen (sai-kerr-li-ern)
adv surely

säkert (sai-kerrt) adv
certainly

säl (sail) c seal

*sälja (sehl-'ah) v *sell

säljbar (sehl'-baar) adj
saleable

sällan (sehl-ahn) adv seldom,
rarely

sällsam (sehl-sahm) adj
strange, singular

sällskap (sehl-skaap) nt
society; company, party

sällskaplig (sehl-skaap-li)
adj sociable

sällskapsdjur (sehl-skaaps-
'ewr) nt pet

sällskapsrum (sehl-skaaps-
rewm) nt lounge

sällsynt (sehl-sewnt) adj rare;
uncommon, infrequent

sämre (sehm-rer) adj worse;
inferior

sända (sehn-dah) v *send;
transmit

sändare (sehn-dah-rer) c (pl
~) transmitter

sändning (sehnd-ning) c
transmission

säng (sehng) c bed

sängkläder (sehng-klai-derr)
pl bedding

sängöverkast (sehng-ur-
verr-kahst) nt bedspread

sänka (sehng-kah) v lower

säregen (sæær-ay-gern) adj
peculiar; singular

särskild (sæær-shild) adj
special; particular, separate;
särskilt especially; in
particular

säsong (seh-*song*) *c* season

säte (*sai*-ter) *nt* seat

sätt (seht) *nt* way; fashion, manner; **på samma ~** alike

***sätta** (*seht*-ah) *v* place; *set; *lay; **~ ihop** assemble; **~ in** bank; **~ på** turn on; **~ sig** *sit down; **~ upp** *make up

säv (saiv) *c* rush

söder (*sūr*-derr) *c* south

söka (*sūr*-kah) *v* *seek; search

sökare (*sūr*-kah-rer) *c* (pl ~) viewfinder

söm (surm) *c* (pl ~mar) seam

sömmerska (*surm*-err-skah) *c* seamstress; dressmaker

sömn (surmn) *c* sleep

sömnig (*surm*-ni) *adj* sleepy

sömnlös (*surmn*-lūrss) *adj*

sleepless

sömnlöshet (*surmn*-lūrss-hāyt) *c* insomnia

sömntablett (*surmn*-tahb-layt) *c* sleeping pill

söndag (*surn*-daag) *c* Sunday

sönder (*surn*-derr) *adj* broken; **~ gå** ~ *break down; *riva ~ rip

sörja (surr-*J*ah) *v* grieve; **~ för** see to

söt (sūrt) *adj* sweet; nice, pretty, lovely

söta (*sūr*-tah) *v* sweeten

sötsaker (*sūrt*-saa-kerr) *pl* sweets

sötvatten (*sūrt*-vah-tern) *nt* fresh water

T

tabell (tah-*bayl*) *c* table; chart

tablett (tahb-*layt*) *c* tablet

tabu (tah-*bēw*) *nt* taboo

tack! (tahk) thank you!

tacka (*tahk*-ah) *v* thank; *ha att **~ för** owe

tacksam (*tahk*-sahm) *adj* grateful; thankful

tacksamhet (*tahk*-sahm-hāyt) *c* gratitude

tagg (tahg) *c* thorn

taggtråd (tahg-trōad) *c* barbed wire

tak (taak) *nt* roof

takräcke (*taak*-reh-ker) *nt* roof-rack

takt (tahkt) *c* tact; beat

taktik (tahk-*teek*) *c* tactics *pl*

tal (taal) *nt* speech; number

tala (*taa*-lah) *v* *speak; talk; **~ om** talk about; *tell

talang (tah-*lahng*) *c* gift, talent; faculty

talarstol (*taa*-lahr-stōol) *c* pulpit; desk

talförmåga (*taal*-furr-*mōa*-gah) *c* speech

talk (tahlk) *c* talc powder

tall (tahl) *c* pine

tallrik (*tahl*-rik) *c* plate; dish

talong (tah-*long*) *c* counterfoil; stub

talrik (*taal*-reek) *adj* numerous

tam (taam) *adj* tame

tampong (tahm-*pong*) *c* tampon

tand (tahnd) *c* (pl tänder) tooth

tandborste (*tahnd*-bors-ter) *c* toothbrush

tandkräm (*tahnd*-kraim) *c* toothpaste

tandkött (*tahnd*-t^yurt) *nt* gum

tandläkare (*tahnd*-lai-kah-rer) *c* (pl ~) dentist

tandpetare (*tahnd*-pāy-tah-rer) *c* (pl ~) toothpick

tandprotes (*tahnd*-proo-*tāyss*) *c* denture

tandpulver (*tahnd*-pewl-verr) *nt* toothpowder

tandvärk (*tahnd*-værk) *c* toothache

tank (tahngk) *c* tank

tanka (*tahng*-kah) *v* fill up

tanke (*tahng*-ker) *c* idea, thought

tankfartyg (*tahngk*-faar-tēwg) *nt* tanker

tankfull (*tahngk*-fewl) *adj* thoughtful

tanklös (*tahngk*-lūrss) *adj* scatterbrained

tankstreck (*tahngk*-strayk) *nt* dash

tant (tahnt) *c* aunt

tapet (tah-*pāyt*) *c* wallpaper

tappa (*tahp*-ah) *v* drop

tapper (*tahp*-err) *adj* courageous; brave

tapperhet (*tahp*-err-hāyt) *c* courage

tariff (tah-*rif*) *c* tariff

tarm (tahrm) *c* intestine; gut; tarmar bowels *pl*

tass (tahss) *c* paw

taverna (tah-*vær*-nah) *c* tavern

tavla (*taav*-lah) *c* picture; board

taxa (*tahk*-sah) *c* rate

taxameter (tahks-ah-*māy*-terr) *c* (pl -trar) taximeter

taxi (*tahk*-si) *c* (pl ~) taxi; cab

taxichaufför (*tahk*-si-sho-*fūrr*) *c* cab driver; taxi driver

taxistation (*tahks*-i-stah-*shōōn*) *c* taxi rank; taxi stand *nAm*

te (tāy) *nt* tea

teater (tay-*aa*-terr) *c* (pl -trar) theatre

tecken (*tay*-kayn) *nt* sign, indication; token; signal

teckna (*tayk*-nah) *v* sketch

teckning (*tayk*-ning) *c* drawing; sketch

tefat (*tāy*-faat) *nt* saucer

tegelpanna (*tāy*-gerl-pah-nah) *c* tile

tegelsten (*tāy*-gerl-stāyn) *c* brick

tejp (tayp) *c* adhesive tape

tekanna (*tāy*-kah-nah) *c* teapot

teknik (tayk-*neek*) *c* technique

tekniker (*tayk*-ni-kerr) *c* (pl ~) technician

teknisk (*tayk*-nisk) *adj* technical

teknisk support (*tayk*-nisk sew-*poort*) *c* technical

support

teknologi (tayk-no-lo-*gee*) *c*
technology

teknologisk (tayk-no-*lo*-gisk) *adj* technological

tekopp (*tay*-kop) *c* teacup

telefon (tay-lay-*foân*) *c*
telephone; phone

telefonera (tay-lay-foo-*nayr*-ah) *v* phone

telefonhytt (tay-lay-*foân*-hewt) *c* telephone booth

telefonkatalog (tay-lay-*foân*-kah-tah-*loâg*) *c* telephone directory; telephone book
Am

telefonkort (tay-lay-*foân*-koort) *nt* (pl ~) phone card

telefonsamtal (tay-lay-*foân*-sahm-taal) *nt* telephone call

telefonsvarare (tay-lay-*foân*-svaa-rah-rer) *c* answering machine

telefonväxel (tay-lay-*foân*-vehks-ayl) *c* (pl -xlar) telephone exchange, switchboard

telegrafera (tay-ler-grah-*fay*-rah) *v* telegraph; cable

telegram (tay-ler-*grahm*) *nt* telegram; cable

telekommunikation (tay-lay-ko-mew-ni-kah-*shoôn*) *c* telecommunications

teleobjektiv (*tay*-ler-ob-*yayk*-teev) *nt* telephoto lens

telepati (tay-ler-pah-*tee*) *c* telepathy

television (tay-ler-vi-*shoôn*) *c* television; **kabel ~** *c* cable

TV; **satellit ~** *c* satellite TV

televisionsapparat (tay-ler-vi-*shoôns*-ah-pah-*raat*) *c* television set

telex (*tay*-layks) *nt* telex

tema (*tay*-mah) *nt* theme

tempel (*taym*-payl) *nt* temple

temperatur (taym-per-rah-*tewr*) *c* temperature

tempo (*taym*-poo) *nt* pace

tendens (tayn-*dayns*) *c*
tendency

tendera (tayn-*dayr*-ah) *v*
tend; **~ åt** tend to

tenn (tayn) *nt* tin; pewter

tennis (*tayn*-iss) *c* tennis

tennisbana (*tayn*-iss-baa-nah) *c* tennis court

tennisskor (*tayn*-iss-skoôr) *pl* tennis shoes

teologi (tay-o-lo-*gee*) *c*
theology

teoretisk (tay-o-*rayt*-isk) *adj*
theoretical

teori (tay-o-*ree*) *c* theory

terapi (tay-rah-*pee*) *c* therapy

term (tærm) *c* term

termin (tær-*meen*) *c* term

termometer (tær-moo-*may*-terr) *c* (pl -trar)
thermometer

termosflaska (*tær*-mooss-flahss-kah) *c* vacuum flask

termostat (tær-moo-*staat*) *c*
thermostat

terpentin (tær-payn-*teen*) *nt*
turpentine

terrass (tay-*rahss*) *c* terrace

territorium (tær-i-*toô*-ri-ewm) *nt* (pl -rier) territory

terror (*teh*-ror) *c* terrorism
terrorism (teh-ro-*rism*) *c*
  terrorism
terrorist (teh-ro-*rist*) *c*
  terrorist
terräng (tær-*ehng*) *c* terrain
tes (*tayss*) *c* thesis
tesalong (*tāy*-sah-*loang*) *c*
  tea-shop
teservis (*tāy*-sær-*veess*) *c* tea
  set
tesked (*tāy*-shāyd) *c*
  teaspoon; teaspoonful
testa (*tayss*-tah) *v* test
testamente (tayss-tah-*mayn*-
  tay) *nt* will
text (taykst) *c* text
textilier (tehk-*stee*-li-ayr) *pl*
  textiles *pl*
Thailand (*tigh*-lahnd)
  Thailand
thailändare (*tigh*-lehn-dah-
  rer) *c* (pl ~) Thai
thailändsk (*tigh*-lehndsk) *adj*
  Thai
tid (teed) *c* time; **hela tiden**
  all the time; **i ~** in time; **på**
  sista tiden lately
tidig (*tee*-di) *adj* early
tidigare (*tee*-di-gah-rer) *adj*
  previous
tidning (*teed*-ning) *c* paper
tidningsbilaga (*teed*-nings-
  bi-*laa*-gah) *c* supplement
tidningsförsäljare (*teed*-
  nings-furr-*sehl*-Ꭹah-rer) *c* (pl
  ~) newsagent
tidningskiosk (*teed*-nings-
  tᏎosk) *c* newsstand
tidningspress (*teed*-nings-

  prayss) *c* press
tidsbesparande (*teeds*-ber-
  spaa-rahn-der) *adj* time-
  -saving
tidskrift (*teed*-skrift) *c*
  periodical; magazine,
  review, journal
tidsschema (*teeds*-shāy-
  mah) *nt* schedule
tidtabell (*teed*-tah-*bayl*) *c*
  schedule, timetable
tidvatten (*teed*-vah-tern) *nt*
  tide
***tiga** (*teeg*-ah) *v* *be silent;
  *keep quiet
tiger (*teeg*-err) *c* (pl tigrar)
  tiger
tigga (*tig*-ah) *v* beg
tiggare (*ti*-gah-rer) *c* (pl ~) *c*
  beggar
tik (teek) *c* bitch
till (til) *prep* to; for, until, till;
  en ~ another; ~ **och med**
  even
tillaga (*til*-laag-ah) *v* cook
tillbaka (*til*-*baa*-kah) *adv*
  back; *gå ~ *go back
tillbakagång (*til*-*baa*-kah-
  gong) *c* recession; decline
tillbakaväg (*til*-*baa*-kah-
  vaig) *c* way back
tillbehör (*til*-bay-*hūrr*) *nt*
  accessory
tillbringa (*til*-bring-ah) *v*
  *spend
tillbringare (*til*-bring-ah-rer)
  c (pl ~) jug
tillbörlig (*til*-*būrr*-li) *adj*
  proper
tilldela (*til*-dāyl-ah) *v* assign

to, award

tilldragande (til-draag-ahn-der) *adj* attractive

tilldragelse (til-draag-ayl-ser) *c* event, occurrence

*****tilldra sig** (til-draa) happen, occur; attract

tillfredsställa (til-fray-*stehl*-ah) *v* satisfy

tillfredsställd (til-fray-*stehld*) *adj* satisfied

tillfredsställande (til-frayds-*stehl*-ahn-der) *adj* satisfactory

tillfredsställelse (til-fray-*stehl*-ayl-ser) *c* satisfaction

tillfriskna (til-frisk-nah) *v* recover

tillfrisknande (til-frisk-nahn-der) *nt* recovery

*****tillfångata** (til-*fo*-ngah-taa) *v* capture

tillfångatagande (til-*fong*-ah-taag-ahn-der) *nt* capture

tillfälle (til-fehl-er) *nt* opportunity; occasion

tillfällig (til-feh-li) *adj* temporary; incidental, momentary

tillfällighet (til-feh-li-hāyt) *c* coincidence, chance

tillgiven (til-ʸeev-ern) *adj* affectionate

tillgivenhet (til-ʸeev-ern-hāyt) *c* affection

tillgjord (til-ʸōōrd) *adj* affected

tillgång (til-gong) *c* asset; access

tillgänglig (til-ʸehng-li) *adj* accessible; available

tillhöra (til-hūr-rah) *v* belong to, belong

tillhörigheter (til-hūr-ri-hāy-terr) *pl* belongings *pl*

tillit (til-leet) *c* faith

tillitsfull (til-leets-fewl) *adj* confident

*****tillkännage** (til-tʸeh-nah-ʸay) *v* announce

tillkännagivande (til-tʸehn-ah-ʸeev-ahn-der) *nt* announcement

tillmötesgående (til-mūr-terss-gōa-ayn-der) *adj* obliging

tillråda (til-rōa-dah) *v* recommend

tillräcklig (til-rehk-li) *adj* sufficient; adequate, enough

tillrättavisa (til-*reht*-ah-veess-ah) *v* reprimand

tills (tils) *prep* till; until

tillsammans (til-*sah*-mahns) *adv* together

tillstånd (til-stond) *nt* permission, permit; condition, state

tillståndsbevis (til-stonds-ber-*veess*) *nt* licence, permit, permission

*****tillta** (til-taa) *v* increase

tilltagande (til-taa-gahn-der) *adj* increasing, progressive

tillträde (til-trai-der) *nt* entrance; access, admittance, entry; ~ **förbjudet** no entry, no admittance

tillvaro (til-vaa-roo) *c*

toalett

existence
tillverka (*til-vær-kah*) *v*
manufacture
***gå tillväga** (*gōa* til-*vai*-gah)
proceed
tillvägagångssätt (*til-vai*-
gah-gongs-seht) *nt*
procedure
***tillåta** (*til-lōa*-tah) *v* allow;
permit; ***vara tillåten** *be
allowed
tillåtelse (*til-lōat*-ayl-ser) *c*
authorization; permission
tillägg (*til*-lehg) *nt* addition;
surcharge
***tillägga** (*til*-leh-gah) *v* add
tillämpa (*til*-lehm-pah) *v*
apply
timjan (*tim*-ᵁahn) *c* thyme
timme (*tim*-er) *c* hour; **varje ~**
hourly
timmer (*tim*-err) *nt* timber
tinning (*tin*-ing) *c* temple
tio (*tee*-oo) *num* ten
tionde (*tee*-on-der) *num*
tenth
tisdag (*teess*-daag) *c* Tuesday
tistel (*tiss*-terl) *c* (pl -tlar)
thistle
titel (*ti*-tayl) *c* (pl titlar) title
titt (tit) *c* look, glance
titta (*tit*-ah) *v* look; **~ på** look
at
tjata (*tᵁaa*-tah) *v* nag
Tjeckiska republiken (*tᵁeh*-
kis-kah rer-pew-*blee*-kayn) *c*
Czech Republic
tjock (tᵁok) *adj* fat, big;
corpulent, thick, stout;
***göra ~** thicken

tjocklek (*tᵁok*-lāyk) *c*
thickness
tjockna (*tᵁok*-nah) *v* thicken;
swell; become wider
tjugo (*tᵁēw*-goo) *num* twenty
tjugonde (*tᵁēw*-gon-der)
num twentieth
tjur (tᵁēwr) *c* bull
tjurfäktning (*tᵁēwr*-fehkt-
ning) *c* bullfight
tjurfäktningsarena (*tᵁēwr*-
fehkt-nings-ah-*rāy*-nah) *c*
bullring
tjurskallig (*tᵁēwr*-skahl-i) *adj*
pig-headed
tjusa (*tᵁēw*-sah) *v* charm,
captivate, delight
tjusig (*tᵁēw*-si) *adj* charming
tjusning (*tᵁēwss*-ning) *c*
charm
tjut (tᵁēwt) *nt* yell
***tjuta** (*tᵁēwt*-ah) *v* yell;
scream; roar
tjuv (tᵁēwv) *c* thief
tjuvlyssna (*tᵁēwv*-lewss-nah)
v eavesdrop
***tjuvskjuta** (*tᵁēwv*-shewt-ah)
v poach
tjäder (*tᵁai*-derr) *c* (pl -drar)
capercailzie
tjäna (*tᵁai*-nah) *v* earn;
***make; ~ till *be of use
tjänare (*tᵁain*-ah-rer) *c* (pl ~)
domestic; boy
tjänst (tᵁehnst) *c* service,
favour; post
tjära (*tᵁær*-ah) *c* tar
tjärn (tᵁærrn) *nt* tarn
toalett (too-ah-*layt*) *c* toilet,
bathroom, lavatory;

toalettartiklar

washroom *nAm*

toalettartiklar (too-ah-*layt*-ahr-tik-lahr) *pl* toiletry

toalettbord (too-ah-*layt*-bōōrd) *nt* dressing table

toalettpapper (too-ah-*layt*-pahp-err) *nt* toilet paper

tobak (*too*-bahk) *c* tobacco

tobaksaffär (*too*-bahks-ah-fæær) *c* tobacconist's

tobakshandlare (*too*-bahks-hahnd-lah-rer) *c* (pl ~) tobacconist

tobakspung (*too*-bahks-pewng) *c* tobacco pouch

toffel (*to*-fayl) *c* (pl -flor) slipper

tofsvipa (*tofs*-veep-ah) *c* pewit

tokig (*tōō*-ki) *adj* mad; crazy

tolfte (*tolf*-ter) *num* twelfth

tolk (tolk) *c* interpreter

tolka (*tol*-kah) *v* interpret

tolv (tolv) *num* twelve

tom (toom) *adj* empty

tomat (too-*maat*) *c* tomato

tomt (tomt) *c* site

ton[1] (tōōn) *c* tone, note

ton[2] (tonn) *nt* ton

tonfisk (*tōōn*-fisk) *c* tuna

tonskala (*tōōn*-skaa-lah) *c* scale

tonvikt (*tōōn*-vikt) *c* accent

tonåring (*ton*-ōā-ring) *c* teenager

topp (top) *c* top, peak; summit

topplock (*top*-lok) *nt* cylinder head

torg (tor^y) *nt* marketplace; square

torka (*tor*-kah) *v* dry; *c* drought; ~ av wipe; ~ bort wipe

torktumlare (*tork*-tewm-lah-rer) *c* dryer

torn (tōōrn) *nt* tower

torr (tor) *adj* dry

*****torrlägga** (*tor*-leh-gah) *v* drain

torsdag (*toors*-daag) *c* Thursday

torsk (torsk) *c* cod

tortera (tor-*tāy*-rah) *v* torture

tortyr (tor-*tēwr*) *c* torture

total (too-*taal*) *adj* total; utter; **totalt** completely

totalitär (to-tah-li-*tæær*) *adj* totalitarian

tradition (trah-di-*shōōn*) *c* tradition

traditionell (trah-di-shoo-*nayl*) *adj* traditional

trafik (trah-*feek*) *c* traffic; **enkelriktad** ~ one-way traffic

trafikljus (trah-*feek*-^yewss) *nt* traffic light

trafikolycka (trah-*feek*-ōō-lew-kah) *c* traffic accident

trafikomläggning (trah-*feek*-om-lehg-ning) *c* diversion

trafikstockning (trah-*feek*-stok-ning) *c* traffic jam; jam

tragedi (trah-shay-*dee*) *c* tragedy

tragisk (*traa*-gisk) *adj* tragic

trakt (trahkt) *c* area

traktat (trahk-*taat*) *c* treaty

traktor (*trahk*-tor) *c* tractor

trampa (*trahm*-pah) *v* tread, tramp

trams (trahms) *nt* rubbish

transaktion (trahns-ahk-*shōōn*) *c* transaction

transatlantisk (trahns-aht-*lahn*-tisk) *adj* transatlantic

transformator (trahns-for-*maa*-tor) *c* transformer

transpiration (trahn-spi-rah-*shōōn*) *c* perspiration

transpirera (trahn-spi-*rāyr*-ah) *v* perspire

transport (trahns-*port*) *c* transportation; transport

transportbil (trahns-*port*-beel) *c* van

transportera (trahns-por-*tāy*-rah) *v* transport

trappa (*trah*-pah) *c* stairs *pl*; staircase

trasa (*traass*-ah) *c* rag; cloth

trasig (*traass*-i) *adj* broken

trast (trahst) *c* thrush

tratt (traht) *c* funnel

tre (trāy) *num* three

tredje (*trāyd*-ᵞay) *num* third

trekantig (*trāy*-kahn-ti) *adj* triangular

trendig (*trayn*-day) *adj* trendy colloquial

trettio (*tray*-ti) *num* thirty

tretton (*tray*-ton) *num* thirteen

trettonde (*tray*-ton-der) *num* thirteenth

trevlig (*trāyv*-li) *adj* enjoyable, pleasant, nice

triangel (tri-*ahng*-erl) *c* (pl -glar) triangle

trick (trik) *nt* trick

trimma (*trim*-ah) *v* trim

tripp (trip) *c* trip

triumf (tri-*ewmf*) *c* triumph

triumfera (tri-ewm-*fāyr*-ah) *v* triumph

trivsam (*treev*-sahm) *adj* pleasant, comfortable, cosy

tro (trōō) *c* belief, faith; *v* believe

trofast (*trōō*-fahst) *adj* true

trogen (*trōō*-gern) *adj* faithful; true

trolig (*trōō*-li) *adj* presumable, probable

trolleri (tro-ler-*ree*) *nt* magic

trollkarl (*trol*-kaar) *c* magician

trollkonst (*trol*-konst) *c* magic

tron (trōōn) *c* throne

tropikerna (tro-*pee*-kerr-nah) *pl* tropics *pl*

tropisk (*trōa*-pisk) *adj* tropical

trosor (*trōō*-sor) *pl* panties *pl*; briefs *pl*

trots (trots) *prep* in spite of; despite

trottoar (troo-too-*aar*) *c* pavement; sidewalk *nAm*

trottoarkant (troo-too-*aar*-kahnt) *c* curb

trovärdig (*trōō*-væær-di) *adj* credible

trubbig (*trewb*-i) *adj* blunt

trumhinna (*trewm*-hin-ah) *c* eardrum

trumma (*trewm*-ah) *c* drum

trumpet (trewm-*pāyt*) *c*

trumpet

trupper (*trew*-perr) *pl* troops
pl

tryck (trewk) *nt* pressure;
print

trycka (*trewk*-ah) *v* press;
print

tryckknapp (*trewk*-knahp) *c*
pressstud; push button

tryckkokare (*trewk*-kōō-kah-
rer) *c* (pl ~) pressure cooker

trycksak (*trewk*-saak) *c*
printed matter

tråd (trōad) *c* thread

trådlös (trōad-*lürss*) *adj*
wireless

trådsliten (*trōad*-slee-tern)
adj threadbare

tråka ut (*trōa*-kah) bore

tråkig (*trōak*-i) *adj* dull;
boring

tråkmåns (*trōak*-mons) *c*
bore

trång (trong) *adj* narrow;
tight

trä (trai) *nt* wood; **trä-** wooden

trä upp (trai) thread

träd (traid) *nt* tree

trädgård (*treh*-gōard) *c*
garden

trädgårdsmästare (*treh*-
gōards-mehss-tah-rer) *c* (pl
~) gardener

trädgårdsodling (*treh*-
gōards-ōōd-ling) *c*
horticulture

träff (trehf) *c* hit; date; get-
together

träffa (*trehf*-ah) *v* encounter,
*meet; *hit

träkol (*trai*-kōal) *nt* charcoal

träna (*train*-ah) *v* train; drill

tränare (*trai*-nah-rer) *c* (pl ~)
coach

tränga sig fram (*trehng*-ah)
push one's way

trängande (*trehng*-ahn-der)
adj pressing

träning (*trai*-ning) *c* training

träsk (trehsk) *nt* swamp; bog

träsko (*treh*-skōō) *c* clog,
wooden shoe

trög (trürg) *adj* sluggish; inert

trögtänkt (*trürg*-tehngkt) *adj*
slow

tröja (*trur*-ᵞah) *c* sweater

tröskel (*trürss*-kayl) *c* (pl
-klar) threshold

tröst (trurst) *c* comfort

trösta (*trurss*-tah) *v* comfort

tröstpris (*trurst*-preess) *nt* (pl
~, ~er) consolation prize

trött (trurt) *adj* tired; weary; ~
på tired of

trötta (*trurt*-ah) *v* tire

tröttsam (*trurt*-sahm) *adj*
tiring

tub (tēwb) *c* tube

tuberkulos (tew-behr-kēw-
lōass) *c* tuberculosis

tugga (*tewg*-ah) *v* chew

tuggummi (*tewg*-gew-mi) *nt*
chewinggum

tull (tewl) *c* Customs duty;
Customs *pl*

tullavgift (*tewl*-aav-ᵞift) *c*
Customs duty; duty

tullfri (*tewl*-free) *adj* duty-free

tulltjänsteman (*tewl*-tᵞehns-
ter-mahn) *c* (pl -män)

Customs officer

tulpan (*tewl-paan*) *c* tulip

tum (tewn) *c* (pl ~) inch

tumme (*tewm*-er) *c* thumb

tumvantar (*tewm*-vahn-tahr) *pl* mittens *pl*

tumör (tew-*mürr*) *c* tumour

tung (tewng) *adj* heavy

tunga (*tewng*-ah) *c* tongue

tunika (tew-ni-kah) *c* tunic

Tunisien (tew-*nee*-si-ern) Tunisia

tunisier (tew-*nee*-si-err) *c* (pl ~) Tunisian

tunisisk (tew-*nee*-sisk) *adj* Tunisian

tunn (tewn) *adj* thin; weak, light

tunna (*tewn*-ah) *c* barrel; cask

tunnel (*tew*-nayl) *c* (pl -nlar) tunnel

tunnelbana (*tew*-nayl-baa-nah) *c* underground; subway *nAm*

tupp (tewp) *c* cock

tupplur (*tewp*-lewr) *c* nap

tur (tewr) *c* luck; turn; ~ **och retur** round trip *Am*

turbin (tewr-*been*) *c* turbine

turbojet (tewr-bo-*yeh*t) *c* turbojet

turism (tew-*rism*) *c* tourism

turist (tew-*rist*) *c* tourist

turistbyrå (tew-*rist-bew*-roa) *c* tourist office

turistklass (tew-*rist*-klahss) *c* tourist class

turistsäng (tew-*rist*-sehng) *c* folding bed, cot *nAm*

Turkiet (tewr-*kee*-ayt) Turkey

turkisk (tewr-kisk) *adj* Turkish; **turkiskt bad** Turkish bath

turnering (tewr-*nāȳr*-ing) *c* tournament

tusen (*tēw*-sern) *num* thousand

tuta (*tew*-tah) *v* hoot; honk *vAm*, toot *vAm*

tv (te-ve) *c* telly *colloquial*; television *nAm*

tveka (*tvāȳ*-kah) *v* hesitate

tvekan (*tvāȳ*-kahn) *c* hesitation

tvetydig (*tvāȳ*-tēwd-i) *adj* ambiguous

tvillingar (*tvi*-ling-ahr) *pl* twins *pl*

tvinga (*tving*-ah) *v* force; compel

tvist (tvist) *c* dispute

tvista (*tviss*-tah) *v* dispute

tvisteämne (*tviss*-ter-ehm-ner) *nt* controversial issue

tvivel (*tveev*-erl) *nt* doubt

tvivelaktig (*tvee*-verl-*ahk*-ti) *adj* doubtful

tvivla (*tveev*-lah) *v* doubt

två (tvōā) *num* two

tvådelad (*tvōā*-dāȳ-lahd) *adj* two-piece

tvål (tvōāl) *c* soap

tvåltvättmedel (*tvōāl*-tvehtmāȳ-dayl) *nt* soap powder

tvång (tvong) *nt* compulsion; **med ~** by force; **vara tvungen att** *be obliged to

tvåspråkig (*tvōā*-sprōāk-ig) *adj* bilingual

tvärtom (*tvært*-om) *adv* the

other way round, on the contrary

tvätt (tveht) c laundry; washing

tvätta (*tveht-ah*) v wash

tvättbar (*tveht-baar*) adj washable

tvättinrättning (*tveht-in-reht-ning*) c laundry

tvättmaskin (*tveht-mah-sheen*) c washing machine

tvättmedel (*tveht-māy-dayl*) nt washing powder

tvättomat (*tveh-too-maat*) c launderette

tvättsvamp (*tveht-svahmp*) c sponge

tvättäkta (*tveht-ehk-tah*) adj washable, fast-dyed

tycka (*tewk-ah*) v *think; inte ~ om dislike; ~ illa om dislike; ~ om like; fancy, *be fond of

tyckas (*tewk-ahss*) v look; appear

tyda (*tew-dah*) v decipher

tydlig (*tēwd-li*) adj clear; obvious, evident, apparent, distinct

tyfus (*tēw-fewss*) c typhoid

tyg (*tēwg*) nt cloth; fabric, material

tygla (*tēwg-lah*) v curb; restrain

tynga (*tewng-ah*) v oppress

tyngdkraft (*tewngd-krahft*) c gravity

typ (*tēwp*) c type

typisk (*tēw-pisk*) adj typical

tyrann (*tew-rahn*) c tyrant

tysk (tewsk) adj German; c German

Tyskland (*tewsk-*lahnd) Germany

tyst (tewst) adj silent

tysta (*tewss-*tah) v silence

tystnad (*tewst-*nahd) c silence

tyvärr (tew-vær) adv unfortunately

tå (tōa) c toe

tåg (tōag) nt train

tågfärja (*tōag-*fær-Yah) c train ferry

tåla (*tōal-*ah) v *bear

tålamod (*tōal-*ah-mōod) nt patience

tålmodig (*tōal-*mōod-i) adj patient

tång (tong) c (pl tänger) tongs pl; pliers pl

tår (tōar) c tear

tårta (*tōar-*tah) c cake

täcka (*tehk-*ah) v cover

täcke (*tehk-*er) c quilt

tält (tehlt) nt tent

tältsäng (*tehlt-*sehng) c camp bed

tämja (*tehm-*Yah) v tame

tämligen (*tehm-*li-ern) adv fairly, rather, pretty

tända (*tehn-*dah) v *light; turn on

tändare (*tehn-*dah-rer) c (pl ~) lighter

tändning (*tehnd-*ning) c ignition; lighting

tändspole (*tehnd-*spōol-er) c ignition coil

tändsticka (*tehnd-*sti-kah) c match

tändsticksask (*tehnd*-stiks-ahsk) *c* matchbox

tändstift (*tehnd*-stift) *nt* sparking plug

tänja (*tehn*-ⁱah) *v* stretch

tänjbar (*tehn*ⁱ-baar) *adj* elastic

tänka (*tehng*-kah) *v* *think; ~ på *think of; ~ sig imagine; fancy; ~ ut conceive

tärning (*tær*-ning) *c* dice *pl*; cube; **spela** ~ play dice

tät (tait) *adj* dense; thick

tätort (*tait*-oort) *c* built-up area

tävla (*taiv*-lah) *v* compete

tävlan (*taiv*-lahn) *c* (pl -lingar) competition

tävling (*taiv*-ling) *c* competition; contest

tävlingsbana (*taiv*-lings-baa-nah) *c* racetrack

töa (*tūr*-ah) *v* thaw

tölp (turlp) *c* lout, bastard

tömma (*tur*-mah) *v* empty

törst (turrst) *c* thirst

törstig (*turrs*-ti) *adj* thirsty

töväder (*tūr*-vai-derr) *nt* thaw

U

udda (*ewd*-ah) *adj* odd

udde (*ewd*-er) *c* cape

uggla (*ewg*-lah) *c* owl

ugn (ewngn) *c* stove; furnace, oven; **mikrovågs** ~ *c* microwave oven

ull (ewl) *c* wool

ultraviolett (*ewlt*-rah-vi-ōō-layt) *adj* ultraviolet

***umgås med** (*ewm*-gōáss) mix with;

undanröjning (*ewn*-dahn-rur-ⁱ-ning) *c* removal

undantag (*ewn*-dahn-taag) *nt* exception; **med** ~ **av** except

under[1] (*ewn*-derr) *prep* under; beneath, below; during; *adv* underneath; ~ **tiden** meanwhile; in the meantime

under[2] (*ewn*-derr) *nt* wonder; marvel

underbar (*ewn*-derr-baar) *adj* wonderful; marvellous

underbyxor (*ewn*-derr-bewks-err) *pl* pants *pl*

underdrift (*ewn*-derr-*dreef*) *c* understatement

undergång (*ewn*-derr-*gong*) *c* ruin; destruction

underhåll (*ewn*-derr-hol) *nt* allowance; maintenance, upkeep

***underhålla** (*ewn*-derr-*hol*-ah) *v* entertain; amuse

underhållande (*ewn*-derr-*hol*-ahn-der) *adj* entertaining

underhållning (*ewn*-derr-*hol*-ning) *c* entertainment

underjordisk (*ewn*-derr-ⁱōōr-disk) *adj* underground

underkasta sig (*ewn*-derr-*kahss*-tah) submit

underkläder (*ewn-*derr-klai-
derr) *pl* underwear

underklänning (*ewn-*derr-
kleh-ning) *c* slip

underkuva (*ewn-*derr-kēw-
vah) *v* subdue, subjugate

underlagskräm (*ewn-*derr-
laags-kraim) *c* foundation
cream

underlig (*ewn-*derr-li) *adj*
queer, odd

underlägsen (*ewn-*derr-laig-
sern) *adj* inferior

undernäring (*ewn-*derr-
næær-ing) *c* malnutrition

underordnad (*ewn-*derr-
awrd-nahd) *adj* subordinate;
minor

underrätta (*ewn-*derr-*reht*-
ah) *v* inform; notify; ~ **sig**
enquire

underrättelse (*ewn-*derr-
reht-erl-ser) *c* notice,
information, news

underskatta (*ewn-*derr-skah-
tah) *v* underestimate

underskott (*ewn-*derr-skot)
nt deficit

underström (*ewn-*derr-
strurm) *c* (pl ~mar)
undercurrent

understöd (*ewn-*derr-stürd)
nt subsidy; assistance

understödja (*ewn-*derr-
stürd-ᵞah) *v* support

undersåte (*ewn-*derr-sōā-ter)
c subject

undersöka (*ewn-*derr-sür-
kah) *v* examine; enquire

undersökning (*ewn-*derr-

sürk-ning) *c* inquiry;
enquiry, examination;
checkup

underteckna (*ewn-*derr-tayk-
nah) *v* sign

undertitel (*ewn-*derr-ti-terl) *c*
(pl -tlar) subtitle

undertrycka (*ewn-*derr-
trewk-ah) *v* suppress

undertröja (*ewn-*derr-*trur*-
ᵞah) *c* vest; undershirt

undervattens- (*ewn-*derr-
vah-tayns) underwater

undervisa (*ewn-*derr-vee-
sah) *v* *teach

undervisning (*ewn-*derr-
veess-ning) *c* instruction;
tuition

*undgå (*ewnd-*gōā) *v* avoid;
escape

undra (*ewnd-*rah) *v* wonder

*undslippa (*ewnd-*slip-ah) *v*
escape

*undvika (*ewnd-*veek-ah) *v*
avoid

ung (ewng) *adj* young

ungdom (*ewng-*doom) *c*
youth

ungdomlig (*ewng-*doom-li)
adj juvenile

ungdomshärbärge (*ewng-*
dooms-hæær-bær-ᵞer) *nt*
youth hostel

unge (*ewng-*er) *c* kid

ungefär (*ewn-*ᵞay-fæær) *adv*
about; approximately

ungefärlig (*ewn-*ᵞay-fæær-li)
adj approximate

Ungern (*ewng-*errn) Hungary

ungersk (*ewng-*ayrsk) *adj*

Hungarian
ungkarl (*ewng*-kaar) *c* bachelor
ungrare (*ewng*-rah-rer) *c* (pl ~) Hungarian
uniform (ēw-ni-*form*) *c* uniform
unik (ēw-*neek*) *adj* unique
union (ēw-ni-*ōōn*) *c* union
universell (ēw-ni-vær-*sayl*) *adj* universal
universitet (ēw-ni-vær-si-*tāyt*) *nt* university
universum (ēw-ni-*vær*-sewm) *nt* universe
uns (ewns) *nt* ounce
upp (ewp) *adv* up; upwards; upstairs; ~ **och ner** upside down; up and down
uppassa (*ewp*-pah-sah) *v* attend on, wait on
uppblomstring (*ewp*-blomst-ring) *c* prosperity
uppblåsbar (*ewp*-blōāss-baar) *adj* inflatable
uppbygga (*ewp*-bewg-ah) *v* erect; edify
uppdikta (*ewp*-dik-tah) *v* invent
uppdrag (*ewp*-draag) *nt* assignment
uppehåll (*ew*-pay-hol) *nt* pause; **utan** ~ without stopping
uppehålla sig (*ew*-pay-hol-ah) stay
uppehållstillstånd (*ew*-pay-hols-til-stond) *nt* residence permit
uppehälle (*ew*-per-hehl-er) *nt*

livelihood
uppenbar (*ewp*-ern-baar) *adj* apparent
uppenbara (*ewp*-ern-baar-ah) *v* reveal
uppfatta (*ewp*-faht-ah) *v* apprehend, *catch
uppfattning (*ewp*-faht-ning) *c* view, opinion; conception
***uppfinna** (*ewp*-fin-ah) *v* invent
uppfinnare (*ewp*-fi-nah-rer) *c* (pl ~) inventor
uppfinning (*ewp*-fi-ning) *c* invention
uppfinningsrik (*ewp*-fi-nings-reek) *adj* inventive
uppfostra (*ewp*-foost-rah) *v* *bring up; rear, educate; raise
uppfostran (*ewp*-foost-rahn) *c* education
uppfriskande (*ewp*-friss-kahn-der) *adj* refreshing
uppföda (*ewp*-fūrd-ah) *v* *breed; raise
uppför (*ewp*-fūrr) *adv* uphill
uppföra (*ewp*-fūrr-ah) *v* construct; ~ **sig** behave; act
uppförande (*ewp*-fūr-rahn-day) *nt* behaviour; manners *pl*, conduct; production; construction
***uppge** (*ewp*-ʸāy) *v* state; declare
uppgift (*ewp*-ʸift) *c* task; information
***uppgå till** (*ewp*-gōā) amount to
uppgörelse (*ewp*-ʸūr-rayl-

ser) *c* settlement

upphetsa (ewp-hayt-sah) *v*
excite

upphetsad (ewp-hayt-sahd)
adj excited

upphängningsanordning
(ewp-hehng-nings-ahn-
ōārd-ning) *nt* suspension

upphäva (ewp-haiv-ah) *v*
nullify; annul

upphöjning (ewp-hur-y-ning)
c rise

upphöra (ewp-hūr-rah) *v*
cease, stop; quit

uppkalla (ewp-kah-lah) *v*
name

uppköp (ewp-t-y-ūrp) *nt*
purchase

upplaga (ewp-laa-gah) *c*
edition; issue

uppleva (ewp-lāy-vah) *v*
experience

upplevelse (ewp-lāy-vayl-
say) *c* experience

upplopp (ewp-lop) *nt* riot

upplysa (ewp-lēwss-ah) *v*
inform

upplysning (ewp-lēwss-ning)
c information

upplysningsbyrå (ewp-
lēwss-nings-bēw-roā) *c*
information bureau; inquiry
office

upplösa (ewp-lūrss-ah) *v*
dissolve; ~ **sig** dissolve

uppmana (ewp-maan-ah) *v*
exhort, urge

uppmuntra (ewp-mewn-trah)
v encourage

uppmärksam (ewp-mærk-

sahm) *adj* attentive

uppmärksamhet (ewp-
mærk-sahm-hāyt) *c* notice,
attention

uppmärksamma (ewp-mærk-
sahm-ah) *v* attend to, notice,
*pay attention to

uppnå (ewp-noā) *v* achieve;
attain

uppnåelig (ewp-noā-er-li) *adj*
attainable

upprepa (ewp-rāy-pah) *v*
repeat

upprepning (ewp-rāyp-ning)
c repetition

uppriktig (ewp-rik-ti) *adj*
sincere; honest

uppriktigt (ewp-rik-tit) *adv*
sincerely

uppror (ewp-rōōr) *nt*
rebellion; rising; *göra ~
revolt

upprätt (ewp-reht) *adv*
upright; *adj* erect, upright

upprätta (ewp-reh-tah) *v*
found, establish

*upprätthålla** (ewp-reht-ho-
lah) *v* maintain

upprättstående (ewp-reht-
stoā-ayn-der) *adj* upright,
erect

upprörande (ewp-rūr-rahn-
der) *adj* shocking, revolting

upprörd (ewp-rūrd) *adj*
upset

uppsats (ewp-sahts) *c* essay,
paper

uppseendeväckande (ewp-
sāy-ern-der-vehk-ahn-der)
adj sensational

uppsikt (*ewp*-sikt) *c* supervision

uppskatta (*ewp*-skah-tah) *v* appreciate; esteem

uppskattning (*ewp*-skaht-ning) *c* appreciation

*uppskjuta (*ewp*-shew-tah) *v* *put off; delay, postpone

uppskov (*ewp*-skoov) *nt* delay; respite

uppslagsbok (*ewp*-slaags-book) *c* (pl -böcker) encyclopaedia

uppstigning (*ewp*-steeg-ning) *c* rise, ascent

*uppstå (*ewp*-stoa) *v* *arise

uppståndelse (*ewp*-stond-ayl-ser) *c* commotion, excitement; resurrection

uppsving (*ewp*-sving) *nt* rise

uppsyningsman (*ewp*-sew-nings-mahn) *c* (pl -män) supervisor

uppsättning (*ewp*-seht-ning) *c* set

*uppta (*ewp*-taa) *v* *take up; occupy

upptagen (*ewp*-taa-gern) *adj* engaged; busy

uppträda (*ewp*-træ-dah) *v* act

upptäcka (*ewp*-teh-kah) *v* discover; detect

upptäckt (*ewp*-tehkt) *c* discovery

uppvisa (*ewp*-vee-sah) *v* exhibit

uppvärma (*ewp*-vær-mah) *v* heat

uppvärmning (*ewp*-værm-ning) *c* heating

uppåt (*ewp*-ot) *adv* up

ur (ewr) *prep* out of; *nt* clock

urbena (ewr-bay-nah) *v* bone

urin (ew-reen) *nt* urine

urinblåsa (ew-reen-bloa-sah) *c* bladder

urmakare (ewr-maa-kah-rer) *c* (pl ~) watchmaker

ursinne (ewr-sin-er) *nt* rage; fury

ursinnig (ewr-si-ni) *adj* furious

urskilja (ewr-shil-ʸah) *v* distinguish

urskog (ewr-skoog) *c* jungle

ursprung (ewr-sprewng) *nt* origin

ursprunglig (ewr-sprewng-li) *adj* original; initial; ursprungligen originally

ursäkt (ewr-sehkt) *c* apology; excuse; *be om ~ apologize

ursäkta (ewr-sehk-tah) *v* excuse; ursäkta! sorry!

urtavla (ewr-taav-lah) *c* (pl urtavlor) dial

Uruguay (ew-rew-gew-*igh*) Uruguay

uruguayare (ew-rew-gew-*igh*-ah-rer) *c* (pl ~) Uruguayan

uruguaysk (ew-rew-gew-*ighsk*) *adj* Uruguayan

urval (ewr-vaal) *nt* choice; selection, assortment

usel (ew-serl) *adj* poor

ut (ewt) *adv* out; ~ och in inside out

utan (ew-tahn) *prep* without;

*vara ~ *be without, spare

utandas (ēwt-ahn-dahss) v
expire; exhale

utanför (ēw-tahn-fürr) prep
outside; out of

utantill (ēw-tahn-til) adv by
heart

utarbeta (ēwt-ahr-bāyt-ah) v
compose, elaborate, prepare

utbetalning (ēwt-bay-taal-
ning) c payment

utbilda (ēwt-bil-dah) v
educate

utbildning (ēwt-bild-ning) c
education, background

utbreda (ēwt-brāyd-ah) v
*spread; expand

utbrott (ēwt-brot) nt
outbreak; eruption

utbud (ēwt-bewd) nt supply

utbyta (ēwt-bewt-ah) v
exchange

utbyte (ēwt-bew-ter) nt
exchange; benefit

utdela (ēwt-dāyl-ah) v
distribute

*utdra (ēwt-draa) v extract

utdrag (ēwt-draag) nt excerpt;
extract

ute (ēw-ter) adv out

utelämna (ēw-ter-lehm-nah)
v *leave out; omit

*utesluta (ēw-ter-slēw-tah) v
exclude

uteslutande (ēw-ter-slēw-
tahn-der) adv exclusively;
solely

utfart (ēwt-faart) c exit

utfattig (ēwt-fah-ti) adj
destitute

utflykt (ēwt-flewkt) c
excursion; trip

utforska (ēwt-fors-kah) v
explore

utföra (ēwt-für-rah) v
perform; execute; carry out

utförbar (ēwt-fürr-baar) adj
feasible; realizable

utförlig (ēwt-fürr-li) adj
detailed

*utge (ēwt-gāy) v issue;
publish

utgift (ēwt-ʸift) c expense;
utgifter expenditure

utgivning (ēwt-ʸeev-ning) c
issue, publication

*utgjuta (ēwt-ʸēw-tah) v
*shed

utgrävning (ēwt-graiv-ning) c
excavation

utgång (ēwt-gong) c way out,
exit; expiration; result

utgångspunkt (ēwt-gongs-
pewngkt) c starting point

till uthyrning (til ēwt-hewr-
ning) for hire

uthållighet (ēwt-hol-i-hāyt) c
perseverance

uthärda (ēwt-hæærd-ah) v
*stand, endure

uthärdlig (ēwt-hæærd-li) adj
tolerable; endurable

utjämna (ēwt-ʸehm-nah) v
equalize; level

utkant (ēwt-kahnt) c outskirts
pl

utkast (ēwt-kahst) nt draft,
design

utled (ewt-lāyd) adj fed up

utlämna (ēwt-lehm-nah) v

give out; extradite
utländsk (_ewt_-lehnsk) _adj_
foreign; alien
utlänning (_ewt_-lehn-ing) _c_
foreigner; alien
utlöpa (_ewt_-lūrp-ah) _v_ expire
utmana (_ewt_-maan-ah) _v_
challenge; dare
utmaning (_ewt_-maan-ing) _c_
challenge
utmatta (_ewt_-maht-ah) _v_
exhaust
utmattad (_ewt_-maht-ahd) _adj_
exhausted
utmärka (_ewt_-mær-kah) _v_
mark; ~ **sig** excel
utmärkt (_ewt_-mærkt) _adj_
excellent
utnyttja (_ewt_-newt-ᵞah) _v_
exploit; utilize
utnämna (_ewt_-nehm-nah) _v_
appoint
utnämning (_ewt_-nehm-ning)
_c_ appointment; nomination
utom (_ewt_-om) _prep_ except;
but, besides
utomhus (_ew_-tom-hēwss) _adv_
outdoors; outside
utomlands (_ewt_-om-lahnds)
adv abroad
utomordentlig (_ewt_-om-or-
daynt-li) _adj_ extraordinary
utpeka (_ewt_-pāy-kah) _v_ point
out
utplocka (_ewt_-plo-kah) _v_
select
utpressa (_ewt_-prayss-ah) _v_
extort; ~ **pengar** blackmail
utpressning _c_ blackmail,
extortion

utreda (_ewt_-rāy-dah) _v_
investigate
utredning (_ewt_-rāyd-ning) _c_
investigation
utrop (_ewt_-rōōp) _nt_
exclamation
utropa (_ewt_-rōō-pah) _v_
exclaim
utrusta (_ewt_-rewss-tah) _v_
equip
utrustning (_ewt_-rewst-ning) _c_
outfit, equipment; kit, gear
utrymma (_ewt_-rew-mah) _v_
vacate
utrymme (_ewt_-rew-mer) _nt_
room
utsatt för (_ewt_-saht) liable to,
subject to
utsätta (_ewt_-seht-ah) _v_
expose
utseende (_ewt_-sāy-ayn-der)
_nt_ look; semblance,
appearance
utsida (_ewt_-seed-ah) _c_ outside
utsikt (_ewt_-sikt) _c_ view;
prospect, outlook
utskott (_ewt_-skot) _nt_
committee
***utskära** (_ewt_-shæær-ah) _v_
carve
utsliten (_ewt_-slee-tern) _adj_
worn-out
utsmyckning (_ewt_-smewk-
ning) _c_ ornament
utspäda (_ewt_-spai-dah) _v_
dilute
utsträckt (_ewt_-strehkt) _adj_
extended
***utstå** (_ewt_-stōa) _v_ endure,
*bear

utställa (ewt-steh-lah) v issue;
show, exhibit; display
utställning (ewt-stehl-ning) c
exhibition; exposition,
display, show
utställningslokal (ewt-stehl-
nings-lo-kaal) c showroom
*utsuga (ewt-sew-gah) v
exploit
utsåld (ewt-sold) adj sold out
utsända (ewt-sehn-dah) v
*broadcast
utsändning (ewt-sehnd-ning)
c broadcast
utsökt (ewt-sürkt) adj
exquisite; delicious, superb
uttal (ewt-taal) nt
pronunciation
uttala (ewt-taa-lah) v
pronounce; ~ fel
mispronounce
uttorkad (ewt-tor-kahd) adj
dried-up, parched
uttryck (ewt-trewk) nt
expression; *ge ~ åt express
uttrycka (ewt-trew-kah) v
express
uttrycklig (ewt-trewk-li) adj
explicit; express

uttröttad (ewt-trur-tahd) adj
overtired
uttänka (ewt-tehng-kah) v
devise
utvald (ewt-vaald) adj select
utvandra (ewt-vahnd-rah) v
emigrate
utvandrare (ewt-vahnd-rah-
rer) c (pl ~) emigrant
utvandring (ewt-vahnd-ring)
c emigration
utveckla (ewt-vayk-lah) v
develop
utveckling (ewt-vayk-ling) c
development
utvidga (ewt-vid-gah) v
extend; enlarge, expand
utvidgande (ewt-vid-gahn-
der) nt extension
utvisa (ewt-vee-sah) v expel
utväg (ewt-vaig) c way out
*utvälja (ewt-vehl-²ah) v
select
utvändig (ewt-vehn-di) adj
external
utåt (ewt-ot) adv outwards
utöva (ewt-ürv-ah) v exercise
utöver (ewt-ürv-err) prep
beyond, besides

V

vaccination (vahk-si-nah-
shoon) c vaccination
vaccinera (vahks-i-nay-rah) v
vaccinate
vacker (vah-kerr) adj
beautiful; pretty
vackla (vahk-lah) v stagger,

waver
vacklande (vahk-lahn-der)
adj tottering, failing
vad¹ (vaad) pron what; ~ som
helst anything; ~ som än
whatever
vad² (vaad) nt bet; *slå ~ *bet

vad³ (vaad) *c* calf
vada (*vaa*-dah) *v* wade
vadhållningsagent (*vaad*-hol-nings-ah-*gehnt*) *c* bookmaker
vag (vaag) *adj* faint, vague; dim
vagga (*vah*-gah) *c* cradle
vagn (vahngn) *c* carriage, coach
vakans (vah-*kahns*) *c* vacancy
vaken (*vaa*-kayn) *adj* awake
vakna (*vaak*-nah) *v* *wake up
vaksam (*vaak*-sahm) *adj* vigilant
vakt (vahkt) *c* guard; warden
vaktel (*vahk*-tayl) *c* (pl -tlar) quail
vaktmästare (*vahkt*-mehss-tah-rer) *c* (pl ~) waiter
vakuum (*vaa*-kewm) *nt* vacuum
val (vaal) *nt* election, pick, choice; *c* whale
valfri (*vaal*-free) *adj* optional
valkrets (*vaal*-krayts) *c* constituency
vallfartsort (*vahl*-faarts-oort) *c* place of pilgrimage
vallgrav (*vahl*-graav) *c* moat
vallmo (*vahl*-mōō) *c* poppy
valnöt (*vaal*-nūrt) *c* (pl ~ter) walnut
vals (vahls) *c* waltz
valspråk (*vaal*-sprōak) *nt* motto
valuta (vah-*lōō*-tah) *c* currency; **utländsk** ~ foreign currency

valutakurs (vah-*lēw*-tah-kewrs) *c* rate of exchange
valv (vahlv) *nt* vault; arch
valvbåge (*vahlv*-bōa-ger) *c* arch
van (vaan) *adj* accustomed; *vara ~ vid* *be used to
vana (*vaa*-nah) *c* habit; custom
vandra (*vahnd*-rah) *v* wander; hike, tramp
vanilj (vah-*nilj*) *c* vanilla
vankelmodig (*vahng*-kerl-mōō-di) *adj* irresolute
vanlig (*vaan*-li) *adj* usual; normal, ordinary, common, plain; frequent; **vanligen** generally, as a rule
vanligtvis (*vaan*-lit-veess) *adv* usually
vansinne (*vaan*-sin-er) *nt* madness; lunacy
vansinnig (*vaan*-sin-i) *adj* crazy; lunatic
vanskapt (*vaan*-skaapt) *adj* deformed
vansklig (*vahnsk*-li) *adj* precarious
vanställd (*vaan*-stehld) *adj* deformed, disfigured
vanvetig (*vaan*-vay-ti) *adj* mad; absurd
vapen (*vaap*-ern) *nt* weapon; arm
var¹ (vaar) *conj* where; *adv* where; ~ **som helst** anywhere
var² (vaar) *pron* each; ~ **för sig** apart; ~ **och en** everybody, everyone

var³ (vaar) *nt* pus

vara (*vaar*-ah) *v* last

*****vara** (*vaar*-ah) *v* *be

varaktig (*vaar*-ahk-ti) *adj*
lasting; permanent

varaktighet (*vaar*-ahk-ti-
hāyt) *c* duration

varandra (vaar-*ahnd*-rah)
pron each other

vardag (*vaar*-daag) *c*
weekday

vardagsrum (*vaar*-daags-
rewm) *nt* living room; sitting
room

vare sig ... eller (*vaa*-rer say
... *eh*-lerr) whether ... or

varelse (*vaa*-rayl-ser) *c*
being; creature

varför (*vahr*-furr) *adv* why;
what for

varg (vahr^y) *c* wolf

varhelst (vaar-*hehlst*) *adv*
wherever

variation (vah-ri-ah-*shōon*) *c*
variation, variety

variera (vah-ri-*āy*-rah) *v* vary

varierad (vah-ri-*āy*-rahd) *adj*
varied

varietéföreställning (vah-ri-
ay-*tāy*-fūr-rer-*stehl*-ning) *c*
variety show

varietéteater (vah-ri-ay-*tāy*-
tay-*aa*-terr) *c* (pl -trar)
variety theatre

varifrån (vaar-i-*frōan*) *adv*
from where

varje (*vahr*-^yer) *pron* every;
anyone, each

varken ... eller (*vahr*-kern ...
eh-lerr) neither ... nor

varmvattensflaska (*vahrm*-
vah-terns-flahss-kah) *c* hot-
-water bottle

varna (*vaar*-nah) *v* warn;
caution

varning (*vaar*-ning) *c*
warning

varor (*vaar*-or) *pl* goods *pl*;
wares *pl*

varsam (*vaar*-sahm) *adj*
careful; wary

varubil (*vaa*-rew-beel) *c*
delivery van

varuhus (*vaa*-rew-hewss) *nt*
department store

varumärke (*vaa*-rew-mær-
ker) *nt* trademark

varumässa (*vaa*-rew-meh-
sah) *c* trade fair

varuprov (*vaarew*-proov) *nt*
sample

varv (vahrv) *nt* revolution;
shipyard

vas (vaass) *c* vase

vask (vahsk) *c* sink

vass (vahss) *c* reed; *adj* sharp

vatten (*vah*-tern) *nt* water;
rinnande ~ running water

vattenblåsa (*vaht*-ern-blōa-
sah) *c* blister

vattenfall (*vaht*-ern-fahl) *nt*
waterfall

vattenfärg (*vaht*-ern-fær^y) *c*
watercolour

vattenkran (*vaht*-ern-kraan)
c faucet, tap

vattenkrasse (*vaht*-ern-krah-
ser) *c* watercress

vattenmelon (*vah*-tern-may-

lōon) c watermelon

vattenpass (*vaht*-ern-pahss) *nt* level

vattenpump (*vaht*-ern-pewmp) *c* water pump

vattenskida (*vah*-tern-shee-dah) *c* water ski

vattentät (*vah*-tern-tait) *adj* waterproof

vattkoppor (*vaht*-ko-perr) *pl* chickenpox

vax (vahks) *nt* wax

vaxkabinett (*vahks*-kah-bi-nayt) *nt* waxworks *pl*

veck (vayk) *nt* fold; crease

vecka (*vay*-kah) *c* week; **vecko-** weekly

veckla upp (*vayk*-lah) unwrap

veckla ut (*vayk*-lah) unfold

veckopeng (*vay*-koo-pehng) *c* weekly allowance

veckoslut (*vay*-koo-slewt) *nt* weekend

veckotidning (*vay*-koo-teed-ning) *c* weekly magazine

vedervärdig (*vāy*-derr-væær-di) *adj* repulsive

vedträ (*vāyd*-trai) *nt* log

vegetarian (vay-ger-tahr-i-*aan*) *c* vegetarian

vegetation (vay-ger-tah-*shōōn*) *c* vegetation

vem (vaym) *pron* who; till ~ to whom; ~ som helst anybody; ~ som än whoever

vemod (*vāy*-mōōd) *nt* melancholy; sadness

vemodig (*vāy*-mōōd-i) *adj* melancholy, sad

Venezuela (vay-nay-tsew-*āy*-lah) Venezuela

venezuelan (vay-nay-tsew-ay-*laan*) *c* Venezuelan

venezuelansk (vay-nay-tsew-ay-*laansk*) *adj* Venezuelan

ventil (vayn-*teel*) *c* valve

ventilation (vayn-ti-lah-*shōōn*) *c* ventilation

ventilator (vayn-ti-*laa*-tor) *c* ventilator

ventilera (vayn-ti-*lāy*-rah) *v* ventilate

veranda (vay-*rahn*-dah) *c* veranda

verb (værb) *nt* verb

verifiera (vay-ri-fi-*āy*-rah) *v* verify

verka (*vær*-kah) *v* appear, seem

verkan (*vær*-kahn) *c* effect; result; consequence

verklig (*vær*-li) *adj* real; actual, true; very; **verkligen** really; indeed

verklighet (*vær*-li-hāyt) *c* reality

verksam (*værk*-sahm) *adj* active, effective

verkstad (*værk*-staad) *c* (pl -städer) workshop; garage

verkställande (*værk*-stehl-ahn-der) *adj* executive

verktyg (*værk*-tewg) *nt* tool; utensil

verktygslåda (*værk*-tewgs-*lōa*-dah) *c* tool box

vers (værs) *c* verse

version (vær-*shōōn*) *c* version

vespa (*vayss*-pah) *c* scooter

vestibul (vehss-ti-*bewl*) *c* lobby

***veta** (*vāy*-tah) *v* *know

vete (*vāy*-tay) *n* wheat

vetemjöl (*vāy*-tay-mürl) *nt* flour

vetenskap (*vāy*-tayn-skaap) *c* science

vetenskaplig (*vāy*-tayn-skaap-li) *adj* scientific

vetenskapsman (*vāy*-tayn-skaaps-mahn) *c* (pl -män) scientist

veterinär (vay-tay-ri-*næær*) *c* veterinary surgeon

vett (vaytt) *nt* wit

vevaxel (*vāy*-ahks-ayl) *c* (pl -xlar) crankshaft

vi (vee) *pron* we

via (*vee*-ah) *prep* via

viadukt (vee-ah-*dewkt*) *c* viaduct

vibration (vi-brah-*shōōn*) *c* vibration

vibrera (vi-*brāy*-rah) *v* vibrate

vid (veed) *prep* on, by; *adj* wide

vidbränna (*veed*-breh-nah) *v* *burn

video (*vee*-day-oh) *c* video

video(bandspelare) (*vee*-day-o-bahnd-spāy-lay-rer) *c* video recorder

videoinspelning (*vee*-day-o-in-*spāyl*-ning) *c* video recording

videokamera (*vee*-day-o-kää-mer-rah) *c* video camera

videokassett (*vee*-day-o-

kah-*sēht*) *c* video cassette

videospel (*vee*-dee-o-*spāy*) *nt* video game

videospelare (*vee*-day-o-*spāy*-lah-rer) *c* (pl ~) video recorder

vidga (*vid*-gah) *v* widen

***vidhålla** (*veed*-hol-ah) *v* insist

vidrig (*veed*-ri) *adj* disgusting

vidröra (*veed*-rūr-rah) *v* touch

vidskepelse (*veed*-shāy-payl-ser) *c* superstition

vidsträckt (*vid*-strehkt) *adj* broad, vast; extensive

vigselring (*vig*-sehl-ring) *c* wedding ring

vik (veek) *c* bay; creek

***vika** (*vee*-kah) *v* fold

vikt (vikt) *c* weight

viktig (*vik*-ti) *adj* important, essential; self-important; *vara viktigt matter

vila (*veel*-ah) *v* rest; *c* rest

vild (vild) *adj* wild; fierce, savage

vilja (*vil*-ʸah) *c* will; med ~ on purpose

***vilja** (*vil*-ʸah) *v* want, *will

viljekraft (*vil*-ʸer-krahft) *c* willpower

vilken (*vil*-kayn) *pron* which

villa (*vi*-lah) *c* villa

villebråd (*vi*-ler-brōad) *nt* game

villfarelse (*vil*-faa-rayl-ser) *c* illusion

villig (*vi*-li) *adj* willing

villkor (*vil*-kōar) *nt* condition;

term

villkorlig (*vil-koär-li*) *adj* conditional

villrådig (*vil-rōa-di*) *adj* irresolute

vilohem (*vee-loo-haym*) *nt* rest home

vilsegången (*vil-ser-gong-ern*) *adj* lost

vilstol (*veel-stōōl*) *c* deck chair

vin (*veen*) *nt* wine

***vina** (*vee-nah*) *v* howl

vinbär (*veen-bæær*) *nt* currant; **svarta ~** blackcurrant

vind (*vind*) *c* wind; attic

vindbrygga (*vind-brewg-ah*) *c* drawbridge

vindpust (*vind-pewst*) *c* whiff of wind

vindruta (*vind-rēw-tah*) *c* windscreen; windshield *nAm*

vindrutetorkare (*vind-rēw-ter-tor-kah-rer*) *c* (pl ~) windscreen wiper; windshield wiper *Am*

vindruvor (*veen-drēw-voor*) *pl* grapes *pl*

vindsrum (*vinds-rewm*) *nt* attic

vinge (*ving-er*) *c* wing

vingård (*veen-gōard*) *c* vineyard

vinhandlare (*veen-hahnd-lah-rer*) *c* (pl ~) wine merchant

vink (*vingk*) *c* wave; hint

vinka (*ving-kah*) *v* wave

vinkel (*ving-kerl*) *c* (pl -klar) angle

vinkällare (*veen-t⁷eh-lah-rer*) *c* (pl ~) wine cellar

vinlista (*veen-liss-tah*) *c* wine list

***vinna** (*vi-nah*) *v* *win; gain

vinnande (*vi-nahn-der*) *adj* winning

vinranka (*veen-rahn-kah*) *c* vine

vinskörd (*veen-shūrrd*) *c* grape harvest, vintage

vinst (*vinst*) *c* benefit, profit; winnings *pl*

vinstbringande (*vinst-bring-ahn-der*) *adj* profitable

vinter (*vin-terr*) *c* (pl -trar) winter

vintersport (*vin-terr-sport*) *c* winter sports

vinthund (*vint-hewnd*) *c* greyhound

vinäger (*vi-nai-gerr*) *c* vinegar

viol (*vi-ōōl*) *c* violet

violett (*vi-ēw-layt*) *adj* violet

VIP (*vip*) *c* VIP

virka (*veer-kah*) *v* crochet

virrvarr (*veer-vahr*) *nt* muddle

virus (*ve-rews*) *c* (pl ~) virus

vis (*veess*) *nt* way, manner; *adj* wise

visa¹ (*veess-ah*) *v* *show*; indicate, point out, display

visa² (*veess-ah*) *c* tune

visdom (*veess-doom*) *c* wisdom

vision (vi-*shōon*) *c* vision

visit (vi-*seet*) *c* visit

visitera (vi-si-*tāyr*-ah) *v* search

visitering (vi-si-*tāy*-ring) *nt* search

visitkort (vi-*seet*-koort) *nt* visitingcard

viska (*viss*-kah) *v* whisper

viskning (*visk*-ning) *c* whisper

vispa (*viss*-pah) *v* whip

viss (viss) *adj* certain

visselpipa (*vi*-serl-pee-pah) *c* whistle

vissla (*viss*-lah) *v* whistle

vistas (*viss*-tahss) *v* stay

vistelse (*viss*-tayl-ser) *c* stay

visum (*vee*-sewm) *nt* (pl visa) visa

vit (veet) *adj* white

vitamin (vi-tah-*meen*) *nt* vitamin

vitling (*vit*-ling) *c* whiting

vitlök (*veet*-lurk) *c* garlic

vits (vits) *c* joke

vittna (*vit*-nah) *v* testify

vittne (*vit*-ner) *c* witness

vokal (voo-*kaal*) *c* vowel

vokalist (voo-kah-*list*) *c* vocalist

volt (volt) *c* (pl ~) volt

volym (vo-*lewm*) *c* volume; bulk

vrak (vraak) *nt* wreck

vred (vrāyd) *adj* angry

vrede (*vray*-day) *c* anger

vresig (*vrayss*-i) *adj* cross

*vrida (*vree*-dah) *v* twist, turn; wrench; ~ om turn

vriden (*vreed*-ern) *adj* crooked

vridning (*vreed*-ning) *c* twist

vrål (vrōal) *nt* roar

vulgär (vewl-*gæær*) *adj* vulgar

vulkan (vewl-*kaan*) *c* volcano

vuxen¹ (*vewk*-sern) *adj* adult; grown-up

vuxen² (*vewk*-sern) *c* (pl vuxna) grown-up; adult

vykort (*vēw*-koort) *nt* picture postcard

våffla (*vof*-lah) *c* waffle

våg¹ (vōag) *c* (pl ~or) wave

våg² (vōag) *c* (pl ~ar) scales *pl*; weighing machine

våga (*vōa*-gah) *v* dare; venture

vågad (*vōag*-ahd) *adj* risky

vågig (*vōa*-gi) *adj* wavy

våglängd (*vōag*-lehngd) *c* wavelength

våld (vold) *nt* violence; force

våldsam (*vold*-sahm) *adj* violent

våldsdåd (*volds*-dōad) *nt* act of violence; outrage

*våldta (*vold*-taa) *v* rape; assault

vålla (*vol*-ah) *v* cause

våning (*vōan*-ing) *c* floor; storey; apartment *nAm*

vår (vōar) *c* spring; springtime; *pron* our

vård (*vōard*) *c* care

vårda (*vōar*-dah) *v* nurse; tend

vårdhem (*vōard*-haym) *nt* nursing home

vårdslös (*vōards*-lürss) *adj* careless

våt (*voat*) *adj* wet

väcka (*veh-kah*) *v* *wake;
*awake

väckarklocka (*veh-kahr-klo-kah*) *c* alarm-clock

väder (*vai-derr*) *nt* weather

väderkvarn (*vai-derr-kvaarn*)
c windmill

väderleksrapport (*vai-derr-lāyks-rah-port*) *c* weather
forecast

vädjan (*vaid-ᵞahn*) *c* appeal

vädra (*vaid-rah*) *v* ventilate

väg (*vaig*) *c* road; drive; way;
på ~ till bound for

väga (*vai-gah*) *v* weigh

vägarbete (*vaig-ahr-bāy-ter*)
nt road up, road work

vägavgift (*vaig-aav-ᵞift*) *c* toll

vägbank (*vaig-bahngk*) *c*
embankment

vägg (*vehg*) *c* wall

vägglus (*vehg-lēwss*) *c* (pl
-löss) bug

vägkant (*vaig-kahnt*) *c*
roadside; wayside

vägkarta (*vaig-kaar-tah*) *c*
road map

vägkorsning (*vaig-kors-ning*) *c* junction,
intersection

vägleda (*vaig-lāyd-ah*) *v*
direct; guide

vägmärke (*vaig-mær-ker*) *c*
road sign

på ... vägnar (*pōa vehng-nahr*) on behalf of

vägnät (*vaig-nait*) *nt* road
system

vägra (*vaig-rah*) *v* refuse;

deny

vägran (*vaig-rahn*) *c* refusal

vägräcke (*vaig-rehk-er*) *nt*
crash barrier

vägskäl (*vaig-shail*) *nt* road
fork

vägvisare (*vaig-vee-sah-rer*)
c (pl ~) signpost

välbefinnande (*vail-ber-fin-ahn-der*) *nt* well-being;
comfort

välbärgad (*vail-bær-ᵞahd*)
adj well-to-do

väldig (*vehl-di*) *adj*
enormous; huge, gigantic

välgrundad (*vail-grewn-dahd*) *adj* well-founded

välgång (*vail-gong*) *c*
prosperity

välgörenhet (*vail-ᵞur-rern-hāyt*) *c* charity

*välja (*vehl-ᵞah*) *v* *choose;
elect, pick

väljare (*vehl-ᵞah-rer*) *c* (pl ~)
voter

välkommen (*vail-ko-mern*)
adj welcome

välkomna (*vail-kom-nah*) *v*
welcome

välkomnande (*vail-kom-nahn-der*) *nt* welcome

välkänd (*vail-tᵞehnd*) *adj*
well-known; familiar

välsigna (*vehl-sing-nah*) *v*
bless

välsignelse (*vehl-sing-nayl-ser*) *c* blessing

välsmakande (*vail-smaak-ahn-der*) *adj* tasty; savoury

välstånd (*vail-stond*) *nt*

prosperity

välvilja (*väl-vil-ᵞa*) *c* goodwill

välvårdad (*vail-vōār-dahd*) *adj* neat

vämjelig (*vehm-ᵞer-li*) nauseous

vän (vehn) *c* (pl ~ner) friend

vända (*vehn-dah*) *v* turn; ~ på turn round; ~ sig om turn round; ~ sig till address; ~ tillbaka turn back; ~ upp och ner turn over

vändning (*vehnd-ning*) *c* change, turn

vändpunkt (*vehnd-pewngkt*) *c* turning point

väninna (veh-*nin*-ah) *c* friend; girlfriend

***vänja** (*vehn-ᵞa*) *v* accustom

vänlig (*vehn-li*) *adj* friendly; kind

vänskap (*vehn-skaap*) *c* friendship

vänskaplig (*vehn*-skaap-li) *adj* friendly

vänster (*vehns*-terr) *adj* left; left-hand

vänsterhänt (*vehns*-terr-hehnt) *adj* left-handed

vänta (*vehn*-tah) *v* wait; ~ på await; ~ sig expect; await

väntad (*vehn*-tahd) *adj* due

väntan (*vehn*-tahn) *c* waiting

väntelista (*vehn*-ter-liss-tah) *c* waiting list

väntrum (*vehnt*-rewm) *nt* waiting room

värd (væærd) *c* host

värde (*væær*-der) *nt* worth,

value; *vara värd *be worth

värdefull (*væær*-der-fewl) *adj* valuable

värdelös (*væær*-der-lūrss) *adj* worthless

värdepapper (*væær*-der-pah-perr) *pl* stocks and shares

värdera (*vær*-*dayr*-ah) *v* value; estimate, evaluate

värdering (vær-*dayr*-ing) *c* appraisal

värdesaker (*væær*-der-saa-kerr) *pl* valuables *pl*

***värdesätta** (*væær*-der-seh-tah) *v* value, appreciate

värdig (*væær*-di) *adj* dignified; worthy of

värdighet (*væær*-di-heet) *c* dignity

värdinna (vær-*di*-nah) *c* hostess

värdshus (*væærds*-hēwss) *nt* inn; roadhouse; roadside restaurant

värk (værk) *c* ache; **värkar** labour pains

värka (*vær*-kah) *v* ache; *hurt

värld (væærd) *c* world

världsberömd (*væærds*-ber-rurmd) *adj* world-famous

världsdel (*væærds*-dāyl) *c* continent

världshav (*væærds*-haav) *nt* ocean

världskrig (*væærds*-kreeg) *nt* world war

världsomfattande (*væærds*-om-fah-tahn-der) *adj* global

världsomspännande (*væærds*-om-*speh*-nahn-der) adj world-wide

värma (vær-mah) v warm

värme (vær-mer) c heat; warmth

värmedyna (vær-mer-dewnah) c heating pad

värmeelement (vær-mer-ayler-mehnt) nt radiator

värnpliktig (væærn-plik-tig) c (pl ~a) conscript

värre (væ-rer) adv worse; adj worse; **värst** worst

väsen (vaiss-ern) nt essence; noise; fuss

väsentlig (veh-saynt-li) adj essential; **väsentligen** essentially

väska (vehss-kah) c bag

vässa (veh-sah) v sharpen

väst (vehst) c waistcoat, vest nAm; west

väster (vehss-terr) c west

västlig (vehst-li) adj western; westerly

väte (vai-ter) nt hydrogen

vätesuperoxid (vai-ter-sewprok-seed) c peroxide

vätska (veht-skah) c fluid

väva (vai-vah) v *weave

vävare (vai-vah-rer) c (pl ~)

weaver

vävnad (vaiv-nahd) c tissue

växa (vehks-ah) v *grow

växel (vehks-ayl) c (pl växlar) gear; draft

växelkontor (vehks-ayl-kontoor) nt exchange office; money exchange

växelkurs (vehks-ayl-kewrs) c exchange rate

växellåda (vehks-ayl-lōadah) c gearbox

växelpengar (vehks-ayl-pehngahr) pl small change

växelspak (vehks-ayl-spaak) c gear lever

växelström (vehks-aylstrurm) c alternating current

växla (vehks-lah) v change; switch, exchange; change gear

växlande (vehks-lahn-der) adj variable

växt (vehkst) c growth; plant

växthus (vehkst-hewss) nt greenhouse

vördnad (vūrrd-nahd) c veneration, respect

vördnadsvärd (vūrrd-nahdsvæærd) adj venerable

W

watt (vaht) c (pl ~) watt

webbplats (veb-plahts) c website

Y

ylle- (*ew-*ler) woollen

ylletröja (*ew-*ler-trur-ᵞah) c
jersey

ympa (*ewm-*pah) v inoculate;
graft

ympning (*ewmp-*ning) c
grafting

ynkrygg (*ewngk-*rewg) c
coward

yr (*ewr*) adj dizzy; giddy

yrke (*rōad-*mahn) nt
profession; trade; **yrkes-**
professional

yrkesutbildad (*ewr-*kerss-
*ewt-*bil-dahd) adj skilled,
trained

yrsel (*ewr-*serl) c dizziness;
giddiness

yta (*ew-*tah) c surface; area

ytlig (*ewt-*li) adj superficial

ytterlig (*ewt-*err-li) adj
extreme

ytterligare (*ewt-*err-li-gah-
rer) adj further; additional

ytterlighet (*ewt-*err-li-hāyt) c
extreme

ytterlinje (*ewt-*err-lin-ᵞer) c
outline

yttersta (*ew-*terrs-tah) adj
utmost; extreme

yttra (*ewt-*rah) v utter

yttrande (*ewt-*rahn-der) nt
expression

yttrandefrihet (*ewt-*rahn-der-
fri-hāyt) c freedom of speech

yttre (*ewt-*rer) nt exterior; adj
outer; exterior

yuppie (yew-*pee*) c yuppie

yxa (*ewks-*ah) c axe

Z

zenit (*sāy-*nit) zenith

zigenare (si-ᵞāy-nah-rer) c
(pl ~) gipsy

zink (singk) c zinc

zon (sōōn) c zone

zoo (sōō) nt zoo

zoologi (so-o-lo-*gee*) c
zoology

zoomlins (sōōm-lins) c zoom
lens

Å

å (ōā) c river, stream

åder (ōā-*derr*) c (pl ådror)
vein

åderbrock (ōā-*derr-*brok) nt
varicose vein

*ådraga sig (ōā-*draa-*gah)

contract
åhörare (ōā-hürr-ah-rer) c (pl ~) listener, auditor
åka (ōā-kah) v *ride, *drive, *go; ~ bort *go away; ~ fort *speed; ~ runt om by-pass; ~ tillbaka *go back
åker (ōāk-err) c (pl åkrar) field
ål (ōāl) c eel
ålder (ol-derr) c (pl åldrar) age
ålderdom (ol-derr-doom) c age; old age
åldrig (old-ri) adj aged
*ålägga** (ōā-lehg-ah) v enjoin
ånga (ong-ah) c steam; vapour
ångare (ong-ah-rer) c (pl ~) steamer
ånger (ong-err) c repentance
ångest (ong-erst) c anguish; fear
ångra (ong-rah) v regret, repent
år (ōār) nt year; per ~ per annum
åra (ōā-rah) c oar
årgång (ōār-gong) c vintage
århundrade (ōār-hewnd-rah-der) nt century
årlig (ōār-li) adj annual; yearly
årsbok (ōārs-bōōk) c (pl -böcker) annual
årsdag (ōārs-daag) c anniversary
årstid (ōārs-teed) c season
åsikt (ōā-sikt) c opinion; view
åska (oss-kah) c thunder; v

thunder; åsk- thundery
åskväder (osk-vai-derr) nt thunderstorm
åskådare (ōā-skōā-dah-rer) c (pl ~) spectator
åsna (ōāss-nah) c donkey
*åstadkomma** (ōā-stah-kom-ah) v effect
åsyn (ōā-sēwn) c sight
åt (ōāt) prep to; towards
åtala (ōā-taa-lah) v prosecute
*åta sig** (ōā-taa) *take upon oneself
åter (ōāt-err) adv again
återbetala (ōāt-err-bay-taal-ah) v *repay; reimburse, refund
återbetalning (ōāt-err-bay-taal-ning) c repayment; refund
*återfå** (ōā-terr-fōā) v *find again, recover
återföra (ōāt-err-fūrr-ah) v *bring back
återförena (ōāt-err-fur-rāy-nah) v reunite
återkalla (ōāt-err-kahl-ah) v recall
återkomst (ōāt-err-komst) c return
återresa (ōāt-err-rāy-sah) c return journey
återstod (ōāt-err-stōōd) c remainder
*återstå** (ōāt-err-stōā) v remain
*återuppta** (ōāt-err-ewp-tah) v resume
återvinna (oat-err-vi-nah) v recycle

återvinningsbar (*oat-err-vin-nings-baar*) *adj* recyclable

återvända (*ōat-err-vehn-dah*) *v* return

återvändsgränd (*ōat-err-vehnds-grehnd*) *c* cul-de-sac

åtfölja (*ōat-furl-ᵞah*) *v* accompany

åtgärd (*ōat-ᵞærd*) *c* measure

åtkomlig (*ōat-kom-li*) *adj* attainable

åtminstone (*ōat-mins-to-ner*) *adv* at least

åtrå (*ōā-trōā*) *c* lust

åtråvärd (*ōā-trōā-væærd*) *adj*

desirable

åtskild (*ōāt-shild*) *adj* separate

åtskilja (*ōāt-shil-ᵞah*) *v* divide; disconnect

åtskilliga (*ōāt-shi-li-gah*) *adj* several; various

åtstrama (*ōāt-straam-ah*) *v* tighten

åtta (*o-tah*) *num* eight

åttio (*o-ti*) *num* eighty

åttonde (*o-ton-der*) *num* eighth

åverkan (*ōā-vehr-kahn*) *c* damage, mischief

Ä

äcklig (*ehk-li*) *adj* disgusting; revolting

ädel (*ai-dayl*) *adj* noble

ädelsten (*ai-dayl-stäyn*) *c* stone; gem

äga (*ai-gah*) *v* own; possess; ~ **rum** *take place

ägare (*ai-gah-rer*) *c* (pl ~) owner; proprietor

ägg (*ehg*) *nt* egg

äggplanta (*ehg-plahn-tah*) *c* eggplant

äggula (*ehg-gēwl-ah*) *c* egg yolk; yolk

ägna (*ehng-nah*) *v* devote; dedicate

ägodelar (*ai-goo-dāyl-ahr*) *pl* property; possessions

äkta (*ehk-tah*) *adj* true; authentic, genuine; ~ **man**

husband

äktenskap (*ehk-tayn-skaap*) *nt* marriage; matrimony

äldre (*ehld-rer*) *adj* elder; elderly; **äldst** eldest

älg (*ehlᵞ*) *c* elk, moose

älska (*ehls-kah*) *v* love

älskad (*ehls-kahd*) *adj* beloved

älskare (*ehls-kah-rer*) *c* (pl ~) lover

älskarinna (*ehls-kah-rin-nah*) *c* mistress

älskling (*ehlsk-ling*) *c* darling; sweetheart; **älsklings-** favourite; pet

älv (*ehlv*) *c* river

ämbar (*ehm-baar*) *nt* pail

ämbete (*ehm-bāyt-er*) *nt* office

ämbetsdräkt (*ehm-bäyts-drehkt*) *c* official dress, robe

ämna (*ehm-nah*) *v* intend

ämne (*ehm-ner*) *nt* theme; matter

än (ehn) *conj* than

ända till (*ehn-dah til*) until; as far as

ändamål (*ehn-dah-mōal*) *nt* purpose; object

ändamålsenlig (*ehn-dah-mōals-āyn-li*) *adj* suitable, appropriate

ände (*ehn-der*) *c* end

ändra (*ehnd-rah*) *v* change

ändring (*ehnd-ring*) *c* alteration

ändstation (*ehnd-stah-shōōn*) *c* terminal

ändtarm (*ehnd-tahrm*) *c* rectum

äng (ehng) *c* meadow

ängel (*ehng-ayl*) *c* (pl änglar) angel

ängslig (*ehngs-li*) *adj* afraid; worried

änka (*ehng-kah*) *c* widow

änkling (*ehngk-ling*) *c* widower

ännu (*ehn-ew*) *adv* still; yet; ~ en gång once more

äpple (*ehp-lay*) *nt* apple

ära (*æær-ah*) *v* honour; *c* glory

ärelysten (*æær-er-lewss-tern*) *adj* ambitious

ärende (*ææ-rayn-der*) *nt* errand

ärftlig (*ærft-li*) *adj* hereditary

ärlig (*æær-li*) *adj* honest

ärlighet (*æær-li-hāyt*) *c* honesty

ärm (ærm) *c* sleeve

ärofull (*ææ-roo-fewl*) *adj* honourable

ärr (ær) *nt* scar

ärta (*ær-tah*) *c* pea

ärva (*ær-vah*) *v* inherit

*äta (*ai-tah*) *v* *eat

ätbar (*ait-baar*) *adj* edible

ättling (*eht-ling*) *c* descendant

även (*aiv-ern*) *adv* also; even; likewise; ~ om although; though

äventyr (*ai-vayn-tēwr*) *nt* adventure

Ö

ö (ūr) *c* island

öde (*ūrd-er*) *nt* fate; destiny; fortune; *adj* desert; waste

*ödelägga (*ūr-day-leh-gah*) *v* wreck; ruin

ödesdiger (*ūr-derss-dee-gerr*) *adj* fatal

ödla (*ūrd-lah*) *c* (pl ödlor) lizard

ödmjuk (*ūrd-m^yōōk*) *adj* humble

öga (*ūr-gah*) *nt* (pl ögon) eye

ögla (*ūrg-lah*) *c* loop

ögonblick (*ūr-gon-blik*) *nt* moment; second; instant

ögonblickligen (*ūr-gon-blik-*

li-ern) *adv* instantly

ögonblicksbild (ūr-gon-bliks-*bild*) *c* snapshot

ögonbryn (ūr-gon-brēwn) *nt* eyebrow

ögonbrynspenna (ūr-gon-brēwns-peh-nah) *c* eyebrow pencil

ögonfrans (ūr-gon-frahns) *c* eyelash

ögonlock (ūr-gon-lok) *nt* eyelid

ögonläkare (ūr-gon-lai-kah-rer) *c* (pl ~) eye specialist, oculist

ögonskugga (ūr-gon-skew-gah) *c* eye shadow

ögonvittne (ūr-gon-vit-ner) *nt* eyewitness

öka (ūr-kah) *v* increase; raise

öken (ūr-kern) *c* (pl öknar) desert

ökning (ūrk-ning) *c* increase

öl (ūrl) *nt* beer; ale

öm (urm) *adj* tender; sore

ömsesidig (urm-say-seed-i) *adj* mutual

ömtålig (urm-tōā-li) *adj* delicate; perishable

önska (urns-kah) *v* wish; desire, want

önskan (urns-kahn) *c* (pl -kningar) wish; desire

önskvärd (urnsk-væærd) *adj* desirable

öppen (ur-payn) *adj* open

öppenhjärtig (ur-pern-ʸærti) *adj* open-hearted, frank

öppna (urp-nah) *v* open

öppnare (urp-nah-rer) *c* (pl

~) opener

öppning (urp-ning) *c* breach, gap; opening

öra (ūr-rah) *nt* (pl öron) ear

örfil (ūr-feel) *c* slap; blow; *ge en ~* smack

örhänge (urr-hehng-er) *nt* earring

örlogsfartyg (ūrr-logs-faar-tēwg) *nt* man-of-war

örn (urrn) *c* eagle

örngott (ūrrn-got) *nt* pillowcase

örsprång (ūrr-sprong) *nt* earache

ört (urrt) *c* herb

öst (urst) east

öster (urss-terr) *c* east

österrikare (urss-terr-ree-kah-rer) *c* (pl ~) Austrian

Österrike (urss-terr-ree-ker) Austria

österrikisk (urss-terr-ree-kisk) *adj* Austrian

östra (urst-rah) *adj* eastern

öva (ūrv-ah) *v* exercise; ~ *sig* practise

över (ūrv-err) *prep* over; across, above over; ~*gå* ~ cross, pass; *över-* upper, chief

överallt (ūr-verr-*ahlt*) *adv* everywhere; throughout

överanstränga (ūr-verr-ahn-strehng-ah) *v* strain; ~ *sig* overstrain, overwork

överdrift (ūr-verr-drift) *c* exaggeration

***överdriva** (ūr-verr-dree-vah) *v* exaggerate

överdriven (ūr-verr-dreev-

ern) *adj* excessive;
extravagant
överdäck (*ūr*-verr-dehk) *nt*
main deck
överenskommelse (*ūr*-verr-
ayns-ko-mayl-ser) *c*
settlement, agreement
överensstämma (*ūr*-verr-
ayns-steh-mah) *v*
correspond
överfart (*ūr*-verr-faart) *c*
crossing; passage
överflöd (*ūr*-verr-flūrd) *nt*
abundance; plenty; *finnas i
~ *be in plenty
överflödig (*ūr*-verr-flūrd-i)
adj superfluous; redundant
överfull (*ūr*-verr-fewl) *adj*
overfull, crowded
överföra (*ūr*-verr-fūr-rah) *v*
transfer
*överge (*ūr*-verr-ᵞay) *v* desert
övergång (*ūr*-verr-gong) *c*
crossing, change over,
transition
övergångsställe (*ur*-verr-
gongs-*steh*-ler) *nt* zebra
crossing; crosswalk *nAm*
överlagd (*ūr*-verr-lahgd) *adj*
deliberate, premeditated
överleva (*ūr*-verr-lāy-vah) *v*
survive
överlevnad (*ūr*-verr-lāyv-
nahd) *c* survival
*överlägga (*ūr*-verr-lehg-ah)
v deliberate
överläggning (*ūr*-verr-lehg-
ning) *c* discussion,
deliberation
överlägsen (*ūr*-verr-laig-

sern) *adj* superior
överlämna (*ūr*-verr-lehm-
nah) *v* deliver, hand ... over;
commit
överlärare (*ūr*-verr-læær-rah-
rer) *c* (pl ~) head teacher
övermodig (*ūr*-verr-mōōd-i)
adj presumptuous, reckless
överraska (*ūr*-verr-rahss-
kah) *v* surprise
överraskning (*ūr*-verr-rahsk-
ning) *c* surprise
överrock (*ūr*-verr-rok) *c*
overcoat
överrumpla (*ūr*-verr-rewmp-
lah) *v* surprise
översida (*ūr*-verr-see-dah) *c*
top side; top
översikt (*ūr*-verr-sikt) *c*
survey; summary
överskott (*ūr*-verr-skot) *nt*
surplus
*överskrida (*ur*-verr-skreed-
ah) *v* exceed
överskrift (*ūr*-verr-skrift) *c*
heading; headline
överspänd (*ūr*-verr-spehnd)
adj overstrung
överste (*ūr*-verrs-ter) *c*
colonel
översvallande (*ūr*-verr-
svahl-ahn-der) *adj*
exuberant
översvämning (*ūr*-verr-
svehm-ning) *c* flood
översända (*ūr*-verr-sehn-
dah) *v* *send, remit
*översätta (*ūr*-verr-seh-tah) *v*
translate
översättare (*ūr*-verr-seh-tah-

rer) *c* (pl ~) translator

översättning (*ūr*-verr-seht-ning) *c* translation

***överta** (*ūr*-verr-taa) *v* *take over

övertala (*ūr*-verr-taa-lah) *v* persuade

övertrassera (*ūr*-verr-trah-seh-rah) *v* overdraw

övertrassering (*ūr*-verr-trah-seh-ring) *c* overdraft

överträffa (*ūr*-verr-trehf-ah) *v* exceed; *outdo

övertyga (*ūr*-verr-tēw-gah) *v* convince; persuade

övertygelse (*ūr*-verr-tew-gayl-ser) *c* conviction; persuasion

övervaka (*ūr*-verr-vaak-ah) *v* supervise; watch

övervikt (*ūr*-verr-vikt) *c* overweight

***övervinna** (*ūr*-verr-vin-ah) *v* *overcome

överväga (*ūr*-verr-vaig-ah) *v* consider; deliberate

övervägande (*ūr*-verr-vaig-ahn-der) *nt* consideration

överväldiga (*ūr*-verr-vehl-di-gah) *v* overwhelm

övning (*ūrv*-ning) *c* exercise

övre (*ūrv*-rer) *adj* upper; top

övrig (*ūrv*-ri) *adj* remaining; **för övrigt** moreover

English – Swedish
Engelsk – Svensk

A

a [ei,ə] *art* (an) en *art*

abbey ['æbi] *n* kloster *nt*

abbreviation [ə,bri:vi'eiʃən] *n* förkortning *c*

ability [ə'biləti] *n* skicklighet *c*; förmåga *c*

able ['eibəl] *adj* i stånd att; duglig; *be ~ to* *vara i stånd till; *kunna

aboard [ə'bɔ:d] *adv* ombord

abolish [ə'bɔliʃ] *v* avskaffa

abortion [ə'bɔ:ʃən] *n* abort *c*

about [ə'baut] *prep* om; beträffande, angående; *adv* ungefär, omkring

above [ə'bʌv] *prep* ovanför; *adv* ovan

abroad [ə'brɔ:d] *adv* utomlands

abscess ['æbses] *n* böld *c*

absence ['æbsəns] *n* frånvaro *c*

absent ['æbsənt] *adj* frånvarande

absolutely ['æbsəlu:tli] *adv* absolut

abstain from [əb'stein] *avstå från, *avhålla sig från

abstract ['æbstrækt] *adj* abstrakt

absurd [əb'sə:d] *adj* orimlig,

absurd

abundance [ə'bʌndəns] *n* överflöd *nt*

abundant [ə'bʌndənt] *adj* riklig

abuse [ə'bju:s] *n* missbruk *nt*

academy [ə'kædəmi] *n* akademi *c*

accelerate [ək'seləreit] *v* öka farten

accelerator [ək'seləreitə] *n* gaspedal *c*

accent ['æksənt] *n* accent *c*; tonvikt *c*

accept [ək'sept] *v* acceptera, *motta

access ['ækses] *n* tillträde *nt*

accessible [ək'sesəbəl] *adj* tillgänglig

accessories [ək'sesəriz] *pl* tillbehör *pl*

accident ['æksidənt] *n* olycksfall *nt*, olycka *c*

accidental [,æksi'dentəl] *adj* slumpartad

accommodate [ə'kɔmədeit] *v* härbärgera, logera

accommodation [ə,kɔmə'deiʃən] *n* husrum *nt*, logi *nt*

accompany [ə'kʌmpəni] *v*

åtfölja; följa; ackompanjera

accomplish [ə'kʌmpliʃ] *v*
fullborda

in accordance with [in
ə'kɔːdəns wið] i enlighet
med

according to [ə'kɔːdiŋ tuː]
enligt

account [ə'kaunt] *n* konto *nt*;
redogörelse *c*; ~ for
redovisa; on ~ of på grund
av

accurate ['ækjurət] *adj*
noggrann

accuse [ə'kjuːz] *v* beskylla;
anklaga

accused [ə'kjuːzd] *n*
anklagad person

accustom [ə'kʌstəm] *v*
*vänja; accustomed van

ache [eik] *v* värka; *n* värk *c*

achieve [ə'tʃiːv] *v* uppnå;
prestera

achievement [ə'tʃiːvmənt] *n*
prestation *c*

acknowledge [ək'nɔlidʒ] *v*
erkänna; bekräfta

acne ['ækni] *n* finnar

acorn ['eikɔːn] *n* ekollon *nt*

acquaintance [ə'kweintəns]
n bekant *c*

acquire [ə'kwaiə] *v* skaffa sig

acquisition [,ækwi'ziʃən] *n*
förvärv *nt*

acquittal [ə'kwitəl] *n*
frikännande *nt*

across [ə'krɔs] *prep* över;
adv på andra sidan

act [ækt] *n* handling *c*; akt *c*;
nummer *nt*; *v* handla,

uppträda; uppföra sig; spela

action ['ækʃən] *n* handling *c*

active ['æktiv] *adj* aktiv

activity [æk'tivəti] *n* aktivitet
c

actor ['æktə] *n* aktör *c*,
skådespelare *c*

actress ['æktris] *n*
skådespelerska *c*, aktris *c*

actual ['æktʃuəl] *adj* faktisk,
verklig

actually ['æktʃuəli] *adv*
faktiskt

acute [ə'kjuːt] *adj* akut

adapt [ə'dæpt] *v* anpassa

adaptor [ə'dɑptə] *n* adapter *c*

add [æd] *v* addera; *lägga till

addition [ə'diʃən] *n* addition
c; tillägg *nt*

additional [ə'diʃənəl] *adj*
extra; ytterligare

address [ə'dres] *n* adress *c*; *v*
adressera; vända sig till

addressee [,ædre'siː] *n*
adressat *c*

adequate ['ædikwət] *adj*
tillräcklig; passande,
adekvat

adjective ['ædʒiktiv] *n*
adjektiv *c*

adjust [ə'dʒʌst] *v* justera;
anpassa

administer [əd'ministə] *v*
dela ut

administration
[əd,mini'streiʃən] *n*
administration *c*;
förvaltning *c*

administrative
[əd'ministrətiv] *adj*

administrativ; förvaltande;
~ law förvaltningsrätt c

admiration [,ædmə'reiʃən] n
beundran c

admire [ə'maiə] v beundra

admission [əd'miʃən] n
inträde nt; intagning c

admit [əd'mit] v *ta in, släppa
in; erkänna; *medge;
rymma

admittance [əd'mitəns] n
tillträde c; no ~ tillträde
förbjudet

adopt [ə'dɔpt] v adoptera

adorable [ə'dɔ:rəbəl] adj
bedårande

adult ['ædʌlt] n vuxen c; adj
vuxen

advance [əd'va:ns] n
framsteg nt; förskott nt; v
*göra framsteg; förskottera;
in ~ i förväg, på förhand

advanced [əd'va:nst] adj
avancerad

advantage [əd'va:ntidʒ] n
fördel c

advantageous
[,ædvən'teidʒəs] adj
fördelaktig

adventure [əd'ventʃə] n
äventyr nt

adverb ['ædvə:b] n adverb nt

advertisement
[əd'və:tismənt] n annons c

advertising ['ædvətaiziŋ] n
reklam c

advice [əd'vais] n råd nt

advise [əd'vaiz] v råda

advocate ['ædvəkət] n
försvarare c, förespråkare c

aerial ['ɛəriəl] n antenn c

aeroplane ['ɛərəplein] n
flygplan nt

affair [ə'fɛə] n angelägenhet
c; förhållande nt,
kärleksaffär c

affect [ə'fekt] v påverka;
beröra

affected [ə'fektid] adj
tillgjord

affection [ə'fekʃən] n
tillgivenhet c

affectionate [ə'fekʃənit] adj
kärleksfull, tillgiven

affiliated [ə'filieitid] adj
ansluten

affirm [ə'fə:m] v försäkra

affirmative [ə'fə:mətiv] adj
jakande

afford [ə'fɔ:d] v *ha råd med

afraid [ə'freid] adj rädd,
ängslig; *be ~ *vara rädd

Africa ['æfrikə] Afrika

African ['æfrikən] adj
afrikansk; n afrikan c

after ['ɑ:ftə] prep efter; conj
sedan

afternoon [,ɑ:ftə'nu:n] n
eftermiddag c; this ~ i
eftermiddag

afterwards ['ɑ:ftəwədz] adv
sedan; efteråt

again [ə'gen] adv igen; åter; ~
and again gång på gång

against [ə'genst] prep mot

age [eidʒ] n ålder c; ålderdom
c; of ~ myndig; under ~
minderårig

aged ['eidʒid] adj åldrig;
gammal

agency ['eidʒənsi] n agentur
c; byrå c

agenda [ə'dʒendə] n
dagordning c

agent ['eidʒənt] n agent c,
representant c

aggressive [ə'gresiv] adj
aggressiv

ago [ə'gou] adv för ... sedan

agree [ə'gri:] v *vara enig;
instämma; stämma överens

agreeable [ə'gri:əbəl] adj
angenäm

agreement [ə'gri:mənt] n
kontrakt nt; avtal nt,
överenskommelse c

agriculture ['ægrikʌltʃə] n
jordbruk nt

ahead [ə'hed] adv framför; ~
of före; *go ~ *fortsätta;
straight ~ rakt fram

aid [eid] n hjälp c; v *bistå,
hjälpa

AIDS [eidz] n aids c

airbag ['ɛəbæg] n
krockkudde c

aim [eim] n syfte nt; ~ at sikta,
sikta på; sträva efter

air [ɛə] n luft c; v lufta

air conditioning
['ɛəkən‚diʃəniŋ] n
luftkonditionering c; air-
-conditioned adj
luftkonditionerad

airfield ['ɛəfi:ld] n flygfält nt

air-filter ['ɛə‚filtə] n luftfilter
nt

airline ['ɛəlain] n flygbolag nt

airmail ['ɛəmeil] n flygpost c

airplane ['ɛəplein] nAm

flygplan nt

airport ['ɛəpɔ:t] n flygplats c

airsickness ['ɛə‚siknəs] n
flygsjuka c

airtight ['ɛətait] adj lufttät

airy ['ɛəri] adj luftig

aisle [ail] n sidoskepp nt;
gång c

alarm [ə'lɑ:m] n alarm nt; v
larma

alarm-clock [ə'lɑ:mklɔk] n
väckarklocka c

album ['ælbəm] n album nt

alcohol ['ælkəhɔl] n alkohol c

alcoholic [‚ælkə'hɔlik] adj
alkoholhaltig

ale [eil] n öl nt

algebra ['ældʒibrə] n algebra
c

Algeria [æl'dʒiəriə] Algeriet

Algerian [æl'dʒiəriən] adj
algerisk; n algerier c

alien ['eiliən] n utlänning c;
främling c; adj utländsk

alike [ə'laik] adj likadan, lik;
adv på samma sätt

alive [ə'laiv] adj levande

all [ɔ:l] adj all; ~ in allt
inkluderat; ~ right! fint!; at
~ överhuvudtaget

allergy ['ælədʒi] n allergi c

alley ['æli] n gränd c

alliance [ə'laiəns] n allians c

Allies ['ælaiz] pl (de)
allierade

allow [ə'lau] v *tillåta,
bevilja; ~ to *låta; *be
allowed *vara tillåten; *be
allowed to *få

allowance [ə'lauəns] n

fickpengar *pl*, underhåll *nt*

almond ['ɑ:mənd] *n* mandel *c*

almost ['ɔ:lmoust] *adv*
nästan

alone [ə'loun] *adv* endast; *adj*
ensam, för sig själv

along [ə'lɔŋ] *prep* längs

aloud [ə'laud] *adv* högt

alphabet ['ælfəbet] *n* alfabet
nt

already [ɔ:l'redi] *adv* redan

also ['ɔ:lsou] *adv* också;
dessutom, även

altar ['ɔ:ltə] *n* altare *nt*

alter ['ɔ:ltə] *v* förändra, ändra

alteration [,ɔ:ltə'reiʃən] *n*
ändring *c*, förändring *c*

alternate [ɔ:l'tə:nət] *adj*
alternerande

alternative [ɔ:l'tə:nətiv] *n*
alternativ *nt*

although [ɔ:l'ðou] *conj*
fastän, även om

altitude ['æltitju:d] *n* höjd *c*

alto ['æltou] *n* (pl ~s) alt *c*

altogether [,ɔ:ltə'geðə] *adv*
helt och hållet

always ['ɔ:lweiz] *adv* alltid

am [æm] *v* (pr be)

amaze [ə'meiz] *v* förbluffa,
förvåna

amazement [ə'meizmənt] *n*
förvåning *c*

amazing [ə'meiziŋ] *adj*
häpnadsväckande

ambassador [æm'bæsədə] *n*
ambassadör *c*

amber ['æmbə] *n* bärnsten *c*

ambiguous [æm'bigjuəs] *adj*
tvetydig

ambition [æm'biʃən] *n*
ambition *c*

ambitious [æm'biʃəs] *adj*
ambitiös; ärelysten

ambulance ['æmbjuləns] *n*
ambulans *c*

ambush ['æmbuʃ] *n* bakhåll
nt

America [ə'merikə] Amerika

American [ə'merikən] *adj*
amerikansk; *n* amerikan *c*

amethyst ['æmiθist] *n*
ametist *c*

amid [ə'mid] *prep* bland; mitt
ibland, mitt i

ammonia [ə'mouniə] *n*
ammoniak *c*

amnesty ['æmnisti] *n*
amnesti *c*

among [ə'mʌŋ] *prep* bland;
mellan, ibland; ~ other
things bland annat

amount [ə'maunt] *n* mängd
c; summa *c*, belopp *nt*; ~ to
*uppgå till

amuse [ə'mju:z] *v* roa,
*underhålla

amusement [ə'mju:zmənt] *n*
nöje *nt*, förströelse *c*

amusing [ə'mju:ziŋ] *adj*
lustig

anaemia [ə'ni:miə] *n*
blodbrist *c*

anaesthesia [,ænis'θi:ziə] *n*
bedövning *c*

anaesthetic [,ænis'θetik] *n*
bedövningsmedel *nt*

analyse ['ænəlaiz] *v*
analysera

analysis [ə'næləsis] *n* (pl

-ses) analys c

analyst ['ænəlist] n
analytiker c;
psykoanalytiker c

anarchy ['ænəki] n anarki c

anatomy [ə'nætəmi] n
anatomi c

ancestor ['ænsestə] n
förfader c

anchor ['æŋkə] n ankare nt

anchovy ['æntʃəvi] n sardell
c, ansjovis c

ancient ['einʃənt] adj
gammal; forntida

and [ænd, ənd] conj och

angel ['eindʒəl] n ängel c

anger ['æŋgə] n ilska c, vrede
c

angle ['æŋgəl] v meta; n
vinkel c

angry ['æŋgri] adj vred, arg

animal ['æniməl] n djur nt

ankle ['æŋkəl] n ankel c

annex¹ ['æneks] n annex nt;
bilaga c

annex² [ə'neks] v annektera

anniversary [ˌæni'və:səri] n
årsdag c

announce [ə'nauns] v
*tillkännage, *offentliggöra

announcement
[ə'naunsmənt] n
tillkännagivande nt,
kungörelse c

annoy [ə'nɔi] v förarga,
irritera; reta

annoyance [ə'nɔiəns] n
förargelse c

annoying [ə'nɔiiŋ] adj
förarglig, retsam

annual ['ænjuəl] adj årlig; n
årsbok c

per annum [pər 'ænəm] per
år

anonymous [ə'nɔniməs] adj
anonym

another [ə'nʌðə] adj en till;
en annan

answer ['ɑ:nsə] v svara;
besvara; n svar nt

answering machine
['ɑ:nsəriŋ mə'ʃi:n] n
telefonsvarare

ant [ænt] n myra c

antibiotic [ˌæntibai'ɔtik] n
antibiotikum nt

anticipate [æn'tisipeit] v
*förutse, *föregripa;
*förekomma

antifreeze ['æntifri:z] n
frostskyddsvätska c

antipathy [æn'tipəθi] n
motvilja c

antique [æn'ti:k] adj antik; n
antikvitet c

antiquities pl antikviteter

antiseptic [ˌænti'septik] n
antiseptiskt medel

anxiety [æŋ'zaiəti] n
bekymmer nt

anxious ['æŋkʃəs] adj ivrig;
orolig

any ['eni] adj någon

anybody ['enibɔdi] pron vem
som helst

anyhow ['enihau] adv hur
som helst

anyone ['eniwʌn] pron varje

anything ['eniθiŋ] pron vad
som helst

anyway ['eniwei] *adv* i varje fall

anywhere ['eniweə] *adv* var som helst

apart [ə'pɑːt] *adv* isär, var för sig; ~ from bortsett från

apartment [ə'pɑːtmənt] *nAm* våning *c*, lägenhet *c*; ~ house *Am* hyreshus *nt*

aperitif [ə'perətiv] *n* aperitif *c*

apologize [ə'pɔlədʒaiz] *v* *be om ursäkt

apology [ə'pɔlədʒi] *n* ursäkt *c*

apparatus [ˌæpə'reitəs] *n* anordning *c*, apparat *c*

apparent [ə'pærənt] *adj* uppenbar; tydlig

apparently [ə'pærəntli] *adv* tydligen

appeal [ə'piːl] *n* vädjan *c*

appear [ə'piə] *v* verka, tyckas; *framgå; synas; framträda

appearance [ə'piərəns] *n* utseende *nt*; framträdande *nt*

appendicitis [əˌpendi'saitis] *n* blindtarmsinflammation *c*

appendix [ə'pendiks] *n* (pl -dices, -dixes) blindtarm *c*

appetite ['æpətait] *n* aptit *c*, matlust *c*

appetizer ['æpətaizə] *n* aptitretare *c*

appetizing ['æpətaizin] *adj* aptitlig

applaud [ə'plɔːd] *v* applådera

applause [ə'plɔːz] *n* applåd *c*

apple ['æpəl] *n* äpple *nt*

appliance [ə'plaiəns] *n* apparat *c*, anordning *c*

application [ˌæpli'keiʃən] *n* användning *c*; ansökan *c*

apply [ə'plai] *v* tillämpa, *lägga på; använda; ansöka; gälla

appoint [ə'pɔint] *v* anställa, utnämna

appointment [ə'pɔintmənt] *n* avtalat möte, avtal *nt*; utnämning *c*

appreciate [ə'priːʃieit] *v* uppskatta, värdesätta

appreciation [əˌpriːʃi'eiʃən] *n* värdestegring *c*; uppskattning *c*

apprentice [ə'prentis] *n* lärling *c*

approach [ə'prəutʃ] *v* närma sig; *n* tillvägagångssätt *nt*; närmande *nt*

appropriate [ə'prəupriət] *adj* rätt, lämplig, ändamålsenlig

approval [ə'pruːvəl] *n* gillande *nt*; bifall *nt*

approve [ə'pruːv] *v* gilla; ~ of godkänna

approximate [ə'prɔksimət] *adj* ungefärlig

approximately [ə'prɔksimətli] *adv* ungefär, cirka

apricot ['eiprikɔt] *n* aprikos *c*

April ['eiprəl] april

apron ['eiprən] *n* förkläde *nt*

Arab ['ærəb] *adj* arabisk; *n* arab *c*

arbitrary ['ɑ:bitrəri] adj
godtycklig

arcade [ɑ:'keid] n pelargång
c, arkad c

arch [ɑ:tʃ] n valvbåge c; valv
nt

archaeologist
[,ɑ:ki'ɔlədʒist] n arkeolog c

archaeology [,ɑ:ki'ɔlədʒi] n
arkeologi c

arched [ɑ:tʃt] adj bågformig

architect ['ɑ:kitekt] n
arkitekt c

architecture [ɑ:'kitektʃə] n
byggnadskonst c, arkitektur
c

archives ['ɑ:kaivz] pl arkiv
nt

are [ɑ:] v (pr be)

area ['ɛəriə] n område nt; yta
c; ~ code riktnummer nt

Argentina [,ɑ:dʒən'ti:nə]
Argentina

Argentinian [,ɑ:dʒən'tiniən]
adj argentinsk; n
argentinare c

argue ['ɑ:gju:] v
argumentera, diskutera,
debattera; gräla

argument ['ɑ:gjumənt] n
argument nt; diskussion c;
ordväxling c

*arise [ə'raiz] v *uppstå

arithmetic [ə'riθmətik] n
räkning c

arm [ɑ:m] n arm c; vapen nt;
armstöd nt; v beväpna

armchair ['ɑ:mtʃɛə] n fåtölj c

armed [ɑ:md] adj beväpnad;
~ forces beväpnade styrkor

armour ['ɑ:mə] n rustning c

army ['ɑ:mi] n armé c

aroma [ə'roumə] n arom c

around [ə'raund] prep
omkring; adv runt

arrange [ə'reindʒ] v ordna;
arrangera

arrangement [ə'reindʒmənt]
n arrangemang nt; avtal nt;
åtgärd c

arrest [ə'rest] v arrestera; n
arrestering c

arrival [ə'raivəl] n ankomst c

arrive [ə'raiv] v anlända

arrow ['ærou] n pil c

art [ɑ:t] n konst c; skicklighet
c; list c; ~ collection
konstsamling c; ~ exhibition
konstutställning c; ~ gallery
konstgalleri nt; ~ history
konsthistoria c; arts and
crafts konstindustri c; ~
school konstakademi c

artery ['ɑ:təri] n pulsåder c

artichoke ['ɑ:titʃouk] n
kronärtskocka c

article ['ɑ:tikəl] n artikel c

artificial [,ɑ:ti'fiʃəl] adj
konstgjord

artist ['ɑ:tist] n konstnär c;
konstnärinna c

artistic [ɑ:'tistik] adj
artistisk, konstnärlig

as [æz] conj liksom, som;
lika; därför att, eftersom; ~
from med; från och med; ~ if
som om

asbestos [æz'bestɔs] n
asbest c

ascend [ə'send] v *stiga;

*stiga uppåt; *bestiga

ascent [ə'sent] n stigning c; bestigning c

ascertain [,æsə'tein] v konstatera; förvissa sig om, fastställa

ash [æʃ] n aska c

ashamed [ə'ʃeimd] adj skamsen; *be ~ skämmas

ashore [ə'ʃɔː] adv i land

ashtray ['æʃtrei] n askkopp c

Asia ['eiʃə] Asien

Asian ['eiʃən] adj asiatisk; n asiat c

aside [ə'said] adv åt sidan

ask [ɑːsk] v fråga; *be; *inbjuda

asleep [ə'sliːp] adj sovande

asparagus [ə'spærəgəs] n sparris c

aspect ['æspekt] n aspekt c

asphalt ['æsfælt] n asfalt c

aspire [ə'spaiə] v sträva

aspirin ['æspərin] n aspirin nt

assassination [ə,sæsi'neiʃən] n mord nt

assault [ə'sɔːlt] v *angripa; *våldta

assemble [ə'sembəl] v samla; *sätta ihop, montera

assembly [ə'sembli] n församling c, sammankomst c

assignment [ə'sainmənt] n uppdrag nt

assign to [ə'sain] tilldela; *överlåta

assist [ə'sist] v hjälpa, *bistå; ~ at *vara närvarande vid

assistance [ə'sistəns] n

hjälp c; bistånd nt, understöd nt

assistant [ə'sistənt] n assistent c

associate[1] [ə'souʃiət] n kompanjon c, delägare c; kollega c; medlem c

associate[2] [ə'souʃieit] v associera; ~ with *umgås med

association [ə,sousi'eiʃən] n förening c, sammanslutning c

assort [ə'sɔːt] v sortera

assortment [ə'sɔːtmənt] n urval nt, sortiment nt

assume [ə'sjuːm] v *anta, förmoda

assure [ə'ʃuə] v försäkra

asthma ['æsmə] n astma c

astonish [ə'stɔniʃ] v förvåna

astonishing [ə'stɔniʃiŋ] adj förvånansvärd

astonishment [ə'stɔniʃmənt] n förvåning c

astronaut ['æstrənɔːt] n astronaut c

astronomy [ə'strɔnəmi] n astronomi c

asylum [ə'sailəm] n asyl c; mentalsjukhus nt, vårdanstalt c

at [æt] prep på, hos, i

ate [et] v (p eat)

atheist ['eiθiist] n ateist c

athlete ['æθliːt] n atlet c

athletics [æθ'letiks] pl friidrott c

Atlantic [ət'læntik] Atlanten

ATM ['eiti'em] n bankomat c

atmosphere ['ætməsfiə] n
atmosfär c; stämning c

atom ['ætəm] n atom c

atomic [ə'tɔmik] adj atom-;
kärn-

atomizer ['ætəmaizə] n
sprayflaska c; spray c

attach [ə'tætʃ] v fästa; bifoga;
attached to fäst vid

attack [ə'tæk] v *anfalla; n
anfall nt

attain [ə'tein] v uppnå

attainable [ə'teinəbəl] adj
uppnåelig; åtkomlig

attempt [ə'tempt] v försöka,
pröva; n försök nt

attend [ə'tend] v *vara
närvarande vid; ~ on
uppassa; ~ to *ta hand om,
*se till; beakta,
uppmärksamma

attendance [ə'tendəns] n
deltagande nt

attendant [ə'tendənt] n
vaktmästare c

attention [ə'tenʃən] n
uppmärksamhet c

attentive [ə'tentiv] adj
uppmärksam

attest [ə'test] v intyga

attic ['ætik] n vindsrum nt

attitude ['ætitju:d] n
inställning c

attorney [ə'tə:ni] n advokat c

attract [ə'trækt] v *tilldra sig

attraction [ə'trækʃən] n
attraktion c; lockelse c

attractive [ə'træktiv] adj
tilldragande

auction ['ɔ:kʃən] n auktion c

audible ['ɔ:dibəl] adj hörbar

audience ['ɔ:diəns] n publik
c

auditor ['ɔ:ditə] n åhörare c

auditorium [,ɔ:di'tɔ:riəm] n
hörsal c

August ['ɔ:gəst] augusti

aunt [ɑ:nt] n tant c, moster c,
faster c

Australia [ɔ'streiliə]
Australien

Australian [ɔ'streiliən] adj
australisk; n australier c

Austria ['ɔstriə] Österrike

Austrian ['ɔstriən] adj
österrikisk; n österrikare c

authentic [ɔ:'θentik] adj
autentisk; äkta

author ['ɔ:θə] n författare c

authoritarian
[ɔ:,θɔri'teəriən] adj
auktoritär

authority [ɔ:'θɔrəti] n
auktoritet c;
maktbefogenhet c;
authorities pl myndigheter
pl

authorization
[,ɔ:θərai'zeiʃən] n tillåtelse
c

automatic [,ɔ:tə'mætik] adj
automatisk; ~ teller
machine n bankomat c

automation [,ɔ:tə'meiʃən] n
automatisering c

automobile ['ɔ:təməbi:l] n
bil c; ~ club automobilklubb
c

autonomous [ɔ:'tɔnəməs]
adj autonom

autopsy ['ɔːtɔpsi] n
obduktion c
autumn ['ɔːtəm] n höst c
available [ə'veiləbəl] adj
disponibel, tillgänglig, i
lager
avalanche ['ævəlɑːnʃ] n
lavin c
avenue ['ævənjuː] n aveny c
average ['ævəridʒ] adj
genomsnittlig; n genomsnitt
nt; on the ~ i genomsnitt
averse [ə'vəːs] adj obenägen,
ovillig
aversion [ə'vəːʃən] n
motvilja c
avoid [ə'vɔid] v *undgå;

*undvika
await [ə'weit] v vänta på,
vänta sig
awake [ə'weik] adj vaken
*awake [ə'weik] v väcka
award [ə'wɔːd] n pris nt; v
tilldela
aware [ə'weə] adj medveten
away [ə'wei] adv bort; *go ~
åka bort
awful ['ɔːfəl] adj
fruktansvärd, ryslig
awkward ['ɔːkwəd] adj
brydsam; tafatt, klumpig
awning ['ɔːniŋ] n markis c
axe [æks] n yxa c
axle ['æksəl] n hjulaxel c

B

baby ['beibi] n baby c; ~
carriage Am barnvagn c
babysitter ['beibi,sitə] n
barnvakt c
bachelor ['bætʃələ] n
ungkarl c
back [bæk] n rygg c; adv
tillbaka; *go ~ åka tillbaka
backache ['bækeik] n
ryggvärk c
backbone ['bækboun] n
ryggrad c
background ['bækgraund] n
bakgrund c; utbildning c
backwards ['bækwədz] adv
bakåt
bacon ['beikən] n bacon nt
bacterium [bæk'tiːriəm] n
(pl -ria) bakterie c

bad [bæd] adj dålig, allvarlig;
stygg
bag [bæg] n påse c; väska c,
handväska c; resväska c
baggage ['bægidʒ] n bagage
nt; ~ deposit office Am
bagageinlämning c; hand ~
handbagage nt
bail [beil] n borgen c
bait [beit] n bete nt
bake [beik] v baka
baker ['beikə] n bagare c
bakery ['beikəri] n bageri nt
balance ['bæləns] n jämvikt
c; våg c; saldo nt
balcony ['bælkəni] n balkong
c
bald [bɔːld] adj flintskallig
ball [bɔːl] n boll c; bal c

ballet ['bælei] n balett c

balloon [bə'luːn] n ballong c

ballpoint pen ['bɔːlpɔintpen] n kulspetspenna c

ballroom ['bɔːlruːm] n balsal c

banana [bə'nɑːnə] n banan c

band [bænd] n band nt

bandage ['bændidʒ] n förband nt

bank [bæŋk] n flodbank c; bank c; v deponera, *sätta in; ~ account bankkonto nt

banknote ['bæŋknout] n sedel c

bank rate ['bæŋkreit] n diskonto nt

bankrupt ['bæŋkrʌpt] adj konkursmässig, bankrutt

banner ['bænə] n baner nt

banquet ['bæŋkwit] n bankett c

banqueting-hall ['bæŋkwitiŋhɔːl] n bankettsal c

baptism ['bæptizəm] n dop nt

baptize [bæp'taiz] v döpa

bar [bɑː] n bar c; stång c; fönstergaller nt

barbecue ['bɑːbikjuː] n grill; v grilla

barbed wire ['bɑːbd waiə] n taggtråd

barber ['bɑːbə] n herrfrisör c

bare [beə] adj naken, bar; kal

barely ['beəli] adv nätt och jämt

bargain ['bɑːgin] n fynd nt; v *köpslå, pruta

baritone ['bæritoun] n baryton c

bark [bɑːk] n bark c; v skälla

barley ['bɑːli] n korn nt

barn [bɑːn] n lada c

barometer [bə'rɔmitə] n barometer c

baroque [bə'rɔk] adj barock

barracks ['bærəks] pl kasern c

barrel ['bærəl] n tunna c, fat nt

barrier ['bæriə] n barriär c; bom c

barrister ['bæristə] n advokat c

bartender ['bɑː,tendə] n bartender c

base [beis] n bas c; grundval c; v basera

baseball ['beisbɔːl] n baseboll c

basement ['beismənt] n källarvåning c

basic ['beisik] adj grundläggande

basilica [bə'zilikə] n basilika c

basin ['beisən] n balja c, skål c

basis ['beisis] n (pl bases) basis c, grundprincip c

basket ['bɑːskit] n korg c

bass¹ [beis] n bas c

bass² [bæs] n (pl ~) abborre c

bastard ['bɑːstəd] n bastard c; tölp c

batch [bætʃ] n parti nt; hop c

bath [bɑːθ] n bad nt; ~ salts badsalt nt; ~ towel

behaviour

badhandduk c
bathe [beið] v bada
bathing cap ['beiðiŋkæp] n
badmössa c
bathing suit ['beiðiŋsu:t] n
baddräkt c; badbyxor pl
bathrobe ['ba:θroub] n
badrock c
bathroom ['ba:θru:m] n
badrum nt; toalett c
batter ['bætə] n smet c
battery ['bætəri] n batteri nt
battle ['bætəl] n slag nt; kamp
c, strid c; v kämpa
bay [bei] n vik c; v skälla
*be [bi:] v *vara
beach [bi:tʃ] n strand c;
nudist ~ nudistbadstrand c
bead [bi:d] v pärla c; beads
pl pärlhalsband nt; radband
nt
beak [bi:k] n näbb c
beam [bi:m] n stråle c; bjälke
c
bean [bi:n] n böna c
bear [bεə] n björn c
*bear [bεə] v *bära; tåla;
*utstå
beard [biəd] n skägg nt
beast [bi:st] n djur nt; ~ of
prey rovdjur nt
*beat [bi:t] v *slå; besegra
beautiful ['bju:tifəl] adj
vacker
beauty ['bju:ti] n skönhet c; ~
parlour skönhetssalong c; ~
salon skönhetssalong c; ~
treatment skönhetsvård c
beaver ['bi:və] n bäver c
because [bi'kɔz] conj därför

att; eftersom; ~ of på grund
av
*become [bi'kʌm] v *bli; klä
bed [bed] n säng c; ~ and
board helpension c, mat och
logi; ~ and breakfast rum
med frukost
bedding ['bediŋ] n
sängkläder pl
bedroom ['bedru:m] n
sovrum nt
bee [bi:] n bi nt
beech [bi:tʃ] n bok c
beef [bi:f] n oxkött nt
beefburger ['bi:fbə:gə] n
biffburgare c
beehive ['bi:haiv] n bikupa c
been [bi:n] v (pp be)
beer [biə] n öl nt
beet [bi:t] n beta c
beetle ['bi:təl] n skalbagge c
beetroot ['bi:tru:t] n rödbeta
c
before [bi'fɔ:] prep före;
framför; conj innan; adv
förut; innan
beg [beg] v tigga; *bönfalla;
*be
beggar ['begə] n tiggare c
*begin [bi'gin] v begynna,
börja
beginner [bi'ginə] n
nybörjare c
beginning [bi'giniŋ] n
begynnelse c; början c
on behalf of [bi'ha:f] på ...
vägnar
behave [bi'heiv] v uppföra
sig
behaviour [bi'heivjə] n

uppförande *nt*

behind [bi'haind] *prep* bakom; *adv* bakom

beige [beiʒ] *adj* beige

being ['bi:iŋ] *n* varelse *c*

Belgian ['beldʒən] *adj* belgisk; *n* belgare *c*

Belgium ['beldʒəm] Belgien

belief [bi'li:f] *n* tro *c*

believe [bi'li:v] *v* tro

bell [bel] *n* klocka *c*; ringklocka *c*

bellboy ['belbɔi] *n* hotellpojke *c*

belly ['beli] *n* buk *c*

belong [bi'lɔŋ] *v* tillhöra

belongings [bi'lɔŋiŋz] *pl* tillhörigheter *pl*

beloved [bi'lʌvd] *adj* älskad

below [bi'lou] *prep* nedanför; under; *adv* nedan

belt [belt] *n* bälte *nt*; garter ~ *Am* strumpebandshållare *c*

bench [bentʃ] *n* bänk *c*

bend [bend] *n* kurva *c*, böjning *c*; krök *c*

*bend [bend] *v* böja; ~ **down** böja sig

beneath [bi'ni:θ] *prep* under; *adv* nedanför

benefit ['benifit] *n* vinst *c*, nytta *c*; förmån *c*; *v* *dra nytta

bent [bent] *adj* (pp bend) böjd

berry ['beri] *n* bär *nt*

beside [bi'said] *prep* bredvid

besides [bi'saidz] *adv* dessutom; förresten; *prep* utom

best [best] *adj* bäst

bet [bet] *n* vad *nt*; insats *c*

*bet [bet] *v* *slå vad

betray [bi'trei] *v* förråda

better ['betə] *adj* bättre

between [bi'twi:n] *prep* mellan

beverage ['bevəridʒ] *n* dryck *c*

beware [bi'weə] *v* akta sig

beyond [bi'jɔnd] *prep* bortom; på andra sidan om; utöver; *adv* bortom

bible ['baibəl] *n* bibel *c*

bicycle ['baisikəl] *n* cykel *c*

bid [bid] *n* bud *nt*

big [big] *adj* stor; omfångsrik; tjock; viktig

bike [baik] *n colloquial* cykel *c*

bile [bail] *n* galla *c*

bilingual [bai'liŋgwəl] *adj* tvåspråkig

bill [bil] *n* räkning *c*; nota *c*; *v* fakturera

billiards ['biljədz] *pl* biljard *c*

billion ['biljən] *n* miljard *c*

*bind [baind] *v* *binda

binding ['baindiŋ] *n* band *nt*; bård *c*

binoculars [bi'nɔkjələz] *pl* kikare *c*

biodegradable [ˌbaioudi'greidəbəl] *adj* biologiskt nedbrytbar

biology [bai'ɔlədʒi] *n* biologi *c*

bipolar [ˌbai'poulə] *adj* bipolär

birch [bə:tʃ] *n* björk *c*

bird [bəːd] n fågel c

birth [bəːθ] n födelse c

birthday ['bəːθdei] n
födelsedag c

biscuit ['biskit] n kex nt

bishop ['biʃəp] n biskop c

bit [bit] n bit c; smula c

bitch [bitʃ] n tik c

bite [bait] n munsbit c; bett nt

*bite [bait] v *bita

bitter ['bitə] adj bitter

black [blæk] adj svart; ~
market svarta börsen

blackberry ['blækbəri] n
björnbär nt

Blackberry® ['blækbəri] n
Blackberry c

blackbird ['blækbəːd] n
koltrast c

blackboard ['blækbɔːd] n
svarta tavlan

blackcurrant [,blæk'kʌrənt]
n svarta vinbär nt

blackmail ['blækmeil] n
utpressning c; v utpressa
pengar

blacksmith ['blæksmiθ] n
smed c

bladder ['blædə] n urinblåsa
c

blade [bleid] n knivblad nt; ~
of grass grässtrå c

blame [bleim] n klander nt; v
förebrå, klandra

blank [blæŋk] adj blank

blanket ['blæŋkit] n filt c

blast [blɑːst] n explosion c

blazer ['bleizə] n blazer c

bleach [bliːtʃ] v bleka

bleak [bliːk] adj karg, kal

*bleed [bliːd] v blöda

bless [bles] v välsigna

blessing ['blesiŋ] n
välsignelse c

blind [blaind] n persienn c,
rullgardin c; adj blind; v
blända

blister ['blistə] n blåsa c,
vattenblåsa c

blizzard ['blizəd] n snöstorm
c

block [blɔk] v blockera,
spärra; n kloss c; ~ of flats
hyreshus nt

Blog [blɔg] n blogg c

blond [blɔnd] adj blond

blood [blʌd] n blod nt; ~
pressure blodtryck c

blood poisoning
['blʌd,pɔizəniŋ] n
blodförgiftning c

blood vessel ['blʌd,vesəl] n
blodkärl nt

bloody ['blʌdi] adj colloquial
blodig

blossom ['blɔsəm] n
blomma c

blot [blɔt] n fläck c; blotting
paper läskpapper nt

blouse [blauz] n blus c

blow [blou] n örfil c, slag nt;
vindpust c

*blow [blou] v blåsa

blowout ['blouaut] n
punktering c

blue [bluː] adj blå; nedstämd

blunt [blʌnt] adj slö; trubbig

blush [blʌʃ] v rodna

board [bɔːd] n bräda c; tavla
c; pension c; styrelse c; ~

and lodging mat och logi,
helpension c
boarder ['bɔːdə] n
internatselev c,
inackordering c
boardinghouse
['bɔːdiŋhaus] n pensionat nt
boarding school
['bɔːdiŋskuːl] n
internatskola c
boast [boust] v *skryta
boat [bout] n båt c, skepp nt
body ['bɔdi] n kropp c
bodyguard ['bɔdigɑːd] n
livvakt c
bog [bɔg] n träsk nt
boil [bɔil] v koka; n spikböld c
bold [bould] adj djärv, fräck
Bolivia [bə'liviə] Bolivia
Bolivian [bə'liviən] adj
boliviansk; n bolivian c
bolt [boult] n regel c; bult c
bomb [bɔm] n bomb c; v
bombardera
bond [bɔnd] n obligation c
bone [boun] n ben nt; fiskben
nt; v urbena
bonnet ['bɔnit] n motorhuv c
book [buk] n bok c; v boka,
reservera; bokföra, *skriva
in
booking ['bukiŋ] n
beställning c, reservation c
bookmaker ['buk,meikə] n
vadhållningsagent c
bookseller ['buk,selə] n
bokhandlare c
bookstand ['bukstænd] n
bokstånd nt
bookstore ['bukstɔː] n

and lodging mat och logi,
bokhandel c, boklåda c
boot [buːt] n stövel c;
bagageutrymme c
booth [buːð] n bod c; hytt c
booze [buːz] n colloquial
sprit
border ['bɔːdə] n gräns c;
kant c
bore¹ [bɔː] v tråka ut; borra;
n tråkmåns c
bore² [bɔː] v (p bear)
boring ['bɔːriŋ] adj tråkig,
långtråkig
born [bɔːn] adj född
borrow ['bɔrou] v låna
bosom ['buzəm] n barm c;
bröst nt
boss [bɔs] n chef c
botany ['bɔtəni] n botanik c
both [bouθ] adj båda; both ...
and både ... och
bother ['bɔðə] v besvära,
störa; *göra sig besvär;
besvär nt
bottle ['bɔtəl] n flaska c; ~
opener flasköppnare c; hot-
-water ~ varmvattensflaska c
bottleneck ['bɔtəlnek] n
flaskhals c
bottom ['bɔtəm] n botten c;
bakdel c, stjärt c; adj
nedersta
bought [bɔːt] v (p, pp buy)
boulder ['bouldə] n
stenblock nt
bound [baund] n gräns c; *be
~ to *måste; ~ for på väg till
boundary ['baundəri] n
gränslinje c; landgräns c
bouquet [bu'kei] n bukett c

brick

bourgeois ['buəʒwɑ:] adj
  kälkborgerlig
boutique [bu'ti:k] n boutique
  c
bow¹ [bau] v bocka
bow² [bou] n båge c; ~ tie
  fluga c
bowels [bauəlz] pl inälvor pl,
  tarmar pl
bowl [boul] n skål c
bowling ['bouliŋ] n kägelspel
  nt, bowling c; ~ alley
  bowlingbana c
box¹ [bɔks] v boxas; boxing
  match boxningsmatch c
box² [bɔks] n ask c
box office ['bɔks,ɔfis] n
  biljettlucka c, biljettkassa c
boy [bɔi] n pojke c; tjänare c;
  ~ scout scout c
boyfriend ['bɔifrend] n
  pojkvän c
bra [brɑ:] n behå c
bracelet ['breislit] n
  armband nt
braces ['breisiz] pl hängslen
  pl
brain [brein] n hjärna c;
  förstånd nt
brain wave ['breinweiv] n
  snilleblixt c
brake [breik] n broms c; ~
  drum bromstrumma c; ~
  lights bromsljus nt
branch [brɑ:ntʃ] n gren c;
  filial c
brand [brænd] n märke nt;
  brännmärke nt
brand-new [,brænd'nju:] adj
  splitter ny

brass [brɑ:s] n mässing c; ~
  band mässingsorkester c
brave [breiv] adj tapper,
  modig
Brazil [brə'zil] Brasilien
Brazilian [brə'ziljən] adj
  brasiliansk; n brasilianare c
breach [bri:tʃ] n rämna c;
  brott nt
bread [bred] n bröd nt;
  wholemeal ~ fullkornsbröd
  nt
breadth [bredθ] n bredd c
break [breik] n brytning c;
  rast c
*break [breik] v *bryta; ~
  down *gå sönder; *bryta
  samman; analysera
breakdown ['breikdaun] n
  sammanbrott nt,
  motorstopp nt
breakfast ['brekfəst] n
  frukost c
breast [brest] n bröst nt
breaststroke ['breststrouk]
  n bröstsim nt
breath [breθ] n anda c
breathe [bri:ð] v andas
breathing ['bri:ðiŋ] n
  andning c
breed [bri:d] n ras c; art c
*breed [bri:d] v uppföda
breeze [bri:z] n bris c
brew [bru:] v brygga
brewery ['bru:əri] n bryggeri
  nt
bribe [braib] v muta
bribery ['braibəri] n mutning
  c
brick [brik] n tegelsten c

bricklayer ['brikleiə] n
murare c

bride [braid] n brud c

bridegroom ['braidgru:m] n
brudgum c

bridge [bridʒ] n bro c; bridge
c

brief [bri:f] adj kort;
kortfattad

briefcase ['bri:fkeis] n
portfölj c

briefs [bri:fs] pl trosor pl,
kalsonger pl

bright [brait] adj glänsande;
strålande; kvicktänkt,
skärpt

brighten ['braitən] v göra
ljusare

brill [bril] n slätvar c

brilliant ['briljənt] adj
briljant; begåvad

brim [brim] n brädd c

*bring [briŋ] v *ta med,
medföra; *ha med sig; ~
back återföra; ~ up
uppfostra; *ta upp

brisk [brisk] adj pigg

British ['britiʃ] adj brittisk

Briton ['britən] n britt c

broad [brɔ:d] adj bred;
utsträckt, vidsträckt; allmän

broadband ['brɔ:dbænd] n
bredband c

broadcast ['brɔ:dka:st] n
utsändning c

*broadcast ['brɔ:dka:st] v
utsända

brochure ['brouʃuə] n
broschyr c

broke¹ [brouk] v (p break)

broke² [brouk] adj pank

broken ['broukən] adj (pp
break) sönder; trasig

broker ['broukə] n mäklare c

bronchitis [brɔŋ'kaitis] n
luftrörskatarr c

bronze [brɔnz] n brons c; adj
brons-

brooch [broutʃ] n brosch c

brook [bruk] n bäck c

broom [bru:m] n kvast c

brothel ['brɔθəl] n bordell c

brother ['brʌðə] n bror c;
broder c

brother-in-law ['brʌðərinlɔ:]
n (pl brothers-) svåger c

brought [brɔ:t] v (p, pp
bring)

brown [braun] adj brun

bruise [bru:z] n
blodutgjutning c, blåmärke
nt; v *slå gul och blå

brunette [bru:'net] n brunett
c

brush [brʌʃ] n borste c;
pensel c; v borsta

brutal ['bru:təl] adj brutal

bubble ['bʌbəl] n bubbla c

buck [bʌk] n colloquial bock
c

bucket ['bʌkit] n hink c

buckle ['bʌkəl] n spänne nt

bud [bʌd] n knopp c

buddy ['bʌdi] n colloquial
kompis c

budget ['bʌdʒit] n budget c

buffet ['bufei] n gående bord
nt

bug [bʌg] n vägglus c;
skalbagge c; nAm insekt c

*build [bild] v bygga

building ['bildiŋ] n byggnad c

bulb [bʌlb] n blomlök c; light ~ glödlampa c

Bulgaria [bʌl'geəriə] Bulgarien

Bulgarian [bʌl'geəriən] adj bulgarisk; n bulgar c

bulk [bʌlk] n volym c; massa c; största delen

bulky ['bʌlki] adj omfångsrik, skrymmande

bull [bul] n tjur c

bullet ['bulit] n kula c

bulletin ['bulitin] n anslag nt; ~ board n anslag stavla c

bullfight ['bulfait] n tjurfäktning c

bullring ['bulriŋ] n tjurfäktningsarena c

bump [bʌmp] v stöta; sammanstöta; dunka; n duns c, slag nt, stöt c

bumper ['bʌmpə] n kofångare c

bumpy ['bʌmpi] adj gropig

bun [bʌn] n bulle c

bunch [bʌntʃ] n bukett c; hop c

bundle ['bʌndəl] n bunt c; v bunta ihop

bunk [bʌŋk] n koj c

buoy [bɔi] n boj c

burden ['bəːdən] n börda c

bureau ['bjuərou] n (pl ~x, ~s) skrivbord nt; nAm byrå c

bureaucracy [bjuə'rɔkrəsi] n byråkrati c

burglar ['bəːglə] n inbrottstjuv c

burgle ['bəːgəl] v *göra

inbrott

burial ['beriəl] n begravning c, gravsättning c

burn [bəːn] n brännsår nt

*burn [bəːn] v *brinna; bränna; vidbränna

*burst [bəːst] v *spricka; *brista

bury ['beri] v begrava

bus [bʌs] n buss c

bush [buʃ] n buske c

business ['biznəs] n affärer pl, handel c; affär c, affärsverksamhet c; sysselsättning c; ~ hours kontorstid c, affärstid c; ~ trip affärsresa c; on ~ i affärer

business-like ['biznislaik] adj affärsmässig

businessman ['biznəsmən] n (pl -men) affärsman c

businesswoman ['biznəswumən] n affärskvinna c

bust [bʌst] n byst c

bustle ['bʌsəl] n jäkt nt

busy ['bizi] adj upptagen; livlig

but [bʌt] conj men; dock; prep utom

butcher ['butʃə] n slaktare c

butter ['bʌtə] n smör nt

butterfly ['bʌtəflai] n fjäril c; ~ stroke fjärilsim nt

buttock ['bʌtək] n skinka c

button ['bʌtən] n knapp c; v knäppa

buttonhole ['bʌtənhoul] n knapphål nt

*buy [bai] *v* köpa; anskaffa
buyer ['baiə] *n* köpare *c*
buzz [bʌz] *n* surr *nt*
by [bai] *prep* av; med; vid
bye-bye [bai'bai] *colloquial*
hej då
by-pass ['baipɑːs] *n*
omfartsled *c*; *v* *fara förbi;
*undvika

C

cab [kæb] *n* taxi *c*
cabaret ['kæbərei] *n* kabaré
c; nattklubb *c*
cabbage ['kæbidʒ] *n* kål *c*
cab driver ['kæb,draivə] *n*
taxichaufför *c*
cabin ['kæbin] *n* kabin *c*;
hydda *c*; hytt *c*; kajuta *c*
cabinet ['kæbinət] *n* skåp *nt*;
regering *c*
cable ['keibəl] *n* kabel *c*;
telegram *nt*; *v* telegrafera
cadre ['kɑːdə] *n* stamanställd
c; stamtrupp *c*
café ['kæfei] *n* kafé *nt*
cafeteria [,kæfə'tiəriə] *n*
kafeteria *c*
caffeine ['kæfiːn] *n* koffein *nt*
cage [keidʒ] *n* bur *c*
cake [keik] *n* kaka *c*; bakverk
nt, tårta *c*
calamity [kə'læməti] *n*
katastrof *c*, olycka *c*
calcium ['kælsiəm] *n* kalcium
nt
calculate ['kælkjuleit] *v*
räkna ut, beräkna
calculation [,kælkju'leiʃən]
n beräkning *c*
calculator ['kælkjuleitə] *n*
miniräknare *c*

calendar ['kæləndə] *n*
kalender *c*
calf [kɑːf] *n* (pl calves) kalv *c*;
vad *c*; ~ **skin** kalvskinn *nt*
call [kɔːl] *v* ropa; kalla; ringa;
n rop *nt*; besök *nt*;
påringning *c*; *be called
heta; ~ names skymfa; ~ on
besöka; ~ up *Am* ringa upp
call waiting ['kɔːl,'weitiŋ] *n*
samtal väntar *c*
caller ID ['kɔːlər_ai'diː] *n*
nummerpresentatör *c*
calm [kɑːm] *adj* stilla, lugn; ~
down lugna
calorie ['kæləri] *n* kalori *c*
Calvinism ['kælvinizəm] *n*
kalvinism *c*
came [keim] *v* (p come)
camel ['kæməl] *n* kamel *c*
camera ['kæmərə] *n* kamera
c; filmkamera *c*; ~ **shop**
fotoaffär *c*
camp [kæmp] *n* läger *nt*; *v*
kampa
campaign [kæm'pein] *n*
kampanj *c*
camp bed [,kæmp'bed] *n*
tältsäng *c*, fältsäng *c*
camper ['kæmpə] *n* kampare
c

camping ['kæmpiŋ] n
  kamping c; ~ site
  kampingplats c
can [kæn] n konservburk c; ~
  opener konservöppnare c
*can [kæn] v *kunna
Canada ['kænədə] Kanada
Canadian [kə'neidiən] adj
  kanadensisk; n kanadensare
  c
canal [kə'næl] n kanal c
canary [kə'neəri] n
  kanariefågel c
cancel ['kænsəl] v annullera;
  avbeställa
cancellation [,kænsə'leiʃən]
  n annullering c
cancer ['kænsə] n cancer c
candidate ['kændidət] n
  kandidat c
candle ['kændəl] n
  stearinljus nt
candy ['kændi] nAm
  karamell c; snask nt, godis
  nt; ~ store Am gottaffär c
cane [kein] n rör nt; käpp c
canister ['kænistə] n
  bleckburk c
canoe [kə'nu:] n kanot c
canteen [kæn'ti:n] n kantin c
canvas ['kænvəs] n smärting
  c
cap [kæp] n skärmmössa c,
  mössa c
capable ['keipəbəl] adj
  kapabel, duglig
capacity [kə'pæsəti] n
  kapacitet c; förmåga c
cape [keip] n cape c; udde c
capital ['kæpitəl] n

huvudstad c; kapital nt; adj
huvudsaklig, huvud-; ~
letter stor bokstav
capitalism ['kæpitəlizəm] n
  kapitalism c
capitulation [kə,pitju'leiʃən]
  n kapitulation c
capsule ['kæpsju:l] n kapsyl
  c
captain ['kæptin] n kapten c
capture ['kæptʃə] v
  *tillfångata; *inta; n
  tillfångatagande nt; erövring
  c
car [ka:] n bil c; ~ hire
  biluthyrning c; ~ park
  parkeringsplats c; ~ rental
  Am biluthyrning c
caramel ['kærəməl] n
  karamell c
carat ['kærət] n karat c
caravan ['kærəvæn] n
  husvagn c
carburettor [,ka:bju'retə] n
  förgasare c
card [ka:d] n kort nt;
  brevkort nt
cardboard ['ka:dbɔ:d] n
  papp c; adj papp-
cardigan ['ka:digən] n kofta
  c
cardinal ['ka:dinəl] n
  kardinal c; adj huvudsaklig,
  huvud-
care [keə] n vård c;
  bekymmer nt; ~ about bry
  sig om; ~ for *vilja ha; tycka
  om; *take ~ of sköta om, *ta
  hand om
career [kə'riə] n karriär c

carefree ['kɛəfriː] adj sorglös

careful ['kɛəfəl] adj försiktig; omsorgsfull

careless ['kɛələs] adj vårdslös, slarvig

caretaker ['kɛə,teikə] n vaktmästare c

cargo ['kɑːgou] n (pl ~es) last c, laddning c

carjacking ['kɑː,dʒækiŋ] n bilkapning c

carnival ['kɑːnivəl] n karneval c

carp [kɑːp] n (pl ~) karp c

carpenter ['kɑːpintə] n snickare c

carpet ['kɑːpit] n matta c

carpool ['kɑːpuːl] n samåkning c; v samåka

carriage ['kæridʒ] n järnvägsvagn c; vagn c, ekipage nt

carriageway ['kæridʒwei] n körbana c

carrot ['kærət] n morot c

carry ['kæri] v *bära; föra; ~ on *fortsätta; ~ out genomföra

carrycot ['kærikɔt] n babykorg c

cart [kɑːt] n kärra c

cartilage ['kɑːtilidʒ] n brosk nt

carton ['kɑːtən] n kartong c; cigarrettlimpa c

cartoon [kɑːˈtuːn] n tecknad film

cartridge ['kɑːtridʒ] n patron c

carve [kɑːv] v *skära;

*utskära, snida

carving ['kɑːviŋ] n snideri nt

case [keis] n fall nt; resväska c; etui nt; attaché ~ dokumentportfölj c; in ~ ifall; in ~ of i händelse av

cash [kæʃ] n kontanter pl; v lösa in, inkassera; ~ dispenser bankomat c

cashier [kæˈʃiə] n kassör c; kassörska c

cashmere ['kæʃmiə] n kaschmir c

casino [kəˈsiːnou] n (pl ~s) kasino nt

cask [kɑːsk] n tunna c

cassette [kəˈset] n kassett c

cast [kɑːst] n kast nt

*cast [kɑːst] v kasta; cast iron gjutjärn nt

castle ['kɑːsəl] n slott nt, borg c

casual ['kæʒuəl] adj informell; flyktig; oformodad, tillfällig

casualty ['kæʒuəlti] n offer nt; olycksfall nt

cat [kæt] n katt c

catacomb ['kætəkoum] n katakomb c

catalogue ['kætəlɔg] n katalog c

catarrh [kəˈtɑː] n katarr c

catastrophe [kəˈtæstrəfi] n katastrof c

*catch [kætʃ] v fånga; *gripa; överrumpla; *hinna

catchword ['kætʃwəːd] n slagord nt

category ['kætigəri] n

kategori *c*

cathedral [kə'θi:drəl] *n*
domkyrka *c*, katedral *c*

catholic ['kæθəlik] *adj*
katolsk

cattle ['kætəl] *pl* boskap *c*

caught [kɔ:t] *v* (p, pp catch)

cauliflower ['kɒliflauə] *n*
blomkål *c*

cause [kɔ:z] *v* orsaka; vålla; *n*
orsak *c*; grund *c*, anledning
c; sak *c*; ~ **to** förmå att

caution ['kɔ:ʃən] *n*
försiktighet *c*; *v* varna

cautious ['kɔ:ʃəs] *adj*
försiktig

cave [keiv] *n* grotta *c*

cavern ['kævən] *n* håla *c*

caviar ['kæviɑ:] *n* kaviar *c*

cavity ['kævəti] *n* hålighet *c*

CD(-ROM) [si:'di:] *n*
CD-(ROM) *c*

CD player ['si:'di:ˌpleiə] *n*
CD-spelare *c*

cease [si:s] *v* upphöra

ceasefire ['si:sfaiə] *n* eld
upphör *nt*

ceiling ['si:liŋ] *n* innertak *nt*

celebrate ['selibreit] *v* fira

celebration [ˌseli'breiʃən] *n*
firande *nt*

celebrity [si'lebrəti] *n*
berömdhet *c*

celery ['seləri] *n* selleri *nt*

cell [sel] *n* cell *c*

cellar ['selə] *n* källare *c*

cellphone ['selfoun] *n*
mobiltelefon *c*

cement [si'ment] *n* cement *c*

cemetery ['semitri] *n*

kyrkogård *c*,
begravningsplats *c*

censorship ['sensəʃip] *n*
censur *c*

center ['sentə] *nAm* center *nt*

centimetre ['sentimi:tə] *n*
centimeter *c*

central ['sentrəl] *adj* central;
~ **heating** centralvärme *c*; ~
station centralstation *c*

centralize ['sentrəlaiz] *v*
centralisera

centre ['sentə] *n* centrum *c*;
medelpunkt *c*

century ['sentʃəri] *n*
århundrade *nt*

ceramics [si'ræmiks] *pl*
keramik *c*, lergods *nt*

ceremony ['serəməni] *n*
ceremoni *c*

certain ['sə:tən] *adj* säker;
viss

certainly ['sə:tənli] *adv*
säkert

certificate [sə'tifikət] *n*
certifikat *nt*; intyg *nt*,
handling *c*, diplom *nt*, attest
c

chain [tʃein] *n* kedja *c*

chair [tʃeə] *n* stol *c*

chairman ['tʃeəmən] *n* (pl
-men) ordförande *c*

chairwoman ['tʃeəwumən] *n*
ordförande (kvinnlig) *c*

chalet ['ʃælei] *n* alpstuga *c*

chalk [tʃɔ:k] *n* krita *c*

challenge ['tʃæləndʒ] *v*
utmana; *n* utmaning *c*

chamber ['tʃeimbə] *n*
kammare *c*

champagne [ʃæm'peɪn] n
champagne c

champion ['tʃæmpjən] n
mästare c; förkämpe c

chance [tʃɑːns] n slump c;
chans c, tillfällighet c; risk c;
by ~ av en slump

change [tʃeɪndʒ] v förändra,
ändra; växla; klä om sig;
byta; n förändring c;
småpengar pl; for a ~ som
omväxling

channel ['tʃænəl] n kanal c;
English Channel Engelska
kanalen

chaos ['keɪɔs] n kaos nt

chaotic [kei'ɔtik] adj kaotisk

chap [tʃæp] n karl c

chapel ['tʃæpəl] n kapell nt

chaplain ['tʃæplin] n kaplan
c

character ['kærəktə] n
karaktär c

characteristic
[,kærəktə'ristik] adj
betecknande, karakteristisk;
n kännetecken nt;
karaktärsdrag nt

characterize ['kærəktəraiz]
v karakterisera

charcoal ['tʃɑːkoul] n träkol
nt

charge [tʃɑːdʒ] v *ta betalt;
*ålägga; anklaga; lasta; n
avgift c; laddning c, börda c,
belastning c; anklagelse c; ~
plate Am kreditkort nt; free
of ~ kostnadsfri; in ~ of
ansvarig för; *take ~ of *ta
hand om

charity ['tʃærəti] n
välgörenhet c

charm [tʃɑːm] n tjusning c,
charm c; amulett c

charming ['tʃɑːmiŋ] adj
charmerande

chart [tʃɑːt] n tabell c;
diagram nt; sjökort nt;
conversion ~
omräkningstabell c

chase [tʃeis] v förfölja;
*fördriva, jaga bort; n jakt c

chasm ['kæzəm] n klyfta c

chassis ['ʃæsi] n (pl ~) chassi
nt

chaste [tʃeist] adj kysk

chat [tʃæt] v prata, småprata;
n pratstund c, prat nt,
småprat nt

chatterbox ['tʃætəbɔks] n
pratmakare c

chauffeur ['ʃoufə] n chaufför
c

cheap [tʃiːp] adj billig;
förmånlig

cheat [tʃiːt] v lura, fuska;
*bedra

check [tʃek] v kolla,
kontrollera; n rutigt
mönster; nota c; nAm check
c; check! schack!; ~ in
checka in, *skriva in sig; ~
out lämna

checkbook ['tʃekbuk] nAm
checkhäfte c

checkerboard ['tʃekəbɔːd]
nAm schackbräde nt

checkers ['tʃekəz] plAm
damspel nt

checkroom ['tʃekruːm] nAm

garderob c

checkup ['tʃekʌp] n
undersökning c

cheek [tʃi:k] n kind c

cheekbone ['tʃi:kboun] n
kindben nt

cheeky ['tʃi:ki] adj colloquial
fräck

cheer [tʃiə] v heja, hälsa med
jubel; ~ **up** muntra upp

cheerful ['tʃiəfəl] adj
munter, glad

cheese [tʃi:z] n ost c

chef [ʃef] n kökschef c

chemical ['kemikəl] adj
kemisk

chemist ['kemist] n
apotekare c; **chemist's**
apotek nt; kemikalieaffär c

chemistry ['kemistri] n kemi
c

cheque [tʃek] n check c

chequebook ['tʃekbuk] n
checkhäfte nt

cherry ['tʃeri] n körsbär nt

chess [tʃes] n schack nt

chest [tʃest] n bröst nt;
bröstkorg c; kista c; ~ **of
drawers** byrå c

chestnut ['tʃesnʌt] n kastanj
c

chew [tʃu:] v tugga

chewing gum ['tʃu:iŋɡʌm] n
tuggummi nt

chicken ['tʃikin] n kyckling c

chickenpox ['tʃikinpɔks] n
vattkoppor pl

chief [tʃi:f] n chef c; adj
huvud-, över-

chieftain ['tʃi:ftən] n

hövding c

child [tʃaild] n (pl children)
barn nt

childbirth ['tʃaildbə:θ] n
förlossning c

childhood ['tʃaildhud] n
barndom c

Chile ['tʃili] Chile

Chilean ['tʃiliən] adj
chilensk; n chilenare c

chill [tʃil] n rysning nt

chilly ['tʃili] adj kylig

chimes [tʃaimz] pl klockspel
nt

chimney ['tʃimni] n skorsten
c

chin [tʃin] n haka c

China ['tʃainə] Kina

china ['tʃainə] n porslin nt

Chinese [tʃai'ni:z] adj
kinesisk; n kines c

chip [tʃip] n flisa c; spelmark
c; v kantstöta, tälja; **chips**
pommes frites

chisel ['tʃizəl] n mejsel c

chives [tʃaivz] pl gräslök c

chlorine ['klɔ:ri:n] n klor c

chock-full [tʃɔk'ful] adj
fullpackad, proppfull

chocolate ['tʃɔklət] n
choklad c; chokladpralin c

choice [tʃɔis] n val nt; urval
nt

choir [kwaiə] n kör c

choke [tʃouk] v kväva;
*strypa, kvävs; n choke c

***choose** [tʃu:z] v *välja

chop [tʃɔp] n kotlett c; v
hacka

Christ [kraist] Kristus

christen ['krisǝn] v döpa

christening ['krisǝniŋ] n dop nt

Christian ['kristʃǝn] adj kristen; ~ name förnamn nt

Christmas ['krismǝs] jul c

chronic ['krɔnik] adj kronisk

chronological [,krɔnǝ'lɔdʒikǝl] adj kronologisk

chuckle ['tʃʌkǝl] v småskratta

chunk [tʃʌŋk] n stycke nt

church [tʃǝ:tʃ] n kyrka c

churchyard ['tʃǝ:tʃjɑ:d] n kyrkogård c

cigar [si'gɑ:] n cigarr c; ~ shop cigarraffär c

cigarette [,sigǝ'ret] n cigarett c

cigarette case [,sigǝ'retkeis] n cigarrettetui nt

cigarette holder [,sigǝ'ret,houldǝ] n cigarrettmunstycke nt

cigarette lighter [,sigǝ'ret,laitǝ] n cigarrettändare c

cinema ['sinǝmǝ] n biograf c

cinnamon ['sinǝmǝn] n kanel c

circle ['sǝ:kǝl] n cirkel c; krets c; balkong c; v *omge, *omsluta

circulation [,sǝ:kju'leiʃǝn] n cirkulation c; blodcirkulation c; omlopp nt

circumstance ['sǝ:kǝmstæns] n

omständighet c

circus ['sǝ:kǝs] n cirkus c

citizen ['sitizǝn] n stadsbo c

citizenship ['sitizǝnʃip] n medborgarskap nt

city ['siti] n stad c

civic ['sivik] adj medborgar-

civil ['sivǝl] adj medborgerlig; hövlig; ~ law civilrätt c; ~ servant statstjänsteman c

civilian [si'viljǝn] adj civil; n civilist c

civilization [,sivǝlai'zeiʃǝn] n civilisation c

civilized ['sivǝlaizd] adj civiliserad

claim [kleim] v kräva, fordra; *påstå; n anspråk nt, fordran c

clamp [klæmp] n klämma c; krampa c

clap [klæp] v applådera

clarify ['klærifai] v *klargöra

class [klɑ:s] n klass c

classical ['klæsikǝl] adj klassisk

classify ['klæsifai] v indela

classmate ['klɑ:smeit] n klasskamrat c

classroom ['klɑ:sru:m] n klassrum nt

clause [klɔ:z] n klausul c

claw [klɔ:] n klo c

clay [klei] n lera c

clean [kli:n] adj ren; v städa, *rengöra

cleaning ['kli:niŋ] n rengöring c; ~ fluid rengöringsmedel nt

clear [kliə] *adj* klar; tydlig; *v*
röja

clearing ['kliəriŋ] *n*
uthuggning *c*

cleft [kleft] *n* skreva *c*

clergyman ['klə:dʒimən] *n*
(pl -men) präst *c*

clerk [klɑ:k] *n* kontorist *c*;
bokhållare *c*; sekreterare *c*

clever ['klevə] *adj* intelligent;
skicklig, klok

click [klik] *v* klicka; ~ in
place klicka på plats

client ['klaiənt] *n* kund *c*;
klient *c*

cliff [klif] *n* klippa *c*

climate ['klaimit] *n* klimat *nt*

climb [klaim] *v* klättra; *n*
klättring *c*

cling [kliŋ] *v* klänga sig; ~ to
klänga sig fast

clinic ['klinik] *n* klinik *c*

cloak [klouk] *n* cape *c*

cloakroom ['kloukru:m] *n*
kapprum *c*

clock [klɔk] *n* ur *nt*; at ...
o'clock klockan ...

cloister ['klɔistə] *n* kloster *nt*

clone [kloun] *v* klona; *n* klon
c

close¹ [klouz] *v* stänga,
*sluta; closed *adj* stängd,
sluten

close² [klous] *adj* nära

closet ['klɔzit] *n* skåp *nt*;
garderob *c*

cloth [klɔθ] *n* tyg *nt*; trasa *c*

clothes [klouðz] *pl* kläder *pl*

clothing ['klouðiŋ] *n*
beklädnad *c*

cloud [klaud] *n* moln *nt*

cloudy ['klaudi] *adj* mulen,
molnig

clover ['klouvə] *n* klöver *c*

clown [klaun] *n* clown *c*

club [klʌb] *n* klubb *c*,
förening *c*; påk *c*, klubba *c*

clumsy ['klʌmzi] *adj* klumpig

clutch [klʌtʃ] *n* koppling *c*;
grepp *nt*

coach [koutʃ] *n* buss *c*; vagn
c; kaross *c*; tränare *c*

coal [koul] *n* kol *nt*

coarse [kɔ:s] *adj* grov

coast [koust] *n* kust *c*

coat [kout] *n* överrock *c*,
kappa *c*

coat hanger ['kout,hæŋə] *n*
galge *c*

cocaine [kou'kein] *n* kokain
nt

cock [kɔk] *n* tupp *c*

cocktail ['kɔkteil] *n* cocktail
c

coconut ['koukənʌt] *n*
kokosnöt *c*

cod [kɔd] *n* (pl ~) torsk *c*

code [koud] *n* kod *c*

coffee ['kɔfi] *n* kaffe *nt*

cognac ['kɔnjæk] *n* konjak *c*

coherence [kou'hiərəns] *n*
sammanhang *nt*

coin [kɔin] *n* mynt *nt*; slant *c*

coincide [,kouin'said] *v*
*sammanfalla

cold [kould] *adj* kall; *n* kyla *c*;
förkylning *c*; *catch a ~ *bli
förkyld

collaborate [kə'læbərait] *v*
samarbeta

collapse [kə'læps] v
kollapsa, *bryta samman
collar ['kɔlə] n halsband nt;
krage c; ~ stud kragknapp c
collarbone ['kɔləboun] n
nyckelben nt
colleague ['kɔli:g] n kollega
c
collect [kə'lekt] v samla;
hämta; samla in
collection [kə'lekʃən] n
samling c; brevlådstömning
c; kollekt c, insamling c
collective [kə'lektiv] adj
kollektiv
collector [kə'lektə] n
samlare c; insamlare c
college ['kɔlidʒ] n högre
läroanstalt; högskola c
collide [kə'laid] v kollidera
collision [kə'liʒən] n
sammanstötning c, kollision
c; ombordläggning c
Colombia [kə'lɔmbiə]
Colombia
Colombian [kə'lɔmbiən] adj
colombiansk; n colombian c
colonel ['kə:nəl] n överste c
colony ['kɔləni] n koloni c
colour ['kʌlə] n färg c; v
färga; ~ film färgfilm c
colour-blind ['kʌləblaind]
adj färgblind
coloured ['kʌləd] adj färgad
colourful ['kʌləfəl] adj
färgrik, färgstark
column ['kɔləm] n pelare c;
kolumn c; rubrik c
coma ['koumə] n koma c
comb [koum] v kamma; n

kam c
combat ['kɔmbæt] n kamp c,
strid c; v bekämpa, kämpa
combination
[,kɔmbi'neiʃən] n
kombination c
combine [kəm'bain] v
kombinera
*come [kʌm] v *komma; ~
across råka träffa, stöta på;
*få tag i
comedian [kə'mi:diən] n
skådespelare c; komiker c
comedy ['kɔmədi] n lustspel
nt, komedi c; musical ~
musikalisk komedi
comfort ['kʌmfət] n komfort
c, bekvämlighet c; tröst c; v
trösta
comfortable ['kʌmfətəbəl]
adj bekväm, komfortabel
comic ['kɔmik] adj komisk
comics ['kɔmiks] pl tecknad
serie
coming ['kʌmiŋ] n ankomst c
comma ['kɔmə] n
kommatecken nt
command [kə'mɑ:nd] v
befalla; n befallning c
commander [kə'mɑ:ndə] n
befälhavare c
commemoration
[kə,memə'reiʃən] n
minnesfest c
commence [kə'mens] v
börja
comment ['kɔment] n
kommentar c; v
kommentera
commerce ['kɔmə:s] n

complexion

handel c

commercial [kə'mə:ʃəl] adj
kommersiell, handels-; n
reklamsändning c; ~ law
handelsrätt c

commission [kə'miʃən] n
kommission c

commit [kə'mit] v anförtro,
överlämna; *begå, föröva

committee [kə'miti] n
kommitté c, utskott nt

common ['kɔmən] adj
gemensam; allmän, vanlig;
simpel

commune ['kɔmju:n] n
kommun c

communicate
[kə'mju:nikeit] v meddela

communication
[kə,mju:ni'keiʃən] n
kommunikation c;
meddelande nt

communism ['kɔmjunizəm]
n kommunism c

communist ['kɔmjunist] n
kommunist c

community [kə'mju:nəti] n
gemenskap c, samhälle nt

commuter [kə'mju:tə] n
pendlare c

compact ['kɔmpækt] adj
kompakt

compact disc ['kɔmpækt
disk] n CD-skiva c; ~ player
CD-spelare c

companion [kəm'pænjən] n
följeslagare c

company ['kʌmpəni] n
sällskap nt; bolag nt; företag
nt, firma c

comparative [kəm'pærətiv]
adj relativ

compare [kəm'pɛə] v
jämföra

comparison [kəm'pærisən] n
jämförelse c

compartment
[kəm'pɑ:tmənt] n kupé c;
fack nt

compass ['kʌmpəs] n
kompass c

compel [kəm'pel] v tvinga

compensate ['kɔmpənseit] v
kompensera

compensation
[,kɔmpən'seiʃən] n
kompensation c;
skadeersättning c

compete [kəm'pi:t] v tävla

competition [,kɔmpə'tiʃən]
n tävlan c; tävling c

competitor [kəm'petitər] n
medtävlare c

compile [kəm'pail] v
sammanställa, samla ihop

complain [kəm'plein] v klaga

complaint [kəm'pleint] n
reklamation c, klagomål nt;
complaints book
reklamationsbok c

complete [kəm'pli:t] adj
fullkomlig, komplett; v
avsluta

completely [kəm'pli:tli] adv
fullkomligt, totalt,
fullständigt

complex ['kɔmpleks] n
komplex nt; adj invecklad

complexion [kəm'plekʃən] n
hy c

complicated ['kɔmplikeitid]
adj komplicerad, invecklad

compliment ['kɔmplimənt] n
komplimang c; v
komplimentera, gratulera

compose [kəm'pouz] v
sammanställa

composer [kəm'pouzə] n
kompositör c

composition [,kɔmpə'ziʃən]
n komposition c;
sammansättning c

comprehensive
[,kɔmpri'hensiv] adj
omfattande, innehållsrik

comprise [kəm'praiz] v
*inbegripa, omfatta

compromise ['kɔmprəmaiz]
n kompromiss c

compulsory [kəm'pʌlsəri]
adj obligatorisk

computer [kəm'pjutə] n
dator c

conceal [kən'si:l] v *dölja

conceited [kən'si:tid] adj
egenkär

conceive [kən'si:v] v avla;
tänka ut; fatta

concentrate ['kɔnsəntreit] v
koncentrera

concentration
[,kɔnsən'treiʃən] n
koncentration c

conception [kən'sepʃən] n
uppfattning c; befruktning c

concern [kən'sə:n] v
beträffa, *angå; n oro c;
angelägenhet c; koncern c

concerned [kən'sə:nd] adj
bekymrad; inblandad

concerning [kən'sə:niŋ]
prep angående, beträffande

concert ['kɔnsət] n konsert c;
~ hall konsertsal c

concession [kən'seʃən] n
koncession c; beviljande nt

concise [kən'sais] adj
kortfattad, koncis

conclusion [kəŋ'klu:ʒən] n
slut nt, slutsats c

concrete ['kɔnkri:t] adj
konkret; n betong c

concurrence [kəŋ'kʌrəns] n
sammanträffande nt

concussion [kəŋ'kʌʃən] n
hjärnskakning c

condition [kən'diʃən] n
villkor nt; tillstånd nt,
kondition c

conditional [kən'diʃənəl] adj
villkorlig

conditioner [kən'diʃənə] n
sköljmedel

condom ['kɔndəm] n
kondom c

conduct[1] ['kɔndʌkt] n
uppförande nt

conduct[2] [kən'dʌkt] v
ledsaga; dirigera

conductor [kən'dʌktə] n
förare c; dirigent c

confectioner [kən'fekʃənə]
n konditor c

conference ['kɔnfərəns] n
konferens c

confess [kən'fes] v erkänna;
bikta sig; bekänna

confession [kən'feʃən] n
bekännelse c; bikt c

confidence ['kɔnfidəns] n

förtroende *nt*
confident ['kɔnfidənt] *adj*
tillitsfull
confidential [ˌkɔnfi'denʃəl]
adj konfidentiell
confirm [kən'fəːm] *v*
bekräfta
confirmation
[ˌkɔnfə'meiʃən] *n*
bekräftelse *c*
confiscate ['kɔnfiskeit] *v*
konfiskera
conflict ['kɔnflikt] *n* konflikt
c
confuse [kən'fjuːz] *v*
förvirra
confusion [kən'fjuːʒən] *n*
förvirring *c*
congratulate
[kən'grætʃuleit] *v*
lyckönska, gratulera
congratulation
[kənˌgrætʃu'leiʃən] *n*
lyckönskning *c*, gratulation
c
congregation
[ˌkɔngri'geiʃən] *n*
församling *c*; kongregation *c*
congress ['kɔngres] *n*
kongress *c*
connect [kə'nekt] *v*
*förbinda, koppla; koppla
till, *anknyta; ansluta
connection [kə'nekʃən] *n*
förbindelse *c*; sammanhang
nt, anknytning *c*
connoisseur [ˌkɔnə'səː] *n*
kännare *c*
connotation [ˌkɔnə'teiʃən] *n*
bibetydelse *c*

conquer ['kɔnkə] *v* erövra;
besegra
conqueror ['kɔnkərə] *n*
erövrare *c*
conquest ['kɔnkwest] *n*
erövring *c*
conscience ['kɔnʃəns] *n*
samvete *nt*
conscious ['kɔnʃəs] *adj*
medveten
consciousness ['kɔnʃəsnəs]
n medvetande *nt*
conscript ['kɔnskript] *n*
värnpliktig *c*
consent [kən'sent] *v*
samtycka; *n* samtycke *nt*,
bifall *nt*
consequence ['kɔnsikwəns]
n verkan *c*, följd *c*
consequently
['kɔnsikwəntli] *adv*
följaktligen
conservative [kən'səːvətiv]
adj samhällsbevarande,
konservativ
consider [kən'sidə] *v*
betrakta; överväga; *anse
considerable
[kən'sidərəbəl] *adj* betydlig;
avsevärd, betydande
considerate [kən'sidərət]
adj hänsynsfull
consideration
[kənˌsidə'reiʃən] *n*
övervägande *nt*; hänsyn *c*,
hänsynsfullhet *c*
considering [kən'sidəriŋ]
prep med hänsyn till
consignment
[kən'sainmənt] *n*

försändelse c

consist of [kən'sist] *bestå av

conspire [kən'spaiə] v *sammansvärja sig

constant ['kɔnstənt] adj ständig

constipation [,kɔnsti'peiʃən] n förstoppning c

constituency [kən'stitʃuənsi] n valkrets c

constitution [,kɔnsti'tju:ʃən] n grundlag c; sammansättning c

construct [kən'strʌkt] v konstruera; bygga, uppföra

construction [kən'strʌkʃən] n konstruktion c; uppförande nt; bygge nt, byggnad c

consul ['kɔnsəl] n konsul c

consulate ['kɔnsjulət] n konsulat nt

consult [kən'sʌlt] v rådfråga

consultation [,kɔnsəl'teiʃən] n konsultation c; ~ hours mottagningstid c

consume [kən'sju:m] v konsumera

consumer [kən'sju:mə] n konsument c

contact ['kɔntækt] n kontakt c, beröring c; v kontakta; ~ lenses kontaktlinser pl

contagious [kən'teidʒəs] adj smittosam, smittande

contain [kən'tein] v *innehålla; rymma

container [kən'teinə] n

behållare c; container c

contemporary [kən'tempərəri] adj samtida; nutida; n samtida person

contempt [kən'tempt] n förakt nt, ringaktning c

content [kən'tent] adj nöjd

contents ['kɔntents] pl innehåll nt

contest ['kɔntest] n strid c; tävling c

continent ['kɔntinənt] n kontinent c, världsdel c

continental [,kɔnti'nentəl] adj kontinental

continual [kən'tinjuəl] adj ständig; continually adv oupphörligen

continue [kən'tinju:] v *fortsätta, *fortgå

continuous [kən'tinjuəs] adj oavbruten, kontinuerlig

contour ['kɔntuə] n kontur c

contraceptive [,kɔntrə'septiv] n preventivmedel nt

contract¹ ['kɔntrækt] n kontrakt nt

contract² [kən'trækt] v *ådraga sig

contractor [kən'træktə] n entreprenör c

contradict [,kɔntrə'dikt] v *motsäga

contradictory [,kɔntrə'diktəri] adj motsägande

contrary ['kɔntrəri] n motsats c; adj motsatt; on

the ~ däremot

contrast ['kɔntrɑːst] *n* kontrast *c*

contribution [ˌkɔntriˈbjuːʃən] *n* bidrag *nt*

control [kənˈtroul] *n* kontroll *c*; *v* kontrollera

controversial [ˌkɔntrəˈvəːʃəl] *adj* omtvistad, omstridd

convenience [kənˈviːnjəns] *n* bekvämlighet *c*

convenient [kənˈviːnjənt] *adj* bekväm; lämplig, passande

convent ['kɔnvənt] *n* kloster *nt*

conversation [ˌkɔnvəˈseiʃən] *n* konversation *c*, samtal *nt*

convert [kənˈvəːt] *v* omvända; omräkna

convict[1] [kənˈvikt] *v* förklara skyldig

convict[2] ['kɔnvikt] *n* brottsling *c*

conviction [kənˈvikʃən] *n* övertygelse *c*; fällande dom

convince [kənˈvins] *v* övertyga

convulsion [kənˈvʌlʃən] *n* kramp *c*

cook [kuk] *n* kock *c*; *v* laga mat; tillaga

cookbook ['kukbuk] *nAm* kokbok *c*

cooker ['kukə] *n* spis *c*; gas ~ gasspis *c*

cookery book ['kukəribuk] *n* kokbok *c*

cookie ['kuki] *nAm* kex *nt*

cool [kuːl] *adj* kylig

cooperation [kouˌɔpəˈreiʃən] *n* samarbete *nt*; samverkan *c*

co-operative [kouˈɔpərətiv] *adj* kooperativ; samarbetsvillig; *n* kooperation *c*

coordinate [kouˈɔːdineit] *v* samordna

coordination [kouˌɔːdiˈneiʃən] *n* samordning *c*

cope [koup] *v* klara det

copper ['kɔpə] *n* koppar *c*

copy ['kɔpi] *n* kopia *c*; avskrift *c*; exemplar *nt*; *v* kopiera; härma; carbon ~ karbonkopia

coral ['kɔrəl] *n* korall *c*

cord [kɔːd] *n* rep *nt*; lina *c*

cordial ['kɔːdiəl] *adj* hjärtlig

corduroy ['kɔːdərɔi] *n* manchester *c*

core [kɔː] *n* kärna *c*; kärnhus *nt*

cork [kɔːk] *n* kork *c*

corkscrew ['kɔːkskruː] *n* korkskruv *c*

corn [kɔːn] *n* korn *nt*; spannmål *c*, säd *c*; liktorn *c*; ~ on the cob majskolv *c*

corner ['kɔːnə] *n* hörn *nt*

cornfield ['kɔːnfiːld] *n* sädesfält *nt*

corpse [kɔːps] *n* lik *nt*

corpulent ['kɔːpjulənt] *adj* korpulent; tjock

correct [kəˈrekt] *adj* riktig,

korrekt, rätt; v rätta, rätta
till

correction [kə'rekʃən] n
rättelse c

correctness [kə'rektnəs] n
riktighet c

correspond [,kɔri'spɔnd] v
korrespondera;
överensstämma, motsvara

correspondence
[,kɔri'spɔndəns] n
överensstämmelse c,
brevväxling c

correspondent
[,kɔri'spɔndənt] n
korrespondent c

corridor ['kɔridɔ:] n korridor
c

corrupt [kə'rʌpt] adj
korrumperad; v korrumpera

corruption [kə'rʌpʃən] n
korruption c

corset ['kɔ:sit] n korsett c

cosmetics [kɔz'metiks] pl
skönhetsmedel pl,
kosmetika pl

cost [kɔst] n kostnad c; pris
nt

*cost [kɔst] v kosta

cosy ['kouzi] adj mysig,
hemtrevlig

cot [kɔt] nAm turistsäng c

cottage ['kɔtidʒ] n stuga c

cotton ['kɔtən] n bomull c

cotton wool ['kɔtənwul] n
bomull c

couch [kautʃ] n soffa c

cough [kɔf] n hosta c; v hosta

could [kud] v (p can)

council ['kaunsəl] n

rådsförsamling c

councillor ['kaunsələ] n
rådsmedlem c

counsel ['kaunsəl] n
överläggning c, råd nt

counsellor ['kaunsələ] n
rådgivare c

count [kaunt] v räkna; räkna
ihop; medräkna; *anse; n
greve c

counter ['kauntə] n disk c

counterfeit ['kauntəfi:t] v
förfalska

counterfoil ['kauntəfɔil] n
talong c

countess ['kauntis] n
grevinna c

country ['kʌntri] n land nt;
landsbygd c; ~ house
lantställe nt

countryman ['kʌntrimən] n
(pl -men) landsman c

countryside ['kʌntrisaid] n
landsbygd c

county ['kaunti] n grevskap
nt

couple ['kʌpəl] n par nt

coupon ['ku:pɔn] n kupong
c, biljett c

courage ['kʌridʒ] n
tapperhet c, mod nt

courageous [kə'reidʒəs] adj
modig, tapper

course [kɔ:s] n kurs c; rätt c;
lopp nt; intensive ~
snabbkurs c; of ~ givetvis,
naturligtvis

court [kɔ:t] n domstol c; hov
nt

courteous ['kə:tiəs] adj artig

cousin ['kʌzən] *n* kusin *c*

cover ['kʌvə] *v* täcka; *n* skydd *nt*; lock *nt*; pärm *c*; ~ charge kuvertavgift *c*

cow [kau] *n* ko *c*

coward ['kauəd] *n* ynkrygg *c*

cowardly ['kauədli] *adj* feg

crab [kræb] *n* krabba *c*

crack [kræk] *n* small *c*; spricka *c*; *v* smälla; *n* *spricka, spräcka

cracker ['krækə] *nAm* kex *nt*

cradle ['kreidəl] *n* vagga *c*

cramp [kræmp] *n* kramp *c*

crane [krein] *n* lyftkran *c*

crankshaft ['kræŋkʃɑːft] *n* vevaxel *c*

crap [kræp] *n* V skit *c*

crash [kræʃ] *n* kollision *c*; *v* kollidera; störta; ~ barrier vägräcke *nt*

crate [kreit] *n* spjällåda *c*

crater ['kreitə] *n* krater *c*

crawl [krɔːl] *v* *krypa; *n* crawlsim *nt*

craze [kreiz] *n* mani *c*

crazy ['kreizi] *adj* galen; vansinnig, tokig

creak [kriːk] *v* gnissla

cream [kriːm] *n* kräm *c*; grädde *c*; *adj* gräddfärgad

creamy ['kriːmi] *adj* grädd-

crease [kriːs] *v* skrynkla; *n* veck *nt*; skrynkla *c*

create [kri'eit] *v* skapa

creative [kri'eitiv] *adj* kreativ

creature ['kriːtʃə] *n* varelse *c*

credible ['kredibəl] *adj* trovärdig

credit ['kredit] *n* kredit *c*; *v* kreditera; ~ card kreditkort *nt*

creditor ['kreditə] *n* fordringsägare *c*

credulous ['kredjuləs] *adj* godtrogen

creek [kriːk] *n* vik *c*

*creep [kriːp] *v* *krypa

creepy ['kriːpi] *adj* kuslig

cremate [kri'meit] *v* kremera

crew [kruː] *n* besättning *c*

cricket ['krikit] *n* kricket *nt*; syrsa *c*

crime [kraim] *n* brott *nt*

criminal ['kriminəl] *n* förbrytare *c*, brottsling *c*; *adj* kriminell, brottslig; ~ law strafflag *c*

criminality [,krimi'næləti] *n* brottslighet *c*

crimson ['krimzən] *adj* karmosinröd

crippled ['kripəld] *adj* invalidiserad

crisis ['kraisis] *n* (pl crises) kris *c*

crisp [krisp] *adj* knaprig, frasig

critic ['kritik] *n* kritiker *c*

critical ['kritikəl] *adj* kritisk, farlig

criticism ['kritisizəm] *n* kritik *c*

criticize ['kritisaiz] *v* kritisera

crochet ['krouʃei] *v* virka

crockery ['krɔkəri] *n* lergods *nt*, porslin *c*

crocodile ['krɔkədail] *n*

krokodil c

crooked ['krukid] adj krokig, vriden; oärlig

crop [krɔp] n skörd c

cross [krɔs] v *gå över; adj vresig, arg; n kors nt

cross-eyed ['krɔsaid] adj skelögd

crossing ['krɔsiŋ] n överfart c; korsning c; övergångsställe nt

crossroads ['krɔsroudz] n gatukorsning c

crosswalk ['krɔswɔːk] nAm övergångsställe nt

crow [krou] n kråka c

crowbar ['kroubɑː] n bräckjärn nt

crowd [kraud] n folkmassa c, hop c

crowded ['kraudid] adj fullpackad; överfull

crown [kraun] n krona c; v kröna

crucifix ['kruːsifiks] n krucifix nt

crucifixion [,kruːsi'fikʃən] n korsfästelse c

crucify ['kruːsifai] v korsfästa

cruel [kruəl] adj grym

cruise [kruːz] n kryssning c

crumb [krʌm] n smula c

crusade [kruː'seid] n korståg nt

crust [krʌst] n skorpa c

crutch [krʌtʃ] n krycka c

cry [krai] v *gråta; *skrika; ropa; n skrik nt; rop nt

crystal ['kristəl] n kristall c; adj kristall-

Cuba ['kjuːbə] Kuba

Cuban ['kjuːbən] adj kubansk; n kuban c

cube [kjuːb] n kub c; tärning c

cuckoo ['kuku:] n gök c

cucumber ['kjuːkəmbə] n gurka c

cuddle ['kʌdəl] v krama, kela med

cuff [kʌf] n manschett c

cuff links ['kʌfliŋks] pl manschettknappar pl

cul-de-sac ['kʌldəsæk] n återvändsgränd c

cultivate ['kʌltiveit] v odla

culture ['kʌltʃə] n kultur c

cultured ['kʌltʃəd] adj kultiverad

cunning ['kʌniŋ] adj listig

cup [kʌp] n kopp c; pokal c

cupboard ['kʌbəd] n skåp nt

curb [kəːb] n trottoarkant c; v tygla, kuva

cure [kjuə] v bota; n kur c; tillfrisknande c

curiosity [,kjuəri'ɔsəti] n nyfikenhet c

curious ['kjuəriəs] adj vetgirig, nyfiken; märkvärdig

curl [kəːl] v locka; krusa; n lock c

curler ['kəːlə] n papiljott c

curly ['kəːli] adj lockig

currant ['kʌrənt] n korint c; vinbär nt

currency ['kʌrənsi] n valuta c; **foreign ~** utländsk valuta

darn

current ['kʌrənt] n ström c;
adj nuvarande, gällande;
alternating ~ växelström c;
direct ~ likström c

curry ['kʌri] n curry c

curse [kəːs] v *svära;
förbanna; n svordom c

curtain ['kəːtən] n gardin c;
ridå c

curve [kəːv] n kurva c;
krökning c

curved [kəːvd] adj böjd

cushion ['kuʃən] n kudde c

custody ['kʌstədi] n häkte
nt; förvaring c;
förmynderskap nt

custom ['kʌstəm] n vana c;
bruk nt

customary ['kʌstəməri] adj
vanlig, sedvanlig, bruklig

customer ['kʌstəmə] n kund
c; klient c

Customs ['kʌstəmz] pl tull c;
~ duty tull c; ~ officer
tulltjänsteman c

cut [kʌt] n snitt nt; skärsår nt

*cut [kʌt] v *skära; klippa;
*skära ned; ~ off *skära av;
klippa av; stänga av

cutlery ['kʌtləri] n bestick nt

cutlet ['kʌtlət] n kotlett c

cycle ['saikəl] n cykel c;
kretslopp nt

cyclist ['saiklist] n cyklist c

cylinder ['silində] n cylinder
c; ~ head topplock nt

Czech Republic [,tʃek
ri'pʌblik] Tjeckiska
republiken

D

dad [dæd] n pappa c

daddy ['dædi] n pappa c

daffodil ['dæfədil] n påsklilja
c

daily ['deili] adj daglig; n
dagstidning c

dairy ['deəri] n mejeri nt

dam [dæm] n damm c;
jordvall c

damage ['dæmidʒ] n skada c;
v förstöra

damn [dæm] v förbanna

damp [dæmp] adj fuktig; n
fukt c; v fukta

dance [dɑːns] v dansa; n dans
c

dandelion ['dændilaiən] n
maskros c

dandruff ['dændrəf] n mjäll
nt

Dane [dein] n dansk c

danger ['deindʒə] n fara c

dangerous ['deindʒərəs] adj
farlig

Danish ['deiniʃ] adj dansk

dare [deə] v våga; utmana

daring ['deəriŋ] adj djärv,
oförskräckt

dark [dɑːk] adj mörk; n
mörker nt

darling ['dɑːliŋ] n älskling c

darn [dɑːn] v stoppa

dash [dæʃ] v rusa; n
tankstreck nt
dashboard ['dæʃbɔːd] n
instrumentbräda c
data ['deitə] pl data pl
date¹ [deit] n datum nt; träff
c; v datera; out of ~
omodern
date² [deit] n dadel c
daughter ['dɔːtə] n dotter c
daughter-in-law
['dɔːtərinlɔː] n svärdotter c
dawn [dɔːn] n gryning c;
dagning c
day [dei] n dag c; by ~ om
dagen; ~ trip dagsutflykt c;
per ~ per dag; the ~ before
yesterday i förrgår
day spa ['dei͵spɑː] n day spa
c
daybreak ['deibreik] n
dagbräckning c
daylight ['deilait] n dagsljus
nt
dead [ded] adj död
deaf [def] adj döv
deal [diːl] n affärsuppgörelse
c, affärstransaktion c
*deal [diːl] v dela ut; ~ with
befatta sig med; *göra
affärer med
dealer ['diːlə] n agent c,
-handlare
dear [diə] adj kär; dyr; dyrbar
death [deθ] n död c; ~
penalty dödsstraff nt
debate [di'beit] n debatt c
debit ['debit] n debet c
debit card ['debit͵kɑːd] n
kontokort nt

debt [det] n skuld c
decaf(feinated)
[diː'kæfineitid] adj
koffeinfri
decaffeinated
[diː'kæfineitid] adj
koffeinfri
deceit [di'siːt] n bedrägeri nt
deceive [di'siːv] v *bedra
December [di'sembə]
december
decency ['diːsənsi] n
anständighet c
decent ['diːsənt] adj
anständig
decide [di'said] v *besluta,
bestämma, *avgöra
decision [di'siʒən] n
avgörande nt, beslut nt
deck [dek] n däck nt; ~ cabin
däckshytt c; ~ chair vilstol c
declaration [͵deklə'reiʃən] n
förklaring c; deklaration c
declare [di'kleə] v förklara;
*uppge; förtulla
decorate ['dekəreit] v
dekorera
decoration [͵dekə'reiʃən] n
dekoration c
decrease [diː'kriːs] v *skära
ned, minska; *avta; n
minskning c
dedicate ['dedikeit] v ägna
deduce [di'djuːs] v härleda
deduct [di'dʌkt] v *dra av
deed [diːd] n handling c,
gärning c
deep [diːp] adj djup
deep-freeze [͵diːp'friːz] n
frys c

deny

deer [diǝ] n (pl ~) hjort c

defeat [di'fi:t] v besegra; n
nederlag c

defective [di'fektiv] adj
bristfällig

defence [di'fens] n försvar nt

defend [di'fend] v försvara

deficiency [di'fiʃǝnsi] n brist
c

deficit ['defisit] n underskott
nt

define [di'fain] v definiera,
bestämma

definite ['definit] adj
bestämd

definition [,defi'niʃǝn] n
definition c

deformed [di'fɔ:md] adj
vanskapt, vanställd

degree [di'gri:] n grad c

delay [di'lei] v försena,
*uppskjuta; n försening c;
uppskov nt

delegate ['deligǝt] n delegat
c

delegation [,deli'geiʃǝn] n
deputation c, delegation c

deliberate¹ [di'libǝreit] v
*överlägga, överväga

deliberate² [di'libǝrǝt] adj
överlagd

deliberation [di,libǝ'reiʃǝn]
n överläggning c

delicacy ['delikǝsi] n
delikatess c

delicate ['delikǝt] adj fin;
ömtålig; känslig

delicatessen [,delikǝ'tesǝn]
n delikatessaffär c

delicious [di'liʃǝs] adj

utsökt, läcker

delight [di'lait] n förtjusning
c, njutning c; v *glädja;
delighted förtjust

delightful [di'laitfǝl] adj
härlig, förtjusande

deliver [di'livǝ] v leverera,
avlämna; frälsa

delivery [di'livǝri] n leverans
c; förlossning c; frälsning c;
~ van varubil c

demand [di'mɑ:nd] v fordra,
kräva; n begäran c;
efterfrågan c

democracy [di'mɔkrǝsi] n
demokrati c

democratic [,demǝ'krætik]
adj demokratisk

demolish [di'mɔliʃ] v *riva

demolition [,demǝ'liʃǝn] n
rivning c

demonstrate ['demǝnstreit]
v bevisa; demonstrera

demonstration
[,demǝn'streiʃǝn] n
demonstration c

den [den] n lya c

Denmark ['denmɑ:k]
Danmark

denomination
[di,nɔmi'neiʃǝn] n
benämning c

dense [dens] adj tät

dent [dent] n buckla c

dentist ['dentist] n
tandläkare c

denture ['dentʃǝ] n
tandprotes c

deny [di'nai] v förneka; neka;
*bestrida; vägra

deodorant [di:'oudərənt] *n*
deodorant *c*

depart [di'pɑ:t] *v* avresa,
avlägsna sig; *avlida

department [di'pɑ:tmənt] *n*
avdelning *c*, departement
nt; ~ store varuhus *nt*

departure [di'pɑ:tʃə] *n*
avgång *c*, avresa *c*

dependant [di'pendənt] *adj*
beroende

depend on [di'pend] bero på;
*vara beroende av; that
depends on det beror på

deposit [di'pozit] *n*
inbetalning *c*; handpenning
c, pant *c*; avlagring *c*,
sediment *nt*; *v* deponera

depot ['depou] *n* depå *c*;
nAm station *c*

depressed [di'prest] *adj*
deprimerad

depressing [di'presiŋ] *adj*
nedslående

depression [di'preʃən] *n*
depression *c*; lågtryck *nt*

deprive of [di'praiv] beröva

depth [depθ] *n* djup *nt*

deputy ['depjuti] *n*
deputerad *c*;
ställföreträdare *c*

descend [di'send] *v* *stiga
ned

descendant [di'sendənt] *n*
ättling *c*

descent [di'sent] *n*
nedstigning *c*

describe [di'skraib] *v*
*beskriva

description [di'skripʃən] *n*

beskrivning *c*; signalement
nt

desert¹ ['dezət] *n* öken *c*; *adj*
öde

desert² [di'zə:t] *v* desertera;
*överge

deserve [di'zə:v] *v* förtjäna

design [di'zain] *v* *planlägga;
n utkast *nt*; mönster *nt*

designate ['dezigneit] *v*
bestämma

desirable [di'zaiərəbəl] *adj*
önskvärd, åtråvärd

desire [di'zaiə] *n* önskan *c*;
lust *c*, begär *nt*; *v* önska,
längta

desk [desk] *n* skrivbord *nt*;
talarstol *c*; skolbänk *c*

despair [di'spɛə] *n* förtvivlan
c; *v* förtvivla

despatch [di'spætʃ] *v*
avsända

desperate ['despərət] *adj*
desperat

despise [di'spaiz] *v* förakta

despite [di'spait] *prep* trots

dessert [di'zə:t] *n* dessert *c*

destination [,desti'neiʃən] *n*
bestämmelseort *c*

destine ['destin] *v* *avse,
bestämma

destiny ['destini] *n* öde *nt*

destroy [di'strɔi] *v* förstöra

destruction [di'strʌkʃən] *n*
förstörelse *c*; undergång *c*

detach [di'tætʃ] *v* avskilja

detail ['di:teil] *n* detalj *c*

detailed ['di:teild] *adj*
detaljerad, utförlig

detect [di'tekt] *v* upptäcka

detective [di'tektiv] n
detektiv c; ~ **story**
detektivroman c

detergent [di'tə:dʒənt] n
rengöringsmedel nt

determine [di'tə:min] v
bestämma, fastställa

determined [di'tə:mind] adj
beslutsam

detest [di'test] v avsky

detour ['di:tuə] n omväg c

devaluation
[,di:vælju'eiʃən] n
devalvering c

devalue [,di:'vælju:] v
devalvera

develop [di'veləp] v
utveckla; framkalla

development [di'veləpmənt]
n utveckling c; framkallning
c

deviate ['di:vieit] v *avvika

devil ['devəl] n djävul c

devise [di'vaiz] v uttänka

devote [di'vout] v ägna, offra

dew [dju:] n dagg c

diabetes [,daiə'bi:ti:z] n
sockersjuka c, diabetes c

diabetic [,daiə'betik] n
diabetiker c, sockersjuk c

diagnose [,daiəg'nouz] v
ställa en diagnos

diagnosis [,daiəg'nousis] n
(pl -ses) diagnos c

diagonal [dai'ægənəl] n
diagonal c; adj diagonal

diagram ['daiəgræm] n
diagram nt; grafisk
framställning

dial ['daiəl] n urtavla

dialect ['daiəlekt] n dialekt c

diamond ['daiəmənd] n
diamant c

diaper ['daiəpə] nAm blöja c

diaphragm ['daiəfræm] n
diafragma c; bländare c

diarrhoea [daiə'riə] n diarré
c

diary ['daiəri] n
fickalmanacka c; dagbok c

dictaphone ['diktəfoun] n
diktafon c

dictate [dik'teit] v diktera

dictator [dik'teitə] n diktator
c

dictionary ['dikʃənəri] n
ordbok c

did [did] v (p do)

die [dai] v *dö

diesel ['di:zəl] n diesel c

diet ['daiət] n diet c

differ ['difə] v *vara olik

difference ['difərəns] n
skillnad c

different ['difərənt] adj olik;
annan

difficult ['difikəlt] adj svår;
kinkig

difficulty ['difikəlti] n
svårighet c

*dig [dig] v gräva

digest [di'dʒest] v smälta
maten

digestible [di'dʒestəbəl] adj
lättsmält

digestion [di'dʒestʃən] n
matsmältning c

digit ['didʒit] n siffra c

digital ['didʒitəl] adj digital

digital camera

['didʒitəl_'kæmərə] n
digitalkamera c

digital photo
['didʒitəl_'foutou] n
digitalfoto nt

digital projector
['didʒitəl_prə'jektə] n
digital projektor nt

dignified ['dignifaid] adj
värdig

dignity ['digniti] n värdighet
c

dike [daik] n fördämning c

dilapidated [di'læpideitid]
adj förfallen

diligence ['dilidʒəns] n flit nt,
flit c

diligent ['dilidʒənt] adj
ihärdig, flitig, arbetsam

dilute [dai'lju:t] v förtunna,
utspäda

dim [dim] adj matt, dunkel;
vag, oklar

dine [dain] v *äta middag

dinghy ['diŋgi] n jolle c

dining car ['dainiŋkɑ:] n
restaurangvagn c

dining room ['dainiŋru:m] n
matsal c

dinner ['dinə] n middag c,
lunch c

dinner jacket ['dinə,dʒækit]
n smoking c

dinner service ['dinə,sə:vis]
n matservis c

diphtheria [dif'θiəriə] n
difteri c

diploma [di'ploumə] n
diplom nt

diplomat ['dipləmæt] n

diplomat c

direct [di'rekt] adj direkt; v
rikta; vägleda; leda;
regissera

direction [di'rekʃən] n
riktning c; instruktion c;
regi c; styrelse c, direktion c;
directions for use
bruksanvisning c

directive [di'rektiv] n
direktiv nt

director [di'rektə] n direktör
c; regissör c

directory [di'rektəri] n
adress-förteckning c

dirt [də:t] n smuts c

dirty ['də:ti] adj smutsig

disabled [di'seibəld] adj
invalidiserad, handikappad

disadvantage
[,disəd'vɑ:ntidʒ] n nackdel
c

disagree [,disə'gri:] v *vara
oenig, *vara oense

disagreeable [,disə'gri:əbəl]
adj obehaglig

disappear [,disə'piə] v
*försvinna

disappoint [,disə'pɔint] v
*göra besviken; *be
disappointing *vara en
besvikelse

disappointment
[,disə'pɔintmənt] n
besvikelse c

disapprove [,disə'pru:v] v
ogilla

disaster [di'zɑ:stə] n
katastrof c, olycka c

disastrous [di'zɑ:strəs] adj

katastrofal

disc [disk] *n* kota *c*, skiva *c*; grammofonskiva *c*; slipped ~ diskbråck *nt*

discard [di'ska:d] *v* kassera

discharge [dis'tʃa:dʒ] *v* lossa; urladda; ~ of *frita från

discipline ['disiplin] *n* disciplin *c*

discolour [di'skʌlə] *v* urbleka, avfärga; discoloured missfärgad

disconnect [,diskə'nekt] *v* åtskilja; stänga av; *ta loss

discontented [,diskən'tentid] *adj* missbelåten

discontinue [,diskən'tinju:] *v* sluta, *avbryta

discourage [di'skʌridʒ] *v* göra modfälld

discount ['diskaunt] *n* rabatt *c*, avdrag *nt*

discover [di'skʌvə] *v* upptäcka

discovery [di'skʌvəri] *n* upptäckt *c*

discuss [di'skʌs] *v* diskutera; debattera

discussion [di'skʌʃən] *n* diskussion *c*; överläggning *c*, debatt *c*, samtal *nt*

disease [di'zi:z] *n* sjukdom *c*

disembark [,disim'ba:k] *v* *landstiga, *gå i land

disgrace [dis'greis] *n* skam *c*

disguise [dis'gaiz] *v* förklä sig; *n* förklädnad *c*

disgust [dis'gʌst] *n* avsky *c*

disgusting [dis'gʌstiŋ] *adj* äcklig, vidrig

dish [diʃ] *n* tallrik *c*; serveringsfat *nt*, fat *nt*; maträtt *c*

dishonest [di'sɔnist] *adj* oärlig

dishwasher ['diʃwɔʃə] *n* tvättmaskin *c*

disinfect [,disin'fekt] *v* desinfektera

disinfectant [,disin'fektənt] *n* desinfektionsmedel *nt*

disk drive ['disk‿,draiv] *n* skivenhet *c*

dislike [di'slaik] *v* inte tycka om, tycka illa om; *n* antipati *c*, motvilja *c*

dislocated ['disləkeitid] *adj* ur led

dismiss [di'smis] *v* skicka bort; avskeda

disorder [di'sɔ:də] *n* oreda *c*

dispatch [di'spætʃ] *v* avsända

display [di'splei] *v* utställa; visa; *n* utställning *c*

displease [di'spli:z] *v* misshaga, förarga

disposable [di'spouzəbəl] *adj* engångs-

disposal [di'spouzəl] *n* förfogande *nt*

dispose of [di'spouz] *göra sig av med

dispute [di'spju:t] *n* dispyt *c*; gräl *nt*, tvist *c*; *v* tvista, *bestrida

dissatisfied [di'sætisfaid] *adj* missnöjd

dissolve [di'zɔlv] v upplösa

dissuade from [di'sweid] ~ avråda

distance ['distəns] n avstånd nt; ~ in kilometres kilometeravstånd nt

distant ['distənt] adj avlägsen

distinct [di'stiŋkt] adj tydlig; olik

distinction [di'stiŋkʃən] n skillnad c

distinguish [di'stiŋgwiʃ] v urskilja, *göra skillnad

distinguished [di'stiŋgwiʃt] adj framstående

distress [di'stres] n nöd c; ~ signal nödsignal c

distribute [di'stribju:t] v utdela

distributor [di'stribjutə] n distributör c; strömfördelare c

district ['distrikt] n distrikt nt; område nt; stadsdel c

disturb [di'stə:b] v störa

disturbance [di'stə:bəns] n störning c; oro c

ditch [ditʃ] n dike nt

dive [daiv] v *dyka

diversion [dai'və:ʃən] n trafikomläggning c; förströelse c

divide [di'vaid] v dela; indela; åtskilja

divine [di'vain] adj gudomlig

division [di'viʒən] n delning c; avdelning c

divorce [di'vɔ:s] n skilsmässa c; v skiljas, skilja sig

dizziness ['dizinəs] n yrsel c

dizzy ['dizi] adj yr

*do [du:] v *göra; *vara nog

dock [dɔk] n docka c; kaj c; v docka

docker ['dɔkə] n hamnarbetare c

doctor ['dɔktə] n doktor c, läkare c

document ['dɔkjumənt] n handling c, intyg nt

dog [dɔg] n hund c

doll [dɔl] n docka c

dollar ['dɔlə] n dollar c

dome [doum] n kupol c

domestic [də'mestik] adj inrikes; n tjänare c

domicile ['dɔmisail] n hemort c

domination [ˌdɔmi'neiʃən] n herravälde nt

dominion [də'minjən] n makt c

donate [dou'neit] v donera

donation [dou'neiʃən] n donation c

done [dʌn] v (pp do)

donkey ['dɔŋki] n åsna c

donor ['dounə] n donator c

door [dɔ:] n dörr c; revolving ~ svängdörr c; sliding ~ skjutdörr c

doorbell ['dɔ:bel] n dörrklocka c

doorkeeper ['dɔ:ˌki:pə] n dörrvaktmästare c

doorman ['dɔ:mən] n (pl -men) dörrvaktmästare c

dormitory ['dɔ:mitri] n sovsal c

drink

dose [dous] n dos c

dot [dɔt] n punkt c

double [ˈdʌbəl] adj dubbel

doubt [daut] v tvivla,
betvivla; n tvivel nt; without
~ utan tvivel

doubtful [ˈdautfəl] adj
tvivelaktig; oviss

dough [dou] n deg c

down¹ [daun] adv ned;
omkull, ner, nedåt; adj
nedstämd; prep nedåt,
nedför; ~ payment
handpenning c

down² [daun] n dun nt

download [ˈdaunˌloud] n
nerladdning c

downpour [ˈdaunpɔ:] n
störtregn nt

downstairs [ˌdaunˈsteəz]
adv där nere, ner

downstream [ˌdaunˈstri:m]
adv medströms

down-to-earth [ˌdauntuˈə:θ]
adj omdömesgill

downwards [ˈdaunwədz]
adv nedåt

dozen [ˈdʌzən] n (pl ~, ~s)
dussin nt

draft [drɑ:ft] n växel c

drag [dræg] v släpa

dragon [ˈdrægən] n drake c

drain [drein] v dränera,
*torrlägga; n avlopp nt

drama [ˈdrɑ:mə] n drama nt;
skådespel nt

dramatic [drəˈmætik] adj
dramatisk

drank [dræŋk] v (p drink)

draught [drɑ:ft] n drag nt;

draughts damspel nt; ~
beer fatöl

draw [drɔ:] n dragplåster nt,
oavgjord match; dragning c

*draw [drɔ:] v rita; *dra; *ta
ut; ~ up avfatta, redigera

drawbridge [ˈdrɔ:bridʒ] n
vindbrygga c

drawer [ˈdrɔ:ə] n låda c,
byrålåda c; drawers
kalsonger pl

drawing [ˈdrɔ:iŋ] n teckning
c

drawing pin [ˈdrɔ:iŋpin] n
häftstift c

drawing room [ˈdrɔ:iŋru:m]
n salong c

dread [dred] v frukta;
fruktan c

dreadful [ˈdredfəl] adj
förskräcklig, förfärlig

dream [dri:m] n dröm c

*dream [dri:m] v drömma

dress [dres] v klä på, klä sig;
*förbinda; n klänning c

dressing gown
[ˈdresiŋgaun] n morgonrock
c

dressing room [ˈdresiŋru:m]
n påklädningsrum nt

dressing table
[ˈdresiŋˌteibəl] n
toalettbord nt

dressmaker [ˈdresˌmeikə] n
sömmerska c

drill [dril] v borra; träna; n
borr c

drink [driŋk] n drink c, dryck
c

*drink [driŋk] v *dricka

drinking water ['drɪŋkɪŋ,wɔːtə] *n* dricksvatten *nt*

drip-dry [,drɪp'draɪ] *adj* strykfri

drive [draɪv] *n* väg *c*; biltur *c*

*drive [draɪv] *v* köra

driver ['draɪvə] *n* förare *c*

drive-thru ['draɪv,θruː] *v* drive-in

driver's licence, driving licence körkort *nt*

drizzle ['drɪzəl] *n* duggregn *nt*

drop [drɔp] *v* tappa; *n* droppe *c*

drought [draut] *n* torka *c*

drown [draun] *v* dränka; ***be drowned** drunkna

drug [drʌg] *n* drog *c*; medicin *c*

drugstore ['drʌgstɔː] *nAm* apotek *nt*, kemikalieaffär *c*; varuhus *nt*

drum [drʌm] *n* trumma *c*

drunk [drʌŋk] *adj* (pp drink) berusad, full

dry [draɪ] *adj* torr; *v* torka

dry-clean [,draɪ'kliːn] *v* kemtvätta

dry cleaner's [,draɪ'kliːnəz] *n* kemtvätt *c*

dryer ['draɪə] *n* torktumlare *c*

duchess [dʌtʃis] *n* hertiginna *c*

duck [dʌk] *n* anka *c*

due [djuː] *adj* väntad; *bör betalas; betalbar

dues [djuːz] *pl* avgifter

dug [dʌg] *v* (p, pp dig)

duke [djuːk] *n* hertig *c*

dull [dʌl] *adj* tråkig, långtråkig; matt, dov; slö

dumb [dʌm] *adj* stum; dum

dune [djuːn] *n* dyn *c*

dung [dʌŋ] *n* dynga *c*

duration [dju'reɪʃən] *n* varaktighet *c*

during ['djuəriŋ] *prep* under

dusk [dʌsk] *n* skymning *c*

dust [dʌst] *n* damm *nt*

dustbin ['dʌstbɪn] *n* soptunna *c*

dusty ['dʌsti] *adj* dammig

Dutch [dʌtʃ] *adj* holländsk, nederländsk

Dutchman ['dʌtʃmən] *n* (pl -men) holländare *c*, nederländare *c*

duty ['djuːti] *n* plikt *c*; tullavgift *c*; **Customs ~** tullavgift *c*

duty-free [,djuːti'friː] *adj* tullfri

DVD ['diːviː'diː] *n* DVD *c*

DVD-ROM ['diːviːdiː'rɔm] *n* DVD-ROM *c*

dwarf [dwɔːf] *n* dvärg *c*

dye [daɪ] *v* färga; *n* färg *c*

dynamo ['daɪnəmou] *n* (pl ~s) dynamo *c*

E

each [iːtʃ] adj varje, var; ~ other varandra

eager ['iːgə] adj ivrig, otålig

eagle ['iːgəl] n örn c

ear [iə] n öra nt

earache ['iəreik] n örsprång nt

eardrum ['iədrʌm] n trumhinna c

earl [əːl] n greve c

early ['əːli] adj tidig

earn [əːn] v tjäna, förtjäna

earnest ['əːnist] n allvar nt

earnings ['əːniŋz] pl inkomster, intäkter pl

earring ['iəriŋ] n örhänge nt

earth [əːθ] n jord c; mark c

earthquake ['əːθkweik] n jordbävning c

ease [iːz] n lätthet c; välbefinnande nt

east [iːst] n öster c, öst

Easter ['iːstə] påsk c

eastern ['iːstən] adj ostlig, östra

easy ['iːzi] adj lätt; bekväm; ~ chair fåtölj c

easy-going ['iːzi,gouiŋ] adj avspänd, sorglös

*eat [iːt] v *äta

eavesdrop ['iːvzdrɔp] v tjuvlyssna

ebony ['ebəni] n ebenholts c

eccentric [ik'sentrik] adj excentrisk

echo ['ekou] n (pl ~es)

genljud nt, eko nt

eclipse [i'klips] n förmörkelse c

economic [,iːkə'nɔmik] adj ekonomisk

economical [,iːkə'nɔmikəl] adj sparsam, ekonomisk

economist [i'kɔnəmist] n ekonom c

economize [i'kɔnəmaiz] v spara

economy [i'kɔnəmi] n ekonomi c

eco-tourist ['iːkou,tuːrist] n ekoturist c

ecstasy ['ekstəzi] n extas c

Ecuador ['ekwədɔː] Ecuador

Ecuadorian [,ekwə'dɔːriən] n ecuadorian c

eczema ['eksimə] n eksem nt

edge [edʒ] n kant c

edible ['edibəl] adj ätbar

edit ['edit] v redigera

edition [i'diʃən] n upplaga c; morning ~ morgonupplaga c

editor ['editə] n redaktör c

educate ['edʒukeit] v uppfostra, utbilda

education [,edʒu'keiʃən] n uppfostran c; utbildning c

eel [iːl] n ål c

effect [i'fekt] n verkan c; v *åstadkomma; in ~ faktiskt

effective [i'fektiv] adj verksam, effektiv

efficient 258

efficient [i'fiʃənt] adj
effektiv, duglig, verksam
effort ['efət] n ansträngning c
egg [eg] n ägg nt
eggplant ['eglɑ:nt] n
äggplanta c
egg yolk ['egjouk] n äggula c
Egypt ['i:dʒipt] Egypten
Egyptian [i'dʒipʃən] adj
egyptisk; n egypter c
eiderdown ['aidədaun] n
duntäcke nt
eight [eit] num åtta
eighteen [,ei'ti:n] num arton
eighteenth [,ei'ti:nθ] num
artonde
eighth [eitθ] num åttonde
eighty ['eiti] num åttio
either ['aiðə] pron endera;
either ... or antingen ...
eller
elaborate [i'læbəreit] v
utarbeta
elastic [i'læstik] adj elastisk;
tänjbar; ~ band resårband nt
elasticity [,elæ'stisəti] n
elasticitet c
elbow ['elbou] n armbåge c
elder ['eldə] adj äldre
elderly ['eldəli] adj äldre
eldest ['eldist] adj äldst
elect [i'lekt] v *välja
election [i'lekʃən] n val nt
electric [i'lektrik] adj
elektrisk; ~ cord sladd c; ~
razor rakapparat c
electrician [,ilek'triʃən] n
elektriker c
electricity [,ilek'trisəti] n
elektricitet c

electronic [ilek'trɔnik] adj
elektronisk
elegance ['eligəns] n elegans
c
elegant ['eligənt] adj elegant
c
element ['elimənt] n element
nt, beståndsdel c
elephant ['elifənt] n elefant c
elevator ['eliveitə] nAm hiss
c
eleven [i'levən] num elva
eleventh [i'levənθ] num elfte
elf [elf] n (pl elves) älva c, alf c
eliminate [i'limineit] v
eliminera
elm [elm] n alm c
else [els] adv annars
elsewhere [,el'sweə] adv
någon annanstans
elucidate [i'lu:sideit] v
belysa, förklara
e-mail ['i:meil] n e-post c
emancipation
[i,mænsi'peiʃən] n
frigörelse c
embankment
[im'bæŋkmənt] n vägbank c
embargo [em'bɑ:gou] n (pl
~es) embargo nt
embark [im'bɑ:k] v *gå
ombord
embarkation
[,embɑ:'keiʃən] n
embarkering c
embarrass [im'bærəs] v
genera, *göra förlägen;
hindra; embarrassed
förlägen; embarrassing
pinsam; embarrassment n
förlägenhet c

embassy ['embəsi] n
ambassad c

emblem ['embləm] n emblem
nt

embrace [im'breis] v krama,
omfamna; n omfamning c

embroider [im'brɔidə] v
brodera

embroidery [im'brɔidəri] n
broderi nt

emerald ['emərəld] n
smaragd c

emergency [i'mɔːdʒənsi] n
nödsituation c; nödläge nt; ~
exit nödutgång c

emigrant ['emigrənt] n
utvandrare c

emigrate ['emigreit] v
utvandra

emigration [,emi'greiʃən] n
utvandring c

emotion [i'mouʃən] n
sinnesrörelse c, känsla c

emperor ['empərə] n kejsare
c

emphasize ['emfəsaiz] v
betona

empire ['empaiə] n imperium
nt, kejsardöme nt

employ [im'plɔi] v
*sysselsätta, anställa;
använda

employee [,emplɔi'iː] n
anställd c, löntagare c

employer [im'plɔiə] n
arbetsgivare c

employment [im'plɔimənt] n
anställning c, arbete nt; ~
exchange arbetsförmedling
c

empress ['empris] n
kejsarinna c

empty ['empti] adj tom; v
tömma

enable [i'neibəl] v
*möjliggöra

enamel [i'næməl] n emalj c;
v

enamelled [i'næməld] adj
emaljerad

enchanting [in'tʃɑːntiŋ] adj
förtrollande, bedårande

encircle [in'səːkəl] v inringa,
omringa; *innesluta

enclose [iŋ'klouz] v bifoga

enclosure [iŋ'klouʒə] n
bilaga c

encounter [iŋ'kauntə] v
möta, träffa; n
sammanträffande nt

encourage [iŋ'kʌridʒ] v
uppmuntra

encyclopaedia
[en,saiklə'piːdiə] n
uppslagsbok c

end [end] n ände c, slut nt; v
sluta

ending ['endiŋ] n slut nt

endless ['endləs] adj oändlig

endorse [in'dɔːs] v endossera

endure [in'djuə] v *stå ut
med

enemy ['enəmi] n fiende c

energetic [,enə'dʒetik] adj
energisk

energy ['enədʒi] n energi c;
kraft c

engage [iŋ'geidʒ] v anställa;
förplikta sig; **engaged**
förlovad; upptagen

engagement [iŋ'geidʒmənt]

n förlovning *c*; förpliktelse *c*; avtalat möte; ~ **ring** förlovningsring *c*

engine ['endʒin] *n* maskin *c*, motor *c*; lokomotiv *nt*

engineer [,endʒi'niə] *n* ingenjör *c*

England ['iŋglənd] England

English ['iŋgliʃ] *adj* engelsk

Englishman ['iŋgliʃmən] *n* (pl -men) engelsman *c*

engrave [iŋ'greiv] *v* gravera

engraver [iŋ'greivə] *n* gravör *c*

engraving [iŋ'greiviŋ] *n* gravyr *c*

enigma [i'nigmə] *n* gåta *c*

enjoy [in'dʒɔi] *v* *njuta, *njuta av

enjoyable [in'dʒɔiəbəl] *adj* rolig, trevlig

enjoyment [in'dʒɔimənt] *n* nöje *nt*

enlarge [in'lɑːdʒ] *v* förstora; utvidga

enlargement [in'lɑːdʒmənt] *n* förstoring *c*

enormous [i'nɔːməs] *adj* väldig, enorm

enough [i'nʌf] *adv* nog; *adj* tillräcklig

enquire [iŋ'kwaiə] *v* underrätta sig, förhöra sig; undersöka

enquiry [iŋ'kwaiəri] *n* undersökning *c*; förfrågan *c*

enter ['entə] *v* *gå in, inträda; *skriva in

enterprise ['entəpraiz] *n* företag *c*

entertain [,entə'tein] *v* *underhålla, roa; *mottaga som gäst

entertainer [,entə'teinə] *n* underhållare *c*

entertaining [,entə'teiniŋ] *adj* underhållande, roande

entertainment [,entə'teinmənt] *n* underhållning *c*

enthusiasm [in'θjuːziæzəm] *n* entusiasm *c*

enthusiastic [in,θjuːzi'æstik] *adj* entusiastisk

entire [in'taiə] *adj* hel

entirely [in'taiəli] *adv* helt

entrance ['entrəns] *n* ingång *c*; tillträde *nt*; inträde *nt*

entrance fee [en'trənsfiː] *n* inträdesavgift *c*

entry ['entri] *n* ingång *c*; tillträde *nt*; anteckning *c*; **no** ~ tillträde förbjudet

envelop [in'veləp] *v* svepa in

envelope ['envəloup] *n* kuvert *nt*

envious ['enviəs] *adj* avundsjuk, avundsam

environment [in'vaiərənmənt] *n* miljö *c*; omgivning *c*

envoy ['envɔi] *n* envoyé *c*

envy ['envi] *n* avundsjuka *c*; *v* avundas

epic ['epik] *n* epos *nt*; *adj* episk

epidemic [,epi'demik] *n* epidemi *c*

epilepsy ['epilepsi] *n* epilepsi

c
epilogue ['epilɔg] *n* epilog *c*
episode ['episoud] *n* episod *c*
equal ['i:kwəl] *adj* lika; *v*
*vara likvärdig
equality [i'kwɔləti] *n*
jämlikhet *c*
equalize ['i:kwəlaiz] *v*
utjämna
equally ['i:kwəli] *adv* lika
equator [i'kweitə] *n*
ekvatorn
equip [i'kwip] *v* utrusta,
ekipera
equipment [i'kwipmənt] *n*
utrustning *c*
equivalent [i'kwivələnt] *adj*
motsvarande, likvärdig
eraser [i'reizə] *n* radergummi
nt
erect [i'rekt] *v* uppbygga,
upprätta; *adj*
upprättstående, upprätt
err [ə:] *v* *ta fel, *missta; irra
errand ['erənd] *n* ärende *c*
error ['erə] *n* misstag *nt*, fel *nt*
escalator ['eskəleitə] *n*
rulltrappa *c*
escape [i'skeip] *v*
*undslippa; *undgå, fly; *n*
flykt *c*
escort[1] ['eskɔ:t] *n* eskort *c*
escort[2] [i'skɔ:t] *v* eskortera
especially [i'speʃəli] *adv*
särskilt, i synnerhet
esplanade [,esplə'neid] *n*
esplanad *c*
essay ['esei] *n* essä *c*; uppsats
c
essence ['esəns] *n* essens *c*;

väsen *nt*, kärna *c*
essential [i'senʃəl] *adj*
oumbärlig; väsentlig
essentially [i'senʃəli] *adv*
väsentligen
establish [i'stæbliʃ] *v*
etablera; fastställa
estate [i'steit] *n*
lantegendom *c*
esteem [i'sti:m] *n* aktning *c*,
respekt *c*; *v* uppskatta
estimate[1] ['estimeit] *v*
värdera
estimate[2] ['estimət] *n*
beräkning *c*
estuary ['estʃuəri] *n*
flodmynning *c*
etcetera [et'setərə] och så
vidare
etching ['etʃiŋ] *n* etsning *c*
eternal [i'tə:nəl] *adj* evig
eternity [i'tə:nəti] *n* evighet *c*
Ethiopia [iθi'oupiə] Etiopien
Ethiopian [iθi'oupiən] *adj*
etiopisk; *n* etiopier *c*
e-ticket ['i:,tikət] *n* e-biljett *c*
EU ['i:'ju] EU
Euro ['ju:rou] *n* euro *c*
Europe ['juərəp] Europa
European [,juərə'pi:ən] *adj*
europeisk; *n* europé *c*; ~
Union Europeiska Unionen
evacuate [i'vækjueit] *v*
evakuera
evaluate [i'væljueit] *v*
värdera
evaporate [i'væpəreit] *v*
avdunsta
even ['i:vən] *adj* jämn, plan,
lika; *adv* till och med

evening ['i:vniŋ] n kväll c; ~ dress aftonklädsel c

event [i'vent] n händelse c

eventual [i'ventʃuəl] adj slutlig

eventually [i'ventʃuəli] adv så småningom

ever ['evə] adv någonsin; alltid

every ['evri] adj varje

everybody ['evri,bɔdi] pron var och en

everyday ['evridei] adj daglig

everyone ['evriwʌn] pron envar, var och en

everything ['evriθiŋ] pron allting

everywhere ['evriweə] adv överallt

evidence ['evidəns] n bevis nt

evident ['evidənt] adj tydlig

evil ['i:vəl] n ondska c; adj ond, elak

evolution [,i:və'lu:ʃən] n utveckling c

exact [ig'zækt] adj exakt

exactly [ig'zæktli] adv exakt

exaggerate [ig'zædʒəreit] v *överdriva

exam [ig'zæm] n colloquial examen c

examination [ig,zæmi'neiʃən] n undersökning c

examine [ig'zæmin] v undersöka

example [ig'zɑ:mpəl] n exempel nt; for ~ till exempel

excavation [,ekskə'veiʃən] n utgrävning c

exceed [ik'si:d] v *överskrida; överträffa

excel [ik'sel] v utmärka sig

excellent ['eksələnt] adj förträfflig

except [ik'sept] prep med undantag av, utom

exception [ik'sepʃən] n undantag nt

exceptional [ik'sepʃənəl] adj enastående, ovanlig

excerpt ['eksə:pt] n utdrag nt

excess [ik'ses] n överdrift c

excessive [ik'sesiv] adj överdriven

exchange [iks'tʃeindʒ] v växla, utbyta, byta ut; n byte nt; börs c; ~ office växelkontor nt; ~ rate växelkurs c

excite [ik'sait] v upphetsa

excited [ik'saitəd] adj upphetsad

excitement [ik'saitmənt] n uppståndelse c, spänning c

exciting [ik'saitiŋ] adj spännande

exclaim [ik'skleim] v utropa

exclamation [,eksklə'meiʃən] n utrop nt

exclude [ik'sklu:d] v *utesluta

exclusive [ik'sklu:siv] adj exklusiv

exclusively [ik'sklu:sivli] adv enbart, uteslutande

excursion [ik'skə:ʃən] n utflykt c

excuse¹ [ik'skju:s] *n* ursäkt *c*

excuse² [ik'skju:z] *v* ursäkta

execute ['eksikju:t] *v* utföra

execution [,eksi'kju:ʃən] *n* avrättning *c*; utförande *nt*

executioner [,eksi'kju:ʃənə] *n* bödel *c*

executive [ig'zekjutiv] *adj* verkställande; *n* verkställande myndighet; direktör *c*

executive assistant [ig'zekjətiv,ə'sistənt] *n* chefssekreterare *c*

exempt [ig'zempt] *v* *frita, frikalla, befria; *adj* befriad

exemption [ig'zempʃən] *n* befrielse *c*

exercise ['eksəsaiz] *n* övning *c*; skriftligt prov; *v* öva; utöva

exhale [eks'heil] *v* utandas

exhaust [ig'zɔ:st] *n* avgas *c*; *v* utmatta; ~ gases avgaser *pl*

exhibit [ig'zibit] *v* ställa ut; förevisa, uppvisa

exhibition [,eksi'biʃən] *n* utställning *c*

exile ['eksail] *n* landsflykt *c*; landsflykting *c*

exist [ig'zist] *v* existera

existence [ig'zistəns] *n* existens *c*

exit ['eksit] *n* utgång *c*; utfart *c*

exotic [ig'zɔtik] *adj* exotisk

expand [ik'spænd] *v* utvidga; utbreda

expansion [ik'spænʃən] *n* expansion *c*

expect [ik'spekt] *v* vänta sig

expectation [,ekspek'teiʃən] *n* förväntan *c*

expedition [,ekspə'diʃən] *n* expedition *c*; snabbhet *c*

expel [ik'spel] *v* utvisa

expenditure [ik'spenditʃə] *n* utgifter, åtgång *c*

expense [ik'spens] *n* utgift *c*; expenses *pl* omkostnader *pl*

expensive [ik'spensiv] *adj* dyrbar, dyr; kostsam

experience [ik'spiəriəns] *n* erfarenhet *c*; *v* *erfara, uppleva; experienced erfaren

experiment [ik'sperimənt] *n* experiment *nt*, försök *nt*; *v* experimentera

expert ['ekspə:t] *n* fackman *c*, expert *c*; *adj* sakkunnig

expire [ik'spaiə] *v* utlöpa, *förfalla; utandas; expired ogiltig

explain [ik'splein] *v* förklara

explanation [,eksplə'neiʃən] *n* förklaring *c*

explicit [ik'splisit] *adj* tydlig, uttrycklig

explode [ik'sploud] *v* explodera

exploit [ik'sploit] *v* *utsuga, utnyttja

explore [ik'splɔ:] *v* utforska

explosion [ik'splouʒən] *n* explosion *c*

explosive [ik'splousiv] *adj* explosiv; *n* sprängämne *nt*

export¹ [ik'spɔ:t] *v* exportera

export² ['ekspɔːt] *n* export *c*

expose [ik'spəuz] *v* utsätta

exposition [,ekspə'ziʃən] *n* utställning *c*

exposure [ik'spəuʒə] *n* utsättande *nt*; exponering *c*; ~ meter exponeringsmätare *c*

express [ik'spres] *v* uttrycka; *ge uttryck åt; *adj* snabbgående; uttrycklig; ~ train expresståg *nt*

expression [ik'spreʃən] *n* uttryck *nt*; yttrande *nt*

exquisite [ik'skwizit] *adj* utsökt

extend [ik'stend] *v* förlänga; utvidga; bevilja

extension [ik'stenʃən] *n* förlängning *c*; utvidgande *nt*; anknytningslinje *c*; ~ cord förlängningssladd *c*

extensive [ik'stensiv] *adj* omfångsrik; vidsträckt, omfattande

extent [ik'stent] *n* utsträckning *c*, omfång *nt*

exterior [ek'stiəriə] *adj* yttre; *n* yttre *nt*

external [ek'stəːnəl] *adj* utvändig

extinguish [ik'stiŋwiʃ] *v* släcka

extort [ik'stɔːt] *v* utpressa

extortion [ik'stɔːʃən] *n* utpressning *c*

extra ['ekstrə] *adj* extra

extract¹ [ik'strækt] *v* *utdra

extract² ['ekstrækt] *n* utdrag *nt*

extradite ['ekstrədait] *v* utlämna

extraordinary [ik'strɔːdənri] *adj* utomordentlig

extravagant [ik'strævəgənt] *adj* överdriven, extravagant, slösaktig

extreme [ik'striːm] *adj* extrem; ytterlig, yttersta; *n* ytterlighet *c*

exuberant [ig'zjuːbərənt] *adj* översvallande

eye [ai] *n* öga *nt*

eyebrow ['aibrau] *n* ögonbryn *nt*

eyelash ['ailæʃ] *n* ögonfrans *c*

eyelid ['ailid] *n* ögonlock *nt*

eyebrow pencil ['ai,pensəl] *n* ögonbrynspenna *c*

eye shadow ['ai,ʃædou] *n* ögonskugga *c*

eyewitness ['ai,witnəs] *n* ögonvittne *nt*

F

fable ['feibəl] n fabel c

fabric ['fæbrik] n tyg nt; struktur c

façade [fə'sa:d] n fasad c

face [feis] n ansikte nt; v konfrontera, *vara vänd mot; ~ massage ansiktsmassage c; facing mittemot

face cream ['feiskri:m] n ansiktskräm c

face pack ['feispæk] n ansiktsmask c

face-powder ['feis,paudə] n ansiktspuder nt

facilities [fə'silətis] pl möjligheter pl; cooking ~ pl kokmöjligheter pl

fact [fækt] n faktum nt; in ~ i själva verket

factor ['fæktə] n faktor c

factory ['fæktəri] n fabrik c

factual ['fæktʃuəl] adj faktisk

faculty ['fækəlti] n förmåga c; fallenhet c, talang c; fakultet c

fade [feid] v blekna

fail [feil] v misslyckas; fattas; försumma; kuggas; without ~ helt säkert

failure ['feiljə] n misslyckande nt

faint [feint] v svimma; adj vag, svag

fair [fɛə] n marknad c; varumässa c; adj just,

rättvis; ljushårig, blond; fager

fairly ['fɛəli] adv tämligen, ganska

fairy ['fɛəri] n fe c

fairytale ['fɛəriteil] n saga c

faith [feiθ] n tro c; tillit c

faithful ['feiθful] adj trogen

fake [feik] n förfalskning c

fall [fɔ:l] n fall nt; nAm höst c *fall [fɔ:l] v *falla

false [fɔ:ls] adj falsk; fel, oäkta; ~ teeth löständer pl

falter ['fɔ:ltə] v vackla; stamma

fame [feim] n ryktbarhet c, berömmelse c; rykte nt

familiar [fə'miljə] adj välkänd; familjär

family ['fæməli] n familj c; släkt c; ~ name efternamn nt

famous ['feiməs] adj berömd

fan [fæn] n fläkt c; solfjäder c; beundrare c; ~ belt fläktrem c

fanatical [fə'nætikəl] adj fanatisk

fancy ['fænsi] v *ha lust att, tycka om; tänka sig, föreställa sig; n nyck c; fantasi c

fantastic [fæn'tæstik] adj fantastisk

fantasy ['fæntəzi] n fantasi c

far [fa:] adj avlägset; by ~

betydligt; **so ~** hittills; **~ away** långt bort

fare [feə] n biljettpris nt; mat c, kost c

farm [fɑːm] n lantbruk nt

farmer ['fɑːmə] n lantbrukare c; farmer's wife lantbrukarhustru c

farmhouse ['fɑːmhaus] n lantgård c

far-off ['fɑːrɔf] adj avlägsen

farther ['fɑːðə] adj mera

fascinate ['fæsineit] v fascinera

fascism ['fæʃizəm] n fascism c

fascist ['fæʃist] adj fascistisk; n fascist c

fashion ['fæʃən] n mode c; sätt nt

fashionable ['fæʃənəbəl] adj modern

fast [fɑːst] adj snabb, hastig

fasten ['fɑːsən] v fästa, spänna fast; stänga

fastener ['fɑːsənə] n spänne nt

fat [fæt] adj tjock, fet; n fett nt

fat free ['fæt͵friː] adj fettfri

fatal ['feitəl] adj ödesdiger, fatal, dödlig

fate [feit] n öde nt

father ['fɑːðə] n far c; pater c

father-in-law ['fɑːðərinlɔː] n (pl fathers-) svärfar c

fatty ['fæti] adj fet

faucet ['fɔːsit] nAm vattenkran c

fault [fɔːlt] n fel nt; defekt c

faultless ['fɔːltləs] adj felfri; oklanderlig

faulty ['fɔːlti] adj bristfällig

favour ['feivə] n välvilja c, tjänst c; v favorisera, gynna

favourable ['feivərəbəl] adj gynnsam

favourite ['feivərit] n favorit c, gunstling c; adj älsklings-

fawn [fɔːn] adj gulbrun; n rådjurskalv c, hjortkalv c

fax [fæks] n (tele)fax nt; send a ~ skicka ett fax, faxa

fear [fiə] n rädsla c, oro c; v frukta

feasible ['fiːzəbəl] adj utförbar

feast [fiːst] n fest c

feat [fiːt] n bragd c, prestation c

feather ['feðə] n fjäder c

feature ['fiːtʃə] n kännemärke nt; ansiktsdrag nt

February ['februəri] februari

federal ['fedərəl] adj förbunds-

federation [͵fedə'reiʃən] n federation c; förbundsstat c

fee [fiː] n arvode c

feeble ['fiːbəl] adj svag

***feed** [fiːd] v mata; fed up with utled på

***feel** [fiːl] v känna; känna på; ~ like *ha lust att

feeling ['fiːliŋ] n känsla c; känsel c

feet [fiːt] pl fötter pl

fell [fel] v (p fall)

fellow ['felou] n karl c

felt¹ [felt] n filt c

felt² [felt] v (p, pp feel)

female ['fi:meil] adj hon- pref

feminine ['feminin] adj
feminin

fence [fens] n stängsel nt;
staket nt; v fäkta

ferment [fə:'ment] v jäsa

ferry-boat ['feribout] n färja
c

fertile ['fə:tail] adj fruktbar

festival ['festivəl] n festival c

festive ['festiv] adj festlig

fetch [fetʃ] v hämta

feudal ['fju:dəl] adj feodal

fever ['fi:və] n feber c

feverish ['fi:vəriʃ] adj febrig

few [fju:] adj få

fiancé [fi'ã:sei] n fästman c

fiancée [fi'ã:sei] n fästmö c

fibre ['faibə] n fiber c

fiction ['fikʃən] n
skönlitteratur c, fiktion c

field [fi:ld] n fält nt, åker c; ~
glasses fältkikare c

fierce [fiəs] adj vild, häftig

fifteen [,fif'ti:n] num femton

fifteenth [,fif'ti:nθ] num
femtonde

fifth [fifθ] num femte

fifty ['fifti] num femtio

fig [fig] n fikon nt

fight [fait] n slagsmål nt;
kamp c, strid c

*fight [fait] v *strida, *slåss,
kämpa

figure ['figə] n figur c; siffra c

file [fail] n fil c; brevpärm c,
dossié c; rad c

fill [fil] v fylla; ~ in fylla i;

filling station bensinstation
c; ~ out Am fylla i; ~ up
tanka

filling ['filiŋ] n plomb c;
fyllning c

film [film] n film c; v filma

filter ['filtə] n filter nt

filthy ['filθi] adj lortig,
smutsig

final ['fainəl] adj slutlig

finally ['fainəli] adv slutligen

finance [fai'næns] v
finansiera

finances [fai'nænsiz] pl
finanser pl

financial [fai'nænʃəl] adj
finansiell

finch [fintʃ] n bofink c

*find [faind] v hitta, *finna

fine [fain] n böter pl; adj fin;
skön; härlig, utmärkt; ~ arts
de sköna konsterna

finger ['fiŋgə] n finger nt;
little ~ lillfinger nt

fingerprint ['fiŋgəprint] n
fingeravtryck nt

finish ['finiʃ] v avsluta, sluta;
fullborda; n slut nt; mållinje
c; finished färdig

Finland ['finlənd] Finland

Finn [fin] n finländare c

Finnish ['finiʃ] adj finsk

fire [faiə] n eld c; eldsvåda c;
v *skjuta; avskeda

fire alarm ['faiərə,lɑ:m] n
brandalarm c

fire brigade ['faiəbri,geid] n
brandkår c

fire escape ['faiəri,skeip] n
brandstege c

fire extinguisher
['faiərik,stingwiʃə] n
brandsläckare c

firefighter ['faiə,faitə] n
brandman c

fireplace ['faiəpleis] n öppen
spis

fireproof ['faiəpru:f] adj
brandsäker; eldfast

firewall ['faiə‿,wɔ:l] n
brandvägg c

firm [fə:m] adj fast; solid; n
firma c

first [fə:st] num första; at ~
först; i början; ~ name
förnamn nt

first aid [,fə:st'eid] n första
hjälpen; ~ kit förbandslåda
c; ~ post hjälpstation c

first-class [,fə:st'kla:s] adj
förstklassig

first-rate [,fə:st'reit] adj
förstklassig

fir tree ['fə:tri:] n gran c,
barrträd nt

fish[1] [fiʃ] n (pl ~, ~es) fisk c; ~
shop fiskaffär c

fish[2] [fiʃ] v fiska; meta;
fishing gear fiskredskap nt;
fishing hook metkrok c;
fishing industry
fiskerinäring c; **fishing
licence** fiskekort nt; **fishing
line** metrev c; **fishing net**
fisknät nt; **fishing rod**
metspö nt; **fishing tackle**
fiskedon nt

fishbone ['fiʃboun] n fiskben
nt

fisherman ['fiʃəmən] n (pl

-men) fiskare c

fist [fist] n knytnäve c

fit [fit] adj lämplig; n anfall nt;
v passa; **fitting room**
provrum nt

five [faiv] num fem

fix [fiks] v laga

fixed [fikst] adj fästad,
orörlig

fizz [fiz] n brus nt

flag [flæg] n flagga c

flame [fleim] n låga c

flamingo [flə'mingou] n (pl
~s, ~es) flamingo c

flannel ['flænəl] n flanell c

flash [flæʃ] n blixt c, glimt c

flash bulb ['flæʃbʌlb] n
blixtlampa c

flashlight ['flæʃlait] n
ficklampa c

flask [flɑ:sk] n plunta c;
thermos ~ termos c

flat [flæt] adj flat, platt; n
lägenhet c; ~ tyre
punktering c

flavour ['fleivə] n smak c; v
smaksätta, krydda

flee [fli:] v fly

fleet [fli:t] n flotta c

flesh [fleʃ] n kött nt

flew [flu:] v (p fly)

flex [fleks] n sladd c

flexible ['fleksibəl] adj böjlig;
smidig

flight [flait] n flygresa c;
charter ~ charterflyg nt

flint [flint] n flintsten c

float [flout] v *flyta; n flöte
nt, flottör c

flock [flɔk] n hjord c

foreman

flood [flʌd] n översvämning c; flod c

floor [flɔː] n golv nt; våning c

florist ['flɔrist] n blomsterhandlare c

flour [flauə] n mjöl nt, vetemjöl nt

flow [flou] v *flyta, strömma

flower [flauə] n blomma c

flowerbed ['flauəbed] n rabatt c

flower shop ['flauəʃɔp] n blomsterhandel c

flown [floun] v (pp fly)

flu [fluː] n influensa c

fluent ['fluːənt] adj flytande

fluid ['fluːid] adj flytande; n vätska c

flute [fluːt] n flöjt c

fly [flai] n fluga c; gylf c

*fly [flai] v *flyga

foam [foum] n skum nt; v skumma

foam rubber ['foum,rʌbə] n skumgummi nt

focus ['foukəs] n brännpunkt c

fog [fɔg] n dimma c

foggy ['fɔgi] adj dimmig

foglamp ['fɔglæmp] n dimlykta c

fold [fould] v *vika; n veck nt

folk [fouk] n folk nt; ~ song folkvisa c

folk dance ['foukdɑːns] n folkdans c

folklore ['fouklɔː] n folklore c

follow ['fɔlou] v följa efter; following adj nästa, följande

*be fond of [biː fɔnd ɔv] tycka om

food [fuːd] n mat c; föda c; ~ poisoning matförgiftning c

foodstuffs ['fuːdstʌfs] pl matvaror pl

fool [fuːl] n dumbom c, dåre c; v skoja, lura

foolish ['fuːliʃ] adj löjlig, dåraktig; dum

foot [fut] n (pl feet) fot c; ~ powder fotpuder nt; on ~ till fots

football ['futbɔːl] n fotboll c; ~ match fotbollsmatch c

foot brake ['futbreik] n fotbroms c

footpath ['futpɑːθ] n gångstig c

footwear ['futwɛə] n skodon nt

for [fɔː, fə] prep till; i; av, på grund av, för; conj för

*forbid [fəˈbid] v *förbjuda

force [fɔːs] v tvinga; forcera; n makt c, kraft c; våld nt; by ~ med tvång; driving ~ drivkraft c

forecast ['fɔːkɑːst] n förutsägelse c; v *förutsäga

foreground ['fɔːgraund] n förgrund c

forehead ['fɔred] n panna c

foreign ['fɔrin] adj utländsk; främmande

foreigner ['fɔrinə] n utlänning c

foreman ['fɔːmən] n (pl -men) förman c

foremost ['fɔːmoust] *adj* förnämst

forest ['fɔrist] *n* skog *c*

forester ['fɔristə] *n* skogvaktare *c*

forever, for ever [fə'revə] *adv* för alltid

forge [fɔːdʒ] *v* förfalska

***forget** [fə'get] *v* glömma

forgetful [fə'getfəl] *adj* glömsk

***forgive** [fə'giv] *v* *förlåta

fork [fɔːk] *n* gaffel *c*; vägskäl *nt*; *v* förgrenas, dela sig

form [fɔːm] *n* form *c*; formulär *nt*; klass *c*; *v* forma

formal ['fɔːməl] *adj* formell

formality [fɔː'mæləti] *n* formalitet *c*

former ['fɔːmə] *adj* förutvarande; före detta; **formerly** förr, förut

formula ['fɔːmjulə] *n* (pl ~e, ~s) formel *c*

fortnight ['fɔːtnait] *n* fjorton dagar

fortress ['fɔːtris] *n* fästning *c*

fortunate ['fɔːtʃənət] *adj* lycklig

fortunately *adv* lyckligtvis

fortune ['fɔːtʃuːn] *n* förmögenhet *c*; öde *nt*, lycka *c*

forty ['fɔːti] *num* fyrtio

forward ['fɔːwəd] *adv* fram, framåt; *v* eftersända

foster parents ['fɔstə,peərənts] *pl* fosterföräldrar *pl*

fought [fɔːt] *v* (p, pp fight)

foul [faul] *adj* osnygg; gemen

found[1] [faund] *v* (p, pp find)

found[2] [faund] *v* grunda, stifta

foundation [faun'deiʃən] *n* stiftelse *c*; ~ **cream** underlagskräm *c*

fountain ['fauntin] *n* fontän *c*; källa *c*

fountain pen ['fauntinpen] *n* reservoarpenna *c*

four [fɔː] *num* fyra

fourteen [,fɔː'tiːn] *num* fjorton

fourteenth [,fɔː'tiːnθ] *num* fjortonde

fourth [fɔːθ] *num* fjärde

fowl [faul] *n* (pl ~s, ~) fjäderfä *nt*

fox [fɔks] *n* räv *c*

foyer ['fɔiei] *n* foajé *c*

fraction ['frækʃən] *n* bråkdel *c*

fracture ['fræktʃə] *v* *bryta; *n* brott *nt*

fragile ['frædʒail] *adj* skör; bräcklig

fragment ['frægmənt] *n* brottstycke *nt*

frame [freim] *n* ram *c*; montering *c*

France [frɑːns] Frankrike

franchise ['fræntʃaiz] *n* koncession *c*, rösträtt *c*

fraternity [frə'təːnəti] *n* broderlighet *c*

fraud [frɔːd] *n* bedrägeri *nt*

fray [frei] *v* fransa sig

free [friː] *adj* fri; gratis; ~ **of charge** kostnadsfri; ~ **ticket**

fribiljett c

freedom ['fri:dəm] n frihet c

*freeze [fri:z] v *frysa

freezer ['fri:zə] n frys c

freezing ['fri:ziŋ] adj iskall

freezing point ['fri:ziŋpoint] n fryspunkt c

freight [freit] n frakt c, last c

freight train ['freittrein] nAm godståg c

French [frentʃ] adj fransk; the ~ pl fransmännen pl; ~ fries pl pommes frites pl

Frenchman ['frentʃmən] n (pl -men) fransman c

frequency ['fri:kwənsi] n frekvens c; förekomst c

frequent ['fri:kwənt] adj ofta förekommande, vanlig; frequently ofta

fresh [freʃ] adj färsk; ny; uppfriskande; ~ water sötvatten nt

friction ['frikʃən] n friktion c

Friday ['fraidi] fredag c

fridge [fridʒ] n kylskåp nt

friend [frend] n vän c; väninna c

friendly ['frendli] adj vänlig, vänskaplig

friendship ['frendʃip] n vänskap c

fright [frait] n fruktan c, skräck c

frighten ['fraitən] v skrämma

frightened ['fraitənd] adj skrämd; *be ~ *bli förskräckt

frightful ['fraitfəl] adj förskräcklig, förfärlig

fringe [frindʒ] n frans c

frock [frɔk] n klänning c

frog [frɔg] n groda c

from [frɔm] prep från; av; från och med

front [frʌnt] n framsida c; in ~ of framför

frontier ['frʌntiə] n gräns c

frost [frɔst] n frost c

frozen ['frouzən] adj frusen; ~ food djupfryst mat

fruit [fru:t] n frukt c

fry [frai] v steka

frying pan ['fraiiŋpæn] n stekpanna c

fuck [fʌk] v V knulla

fuel ['fju:əl] n bränsle nt; bensin c; ~ pump Am bensinpump c

full [ful] adj full; ~ board helpension c; ~ stop punkt c; ~ up fullsatt

fun [fʌn] n nöje nt; skoj nt

function ['fʌŋkʃən] n funktion c

fund [fʌnd] n fond c

fundamental [,fʌndə'mentəl] adj grundläggande

funeral ['fju:nərəl] n begravning c

funnel ['fʌnəl] n tratt c

funny ['fʌni] adj rolig, lustig; konstig

fur [fə:] n päls c; ~ coat päls c; furs pälsverk nt

furious ['fjuəriəs] adj ursinnig, rasande

furnace ['fə:nis] n ugn c

furnish ['fə:niʃ] v leverera,

*förse; möblera; ~ with
*förse med
furniture ['fə:nitʃə] n möbler
pl
furrier ['fʌriə] n körsnär c
further ['fə:ðə] adj
avlägsnare; ytterligare
furthermore ['fə:ðəmɔ:] adv

dessutom
furthest ['fə:ðist] adj längst
bort
fuse [fju:z] n propp c;
stubintråd c
fuss [fʌs] n bråk nt, väsen nt
future ['fju:tʃə] n framtid c;
adj framtida

G

gable ['geibəl] n gavel c
gadget ['gædʒit] n grej c
gain [gein] v *vinna; n
förvärv nt, förtjänst c
gale [geil] n storm c
gall [gɔ:l] n galla c; ~ bladder
gallblåsa c
gallery ['gæləri] n galleri nt;
konstgalleri nt
gallon ['gælən] n (Brit 4,55 l;
Am 3,79 l) gallon c
gallop ['gæləp] n galopp c
gallows ['gæləuz] pl galge c
gallstone ['gɔ:lstoun] n
gallsten c
game [geim] n spel nt;
villebråd nt; ~ reserve
djurreservat c
gang [gæŋ] n gäng nt; skift nt
gangway ['gæŋwei] n
landgång c
gap [gæp] n öppning c
garage ['gæra:ʒ] n garage nt;
v ställa in i garaget
garbage ['gɑ:bidʒ] n avfall
nt, sopor pl
garden ['gɑ:dən] n trädgård
c; public ~ offentlig park;

zoological gardens
djurpark c
gardener ['gɑ:dənə] n
trädgårdsmästare c
gargle ['gɑ:gəl] v gurgla
garlic ['gɑ:lik] n vitlök c
gas [gæs] n gas c; nAm
bensin c; ~ cooker gaskök
nt; ~ pump Am bensinpump
c; ~ station bensinstation c;
~ stove gasspis c
gasoline ['gæsəli:n] nAm
bensin c
gastric ['gæstrik] adj mag-; ~
ulcer magsår nt
gasworks ['gæswə:ks] n
gasverk nt
gate [geit] n port c; grind c
gather ['gæðə] v samla;
samlas; skörda
gauge [geidʒ] n mätare c
gave [geiv] v (p give)
gay [gei] adj munter; brokig
gaze [geiz] v stirra
gazetteer [,gæzə'tiə] n
geografiskt lexikon
gear [giə] n växel c; change ~
utrustning c; change ~

växla; ~ **lever** växelspak *c*
gearbox ['gɪəbɔks] *n*
   växellåda *c*
geese [giːs] *pl* gäss *pl*
gem [dʒem] *n* juvel *c*,
   ädelsten *c*; klenod *c*
gender ['dʒendə] *n* genus *nt*
general ['dʒenərəl] *adj*
   allmän; *n* general *c*; ~
   practitioner
   allmänpraktiserande läkare;
   in ~ i allmänhet
generate ['dʒenəreit] *v* alstra
generation [,dʒenə'reiʃən] *n*
   generation *c*
generator ['dʒenəreitər] *n*
   generator *c*
generosity [,dʒenə'rɔsəti] *n*
   givmildhet *c*
generous ['dʒenərəs] *adj*
   generös, givmild
genital ['dʒenitəl] *adj* köns-
genius ['dʒiːniəs] *n* geni *nt*
gentle ['dʒentəl] *adj* mild;
   blid; varsam
gentleman ['dʒentəlmən] *n*
   (pl -men) herre *c*
genuine ['dʒenjuin] *adj* äkta
geography [dʒi'ɔgrəfi] *n*
   geografi *c*
geology [dʒi'ɔlədʒi] *n*
   geologi *c*
geometry [dʒi'ɔmətri] *n*
   geometri *c*
germ [dʒəːm] *n* bacill *c*;
   grodd *c*
German ['dʒəːmən] *adj* tysk;
   n tysk *c*
Germany ['dʒəːməni]
   Tyskland

gesticulate [dʒi'stikjuleit] *v*
   gestikulera
***get** [get] *v* *få; hämta; *bli; ~
   back *gå tillbaka, *komma
   tillbaka; ~ **off** *stiga av; ~ **on**
   *stiga på; *göra framsteg; ~
   up resa sig, *stiga upp
ghost [goust] *n* spöke *nt*;
   ande *c*
giant ['dʒaiənt] *n* jätte *c*
giddiness ['gidinəs] *n* yrsel *c*
giddy ['gidi] *adj* yr
gift [gift] *n* gåva *c*; talang *c*
gift card ['gift‿kɑːd] *n*
   presentkort *nt*
gifted ['giftid] *adj* begåvad
gigantic [dʒai'gæntik] *adj*
   väldig
giggle ['gigəl] *v* fnittra
gill [gil] *n* gäl *c*
gilt [gilt] *adj* förgylld
ginger ['dʒindʒə] *n* ingefära *c*
gipsy ['dʒipsi] *n* zigenare *c*
girdle ['gəːdəl] *n* gördel *c*
girl [gəːl] *n* flicka *c*
girlfriend ['gəːlfrend] *n*
   flickvän *c*
***give** [giv] *v* *ge; överräcka; ~
   away förråda; ~ **in** *ge efter;
   ~ **up** *ge upp
glacier ['glæsiə] *n* glaciär *c*
glad [glæd] *adj* glad; **gladly**
   gärna, med glädje
gladness ['glædnəs] *n* glädje
   c
glamorous ['glæmərəs] *adj*
   charmerande, förtrollande
glance [glɑːns] *n* blick *c*; *v*
   kasta en blick
gland [glænd] *n* körtel *c*

glare [gleə] *n* skarpt sken; sken *nt*

glaring ['gleəriŋ] *adj* bländande; påfallande; gräll

glass [glɑːs] *n* glas *nt*; glas-; glasses glasögon *pl*; magnifying ~ förstoringsglas *nt*

glaze [gleiz] *v* glasa; glasera

glide [glaid] *v* ~glida

glider ['glaidə] *n* segelflygplan *nt*

glimpse [glimps] *n* skymt *c*; glimt *c*; *v* skymta

global ['gloubəl] *adj* världsomfattande; global positioning system *n* GPS *c*; global warming *n* global uppvärmning *c*

globalization [,gloubəlai'zeiʃən] *n* globalisering *c*

globalize ['gloubə,laiz] *v* globalisera

globe [gloub] *n* jordklot *nt*, glob *c*

gloom [gluːm] *n* dunkelhet *c*

gloomy ['gluːmi] *adj* dyster

glorious ['glɔːriəs] *adj* praktfull

glory ['glɔːri] *n* berömmelse *c*, ära *c*, lovord *nt*

gloss [glɔs] *n* glans *c*

glossy ['glɔsi] *adj* blank

glove [glʌv] *n* handske *c*

glow [glou] *v* glöda; *n* glöd *c*

glue [gluː] *n* lim *nt*

*go [gou] *v* *gå; *bli; ~ ahead *fortsätta; ~ away *fara; ~ back *gå tillbaka; ~ home

*gå hem; ~ in *gå in; ~ on *fortsätta; ~ out *gå ut; ~ through *genomgå

goal [goul] *n* mål *nt*

goalkeeper ['goul,kiːpə] *n* målvakt *c*

goat [gout] *n* get *c*

god [gɔd] *n* gud *c*

goddess ['gɔdis] *n* gudinna *c*

godfather ['gɔd,faːðə] *n* gudfar *c*

godmother ['gɔd,mʌðə] *n* gudmor *c*

goggles ['gɔgəlz] *pl* skyddsglasögon *pl*

gold [gould] *n* guld *nt*; ~ leaf bladguld *nt*

golden ['gouldən] *adj* gyllene

goldsmith ['gouldsmiθ] *n* guldsmed *c*

golf [gɔlf] *n* golf *c*

golfclub ['gɔlfklʌb] *n* golfklubb *c*

golf course ['gɔlfkɔːs] *n* golfbana *c*

golf links ['gɔlfliŋks] *n* golfbana *c*

gondola ['gɔndələ] *n* gondol *c*

gone [gɔn] *adv* (pp go) borta

good [gud] *adj* bra, god; snäll

goodbye! [,gud'bai] adjö!

good-humoured [,gud'hjuːməd] *adj* gladlynt

good-looking [,gud'lukiŋ] *adj* snygg

good-natured [,gud'neitʃəd] *adj* godmodig

goods [gudz] *pl* varor *pl*; ~ train godståg *nt*

grasshopper

good-tempered
[,gud'tempəd] *adj* godlynt

goodwill [,gud'wil] *n* välvilja
c

goose [gu:s] *n* (pl geese) gås
c

gooseberry ['guzbəri] *n*
krusbär *nt*

goose flesh ['gu:sfleʃ] *n*
gåshud *c*

gorge [gɔ:dʒ] *n* bergsklyfta *c*

gorgeous ['gɔ:dʒəs] *adj*
praktfull

gospel ['gɔspəl] *n*
evangelium *nt*

gossip ['gɔsip] *n* skvaller *nt*;
v skvallra

got [gɔt] *v* (p, pp get)

gourmet ['guəmei] *n*
gastronom *c*

gout [gaut] *n* gikt *c*

govern ['gʌvən] *v* regera

governess ['gʌvənis] *n*
guvernant *c*

government ['gʌvənmənt] *n*
regering *c*, styrelse *c*

governor ['gʌvənə] *n*
guvernör *c*

gown [gaun] *n* klänning *c*

GPS ['dʒi:pi:'es] *n* GPS *c*

grace [greis] *n* grace *c*; nåd *c*

graceful ['greisfəl] *adj*
graciös; intagande; behaglig

grade [greid] *n* grad *c*; *v*
klassificera

gradient ['greidiənt] *n*
stigning *c*

gradual ['grædʒuəl] *adj*
gradvis

graduate ['grædʒueit] *v* *ta

examen

grain [grein] *n* korn *nt*,
sädeskorn *nt*

gram [græm] *n* gram *nt*

grammar ['græmə] *n*
grammatik *c*

grammatical [grə'mætikəl]
adj grammatisk

gramophone ['græməfoun]
n grammofon *c*

grand [grænd] *adj* storslagen

grandchild ['græn,tʃaild] *n*
barnbarn *c*

granddaughter
['græn,dɔːtə] *n* sondotter *c*,
dotterdotter *c*

grandfather ['græn,fɑːðə] *n*
farfar *c*, morfar *c*

grandmother ['græn,mʌðə]
n farmor *c*; mormor *c*

grandparents
['græn,peərənts] *pl*
morföräldrar *pl*,
farföräldrar *pl*

grandson ['grænsʌn] *n*
sonson *c*, dotterson *c*

granite ['grænit] *n* granit *c*

grant [grɑːnt] *v* bevilja,
*medge; *n* bidrag *nt*,
stipendium *nt*

grapefruit ['greipfruːt] *n*
grapefrukt *c*

grapes [greips] *pl* vindruvor
pl

graph [græf] *n* diagram *nt*

graphic ['græfik] *adj* grafisk

grasp [grɑːsp] *v* *gripa; *n*
grepp *nt*

grass [grɑːs] *n* gräs *nt*

grasshopper ['grɑːs,hɔpə] *n*

gräshoppa c

grate [greit] n spisgaller c; v *riva

grateful ['greitfəl] adj tacksam

grater ['greitə] n rivjärn nt

gratis ['grætis] adj gratis

gratitude ['grætitju:d] n tacksamhet c

gratuity [grə'tju:əti] n gratifikation c

grave [greiv] n grav c; adj allvarlig

gravel ['grævəl] n grus nt

gravestone ['greivstoun] n gravsten c

graveyard ['greivjɑ:d] n begravningsplats c

gravity ['grævəti] n tyngdkraft c; allvar nt

gravy ['greivi] n sky c

graze [greiz] v beta; n skrubbsår nt

grease [gri:s] n fett nt; v *smörja

greasy ['gri:si] adj flottig, oljig

great [greit] adj stor; Great Britain Storbritannien

Greece [gri:s] Grekland

greed [gri:d] n habegär nt

greedy ['gri:di] adj hagalen; glupsk

Greek [gri:k] adj grekisk; n grek c

green [gri:n] adj grön; ~ card grönt kort

greengrocer ['gri:n,grousə] n grönsakshandlare c

greenhouse ['gri:nhaus] n

drivhus nt, växthus nt

greens [gri:nz] pl grönsaker pl

greet [gri:t] v hälsa

greeting ['gri:tiŋ] n hälsning c

grey [grei] adj grå

greyhound ['greihaund] n vinthund c

grief [gri:f] n sorg c, bedrövelse c

grieve [gri:v] v sörja

grill [gril] n grill c; v grilla

grillroom ['grilru:m] n grillrestaurang c

grim [grim] adj barsk

grin [grin] v flina; n flin nt

grind [graind] v mala; finmala

grip [grip] v *gripa; n grepp nt; nAm kappsäck c

grit [grit] n grus nt

groan [groun] v stöna

grocer ['grousə] n specerihandlare c; grocer's; grocery speceriaffär c

groceries ['grousəriz] pl specerier pl

groin [grɔin] n ljumske c

groom [gru:m] n brudgum c

groove [gru:v] n skåra c, fåra c

gross[1] [grous] n (pl ~) gross nt

gross[2] [grous] adj grov; brutto-

grotto ['grɔtou] n (pl ~es, ~s) grotta c

ground[1] [graund] n grund c, mark c; ~ floor bottenvåning *c*; **grounds** mark *c*

ground[2] [graund] *v* (p, pp grind)

group [gruːp] *n* grupp *c*

grouse [graus] *n* (pl ∼) vildhönsfågel *c*, ripa *c*

grove [grouv] *n* skogsdunge *c*

***grow** [grou] *v* växa; odla; ***bli**

growl [graul] *v* morra

grown-up ['grounʌp] *adj* vuxen; *n* vuxen *c*

growth [grouθ] *n* växt *c*; svulst *c*

grudge [grʌdʒ] *v* missunna

grumble ['grʌmbəl] *v* knorra

guarantee [,gærən'tiː] *n* garanti; säkerhet *c*; *v* garantera

guard [gɑːd] *n* vakt *c*; *v* bevaka

guardian ['gɑːdiən] *n* förmyndare *c*

guess [ges] *v* gissa; förmoda; *n* förmodan *c*

guest [gest] *n* gäst *c*

guesthouse ['gesthaus] *n* pensionat *nt*

guest room ['gestruːm] *n* gästrum *nt*

guide [gaid] *n* reseledare *c*; guide *c*; *v* vägleda; guida

guide dog ['gaiddɔg] *n*

guidebook ['gaidbuk] *n* reshandbok *c*

guideline ['gaidlain] *n* riktlinje *c*

guilt [gilt] *n* skuld *c*

guilty ['gilti] *adj* skyldig

guinea pig ['ginipig] *n* marsvin *nt*

guitar [gi'tɑː] *n* gitarr *c*

gulf [gʌlf] *n* bukt *c*

gull [gʌl] *n* mås *c*

gum [gʌm] *n* tandkött *nt*; gummi *nt*; klister *nt*

gun [gʌn] *n* gevär *nt*; kanon *c*

gunpowder ['gʌn,paudə] *n* krut *nt*

gust [gʌst] *n* kastby *c*

gusty ['gʌsti] *adj* stormig

gut [gʌt] *n* tarm *c*; **guts** mod *nt*

gutter ['gʌtə] *n* rännsten *c*

guy [gai] *n* karl *c*

gymnasium [dʒim'neiziəm] *n* (pl ∼s, -sia) gymnastiksal *c*

gymnast ['dʒimnæst] *n* gymnast *c*

gymnastics [dʒim'næstiks] *pl* gymnastik *c*

gynaecologist [,gainə'kɔlədʒist] *n* gynekolog *c*

H

habit ['hæbit] n vana c

habitable ['hæbitəbəl] adj beboelig

habitual [hə'bitʃuəl] adj invand

had [hæd] v (p, pp have)

haddock ['hædək] n (pl ~) kolja c

haemorrhage ['heməridʒ] n blödning c

haemorrhoids ['heməroidz] pl hemorrojder pl

hail [heil] n hagel c

hair [heə] n hår nt; ~ cream hårkräm c; ~ gel hårgelé nt; ~ piece löshår nt; ~ rollers hårrullar pl

hairbrush ['heəbrʌʃ] n hårborste c

haircut ['heəkʌt] n hårklippning c

hairdo ['heəduː] n frisyr c

hairdresser ['heə,dresə] n damfrisör c

hairdryer ['heədraiə] n hårtork c

hairgrip ['heəgrip] n hårspänne nt

hair net ['heənet] n hårnät nt

hair oil ['heəroil] n hårolja c

hairpin ['heəpin] n hårnål c

hair spray ['heəsprei] n hårspray nt

hairy ['heəri] adj hårig

half¹ [haːf] adj halv; adv till hälften

half² [haːf] n (pl halves) hälft c

half time [,haːf'taim] n halvlek c

halfway [,haːf'wei] adv halvvägs

halibut ['hælibət] n (pl ~) helgeflundra c

hall [hɔːl] n hall c; sal c

halt [hɔːlt] v stanna

halve [haːv] v halvera

ham [hæm] n skinka c

hamlet ['hæmlət] n liten by

hammer ['hæmə] n hammare c

hammock ['hæmək] n hängmatta c

hamper ['hæmpə] n matkorg c

hand [hænd] n hand c; v överlämna; ~ cream handkräm c

handbag ['hændbæg] n handväska c

handbook ['hændbuk] n handbok c

handbrake ['hændbreik] n handbroms c

handcuffs ['hændkʌfs] pl handbojor pl

handful ['hændful] n handfull c

handheld ['hand,held] adj handhållen

handicap ['hændikæp] n handikapp nt

handicapped ['hændikæpt] adj handikappad

handicraft ['hændikrɑ:ft] n hantverk nt; konsthantverk nt

handkerchief ['hæŋkətʃif] n näsduk c

handle ['hændəl] n skaft nt, handtag nt; v hantera; behandla

hand-made [,hænd'meid] adj handgjord

handshake ['hændʃeik] n handslag nt

handsome ['hænsəm] adj snygg

handwork ['hændwə:k] n hantverk nt

handwriting ['hænd,raitiŋ] n handstil c

*hang [hæŋ] v hänga

hanger ['hæŋə] n klädhängare c

hangover ['hæŋ,ouvə] n baksmälla c

happen ['hæpən] v hända, ske

happening ['hæpəniŋ] n händelse c

happiness ['hæpinəs] n lycka c

happy ['hæpi] adj belåten, lycklig

harbour ['hɑ:bə] n hamn c

hard [hɑ:d] adj hård; hardly knappast

hardware ['hɑ:dweə] n järnvaror pl; ~ store järnhandel c

hare [heə] n hare c

harm [hɑ:m] n skada c; ont nt; v skada, *göra illa

harmful ['hɑ:mfəl] adj skadlig

harmless ['hɑ:mləs] adj oförarglig

harmony ['hɑ:məni] n harmoni c

harp [hɑ:p] n harpa c

harpsichord ['hɑ:psikɔ:d] n cembalo c

harsh [hɑ:ʃ] adj sträv; sträng; grym

harvest ['hɑ:vist] n skörd c

has [hæz] v (pr have)

haste [heist] n brådska c, hast c

hasten ['heisən] v skynda sig

hasty ['heisti] adj hastig

hat [hæt] n hatt c; ~ rack hatthylla c

hatch [hætʃ] n lucka c

hate [heit] v hata; n hat nt

hatred ['heitrid] n hat nt

haughty ['hɔ:ti] adj högdragen

haul [hɔ:l] v släpa

*have [hæv] v *ha; *få; ~ to *måste

hawk [hɔ:k] n hök c; falk c

hay [hei] n hö nt; ~ fever hösnuva c

hazard ['hæzəd] n risk c

haze [heiz] n dis nt

hazelnut ['heizəlnʌt] n hasselnöt c

hazy ['heizi] adj disig

he [hi:] pron han

head [hed] n huvud nt; v leda; ~ of state statsöverhuvud nt;

~ teacher överlärare c

headache ['hedeik] n
huvudvärk c

heading ['hediŋ] n överskrift
c

headlamp ['hedlæmp] n
strålkastare c

headlight ['hedlait] n
strålkastare c

headline ['hedlain] n rubrik c

headmaster [,hed'mɑ:stə] n
rektor c

headquarters
[,hed'kwɔ:təz] pl
högkvarter nt

head-strong ['hedstrɔŋ] adj
envis

head waiter [,hed'weitə] n
hovmästare c

heal [hi:l] v läka

health [helθ] n hälsa c; ~
centre hälsovårdscentral c;
~ certificate friskintyg nt

healthy ['helθi] adj frisk

heap [hi:p] n hög c

***hear** [hiə] v höra

hearing ['hiəriŋ] n hörsel c

heart [hɑ:t] n hjärta nt;
innersta nt; by ~ utantill; ~
attack hjärtattack c

heartburn ['hɑ:tbə:n] n
halsbränna c

hearth [hɑ:θ] n eldstad c

heartless ['hɑ:tləs] adj
hjärtlös

hearty ['hɑ:ti] adj hjärtlig

heat [hi:t] n hetta c, värme c;
v uppvärma; **heating pad**
värmedyna c

heater ['hi:tə] n kamin c;

immersion ~ doppvärmare
c

heath [hi:θ] n hed c

heathen ['hi:ðən] n hedning
c; adj hednisk

heather ['heðə] n ljung c

heating ['hi:tiŋ] n
uppvärmning c

heaven ['hevən] n himmel c

heavy ['hevi] adj tung

Hebrew ['hi:bru:] n
hebreiska c

hedge [hedʒ] n häck c

hedgehog ['hedʒhɔg] n
igelkott c

heel [hi:l] n häl c; klack c

height [hait] n höjd c;
höjdpunkt c

heir [eə] n arvinge c

heiress ['eərəs] n
arvtagerska c

helicopter ['helikʌptə] n
helikopter c

hell [hel] n helvete c

hello! [he'lou] hej!; **say hello**
to säg hej till

helm [helm] n rorkult c

helmet ['helmit] n hjälm c

helmsman ['helmzmən] n
rorsman c

help [help] v hjälpa; n hjälp c

helper ['helpə] n hjälp c

helpful ['helpfəl] adj
hjälpsam

helping ['helpiŋ] n portion c

hem [hem] n fåll c

hemp [hemp] n hampa c

hen [hen] n höna c

her [hə:] pron henne; adj
hennes

herb [hə:b] n ört c

herd [hə:d] n hjord c

here [hiə] adv här; ~ you are var så god

hereditary [hi'reditəri] adj ärftlig

hernia ['hə:niə] n brock c

hero ['hiərou] n (pl ~es) hjälte c

heron ['herən] n häger c

herring ['heriŋ] n (pl ~, ~s) sill c

herself [hə:'self] pron sig; själv

hesitate ['heziteit] v tveka

heterosexual [,hetərə'sekʃuəl] adj heterosexuell

hiccup ['hikʌp] n hicka c

hide [haid] n djurhud c, skinn nt

*hide [haid] v gömma; *dölja

hideous ['hidiəs] adj avskyvärd

hierarchy ['haiərɑːki] n hierarki c

high [hai] adj hög

highway ['haiwei] n landsväg c; nAm motorväg c

hijack ['haidʒæk] v kapa

hijacker ['haidʒækə] n kapare c

hike [haik] v vandra

hill [hil] n kulle c; backe c

hillside ['hilsaid] n sluttning c

hilltop ['hiltɔp] n backkrön nt

hilly ['hili] adj backig, kuperad

him [him] pron honom

himself [him'self] pron sig; själv

hinder ['hində] v hindra

hinge [hindʒ] n gångjärn nt

hint [hint] n vink c

hip [hip] n höft c

hip-hop ['hip,hɔp] n hip-hop c

hire [haiə] v hyra; for ~ till uthyrning

hire purchase [,haiə'pə:tʃəs] n, installment plan nAm avbetalningsköp nt

his [hiz] adj hans

historian [hi'stɔːriən] n historiker c

historic [hi'stɔrik] adj historisk

historical [hi'stɔrikəl] adj historisk

history ['histəri] n historia c

hit [hit] n schlager c

*hit [hit] v *slå; träffa

hitchhike ['hitʃhaik] v lifta

hitchhiker ['hitʃ,haikə] n liftare c

hoarse [hɔ:s] adj skrovlig, hes

hobby ['hɔbi] n hobby c

hobbyhorse ['hɔbihɔ:s] n käpphäst c

hockey ['hɔki] n hockey c

hoist [hɔist] v hissa

hold [hould] n lastrum nt

*hold [hould] v *hålla fast, *hålla; *bibehålla; ~ on *hålla sig fast; ~ up stötta, *hålla uppe

hold-up ['houldʌp] n väpnat rån

hole [houl] n hål nt

holiday ['hɔlədi] n semester c; helgdag c; ~ camp ferieläger nt; ~ resort semesterort c; on ~ på semester

Holland ['hɔlənd] Holland

hollow ['hɔlou] adj ihålig

holy ['houli] adj helig

homage ['hɔmidʒ] n hyllning c

home [houm] n hem nt; hus nt, vårdhem nt; adv hemma, hem; at ~ hemma

home-made [,houm'meid] adj hemgjord

homesickness ['houm,siknəs] n hemlängtan c

homework ['houm,wəːk] n läxa c

homosexual [,houmə'sekʃuəl] adj homosexuell

honest ['ɔnist] adj ärlig; uppriktig

honesty ['ɔnisti] n ärlighet c

honey ['hʌni] n honung c

honeymoon ['hʌnimuːn] n smekmånad c, bröllopsresa c

honk [hʌŋk] vAm tuta

honour ['ɔnə] n heder c; v hedra, ära

honourable ['ɔnərəbəl] adj ärofullt; rättskaffens

hood [hud] n kapuschong c; nAm motorhuv c

hoof [huːf] n hov c

hook [huk] n krok c

hoot [huːt] v tuta

hooter ['huːtə] n signalhorn nt

hoover ['huːvə] v *dammsuga

hop¹ [hɔp] v hoppa; n hopp nt

hop² [hɔp] n humle nt

hope [houp] n hopp nt; v hoppas

hopeful ['houpfəl] adj hoppfull

hopeless ['houpləs] adj hopplös

horizon [hə'raizən] n horisont c

horizontal [,hɔri'zɔntəl] adj horisontal

horn [hɔːn] n horn nt; blåsinstrument nt; signalhorn nt

horrible ['hɔribəl] adj förskräcklig; ryslig, avskyvärd, gräslig

horror ['hɔrə] n skräck c, fasa c

hors d'œuvre [ɔː'dəːvr] n förrätt c

horse [hɔːs] n häst c

horseman ['hɔːsmən] n (pl -men) ryttare c

horsepower ['hɔːs,pauə] n hästkraft c

horserace ['hɔːsreis] n hästkapplöpning c

horseradish ['hɔːs,rædiʃ] n pepparrot c

horseshoe ['hɔːsʃuː] n hästsko c

horticulture ['hɔːtikʌltʃə] n trädgårdsodling c

hosiery ['houʒəri] n
trikåvaror pl

hospitable ['hɔspitəbəl] adj
gästfri

hospital ['hɔspitl] n sjukhus
nt, lasarett nt

hospitality [,hɔspi'tæləti] n
gästfrihet c

host [houst] n värd c

hostage ['hɔstidʒ] n gisslan c

hostel ['hɔstəl] n härbärge nt

hostess ['houstis] n värdinna
c

hostile ['hɔstail] adj fientlig

hot [hɔt] adj varm, het

hotel [hou'tel] n hotell nt

hotspot ['hɔt,spɔt] n
inneställe c

hot-tempered [,hɔt'tempəd]
adj hetlevrad

hour [auə] n timme c

hourly ['auəli] adj varje
timme

house [haus] n hus nt; bostad
c; ~ agent fastighetsmäklare
c; ~ block Am husblock nt;
public ~ restaurang c

houseboat ['hausbout] n
husbåt c

household ['haushould] n
hushåll nt

housekeeper ['haus,ki:pə] n
hushållerska c

housekeeping ['haus,ki:piŋ]
n hushållning c,
hushållssysslor pl

housemaid ['hausmeid] n
hembiträde nt

housewife ['hauswaif] n
hemmafru c

housework ['hauswə:k] n
hushållsarbete nt

how [hau] adv hur; så; ~
many hur många; ~ much
hur mycket

however [hau'evə] conj
likväl, emellertid

hug [hʌg] v omfamna; n kram
c

huge [hju:dʒ] adj kolossal,
jättestor, väldig

hum [hʌm] v nynna

human ['hju:mən] adj
mänsklig; ~ being människa
c

humanity [hju'mænəti] n
mänsklighet c

humble ['hʌmbəl] adj
ödmjuk

humid ['hju:mid] adj fuktig

humidity [hju'midəti] n
fuktighet c

humorous ['hju:mərəs] adj
skämtsam, humoristisk,
lustig

humour ['hju:mə] n humor c

hundred ['hʌndrəd] n hundra

Hungarian [hʌŋ'gɛəriən] adj
ungersk; n ungrare c

Hungary ['hʌŋgəri] Ungern

hunger ['hʌŋgə] n hunger c

hungry ['hʌŋgri] adj hungrig

hunt [hʌnt] v jaga; n jakt c

hunter ['hʌntə] n jägare c

hurricane ['hʌrikən] n orkan
c; ~ lamp stormlykta c

hurry ['hʌri] v skynda sig; n
brådska c; in a ~ fort

*hurt [hə:t] v värka, skada;
såra

hurtful ['həːtfəl] adj skadlig
husband ['hΛzbənd] n äkta
man, make c
hut [hΛt] n hydda c
hydrogen ['haidrədʒən] n
väte nt
hygiene ['haidʒiːn] n hygien c
hygienic [hai'dʒiːnik] adj
hygienisk
hymn [him] n hymn c, psalm c

hyphen ['haifən] n
bindestreck nt
hypocrisy [hi'pɔkrəsi] n
hyckleri nt
hypocrite ['hipəkrit] n
hycklare c
hypocritical [,hipə'kritikəl]
adj hycklande, skenhelig
hysterical [hi'sterikəl] adj
hysterisk

I

I [ai] pron jag
ice [ais] n is c
ice bag ['aisbæg] n isblåsa c
ice cream ['aiskriːm] n glass
c
Iceland ['aislənd] Island
Icelander ['aisləndə] n
isländning c
Icelandic [ais'lændik] adj
isländsk
icon ['aikɔn] n ikon c
idea [ai'diə] n idé c; tanke c,
infall nt; begrepp nt,
föreställning c
ideal [ai'diəl] adj idealisk; n
ideal nt
identical [ai'dentikəl] adj
identisk
identification
[ai,dentifi'keiʃən] n
identifiering c; legitimation
c
identify [ai'dentifai] v
identifiera
identity [ai'dentəti] n
identitet c; ~ card

identitetskort nt
idiom ['idiəm] n idiom nt
idiomatic [,idiə'mætik] adj
idiomatisk
idiot ['idiət] n idiot c
idiotic [,idi'ɔtik] adj idiotisk
idle ['aidəl] adj overksam; lat;
gagnlös, tom
idol ['aidəl] n avgud c; idol c
if [if] conj om; ifall
ignition [ig'niʃən] n tändning
c; ~ coil tändspole c
ignorant ['ignərənt] adj
okunnig
ignore [ig'nɔː] v ignorera
ill [il] adj sjuk; dålig; elak
illegal [i'liːgəl] adj olaglig,
illegal
illegible [i'ledʒəbəl] adj
oläslig
illiterate [i'litərət] n
analfabet c
illness ['ilnəs] n sjukdom c
illuminate [i'luːmineit] v lysa
upp
illumination [i,luːmi'neiʃən]

n belysning *c*
illusion [i'lu:ʒən] *n* illusion *c*;
villfarelse *c*
illustrate ['iləstreit] *v*
illustrera
illustration [‚ilə'streiʃən] *n*
illustration *c*
image ['imidʒ] *n* bild *c*
imaginary [i'mædʒinəri] *adj*
inbillad
imagination
[i‚mædʒi'neiʃən] *n* fantasi *c*,
inbillning *c*
imagine [i'mædʒin] *v*
föreställa sig; inbilla sig;
tänka sig
imitate ['imiteit] *v* imitera,
efterlikna
imitation [‚imi'teiʃən] *n*
imitation *c*
immediate [i'mi:djət] *adj*
omedelbar
immediately [i'mi:djətli] *adv*
genast, omedelbart
immense [i'mens] *adj*
enorm, oerhörd, oändlig
immigrant ['imigrənt] *n*
invandrare *c*
immigrate ['imigreit] *v*
immigrera
immigration [‚imi'greiʃən] *n*
invandring *c*
immodest [i'mɔdist] *adj*
oblyg
immunity [i'mju:nəti] *n*
immunitet *c*
immunize ['imjunaiz] *v*
immunisera
impartial [im'pɑ:ʃəl] *adj*
opartisk

impassable [im'pɑ:səbəl]
adj oframkomlig
impatient [im'peiʃənt] *adj*
otålig
impede [im'pi:d] *v* hindra
impediment [im'pedimənt] *n*
hinder *nt*
imperfect [im'pə:fikt] *adj*
ofullkomlig
imperial [im'piəriəl] *adj*
kejserlig; imperial-
impersonal [im'pə:sənəl] *adj*
opersonlig
impertinence [im'pə:tinəns]
n näsvishet *c*
impertinent [im'pə:tinənt]
adj oförskämd, fräck, näsvis
implement¹ ['implimənt] *n*
redskap *nt*, verktyg *nt*
implement² ['impliment] *v*
utföra, *fullgöra
imply [im'plai] *v* antyda;
*innebära
impolite [‚impə'lait] *adj*
ohövlig
import¹ [im'pɔ:t] *v* införa,
importera
import² ['impɔ:t] *n* import *c*,
införsel *c*, importvara *c*; ~
duty importtull *c*
importance [im'pɔ:təns] *n*
betydelse *c*
important [im'pɔ:tənt] *adj*
viktig, betydelsefull
importer [im'pɔ:tə] *n*
importör *c*
imposing [im'pouziŋ] *adj*
imponerande
impossible [im'pɔsəbəl] *adj*
omöjlig

impotence ['impətəns] n
impotens c

impotent ['impətənt] adj
impotent

impress [im'pres] v *göra
intryck på, imponera

impression [im'preʃən] n
intryck nt

impressive [im'presiv] adj
imponerande

imprison [im'prizən] v
fängsla

imprisonment
[im'prizənmənt] n
fångenskap c

improbable [im'prɔbəbəl]
adj otrolig

improper [im'prɔpə] adj
opassande, felaktig

improve [im'pru:v] v
förbättra

improvement
[im'pru:vmənt] n
förbättring c

improvise ['imprəvaiz] v
improvisera

impudent ['impjudənt] adj
oförskämd

impulse ['impʌls] n impuls c;
stimulans c

impulsive [im'pʌlsiv] adj
impulsiv

in [in] prep i; om, på; adv in

inaccessible [,inæk'sesəbəl]
adj otillgänglig

inaccurate [i'nækjurət] adj
oriktig

inadequate [i'nædikwət] adj
otillräcklig

incapable [iŋ'keipəbəl] adj

oduglig

incense ['insens] n rökelse c

inch ['intʃ] n (2,54 cm) tum c

incident ['insidənt] n
händelse c

incidental [,insi'dentəl] adj
tillfällig

incite [in'sait] v sporra

inclination [,iŋkli'neiʃən] n
benägenhet c

incline [iŋ'klain] n sluttning c

inclined [iŋ'klaind] adj
benägen; lutande; *be ∼ to
*vara benägen att

include [iŋ'klu:d] v innefatta,
omfatta; **included**
inberäknad

inclusive [iŋ'klu:siv] adj
inklusive

income ['iŋkəm] n inkomst c

income tax ['iŋkəmtæks] n
inkomstskatt c

incompetent [iŋ'kɔmpətənt]
adj inkompetent

incomplete [,iŋkəm'pli:t] adj
ofullständig

inconceivable
[,iŋkən'si:vəbəl] adj
ofattbar

inconspicuous
[,iŋkən'spikjuəs] adj
oansenlig, försynt

inconvenience
[,iŋkən'vi:njəns] n
olägenhet c, besvär nt

inconvenient
[,iŋkən'vi:njənt] adj
olämplig; besvärlig

incorrect [,iŋkə'rekt] adj
felaktig, oriktig

increase¹ [iŋ'kri:s] v öka;
*tillta

increase² ['iŋkri:s] n ökning
c

incredible [iŋ'kredəbəl] adj
otrolig

incurable [iŋ'kjuərəbəl] adj
obotlig

indecent [in'di:sənt] adj
opassande

indeed [in'di:d] adv
verkligen

indefinite [in'definit] adj
obestämd

indemnity [in'demnəti] n
skadeersättning c,
gottgörelse c

independence
[,indi'pendəns] n
självständighet c

independent [,indi'pendənt]
adj självständig; oberoende

index ['indeks] n register nt,
förteckning c; ~ **finger**
pekfinger nt

India ['indiə] Indien

Indian ['indiən] adj indisk;
indiansk; n indier c; indian c

indicate ['indikeit] v påpeka,
antyda, visa

indication [,indi'keiʃən] n
tecken nt, antydan c

indicator ['indikeitə] n
indikator c, blinker c

indifferent [in'difərənt] adj
likgiltig

indigestion [,indi'dʒestʃən]
n matsmältningsbesvär nt

indignation [,indig'neiʃən] n
harm c, upprördhet c

indirect [,indi'rekt] adj
indirekt

individual [,indi'vidʒuəl] adj
enskild, individuell; n
individ c, enskild person

Indonesia [,ində'ni:ziə]
Indonesien

Indonesian [,ində'ni:ziən]
adj indonesisk; n indones c

indoor ['indɔ:] adj inomhus-
indoors [,in'dɔ:z] adv
inomhus

indulge [in'dʌldʒ] v *ge efter

industrial [in'dʌstriəl] adj
industriell; ~ **area**
industriområde nt

industrious [in'dʌstriəs] adj
flitig

industry ['indəstri] n industri
c

inedible [i'nedibəl] adj
oätbar

inefficient [,ini'fiʃənt] adj
ineffektiv; oduglig

inevitable [in'evitəbəl] adj
oundviklig

inexpensive [,inik'spensiv]
adj billig

inexperienced
[,inik'spiəriənst] adj
oerfaren

infant ['infənt] n spädbarn nt

infantry ['infəntri] n infanteri
nt

infect [in'fekt] v infektera,
smitta

infection [in'fekʃən] n
infektion c

infectious [in'fekʃəs] adj
smittsam

infer [in'fə:] v *innebära, *dra en slutsats

inferior [in'fiəriə] adj underlägsen, sämre; mindervärdig; nedre

infinite ['infinət] adj oändlig

infinitive [in'finitiv] n infinitiv c

inflammable [in'flæməbəl] adj eldfarlig

inflammation [,inflə'meifən] n inflammation c

inflatable [in'fleitəbəl] adj uppblåsbar

inflate [in'fleit] v blåsa upp

inflation [in'fleifən] n inflation c

inflict [in'flikt] v tillfoga

influence ['influəns] n påverkan c; v påverka

influential [,influ'enfəl] adj inflytelserik

influenza [,influ'enzə] n influensa c

inform [in'fɔ:m] v informera; meddela, underrätta

informal [in'fɔ:məl] adj informell

information [,infə'meifən] n uppgift c; upplysning c, meddelande nt; ~ bureau upplysningsbyrå c

infra-red [,infrə'red] adj infraröd

infrequent [in'fri:kwənt] adj sällsynt

ingredient [iŋ'gri:diənt] n ingrediens c

inhabit [in'hæbit] v bebo

inhabitable [in'hæbitəbəl] adj beboelig

inhabitant [in'hæbitənt] n invånare c

inhale [in'heil] v inandas

inherit [in'herit] v ärva

inheritance [in'heritəns] n arv nt

inhibit [in'hibit] v hämma

initial [i'nifəl] adj ursprunglig, första; n initial c; v parafera

initiate [i'nifieit] v påbörja

initiative [i'nifiətiv] n initiativ nt

inject [in'dʒekt] v inspruta

injection [in'dʒekfən] n injektion c

injure ['indʒə] v skada, såra

injury ['indʒəri] n skada c, oförrätt c

injustice [in'dʒʌstis] n orättvisa c

ink [iŋk] n bläck nt

inlet ['inlet] n sund nt, inlopp c

inn [in] n värdshus nt

inner ['inə] adj inre; ~ tube innerslang c

innocence ['inəsəns] n oskuld c

innocent ['inəsənt] adj oskyldig

inoculate [i'nɔkjuleit] v ympa

inoculation [i,nɔkju'leifən] n ympning c

inquire [iŋ'kwaiə] v *ta reda på, förhöra sig, förfråga sig

inquiry [iŋ'kwaiəri] n förfrågan c; undersökning c;

~ office upplysningsbyrå c

inquisitive [iŋ'kwizətiv] *adj* frågvis

insane [in'sein] *adj* sinnessjuk

inscription [in'skripʃən] *n* inskription c

insect ['insekt] *n* insekt c; ~ repellent insektsmedel *nt*

insecticide [in'sektisaid] *n* insektsgift *nt*

insensitive [in'sensətiv] *adj* känslolös

insert [in'sə:t] *v* infoga, stoppa in

inside [,in'said] *n* insida c; *adj* inre; *adv* inne; inuti; *prep* innanför, in i; ~ out ut och in

insight ['insait] *n* insikt c

insignificant [,insig'nifikənt] *adj* obetydlig; oansenlig, intetsägande; oviktig

insist [in'sist] *v* insistera; *vidhålla

insolence ['insələns] *n* oförskämdhet c

insolent ['insələnt] *adj* oförskämd, fräck

insomnia [in'sɔmniə] *n* sömnlöshet c

inspect [in'spekt] *v* inspektera, undersöka, granska

inspection [in'spekʃən] *n* inspektion c; kontroll c

inspector [in'spektə] *n* inspektor c, inspektör c

inspire [in'spaiə] *v* inspirera

install [in'stɔ:l] *v* installera

installation [,instə'leiʃən] *n* installation c

instalment [in'stɔ:lmənt] *n* avbetalning c

instance ['instəns] *n* exempel *nt*; fall *nt*; for ~ till exempel

instant ['instənt] *n* ögonblick *nt*

instant message ['instənt 'mesədʒ] *n* direktmeddelande *nt*

instantly ['instəntli] *adv* ögonblickligen, omedelbart

instead of [in'sted ɔv] i stället för

instinct ['instiŋkt] *n* instinkt c

institute ['institju:t] *n* institut *nt*; anstalt c; *v* stifta, inrätta

institution [,insti'tju:ʃən] *n* institution c, grundande *nt*

instruct [in'strʌkt] *v* instruera

instruction [in'strʌkʃən] *n* undervisning c

instructive [in'strʌktiv] *adj* lärorik

instructor [in'strʌktə] *n* lärare c, instruktör c

instrument ['instrumənt] *n* instrument *nt*; musical ~ musikinstrument *nt*

insufficient [,insə'fiʃənt] *adj* otillräcklig

insulate ['insjuleit] *v* isolera

insulation [,insju'leiʃən] *n* isolering c

insulator ['insjuleitə] n
isolator c

insult¹ [in'sʌlt] v förolämpa

insult² ['insʌlt] n
förolämpning c

insurance [in'ʃuərəns] n
försäkring c; ~ policy
försäkringsbrev nt

insure [in'ʃuə] v försäkra

intact [in'tækt] adj intakt

integrate ['intəgreit] v
integrera

intellect ['intəlekt] n
förstånd nt, intellekt nt

intellectual [,intə'lektʃuəl]
adj intellektuell

intelligence [in'telidʒəns] n
intelligens c

intelligent [in'telidʒənt] adj
intelligent

intend [in'tend] v ämna

intense [in'tens] adj intensiv;
häftig

intention [in'tenʃən] n avsikt
c

intentional [in'tenʃənəl] adj
avsiktlig

intercourse ['intəkɔːs] n
umgänge nt

interest ['intrəst] n intresse
nt; ränta c; v intressera

interested ['intristid] adj
intresserad

interesting ['intristiŋ] adj
intressant

interfere [,intə'fiə] v
*ingripa; ~ with blanda sig i

interference [,intə'fiərəns] n
inblandning c

interim ['intərim] n mellantid

c

interior [in'tiəriə] n insida c;
interiör c; inrikesärenden
c

interlude ['intəluːd] n
mellanspel nt

intermediary [,intə'miːdjəri]
n förmedlare c

intermission [,intə'miʃən] n
paus c

internal [in'təːnəl] adj inre;
invärtes; inhemsk, invändig

international [,intə'næʃənəl]
adj internationell

Internet ['intənet] n Internet
nt

interpret [in'təːprit] v tolka

interpreter [in'təːpritə] n
tolk c

interrogate [in'terəgeit] v
förhöra

interrogation
[in,terə'geiʃən] n förhör nt

interrogative [,intə'rɔgətiv]
adj interrogativ

interrupt [,intə'rʌpt] v
*avbryta

interruption [,intə'rʌpʃən] n
avbrott nt

intersection [,intə'sekʃən] n
skärning c, vägkorsning c

interval ['intəvəl] n paus c;
intervall c

intervene [,intə'viːn] v
*ingripa

interview ['intəvjuː] n
intervju c

intestine [in'testin] n tarm c

intimate ['intimət] adj
förtrolig

into ['intu] prep in i

intolerable [in'tɔlərəbəl] adj
outhärdlig

intoxicated [in'tɔksikeitid]
adj berusad

intrigue [in'tri:g] n intrig c

introduce [,intrə'dju:s] v
presentera, introducera;
införa

introduction [,intrə'dʌkʃən]
n presentation c; inledning c

invade [in'veid] v invadera

invalid[1] ['invəlid] n invalid
c; adj invalidiserad

invalid[2] [in'vælid] adj ogiltig

invasion [in'veiʒən] n
invasion c

invent [in'vent] v *uppfinna,
uppdikta

invention [in'venʃən] n
uppfinning c

inventive [in'ventiv] adj
uppfinningsrik

inventor [in'ventə] n
uppfinnare c

inventory ['invəntri] n
inventering c

invert [in'və:t] v kasta om,
vända upp och ner

invest [in'vest] v investera;
placera pengar

investigate [in'vestigeit] v
efterforska, utreda

investigation
[in,vesti'geiʃən] n
utredning c

investment [in'vestmənt] n
investering c,
kapitalplacering c

investor [in'vestə] n
aktieägare c, investerare c

invisible [in'vizəbəl] adj
osynlig

invitation [,invi'teiʃən] n
inbjudan c

invite [in'vait] v *inbjuda

invoice ['invɔis] n faktura c

involve [in'vɔlv] v inblanda

inwards ['inwədz] adv inåt

iodine ['aiədi:n] n jod c

Iran [i'rɑ:n] Iran

Iranian [i'reiniən] adj iransk;
n iranier c

Iraq [i'rɑ:k] Irak

Iraqi [i'rɑ:ki] adj irakisk; n
irakier c

Ireland ['aiələnd] Irland

Irish ['aiəriʃ] adj irländsk

iron ['aiən] n järn nt;
strykjärn nt; järn-; v *stryka

ironical [ai'rɔnikəl] adj
ironisk

irony ['aiərəni] n ironi c

irregular [i'regjulə] adj
oregelbunden

irreparable [i'repərəbəl] adj
oreparerbar

irrevocable [i'revəkəbəl] adj
oåterkallelig

irritable [i'ritəbəl] adj
lättretad

irritate ['iriteit] v irritera, reta

is [iz] v (pr be)

island ['ailənd] n ö c

isolate ['aisəleit] v isolera

isolation [,aisə'leiʃən] n
isolering c

Israel ['izreil] Israel

Israeli [iz'reili] adj israelisk; n
israelier c

issue ['iʃu:] v *utge; n

utgivning c, upplaga c; fråga
c, tvisteämne nt; resultat nt,
utgång c, följd c,
konsekvens c

it [it] pron den, det

Italian [i'tæljən] adj italiensk;
n italienare c

Italy ['itəli] Italien

itch [itʃ] n klåda c; v klia

item ['aitəm] n post c; punkt c

itinerary [ai'tinərəri] n
resrutt c, resplan c

its pron dess

itself [it'self] sig; by ~
automatiskt

ivory ['aivəri] n elfenben nt

ivy ['aivi] n murgröna c

J

jack [dʒæk] n domkraft c

jacket ['dʒækit] n kavaj c,
jacka c; bokomslag nt

jade [dʒeid] n jade c

jail [dʒeil] n fängelse c

jam [dʒæm] n sylt c;
trafikstockning c

janitor ['dʒænitə] n portvakt
c

January ['dʒænjuəri] januari

Japan [dʒə'pæn] Japan

Japanese [,dʒæpə'ni:z] adj
japansk; n japan c

jar [dʒɑː] n kruka c; skakning
c

jaundice ['dʒɔːndis] n gulsot c

jaw [dʒɔː] n käke c

jealous ['dʒeləs] adj
svartsjuk

jealousy ['dʒeləsi] n
svartsjuka c

jeans [dʒiːnz] pl jeans pl

jelly ['dʒeli] n gelé c

jellyfish ['dʒelifiʃ] n manet c

jersey ['dʒəːzi] n jerseytyg nt;
ylletröja c

jet [dʒet] n stråle c; jetplan nt

jet lag ['jet,læg] n jet lag c

jetty ['dʒeti] n hamnpir c

Jew [dʒuː] n jude c

jewel ['dʒuːəl] n smycke nt

jeweller ['dʒuːələ] n
juvelerare c; guldsmedsaffär
c

jewellery ['dʒuːəlri] n
smycken; juveler

Jewish ['dʒuːiʃ] adj judisk

job [dʒɔb] n jobb nt; plats c,
arbete nt

jobless ['dʒɔbles] adj
arbetslös

jockey ['dʒɔki] n jockey c

join [dʒɔin] v *förbinda;
*ansluta sig till; förena,
sammanfoga

joint [dʒɔint] n led c;
sammanfogning c; adj
gemensam, förenad

jointly ['dʒɔintli] adv
gemensamt

joke [dʒouk] n vits c, skämt c

jolly ['dʒɔli] adj lustig; glad;
trevlig; livad

Jordan ['dʒɔːdən] Jordanien
Jordanian [dʒɔːˈdeiniən] adj jordansk; n jordanier c
journal ['dʒɔːnəl] n journal c, tidskrift c
journalism ['dʒɔːnəlizəm] n journalism c
journalist ['dʒɔːnəlist] n journalist c
journey ['dʒɔːni] n resa c
joy [dʒɔi] n fröjd c, glädje c
joyful ['dʒɔifəl] adj förtjust, glad; glädjande
jubilee ['dʒuːbiliː] n jubileum nt
judge [dʒʌdʒ] n domare; v döma; bedöma
judgment ['dʒʌdʒmənt] n dom c
jug [dʒʌg] n tillbringare c
juice [dʒuːs] n saft c, juice c
juicy ['dʒuːsi] adj saftig

July [dʒuˈlai] juli
jump [dʒʌmp] v hoppa; n språng nt, hopp nt
jumper ['dʒʌmpə] n jumper c
junction ['dʒʌŋkʃən] n vägkorsning c; knutpunkt c
June [dʒuːn] juni
jungle ['dʒʌŋgəl] n djungel c, urskog c
junior ['dʒuːnjə] adj junior
junk [dʒʌŋk] n skräp nt; djonk c
jury ['dʒuəri] n jury c
just [dʒʌst] adj rättvis, berättigad; riktig; adv just; precis
justice ['dʒʌstis] n rätt c; rättvisa c
justify ['dʒʌstifai] v försvara
juvenile ['dʒuːvənail] adj ungdomlig

K

kangaroo [ˌkæŋgəˈruː] n känguru c
keel [kiːl] n köl c
keen [kiːn] adj livlig, angelägen; skarp
*keep [kiːp] v *hålla; bevara; *fortsätta; ~ away from hålla sig på avstånd från; ~ off *låta vara; ~ on *fortsätta; ~ quiet *tiga; ~ up *hålla ut; ~ up with hänga med
kennel ['kenəl] n hundkoja c; kennel c

Kenya ['kenjə] Kenya
kerosene ['kerəsiːn] n fotogen c
kettle ['ketəl] n kittel c
key [kiː] n nyckel c
keyhole ['kiːhoul] n nyckelhål nt
khaki ['kɑːki] n kaki c
kick [kik] v sparka; n spark c
kickoff ['kikɔf] n avspark c
kid [kid] n barn nt, unge c; getskinn nt; v *driva med
kidney ['kidni] n njure c
kill [kil] v *slå ihjäl, döda

kilogram ['kiləgræm] n kilo nt

kilometre ['kilə,mi:tə] n kilometer c

kind [kaind] adj snäll, vänlig; god; n sort c

kindergarten ['kində,gɑːtən] n lekskola c

king [kiŋ] n kung c

kingdom ['kiŋdəm] n kungarike nt; rike nt

kiosk ['ki:ɔsk] n kiosk c

kiss [kis] n kyss c, puss c; v kyssa

kit [kit] n utrustning c

kitchen ['kitʃin] n kök nt; ~ garden köksträdgård c; ~ towel kökshandduk c

knapsack ['næpsæk] n ryggsäck c

knave [neiv] n knekt c

knee [ni:] n knä nt

kneecap ['ni:kæp] n knäskål c

***kneel** [ni:l] v knäböja

knew [nju:] v (p know)

knife [naif] n (pl knives) kniv c

knight [nait] n riddare c

***knit** [nit] v sticka

knob [nɔb] n handtag c

knock [nɔk] v knacka; n knackning c; ~ against stöta emot; ~ down *slå omkull

knot [nɔt] n knut c; v *knyta

***know** [nou] v *veta, känna

knowledge ['nɔlidʒ] n kunskap c

knuckle ['nʌkəl] n knoge c

L

label ['leibəl] n etikett c; v etikettera

laboratory [lə'bɔrətəri] n laboratorium nt

labour ['leibə] n arbete nt; förlossningsarbete nt; v anstränga sig; **labor permit** Am arbetstillstånd nt

labourer ['leibərə] n arbetare c

labour-saving ['leibə,seiviŋ] adj arbetsbesparande

labyrinth ['læbərinθ] n labyrint c

lace [leis] n spets c; skosnöre nt

lack [læk] n saknad c, brist c; v sakna

lactose ['læktous] n laktos c

lactose intolerant ['læktous in'tɔlərənt] adj laktosintolerant

lacquer ['lækə] n lack nt

lad [læd] n pojke c, gosse c

ladder ['lædə] n stege c

lady ['leidi] n dam c; **ladies' room** damtoalett c

lagoon [lə'gu:n] n lagun c

lake [leik] n sjö c

lamb [læm] n lamm nt; lammkött nt

lame [leim] adj ofärdig, halt,

förlamad
lamentable ['læməntəbəl]
adj bedrövlig
lamp [læmp] n lampa c
lampshade ['læmpʃeid] n
lampskärm c
land [lænd] n land nt; v landa;
*gå i land
landlady ['lænd,leidi] n
hyresvärdinna c
landlord ['lændlɔ:d] n
hyresvärd c
landmark ['lændmɑ:k] n
landmärke nt
landscape ['lændskeip] n
landskap nt
lane [lein] n gränd c, smal
gata; körfil c
language ['læŋgwidʒ] n
språk nt; ~ **laboratory**
språklaboratorium nt
lantern ['læntən] n lykta c
lapel [lə'pel] n rockslag c
lap [læp] n knä nt
laptop ['læp,tɔp] n bärbar
dator c
large [lɑ:dʒ] adj stor; rymlig
lark [lɑ:k] n lärka c
laryngitis [,lærin'dʒaitis] n
strupkatarr c
last [lɑ:st] adj sist; förra; v
vara; **at** ~ till sist; till slut
lasting ['lɑ:stiŋ] adj varaktig
latchkey ['lætʃki:] n
portnyckel c
late [leit] adj sen; för sent
lately ['leitli] adv på sista
tiden, nyligen
lather ['lɑ:ðə] n lödder nt
Latin America ['lætin

ə'merikə] Latinamerika
Latin-American
[,lætinə'merikən] adj
latinamerikansk
latitude ['lætitju:d] n
breddgrad c
laugh [lɑ:f] v skratta; n skratt
nt
laughter ['lɑ:ftə] n skratt nt
launch [lɔ:ntʃ] v lansera;
*sjösätta; *avskjuta; n slup c
launching ['lɔ:ntʃiŋ] n
sjösättning c
launderette [,lɔ:ndə'ret] n
tvättomat c
laundry ['lɔ:ndri] n
tvättinrättning c; tvätt c
lavatory ['lævətəri] n toalett
c
lavish ['læviʃ] adj slösaktig
law [lɔ:] n lag c; juridik c; ~
court domstol c
lawful ['lɔ:fəl] adj laglig
lawn [lɔ:n] n gräsmatta c
lawsuit ['lɔ:su:t] n rättegång
c, process c
lawyer ['lɔ:jə] n advokat c;
jurist c
laxative ['læksətiv] n
avföringsmedel nt
*lay [lei] v placera, *lägga,
*sätta; ~ **bricks** mura
layer [leiə] n lager nt
layman ['leimən] n lekman c
lazy ['leizi] adj lat
*lead [li:d] v leda
lead[1] [li:d] n försprång nt;
ledning c; koppel nt
lead[2] [led] n bly nt
leader ['li:də] n ledare c

leadership ['li:dəʃip] *n*
ledarskap *nt*

leading ['li:diŋ] *adj* förnämst,
ledande

leaf [li:f] *n* (pl leaves) löv *nt*,
blad *nt*

league [li:g] *n* förbund *nt*

leak [li:k] *v* läcka; *n* läcka *c*

leaky ['li:ki] *adj* otät

lean [li:n] *adj* mager

leap [li:p] *n* hopp *nt*

leap [li:p] *v* skutta, hoppa

leap year ['li:pjiə] *n* skottår
nt

*learn [lə:n] *v* lära sig

learner ['lə:nə] *n* nybörjare *c*

lease [li:s] *n* hyreskontrakt
nt; arrende *nt*; *v* hyra,
arrendera ut; arrendera

leash [li:ʃ] *n* koppel *nt*

least [li:st] *adj* minst; at ~
åtminstone

leather ['leðə] *n* läder *nt*;
läder-, skinn-

leave [li:v] *n* ledighet *c*

*leave [li:v] *v* lämna, *ge sig
av, resa bort, *låta; ~ behind
efterlämna; ~ out utelämna

Lebanese [,lebə'ni:z] *adj*
libanesisk; *n* libanes *c*

Lebanon ['lebənən] Libanon

lecture ['lektʃə] *n* föreläsning
c, föredrag *nt*

left[1] [left] *adj* vänster

left[2] [left] *v* (p, pp leave)

left-hand ['lefthænd] *adj*
vänster

left-handed [,left'hændid]
adj vänsterhänt

leg [leg] *n* ben *nt*

legacy ['legəsi] *n* legat *c*

legal ['li:gəl] *adj* legal, laglig;
juridisk

legalization [,li:gəlai'zeiʃən]
n legalisering *c*

legation [li'geiʃən] *n* legation
c

legible ['ledʒibəl] *adj* läslig

legitimate [li'dʒitimət] *adj*
rättmätig, legitim

leisure ['leʒə] *n* ledighet *c*

lemon ['lemən] *n* citron *c*

lemonade [,lemə'neid] *n*
läskedryck *c*

*lend [lend] *v* låna ut

length [leŋθ] *n* längd *c*

lengthen ['leŋθən] *v* förlänga

lengthways ['leŋθweiz] *adv*
på längden

lens [lenz] *n* lins *c*; **telephoto**
~ teleobjektiv *nt*; **zoom** ~
zoomlins *c*

leprosy ['leprəsi] *n* spetälska
c

less [les] *adv* mindre

lessen ['lesən] *v* förminska

lesson ['lesən] *n* läxa *c*,
lektion *c*

*let [let] *v* *låta; hyra ut; ~
down *svika

letter ['letə] *n* brev *nt*;
bokstav *c*; ~ **of credit**
kreditiv *nt*; ~ **of
recommendation**
rekommendationsbrev *nt*

letterbox ['letəbɔks] *n*
brevlåda *c*

lettuce ['letis] *n* grönsallad *c*

level ['levəl] *adj* slät; plan,

jämn; n plan nt, nivå c;
vattenpass nt; v jämna,
utjämna; ~ crossing
järnvägsövergång c

lever ['li:və] n hävstång c,
spak c

liability [,laiə'biləti] n
skyldighet c

liable ['laiəbəl] adj ansvarig,
benägen; ~ to utsatt för

liar ['laiə] n lögnare c

liberal ['libərəl] adj liberal;
frikostig, rundhänt, givmild

liberation [,libə'reiʃən] n
frigörelse c, befrielse c;
frigivande c

Liberia [lai'biəriə] Liberia

Liberian [lai'biəriən] adj
liberiansk; n liberian c

liberty ['libəti] n frihet c

library ['laibrəri] n bibliotek
nt

licence ['laisəns] n licens c;
tillståndsbevis nt; driving ~
körkort nt; ~ number nAm
registreringsnummer nt; ~
plate nAm
registreringsskylt c

license ['laisəns] v *ge
rättighet, auktorisera

lick [lik] v slicka; övertrumfa

lid [lid] n lock nt

lie [lai] v *ljuga; n lögn c

*lie [lai] v *ligga; ~ down
*lägga sig

life [laif] n (pl lives) liv nt; ~
insurance livförsäkring c; ~
jacket flytväst c

life support ['laifˌsəˌpɔːt] n
livsuppehållande (maskin) nt

lifebelt ['laifbelt] n livbälte nt

lifetime ['laiftaim] n livstid c

lift [lift] v lyfta, höja; n hiss c;
skjuts c

light [lait] n ljus nt; adj lätt;
ljus; ~ bulb glödlampa c

*light [lait] v tända

lighter ['laitə] n tändare c

lighthouse ['laithaus] n fyr c

lighting ['laitiŋ] n belysning c

lightning ['laitniŋ] n blixt c

like [laik] v tycka om; adj lik;
conj såsom; prep liksom

likely ['laikli] adj sannolik

like-minded [ˌlaik'maindid]
adj likasinnad

likewise ['laikwaiz] adv
likaså, likaledes

lily ['lili] n lilja c

limb [lim] n lem c

lime [laim] n kalk c; lind c;
grön citron

limetree ['laimtri:] n lind c

limit ['limit] n gräns c; v
begränsa

limp [limp] v halta; adj slapp

line [lain] n rad c; streck nt;
lina c; linje c; stand in ~ Am
köa

linen ['linin] n linne nt

liner ['lainə] n linjefartyg nt

lingerie ['lɔ̃ʒəri:] n
damunderkläder pl

lining ['lainiŋ] n foder nt

link [liŋk] v *sammanbinda; n
länk c

link [liŋk] n (computer) länk c

lion ['laiən] n lejon nt

lip [lip] n läpp c

liposuction ['lipou,sʌkʃən] n

fettsugning c

lipstick ['lipstik] n läppstift nt

liqueur [li'kjuə] n likör c

liquid ['likwid] adj flytande; n vätska c

liquor ['likə] n sprit c

liquorice ['likəris] n lakrits c

list [list] n lista c; v *inskriva

listen ['lisən] v lyssna

listener ['lisnə] n lyssnare c

literary ['litrəri] adj litterär, litteratur-

literature ['litrətʃə] n litteratur c

litre ['li:tə] n liter c

litter ['litə] n avfall nt; kull c

little ['litəl] adj liten; föga

live[1] [liv] v leva; bo

live[2] [laiv] adj levande

livelihood ['laivlihud] n uppehälle nt

lively ['laivli] adj livfull

liver ['livə] n lever c

living ['liviŋ] n levnadssätt nt; ~ room vardagsrum nt

lizard ['lizəd] n ödla c

load [loud] n last c; börda c; v lasta

loaf [louf] n (pl loaves) limpa c

loan [loun] n lån nt

lobby ['lɔbi] n vestibul c; foajé c

lobster ['lɔbstə] n hummer c

local ['loukəl] adj lokal-, lokal; ~ call lokalsamtal nt; ~ train lokaltåg nt

locality [lou'kæləti] n samhälle nt

locate [lou'keit] v lokalisera

location [lou'keiʃən] n läge nt

lock [lɔk] v låsa; n lås nt; sluss c; ~ up låsa in

locker ['lɔkə] n förvaringsbox c

locomotive [,loukə'moutiv] n lok nt

lodge [lɔdʒ] v inkvartera; n jaktstuga c

lodger ['lɔdʒə] n inackordering c

lodgings ['lɔdʒiŋz] pl inkvartering c

log [lɔg] n stock c; ~ in v logga in; ~ off v logga ut

logic ['lɔdʒik] n logik c

logical ['lɔdʒikəl] adj logisk

lonely ['lounli] adj ensam

long [lɔŋ] adj lång; långvarig; ~ for längta efter; no longer inte längre

longing ['lɔŋiŋ] n längtan c

longitude ['lɔndʒitju:d] n längdgrad c

look [luk] v titta; tyckas, *se ut; n blick c; utseende nt; ~ after sköta, passa, *ta hand om; ~ at *se på, titta på; ~ for leta efter; ~ out *se upp; ~ up *slå upp

looking-glass ['lukiŋgla:s] n spegel c

loop [lu:p] n ögla c

loose [lu:s] adj lös

loosen ['lu:sən] v lossa

lord [lɔ:d] n lord c

lorry ['lɔri] n lastbil c

*lose [lu:z] v mista, förlora

luxury

loser ['lu:sə] n förlorare c

loss [lɔs] n förlust c

lost [lɔst] adj vilsegången; försvunnen; ~ and found hittegods nt; ~ property office hittegodsmagasin c

lot [lɔt] n lott c; mängd c, hög c

lottery ['lɔtəri] n lotteri nt

loud [laud] adj högljudd, gäll

loudspeaker [,laud'spi:kə] n högtalare c

lounge [laundʒ] n sällskapsrum nt

louse [laus] n (pl lice) lus c

love [lʌv] v älska, *hålla av; n kärlek c; in ~ förälskad

lovely ['lʌvli] adj söt, förtjusande, ljuvlig

lover ['lʌvə] n älskare c

love story ['lʌv,stɔːri] n kärlekshistoria c

low [lou] adj låg; djup; nedstämd; ~ tide ebb c

lower ['louə] v sänka; minska; adj lägre, undre

lowlands ['louləndz] pl lågland nt

loyal ['lɔiəl] adj lojal

lubricate ['lu:brikeit] v *smörja, olja

lubrication [,lu:bri'keiʃən] n smörjning c; ~ oil smörjolja c; ~ system smörjsystem nt

luck [lʌk] n tur c; bad ~ otur c; good ~! lycka till!

lucky ['lʌki] adj lyckosam, tursam; ~ charm amulett c

ludicrous ['lu:dikrəs] adj löjeväckande, löjlig

luggage ['lʌgidʒ] n bagage nt; hand ~ handbagage nt; left ~ office bagageinlämning c; ~ rack bagagehylla c; ~ van resgodsfinka c

lukewarm ['lu:kwɔːm] adj ljum

lumbago [lʌm'beigou] n ryggskott nt

luminous ['lu:minəs] adj lysande

lump [lʌmp] n klump c, bit c; bula c; ~ of sugar sockerbit c; ~ sum klumpsumma c

lumpy ['lʌmpi] adj klimpig

lunacy ['lu:nəsi] n vansinne nt

lunatic ['lu:nətik] adj vansinnig; n sinnessjuk c

lunch [lʌntʃ] n lunch c

luncheon ['lʌntʃən] n lunch c

lung [lʌŋ] n lunga c

lust [lʌst] n åtrå c

luxurious [lʌg'ʒuəriəs] adj luxuös

luxury ['lʌkʃəri] n lyx c

M

machine [mə'ʃi:n] n maskin c, apparat c

machinery [mə'ʃi:nəri] n maskineri nt

mackerel ['mækrəl] n (pl ~) makrill c

mackintosh ['mækintɔʃ] n regnrock c

mad [mæd] adj sinnesförvirrad, vanvettig, tokig; rasande

madness ['mædnəs] n vansinne nt

magazine [,mægə'zi:n] n tidskrift c; magasin nt

magic ['mædʒik] n magi c, trollkonst c; adj magisk

magician [mə'dʒiʃən] n trollkarl c

magistrate ['mædʒistreit] n rådman c

magnetic [mæg'netik] adj magnetisk

magneto [mæg'ni:tou] n (pl ~s) magnetapparat c

magnificent [mæg'nifisənt] adj ståtlig; magnifik, praktfull

magnify ['mægnifai] v förstora

maid [meid] n hembiträde nt

maiden name ['meidən neim] flicknamn nt

mail [meil] n post c; v posta; ~ order Am postanvisning c

mailbox ['meilbɔks] nAm brevlåda c

main [mein] adj huvud-; störst; ~ deck överdäck nt; ~ line huvudlinje c; ~ road huvudväg c; ~ street huvudgata c

mainland ['meinlənd] n fastland nt

mainly ['meinli] adv huvudsakligen

mains [meinz] pl huvudledning c

maintain [mein'tein] v *upprätthålla

maintenance ['meintənəns] n underhåll nt

maize [meiz] n majs c

major ['meidʒə] adj större, störst; n major c

majority [mə'dʒɔrəti] n majoritet c

*make [meik] v *göra, tjäna; *hinna med; ~ do with klara sig med; ~ good *gottgöra; ~ up *sätta upp, *göra upp

make-up ['meikʌp] n smink c

malaria [mə'leəriə] n malaria c

Malay [mə'lei] n malaysier c

Malaysia [mə'leiziə] Malaysia

Malaysian [mə'leiziən] adj malaysisk

male [meil] adj han-, mans-, manlig

malicious [mə'liʃəs] adj

illvillig

malignant [mə'lignənt] *adj* elakartad

mall [mɔːl] *nAm* köpcenter *nt*

mallet ['mælit] *n* klubba *c*

malnutrition [,mælnjuː'triʃən] *n* undernäring *c*

mammal ['mæməl] *n* däggdjur *nt*

man [mæn] *n* (pl men) man *c*; människa *c*; men's room herrtoalett *c*

manage ['mænidʒ] *v* styra; lyckas

manageable ['mænidʒəbəl] *adj* hanterlig

management ['mænidʒmənt] *n* styrelse *c*; direktion *c*

manager ['mænidʒə] *n* direktör *c*, chef *c*

mandarin ['mændərin] *n* mandarin *c*

mandate ['mændeit] *n* mandat *nt*

manger ['meindʒə] *n* foderbehållare *c*

manicure ['mænikjuə] *n* manikyr *c*; *v* manikyrera

mankind [mæn'kaind] *n* mänsklighet *c*

mannequin ['mænəkin] *n* skyltdocka *c*

manner ['mænə] *n* sätt *nt*, vis *nt*; **manners** *pl* uppförande *nt*

man-of-war [,mænəv'wɔː] *n* örlogsfartyg *nt*

manor house ['mænəhaus] *n*

herrgård *c*

mansion ['mænʃən] *n* patricierhus *nt*

manual ['mænjuəl] *adj* hand-

manufacture [,mænju'fæktʃə] *v* tillverka

manufacturer [,mænju'fæktʃərə] *n* fabrikant *c*

manure [mə'njuə] *n* gödsel *c*

manuscript ['mænjuskript] *n* manuskript *nt*

many ['meni] *adj* många

map [mæp] *n* karta *c*; plan *c*

maple ['meipəl] *n* lönn *c*

marble ['mɑːbəl] *n* marmor *c*; spelkula *c*

March [mɑːtʃ] mars

march [mɑːtʃ] *v* marschera; *n* marsch *c*

mare [mɛə] *n* sto *nt*

margarine [,mɑːdʒə'riːn] *n* margarin *c*

margin ['mɑːdʒin] *n* marginal *c*

maritime ['mæritaim] *adj* maritim

mark [mɑːk] *v* märka; markera; utmärka; *n* märke *nt*; betyg *nt*; skottavla *c*

market ['mɑːkit] *n* marknad *c*, saluhall *c*

marketplace ['mɑːkitpleis] *n* torg *nt*; marknadsplats *c*

marmalade ['mɑːməleid] *n* marmelad *c*

marriage ['mæridʒ] *n* äktenskap *nt*

marrow ['mærou] *n* märg *c*

marry ['mæri] *v* gifta sig

marsh [mɑːʃ] n sumpmark c

martyr ['mɑːtə] n martyr c

marvel ['mɑːvəl] n under nt;
v förundra sig

marvellous ['mɑːvələs] adj
underbar

mascara [mæˈskɑːrə] n
maskara c

masculine ['mæskjulin] adj
manlig

mash [mæʃ] v mosa; mashed
potatoes pl potatismos

mask [mɑːsk] n mask c

Mass [mæs] n mässa c

mass [mæs] n mängd c,
massa c; klump c; ~
production
massproduktion c

massage ['mæsɑːʒ] n
massage c; v massera

masseur [mæˈsəː] n massör c

massive ['mæsiv] adj massiv

mast [mɑːst] n mast c

master ['mɑːstə] n mästare c;
arbetsgivare c; lektor c,
lärare c; v bemästra

masterpiece ['mɑːstəpiːs] n
mästerverk nt

mat [mæt] n matta c; adj matt

match [mætʃ] n tändsticka c;
jämlike c, match c, parti nt;
v passa ihop

matchbox ['mætʃbɔks] n
tändsticksask c

material [məˈtiəriəl] n
material c; tyg nt; adj
materiell

mathematical
[ˌmæθəˈmætikəl] adj
matematisk

mathematics
[ˌmæθəˈmætiks] n
matematik c

matrimony ['mætriməni] n
äktenskap c

matter ['mætə] n materia c,
ämne nt; angelägenhet c,
fråga c; v *vara viktigt; as a
~ of fact faktiskt, i själva
verket

matter-of-fact
[ˌmætərəvˈfækt] adj torr
och saklig

mattress ['mætrəs] n
madrass c

mature [məˈtjuə] adj mogen

maturity [məˈtjuərəti] n
mogen ålder, mognad c

mausoleum [ˌmɔːsəˈliːəm] n
mausoleum nt

mauve [mouv] adj rödlila

May [mei] maj

*may [mei] v *kunna; *få

maybe ['meibi] adv kanske

mayor [meə] n borgmästare c

maze [meiz] n labyrint c;
virrvarr nt

me [miː] pron mig

meadow ['medou] n äng c

meal [miːl] n måltid c, mål nt

mean [miːn] adj gemen;
medel-; n genomsnitt nt

*mean [miːn] v betyda; mena

meaning ['miːniŋ] n mening
c

meaningless ['miːniŋləs] adj
meningslös

means [miːnz] n medel nt; by
no ~ inte alls

in the meantime [in ðə

'mi:ntaim] under tiden

meanwhile ['mi:nwail] *adv*
under tiden

measles ['mi:zəlz] *n*
mässling *c*

measure ['meʒə] *v* mäta; *n*
mått *nt*; åtgärd *c*

meat [mi:t] *n* kött *nt*

mechanic [mi'kænik] *n*
mekaniker *c*, montör *c*

mechanical [mi'kænikəl] *adj*
mekanisk

mechanism ['mekənizəm] *n*
mekanism *c*

medal ['medəl] *n* medalj *c*

media ['mi:diə] *pl* media *pl*

mediaeval [,medi'i:vəl] *adj*
medeltida

mediate ['mi:dieit] *v* medla

mediator ['mi:dieitə] *n*
medlare *c*

medical ['medikəl] *adj*
medicinsk

medicine ['medsin] *n*
medicin *c*; läkarvetenskap *c*

meditate ['mediteit] *v*
meditera

Mediterranean
[,meditə'reiniən] *n*
Medelhavet

medium ['mi:diəm] *adj*
genomsnittlig, medel-,
medelmåttig

***meet** [mi:t] *v* träffa, möta

meeting ['mi:tiŋ] *n*
sammanträde *nt*; möte *nt*

meeting place ['mi:tiŋpleis]
n mötesplats *c*

melancholy ['melənkəli] *n*
vemod *nt*

mellow ['melou] *adj* mjuk,
fyllig

melodrama ['melə,drɑ:mə] *n*
melodrama *n*

melody ['melədi] *n* melodi *c*

melon ['melən] *n* melon *c*

melt [melt] *v* smälta

member ['membə] *n* medlem
c; Member of Parliament
riksdagsman *c*

membership ['membəʃip] *n*
medlemskap *c*

memo ['memou] *n* (pl ~s)
memorandum *c*

memorable ['memərəbəl] *adj*
minnesvärd

memorial [mə'mɔ:riəl] *n*
minnesmärke *nt*

memorize ['meməraiz] *v* lära
sig utantill

memory ['meməri] *n* minne
nt

mend [mend] *v* laga, reparera

menstruation
[,menstru'eiʃən] *n*
menstruation *c*

mental ['mentəl] *adj* mental

mention ['menʃən] *v* nämna,
omnämna; *n* omnämnande
nt

menu ['menju:] *n* matsedel *c*,
meny *c*

merchandise ['mə:tʃəndaiz]
n handelsvaror *pl*

merchant ['mə:tʃənt] *n*
köpman *c*

merciful ['mə:sifəl] *adj*
barmhärtig

mercury ['mə:kjuri] *n*
kvicksilver *nt*

mercy ['mə:si] n
barmhärtighet c

mere [miə] adj blott och bar

merely ['miəli] adv endast

merge [mə:dʒ] v slå ihop

merger ['mə:dʒə] n
sammanslagning c

merit ['merit] v förtjäna; n
förtjänst c

merry ['meri] adj munter

merry-go-round
['merigou,raund] n karusell
c

mesh [meʃ] n maska c

mess [mes] n oordning c,
oreda c; ~ up spoliera

message ['mesidʒ] n
meddelande nt

message board
['mesədʒ,bɔ:d] n
meddelandeforum c

messenger ['mesindʒə] n
bud nt

metal ['metəl] n metall c;
metall-

meter ['mi:tə] n mätare c

method ['meθəd] n metod c,
förfaringssätt nt; ordning c

methodical [mə'θɔdikəl] adj
metodisk

metre ['mi:tə] n meter c

metric ['metrik] adj metrisk

Mexican ['meksikən] adj
mexikansk; n mexikanare c

Mexico ['meksikou] Mexiko

mice [mais] pl möss pl

microphone ['maikrəfoun] n
mikrofon c

midday ['middei] n mitt på
dagen

middle ['midəl] n mitt c; adj
mellersta; Middle Ages
Medeltiden; ~ class
medelklass c; middle-class
adj borgerlig

midnight ['midnait] n
midnatt c

midst [midst] n mitt c

midsummer ['mid,sʌmə] n
midsommar c

midwife ['midwaif] n (pl
-wives) barnmorska c

might [mait] n makt c

*might [mait] v *kunna

mighty ['maiti] adj mäktig

migraine ['migrein] n migrän
c

mild [maild] adj mild

mildew ['mildju] n mögel nt

milestone ['mailstoun] n
milstolpe c

milieu ['mi:ljə:] n miljö c

military ['militəri] adj
militär-; ~ force krigsmakt c

milk [milk] n mjölk c

milkman ['milkmən] n (pl
-men) mjölkbud nt

milkshake ['milkʃeik] n
milkshake c

milky ['milki] adj mjölkig

mill [mil] n kvarn c; fabrik c

miller ['milə] n mjölnare c

million ['miljən] n miljon c

millionaire [,miljə'nɛə] n
miljonär c

mince [mins] v finhacka

mind [maind] n begåvning c;
v *ha något emot; bry sig
om, akta, akta sig för

mine [main] n gruva c

miner ['mainə] n
gruvarbetare c

mineral ['minərəl] n mineral
nt; ~ water mineralvatten nt

mingle ['miŋl] v mingla

miniature ['minjətʃə] n
miniatyr c

minimum ['miniməm] n
minimum nt

mining ['mainiŋ] n gruvdrift
c

minister ['ministə] n minister
c; präst c; Prime Minister
statsminister c

ministry ['ministri] n
departement nt

mink [miŋk] n mink c

minor ['mainə] adj liten,
mindre; underordnad; n
minderårig c

minority [mai'nɔrəti] n
minoritet c

mint [mint] n mynta c

minus ['mainəs] prep minus

minute¹ ['minit] n minut c;
minutes protokoll nt

minute² [mai'njuːt] adj
ytterst liten

miracle ['mirəkəl] n mirakel
nt

miraculous [mi'rækjuləs]
adj otrolig

mirror ['mirə] n spegel c

misbehave [,misbi'heiv] v
uppföra sig illa

miscarriage [mis'kæridʒ] n
missfall nt

miscellaneous
[,misə'leiniəs] adj blandad

mischief ['mistʃif] n ofog nt;

skada c, förtret c, åverkan c

mischievous ['mistʃivəs] adj
odygdig, skadlig

miserable ['mizərəbəl] adj
olycklig, eländig

misery ['mizəri] n elände nt;
nöd c

misfortune [mis'fɔːtʃən] n
otur c, olycka c

mishap ['mishæp] n missöde
nt

*mislay [mis'lei] v *förlägga

misplaced [mis'pleist] adj
malplacerad

mispronounce
[,misprə'nauns] v uttala fel

miss¹ [mis] fröken c

miss² [mis] v missa

missing ['misiŋ] adj
försvunnen; ~ person
försvunnen person c

mist [mist] n dimma c

mistake [mi'steik] n fel nt,
misstag nt

*mistake [mi'steik] v
förväxla, *missförstå

mistaken [mi'steikən] adj
felaktig; *be ~ *missta sig

mister ['mistə] herr

mistress ['mistrəs] n husmor
c; föreståndarinna c;
älskarinna c

mistrust [mis'trʌst] n misstro

misty ['misti] adj disig

*misunderstand
[,misʌndə'stænd] v
*missförstå

misunderstanding
[,misʌndə'stændiŋ] n
missförstånd nt

misuse [mis'ju:s] n missbruk nt

mittens ['mitənz] pl tumvantar pl

mix [miks] v blanda; ~ with *umgås med

mixed [mikst] adj blandad

mixer ['miksə] n mixer c

mixture ['mikstʃə] n blandning c

moan [moun] v jämra sig

moat [mout] n vallgrav c

mobile ['moubail] adj mobil; ~ phone mobiltelefon c

mock [mɔk] v håna

mockery ['mɔkəri] n hån c

model ['mɔdəl] n modell c; mannekäng c; v modellera, forma

modem ['moudem] n modem nt

moderate ['mɔdərət] adj måttlig, moderat; medelmåttig

modern ['mɔdən] adj modern

modest ['mɔdist] adj blygsam, anspråkslös

modesty ['mɔdisti] n blygsamhet c

modify ['mɔdifai] v ändra

mohair ['mouheə] n mohair c

moist [mɔist] adj fuktig

moisten ['mɔisən] v fukta

moisture ['mɔistʃə] n fuktighet c; moisturizing cream fuktighetsbevarande kräm

molar ['moulə] n kindtand c

moment ['moumənt] n ögonblick nt

momentary ['moumǝntǝri] adj tillfällig

monarch ['mɔnǝk] n monark c

monarchy ['mɔnǝki] n monarki c

monastery ['mɔnǝstri] n kloster nt

Monday ['mʌndi] måndag c

monetary ['mʌnitǝri] adj monetär; ~ unit myntenhet c

money ['mʌni] n pengar pl; ~ exchange växelkontor nt; ~ order postanvisning c

monk [mʌŋk] n munk c

monkey ['mʌŋki] n apa c

monologue ['mɔnǝlɔg] n monolog c

monopoly [mǝ'nɔpǝli] n monopol c

monotonous [mǝ'nɔtǝnǝs] adj monoton

month [mʌnθ] n månad c

monthly ['mʌnθli] adj månatlig; ~ magazine månadstidning c

monument ['mɔnjumǝnt] n monument nt, minnesmärke nt

mood [mu:d] n humör nt

moon [mu:n] n måne c

moonlight ['mu:nlait] n månsken nt

moose [mu:s] n (pl ~, ~s) älg c

moped ['mouped] n moped c

moral ['mɔrǝl] n moral c; adj sedlig, moralisk

morality [mǝ'rælǝti] n morallära c

more [mɔ:] adj fler; once ~ en gång till

moreover [mɔ:'rouvə] adv dessutom, för övrigt

morning ['mɔ:niŋ] n morgon c, förmiddag c; ~ paper morgontidning c; this ~ i morse

Moroccan [mə'rɔkən] adj marockansk; n marockan c

Morocco [mə'rɔkou] Marocko

morphine ['mɔ:fi:n] n morfin nt

morsel ['mɔ:səl] n bit c

mortal ['mɔ:təl] adj dödlig

mortgage ['mɔ:gidʒ] n hypotek nt, inteckning c

mosaic [mə'zeiik] n mosaik c

mosque [mɔsk] n moské c

mosquito [mə'ski:tou] n (pl ~es) mygga c; moskit c

mosquito net [mə'ski:tounet] n myggnät nt

moss [mɔs] n mossa c

most [moust] adj (de) flesta; at ~ på sin höjd; ~ of all mest av allt

mostly ['moustli] adv för det mesta

motel [mou'tel] n motell nt

moth [mɔθ] n mal c

mother ['mʌðə] n mor c; ~ tongue modersmål nt

mother-in-law ['mʌðərinlɔ:] n (pl mothers-) svärmor c

mother of pearl [,mʌðərəv'pə:l] n pärlemor c

motion ['mouʃən] n rörelse c; motion c

motivate ['moutiveit] v motivera

motive ['moutiv] n motiv nt

motor ['moutə] n motor c; v bila; ~ body Am karosseri nt; starter ~ startmotor c

motorbike ['moutəbaik] nAm moped c

motorboat ['moutəbout] n motorbåt c

motorcar ['moutəka:] n bil c

motorcycle ['moutə,saikəl] n motorcykel c

motorist ['moutərist] n bilist c

motorway ['moutəwei] n motorväg c

motto ['mɔtou] n (pl ~es, ~s) motto nt

mouldy ['mouldi] adj möglig

mound [maund] n kulle c

mount [maunt] v *bestiga; montera; n berg nt; montering c

mountain ['mauntin] n berg nt; ~ pass bergspass nt; ~ range bergskedja c

mountaineering [,maunti'niəriŋ] n bergsbestigning c

mountainous ['mauntinəs] adj bergig

mourning ['mɔ:niŋ] n sorg c

mouse [maus] n (pl mice) mus c

moustache [mə'sta:ʃ] n mustasch c

mouth [mauθ] n mun c; gap

nt, käft c; mynning c

mouthwash ['mauθwɔ∫] n munvatten c

movable ['mu:vəbəl] adj flyttbar

move [mu:v] v *sätta i rörelse; flytta; röra sig; röra; n drag nt, steg nt; flyttning c

movement ['mu:vmənt] n rörelse c

movie ['mu:vi] n film c; **movies** Am bio c; ~ **theater** bio c

much [mʌt∫] adj många; adv mycket; **as** ~ **like** mycket; likaså

mud [mʌd] n gyttja c

muddle ['mʌdəl] n oreda c, röra c, virrvarr nt; v förvirra

muddy ['mʌdi] adj lerig

muffler ['mʌflə] nAm ljuddämpare c

mug [mʌg] n mugg c

mule [mju:l] n mulåsna c

multicultural [,mʌlti'kʌlt∫ərəl] adj multikulturell

multiplex ['mʌlti,pleks] n multiplex c

multiplication [,mʌltipli'kei∫ən] n multiplikation c

multiply ['mʌltiplai] v multiplicera

mumps [mʌmps] n påssjuka c

municipal [mju:'nisipəl] adj kommunal-

municipality [mju:,nisi'pæləti] n

kommun c

murder ['mə:də] n mord nt; v mörda

murderer ['mə:dərə] n mördare c

muscle ['mʌsəl] n muskel c

muscular ['mʌskjulə] adj muskulös

museum [mju:'zi:əm] n museum nt

mushroom ['mʌ∫ru:m] n svamp c

music ['mju:zik] n musik c; ~ **academy** konservatorium nt

musical ['mju:zikəl] adj musikalisk; n musikal c

music hall ['mju:zikhɔ:l] n revyteater c

musician [mju:'zi∫ən] n musiker c

muslin ['mʌzlin] n muslin nt

mussel ['mʌsəl] n blåmussla c

*****must** [mʌst] v *måste

mustard ['mʌstəd] n senap c

mute [mju:t] adj stum

mutiny ['mju:tini] n myteri nt

mutton ['mʌtən] n fårkött nt

mutual ['mju:t∫uəl] adj inbördes, ömsesidig

my [mai] adj min

myself [mai'self] pron mig; själv

mysterious [mi'stiəriəs] adj gåtfull, mystisk

mystery ['mistəri] n mysterium nt

myth [miθ] n myt c

N

nag [næg] v tjata
nail [neil] n nagel c; spik c
nail file ['neilfail] n nagelfil c
nail polish ['neil,poliʃ] n
nagellack nt
nail scissors ['neil,sizəz] pl
nagelsax c
naïve [na:'i:v] adj naiv
naked ['neikid] adj naken;
kal
name [neim] n namn nt; v
uppkalla; in the ~ of i ...
namn
namely ['neimli] adv
nämligen
nap [næp] n tupplur c
napkin ['næpkin] n servett c
nappy ['næpi] n blöja c
narcosis [na:'kousis] n (pl
-ses) narkos c
narcotic [na:'kɔtik] n
narkotika c; narkoman c
narrow ['nærou] adj trång,
snäv, smal
narrow-minded
[,nærou'maindid] adj
inskränkt
nasty ['na:sti] adj smutsig,
obehaglig; otäck
nation ['neiʃən] n nation c;
folk nt
national ['næʃənəl] adj
nationell; folk-; stats-; ~
anthem nationalsång c; ~
dress nationaldräkt c; ~
park nationalpark c

nationality [,næʃə'næləti] n
nationalitet c
nationalize ['næʃənəlaiz] v
nationalisera
native ['neitiv] n infödning c;
adj infödd, inhemsk; ~
country fosterland nt,
hemland nt; ~ language
modersmål nt
natural ['nætʃərəl] adj
naturlig; medfödd
naturally ['nætʃərəli] adv
naturligtvis
nature ['neitʃə] n natur c
naughty ['nɔ:ti] adj odygdig,
stygg
nausea ['nɔ:siə] n
illamående nt
naval ['neivəl] adj flott-
navel ['neivəl] n navel c
navigable ['nævigəbəl] adj
segelbar
navigate ['nævigeit] v
navigera; segla
navigation [,nævi'geiʃən] n
navigation c; sjöfart c
navy ['neivi] n flotta c
near [niə] adj nära,
närbelägen
nearby ['niəbai] adj
närliggande
nearly ['niəli] adv närapå,
nästan
neat [ni:t] adj prydlig;
oblandad, ren; klar, koncis
necessary ['nesəsəri] adj

nödvändig

necessity [nə'sesəti] n
nödvändighet c

neck [nek] n hals c; **nape of
the ~** nacke c

necklace ['nekləs] n
halsband nt

necktie ['nektai] n slips c

need [ni:d] v behöva, *måste;
n behov nt; nödvändighet c;
~ to *måste

needle ['ni:dəl] n nål c

needlework ['ni:dəlwə:k] n
handarbete nt

negative ['negətiv] adj
nekande, negativ; n negativ
nt

neglect [ni'glekt] v
försumma; n slarv nt

neglectful [ni'glektfəl] adj
försumlig

negligee ['negliʒei] n negligé
c

negotiate [ni'gouʃieit] v
förhandla

negotiation [ni,gouʃi'eiʃən]
n förhandling c

neighbour ['neibə] n granne
c

neighbourhood ['neibəhud]
n grannskap nt

neighbouring ['neibəriŋ] adj
angränsande

neither ['naiðə] pron
ingendera; **neither ... nor**
varken ... eller

nephew ['nefju:] n systerson
c, brorson c

nerve [nə:v] n nerv c;
fräckhet c

nervous ['nə:vəs] adj nervös

nest [nest] n bo nt

net [net] n nät nt; adj netto-

the Netherlands
['neðələndz] Nederländerna

network ['netwə:k] n nätverk
nt

networking ['net,wə:kiŋ] n
nätverksarbete c

neuralgia [njuə'rældʒə] n
neuralgi c

neurosis [njuə'rousis] n
neuros c

neuter ['nju:tə] adj neutrum

neutral ['nju:trəl] adj neutral

never ['nevə] adv aldrig

nevertheless [,nevəðə'les]
adv inte desto mindre

new [nju:] adj ny; **New Year**
nyår nt

news [nju:z] n nyhet c,
dagsnyheter pl

newsagent ['nju:,zeidʒənt]
n tidningsförsäljare c

newspaper ['nju:z,peipə] n
dagstidning c

newsreel ['nju:zri:l] n
journalfilm c

newsstand ['nju:zstænd] n
tidningskiosk c

New Zealand [nju: 'zi:lənd]
Nya Zeeland

next [nekst] adj nästa,
följande; n bredvid

next-door [,nekst'dɔ:] adv
näst intill

nice [nais] adj snäll, söt,
trevlig; god; sympatisk

nickel ['nikəl] n nickel c

nickname ['nikneim] n

smeknamn *nt*
nicotine ['nikəti:n] *n* nikotin *nt*
niece [ni:s] *n* systerdotter *c*, brorsdotter *c*
Nigeria [nai'dʒiəriə] Nigeria
Nigerian [nai'dʒiəriən] *adj* nigeriansk; *n* nigerian *c*
night [nait] *n* natt *c*; kväll *c*; by ~ om natten; ~ **flight** nattflyg *nt*; ~ **rate** nattaxa *c*; ~ **train** nattåg *nt*
nightclub ['naitklʌb] *n* nattklubb *c*
night cream ['naitkri:m] *n* nattkräm *c*
nightingale ['naitiŋgeil] *n* näktergal *c*
nightly ['naitli] *adj* nattlig
nightmare ['naitmeə] *n* mardröm *c*
nil [nil] ingenting, noll
nine [nain] *num* nio
nineteen [,nain'ti:n] *num* nitton
nineteenth [,nain'ti:nθ] *num* nittonde
ninety ['nainti] *num* nittio
ninth [nainθ] *num* nionde
nitrogen ['naitrədʒən] *n* kväve *nt*
no [nou] nej; *adj* ingen; ~ **one** ingen
nobility [nou'biləti] *n* adel *c*
noble ['noubəl] *adj* adlig; ädel
nobody ['noubədi] *pron* ingen
nod [nɔd] *n* nick *c*; *v* nicka
noise [nɔiz] *n* ljud *nt*; oväsen

nt, buller *nt*
noisy ['nɔizi] *adj* bullrig; högljudd
nominal ['nɔminəl] *adj* nominell, obetydlig
nominate ['nɔmineit] *v* nominera, utnämna
nomination [,nɔmi'neiʃən] *n* nominering *c*; utnämning *c*
none [nʌn] *pron* ingen
nonsense ['nɔnsəns] *n* dumheter *pl*
non-smoker [,nɔn'smoukə] *n* icke-rökare *c*
noon [nu:n] *n* klockan tolv
nor [nɔ:]; inte heller
normal ['nɔ:məl] *adj* vanlig, normal
north [nɔ:θ] *n* nord *c*; *adj* nordlig; **North Pole** Nordpolen
north-east [,nɔ:θ'i:st] *n* nordost *c*
northern ['nɔ:ðən] *adj* norra
north-west [,nɔ:θ'west] *n* nordväst *c*
Norway ['nɔ:wei] Norge
Norwegian [nɔ:'wi:dʒən] *adj* norsk; *n* norrman *c*
nose [nouz] *n* näsa *c*
nosebleed ['nouzbli:d] *n* näsblod *nt*
nostril ['nɔstril] *n* näsborre *c*
nosy ['nouzi] *adj* colloquial nyfiken
not [nɔt] *adv* inte
notary ['noutəri] *n* juridiskt ombud
note [nout] *n* anteckning *c*; fotnot *c*; ton *c*; *v* anteckna

observera, notera

notebook ['noutbuk] *n* anteckningsbok *c*

noted ['noutid] *adj* välkänd

notepaper ['nout,peipə] *n* brevpapper *nt*

nothing ['nʌθiŋ] *n* ingenting, intet *nt*

notice ['noutis] *v* *lägga märke till, uppmärksamma, märka; *se; *n* meddelande *nt*, uppsägning *c*; uppmärksamhet *c*

noticeable ['noutisəbəl] *adj* märkbar; anmärkningsvärd

notify ['noutifai] *v* meddela; underrätta

notion ['nouʃən] *n* aning *c*, begrepp *nt*

notorious [nou'tɔːriəs] *adj* beryktad

nought [nɔːt] *n* nolla *c*

noun [naun] *n* substantiv *nt*

nourishing ['nʌriʃiŋ] *adj* närande

novel ['nɔvəl] *n* roman *c*

novelist ['nɔvəlist] *n* romanförfattare *c*

November [nou'vembə] november

now [nau] *adv* nu; ~ **and then** då och då

nowadays ['nauədeiz] *adv* nuförtiden

nowhere ['nouweə] *adv* ingenstans

nozzle ['nɔzəl] *n* munstycke *nt*

nuance [njuː'ɑːs] *n* nyans *c*

nuclear ['njuːkliə] *adj* kärn-; ~ **energy** kärnkraft *c*

nucleus ['njuːkliəs] *n* kärna *c*

nude [njuːd] *adj* naken; *n* akt *c*

nuisance ['njuːsəns] *n* besvär *nt*

numb [nʌm] *adj* utan känsel; domnad, förlamad

number ['nʌmbə] *n* nummer *nt*; tal *nt*, antal *nt*

numeral ['njuːmərəl] *n* räkneord *nt*

numerous ['njuːmərəs] *adj* talrik

nun [nʌn] *n* nunna *c*

nurse [nəːs] *n* sjuksköterska *c*; barnsköterska *c*; *v* vårda; amma

nursery ['nəːsəri] *n* barnkammare *c*; daghem *nt*; plantskola *c*

nut [nʌt] *n* nöt *c*; mutter *c*

nutcrackers ['nʌt,krækəz] *pl* nötknäppare *c*

nutmeg ['nʌtmeg] *n* muskotnöt *c*

nutritious [njuː'triʃəs] *adj* närande

nutshell ['nʌtʃel] *n* nötskal *nt*

nylon ['nailən] *n* nylon *nt*

O

oak [ouk] n ek c

oar [ɔ:] n åra c

oasis [ou'eisis] n (pl oases) oas c

oath [ouθ] n ed c

oats [outs] pl havre c

obedience [ə'bi:diəns] n lydnad c

obedient [ə'bi:diənt] adj lydig

obey [ə'bei] v lyda

object¹ ['ɔbdʒikt] n objekt nt; föremål nt; syfte nt

object² [ab'dʒekt] v invända, protestera

objection [əb'dʒekʃən] n invändning c

objective [əb'dʒektiv] adj objektiv; n mål nt

obligatory [ə'bligətəri] adj obligatorisk

oblige [ə'blaidʒ] v förplikta; *be obliged to *vara tvungen att; *måste

obliging [ə'blaidʒiŋ] adj tillmötesgående

oblong ['ɔblɔŋ] adj avlång, rektangulär; n rektangel c

obscene [əb'si:n] adj oanständig

obscure [əb'skjuə] adj dunkel, skum, oklar, mörk

observation [,ɔbzə'veiʃən] n iakttagelse c, observation c

observatory [əb'zə:vətri] n observatorium nt

observe [əb'zə:v] v observera, *iaktta

obsession [əb'seʃən] n besatthet c

obstacle ['ɔbstəkəl] n hinder nt

obstinate ['ɔbstinət] adj envis; hårdnackad

obtain [əb'tein] v *erhålla, skaffa sig

obtainable [əb'teinəbəl] adj anskaffbar

obvious ['ɔbviəs] adj tydlig

occasion [ə'keiʒən] n tillfälle nt; anledning c

occasionally [ə'keiʒənəli] adv då och då

occupant ['ɔkjupənt] n innehavare c

occupation [,ɔkju'peiʃən] n sysselsättning c; ockupation c

occupy ['ɔkjupai] v ockupera, *uppta, *besätta; occupied adj ockuperad, upptagen

occur [ə'kə:] v ske, hända, *förekomma

occurrence [ə'kʌrəns] n händelse c

ocean ['ouʃən] n världshav nt

October [ɔk'toubə] oktober

octopus ['ɔktəpəs] n bläckfisk c

oculist ['ɔkjulist] n ögonläkare c

odd [ɔd] *adj* underlig,
konstig; udda

odour [ˈoudə] *n* lukt *c*

of [ɔv, əv] *prep* av

off [ɔf] *adv* av; iväg; *prep* från

offence [əˈfens] *n* förseelse *c*;
kränkning *c*, anstöt *c*

offend [əˈfend] *v* såra,
kränka; *förgå sig

offensive [əˈfensiv] *adj*
offensiv; anstötlig,
kränkande; *n* offensiv *c*

offer [ˈɔfə] *v* *erbjuda;
*bjuda; *n* erbjudande *nt*

office [ˈɔfis] *n* kontor *nt*;
ämbete *nt*; ~ **hours**
kontorstid *c*

officer [ˈɔfisə] *n* officer *c*

official [əˈfiʃəl] *adj* officiell

off-licence [ˈɔf‚laisəns] *n*,
liquor store *nAm*
systembolag *nt*

often [ˈɔfən] *adv* ofta

oil [ɔil] *n* olja *c*; **fuel** ~
brännolja *c*; ~ **filter** oljefilter
nt; ~ **pressure** oljetryck *nt*

oil painting [‚ɔilˈpeintiŋ] *n*
oljemålning *c*

oil refinery [ˈɔilriˌfainəri] *n*
oljeraffinaderi *nt*

oil well [ˈɔilwel] *n* oljekälla *c*,
oljefyndighet *c*

oily [ˈɔili] *adj* oljig

ointment [ˈɔintmənt] *n* salva
c

okay! [‚ouˈkei] fint!

old [ould] *adj* gammal; ~ **age**
ålderdom *c*

old-fashioned
[‚ouldˈfæʃənd] *adj*

gammaldags, gammalmodig

olive [ˈɔliv] *n* oliv *c*; ~ **oil**
olivolja *c*

omelette [ˈɔmlət] *n* omelett *c*

ominous [ˈɔminəs] *adj*
olycksbådande

omit [əˈmit] *v* utelämna

omnipotent [ɔmˈnipətənt]
adj allsmäktig

on [ɔn] *prep* på; vid

once [wʌns] *adv* en gång; **at** ~
på en gång; för ~ för en
gångs skull; ~ **more** en gång
till

oncoming [ˈɔnˌkʌmiŋ] *adj*
förestående, mötande

one [wʌn] *num* en; *pron* man

oneself [wʌnˈself] *pron* själv

onion [ˈʌnjən] *n* lök *c*

only [ˈounli] *adj* enda; *adv*
endast, bara, blott; *conj* men

onwards [ˈɔnwədz] *adv*
framåt, vidare

onyx [ˈɔniks] *n* onyx *c*

opal [ˈoupəl] *n* opal *c*

open [ˈoupən] *v* öppna; *adj*
öppen

opener[ˈoupnə] *n* öppnare *c*

opening [ˈoupəniŋ] *n*
öppning *c*

opera [ˈɔpərə] *n* opera *c*; ~
house operahus *nt*

operate [ˈɔpəreit] *v* fungera;
operera

operation [‚ɔpəˈreiʃən] *n*
funktion *c*; operation *c*

operator [ˈɔpəreitə] *n*
telefonist *c*

opinion [əˈpinjən] *n*
uppfattning *c*, åsikt *c*

opponent [ə'pounənt] *n*
motståndare *c*

opportunity [ˌɔpə'tjuːnəti] *n*
tillfälle *nt*

oppose [ə'pouz] *v* opponera
sig

opposite ['ɔpəzit] *prep*
mittemot; *adj* motstående,
motsatt

opposition [ˌɔpə'ziʃən] *n*
opposition *c*

oppress [ə'pres] *v* förtrycka,
tynga

optician [ɔp'tiʃən] *n* optiker
c

optimism ['ɔptimizəm] *n*
optimism *c*

optimist ['ɔptimist] *n*
optimist *c*

optimistic [ˌɔpti'mistik] *adj*
optimistisk

optional ['ɔpʃənəl] *adj* valfri

or [ɔː] *conj* eller

oral ['ɔːrəl] *adj* muntlig

orange ['ɔrindʒ] *n* apelsin *c*;
adj brandgul

orbit ['ɔːbit] *n* omlopp *nt*

orchard ['ɔːtʃəd] *n*
fruktträdgård *c*

orchestra ['ɔːkistrə] *n*
orkester *c*; ~ **seat** *Am*
parkett *c*

order ['ɔːdə] *v* befalla;
beställa; *n* ordningsföljd *c*,
ordning *c*; befallning *c*,
order *c*; beställning *c*; **in** ~ **i**
ordning; **in** ~ **to** för att;
made to ~ gjord på
beställning; **out of** ~
funktionsoduglig; **postal** ~

postanvisning *c*

order form ['ɔːdəfɔːm] *n*
orderblankett *c*

ordinary ['ɔːdənri] *adj* vanlig,
alldaglig

ore [ɔː] *n* malm *c*

organ ['ɔːgən] *n* organ *nt*;
orgel *c*

organic [ɔː'gænik] *adj*
organisk

organization
[ˌɔːgənai'zeiʃən] *n*
organisation *c*

organize ['ɔːgənaiz] *v*
organisera

Orient ['ɔːriənt] *n* Orienten

oriental [ˌɔːri'entəl] *adj*
orientalisk

orientate ['ɔːriənteit] *v*
orientera sig

origin ['ɔridʒin] *n* ursprung
nt; härstamning *c*, härkomst
c

original [ə'ridʒinəl] *adj*
ursprunglig, originell

originally [ə'ridʒinəli] *adv*
ursprungligen

ornament ['ɔːnəmənt] *n*
utsmyckning *c*

ornamental [ˌɔːnə'mentəl]
adj prydnads-, dekorativ

orphan ['ɔːfən] *n* föräldralöst
barn

orthodox ['ɔːθədɔks] *adj*
ortodox

ostrich ['ɔstritʃ] *n* struts *c*

other ['ʌðə] *adj* annan

otherwise ['ʌðəwaiz] *conj*
annars; *adv* annorlunda

ought ['ɔːt] *v* bör

ought to [ɔ:t] *böra
ounce ['auns] *n* uns *nt*
our [auə] *adj* vår
ours ['auəz] *pron* vår
ourselves [auə'selvz] *pron* oss; själva
out [aut] *adv* ute, ut; ~ of utanför, från
outbreak ['autbreik] *n* utbrott *nt*
outcome ['autkʌm] *n* följd *c*, resultat *nt*
outdo [ˌaut'du:] *v* överträffa
outdoors [ˌaut'dɔ:z] *adv* utomhus
outfit ['autfit] *n* utrustning *c*
outing ['autiŋ] *n* utflykt *c*
outline ['autlain] *n* ytterlinje *c*; *v* teckna konturerna av, skissera
outlook ['autluk] *n* utsikt *c*; syn *c*
output ['autput] *n* produktion *c*
outrage ['autreidʒ] *n* illgärning *c*, våldsdåd *nt*
outside [ˌaut'said] *adv* utomhus; *prep* utanför; *n* utsida *c*
outsize ['autsaiz] *n* extrastorlek *c*
outskirts ['autskə:ts] *pl* utkant *c*
outsource ['aut,sɔ:s] *v* lägga ut på entreprenad
outstanding [ˌaut'stændiŋ] *adj* framstående, framträdande, utestående
outward ['autwəd] *adj* yttre
outwards ['autwədz] *adv*
utåt
oval ['ouvəl] *adj* oval
oven ['ʌvən] *n* ugn *c*; microwave ~ mikrovågsugn *c*
over ['ouvə] *prep* över, ovanför; *adv* över; *adj* över; ~ there där borta
overall [ˌouvərɔ:l] *adj* sammanlagd
overalls ['ouvərɔ:lz] *pl* overall *c*
overcast ['ouvəka:st] *adj* mulen
overcoat ['ouvəkout] *n* överrock *c*
overcome [ˌouvə'kʌm] *v* *övervinna
overdo [ˌouvə'du:] *v* överdriva
overdraft ['ouvədra:ft] *n* övertrassering *c*
overdraw [ˌouvə'drɔ:] *v* övertrassera
overdue [ˌouvə'dju:] *adj* försenad; förfallen till betalning
overgrown [ˌouvə'groun] *adj* igenvuxen
overhaul [ˌouvə'hɔ:l] *v* undersöka, *genomgå; *hinna ifatt
overhead [ˌouvə'hed] *adv* ovan
overlook [ˌouvə'luk] *v* *förbise
overnight [ˌouvə'nait] *adv* över natten
overseas [ˌouvə'si:z] *adj* över haven

oversight ['ouvəsait] *n*
förbiseende *nt*; uppsikt *c*

***oversleep** [,ouvə'sli:p] *v*
*försova sig

overstrung [,ouvə'strʌŋ] *adj*
överspänd

***overtake** [,ouvə'teik] *v* köra
om; **no overtaking**
omkörning förbjuden

over-tired [,ouvə'taiəd] *adj*
uttröttad

overture ['ouvətʃə] *n*
ouvertyr *c*

overweight ['ouvəweit] *n*
övervikt *c*

overwhelm [,ouvə'welm] *v*
överväldiga

overwork [,ouvə'wɔːk] *v*
överanstränga sig

owe [ou] *v* *vara skyldig; *ha
att tacka för; **owing to** med
anledning av

owl [aul] *n* uggla *c*

own [oun] *v* äga; *adj* egen

owner ['ounə] *n* ägare *c*,
innehavare *c*

ox [ɔks] *n* (pl oxen) oxe *c*

oxygen ['ɔksidʒən] *n* syre *nt*

oyster ['ɔistə] *n* ostron *nt*

ozone ['ouzoun] *n* ozon *nt*

P

pace [peis] *n* sätt att *gå; steg
nt; tempo *nt*

Pacific Ocean [pə'sifik
'ouʃən] Stilla havet

pacifism ['pæsifizəm] *n*
pacifism *c*

pacifist ['pæsifist] *n* pacifist
c; pacifistisk

pack [pæk] *v* packa; ~ **up**
packa in

package ['pækidʒ] *n* paket *nt*

packet ['pækit] *n* paket *nt*

packing ['pækiŋ] *n* packning
c, förpackning *c*

pact ['pækt] *n* pakt *c*

pad [pæd] *n* dyna *c*;
anteckningsblock *nt*

paddle ['pædəl] *n* paddel *c*

padlock ['pædlɔk] *n* hänglås
nt

pagan ['peigən] *adj* hednisk;

n hedning *c*

page [peidʒ] *n* sida *c*

pail [peil] *n* ämbar *c*

pain [pein] *n* smärta *c*; **pains**
möda *c*

painful ['peinfəl] *adj*
smärtsam

painkiller ['peinkilə] *n*
smärtstillande medel *nt*

painless ['peinləs] *adj*
smärtfri

paint [peint] *n* målarfärg *c*; *v*
måla

paintbox ['peintbɔks] *n*
färglåda *c*

paintbrush ['peintbrʌʃ] *n*
pensel *c*

painter ['peintə] *n* målare *c*

painting ['peintiŋ] *n* målning
c

pair [peə] *n* par *nt*

Pakistan [,pɑ:ki'stɑ:n]
Pakistan

Pakistani [,pɑ:ki'stɑ:ni] adj
pakistansk; n pakistanier c

palace ['pæləs] n palats nt

pale [peil] adj blek; ljus-

palm [pɑ:m] n palm c;
handflata c

palpable ['pælpəbəl] adj
kännbar, påtaglig

palpitation [,pælpi'teiʃən] n
hjärtklappning c

pan [pæn] n panna c

pane [pein] n ruta c

panel ['pænəl] n panel c

panelling ['pænəliŋ] n panel
c

panic ['pænik] n panik c

pant [pænt] v flämta

panties ['pæntiz] pl trosor pl

pants [pænts] pl underbyxor
pl; plAm byxor pl

pant suit ['pæntsu:t] n
byxdräkt c

panty hose ['pæntihouz] n
strumpbyxor pl

paper ['peipə] n papper nt;
tidning c; pappers-; carbon
~ karbonpapper nt; ~ bag
papperspåse c; ~ napkin
pappersservett c; typing ~
skrivmaskinspapper nt;
wrapping ~ omslagspapper
nt

paperback ['peipəbæk] n
pocketbok c

paper knife ['peipənaif] n
papperskniv c

parade [pə'reid] n parad c

paradise ['pærədais] n

paradis nt

paraffin ['pærəfin] n fotogen
c

paragraph ['pærəgrɑ:f] n
paragraf c

parakeet ['pærəki:t] n
papegoja c

paralise ['pærəlaiz] v
paralysera

parallel ['pærəlel] adj
jämlöpande, parallell; n
parallell c

paralyse ['pærəlaiz] v
paralysera

parcel ['pɑ:səl] n paket c

pardon ['pɑ:dən] n förlåtelse
c; benådning c

parent ['pɛərənt] n förälder c

parents ['pɛərənts] pl
föräldrar pl

parents-in-law
['pɛərəntsinlɔ:] pl
svärföräldrar pl

parish ['pæriʃ] n församling c

park [pɑ:k] n park c; v
parkera

parking ['pɑ:kiŋ] n parkering
c; no ~ parkering förbjuden;
~ fee parkeringsavgift c; ~
light parkeringsljus nt; ~ lot
Am parkeringsplats c; ~
meter parkeringsmätare c; ~
zone parkeringszon c

parliament ['pɑ:ləmənt] n
riksdag c, parlament nt

parliamentary
[,pɑ:lə'mentəri] adj
parlamentarisk

parrot ['pærət] n papegoja c

parsley ['pɑ:sli] n persilja c

parson ['pɑːsən] n präst c

parsonage ['pɑːsənidʒ] n
prästgård c

part [pɑːt] n del c; stycke nt; v
skilja; spare ~ reservdel c

partial ['pɑːʃəl] adj
ofullständig; partisk

participant [pɑːˈtisipənt] n
deltagare c

participate [pɑːˈtisipeit] v
*delta

particular [pəˈtikjulə] adj
särskild; noga; in ~ särskilt

partition [pɑːˈtiʃən] n
skiljevägg c; delning c, del c

partly ['pɑːtli] adv delvis

partner ['pɑːtnə] n partner c;
kompanjon c

partridge ['pɑːtridʒ] n
rapphöna c

party ['pɑːti] n parti nt; kalas
nt, fest c; sällskap nt

pass [pɑːs] v *förflyta,
passera; *ge; *bli godkänd;
vAm köra om; n bergspass
nt; pass nt; no passing Am
omkörning förbjuden; ~ by
*gå förbi; ~ through *gå
igenom

passage ['pæsidʒ] n passage
c; överfart c; avsnitt nt;
genomresa c

passenger ['pæsəndʒə] n
passagerare c; ~ car Am
järnvägsvagn c

passer-by [ˌpɑːsəˈbai] n
förbipasserande c

passion ['pæʃən] n lidelse c,
passion c; raseri c

passionate ['pæʃənət] adj
lidelsefull

passive ['pæsiv] adj passiv

passport ['pɑːspɔːt] n pass
nt; ~ control passkontroll c;
~ photograph passfoto nt

password ['pɑːswɔːd] n
lösenord nt

past [pɑːst] n det förflutna;
adj förfluten, förra; prep
förbi

paste [peist] n pasta c; v
klistra

pastime ['pɑːstaim] n
tidsfördriv nt

pastry ['peistri] n bakelser
pl; ~ shop konditori nt

pasture ['pɑːstʃə] n
betesmark c

pasty ['peisti] n pirog c

patch [pætʃ] v lappa

patent ['peitənt] n patent nt,
patentbrev nt

path [pɑːθ] n stig c

patience ['peiʃəns] n
tålamod nt

patient ['peiʃənt] adj
tålmodig; n patient c

patriot ['peitriət] n patriot c

patrol [pəˈtroul] n patrull c; v
patrullera; övervaka

pattern ['pætən] n mönster nt

pause [pɔːz] n paus c; v
pausa

pave [peiv] v *stenlägga

pavement ['peivmənt] n
trottoar c; gatubeläggning c

pavilion [pəˈviljən] n
paviljong c

paw [pɔː] n tass c

pawn [pɔːn] v *pantsätta; n

schackbonde
pawnbroker ['pɔ:n,broukə] *n*
pantlånare *c*
pay [pei] *n* avlöning *c*, lön *c*
****pay** [pei] *v* betala; löna sig; ~
attention to
uppmärksamma; **paying**
lönande; ~ **off** slutbetala; ~
on account avbetala
pay desk ['peidesk] *n* kassa *c*
payee [pei'i:] *n*
betalningsmottagare *c*
payment ['peimənt] *n*
betalning *c*
pea [pi:] *n* ärta *c*
peace [pi:s] *n* fred *c*
peaceful ['pi:sfəl] *adj* fridfull
peach [pi:tʃ] *n* persika *c*
peacock ['pi:kɔk] *n* påfågel *c*
peak [pi:k] *n* topp *c*;
höjdpunkt *c*; ~ **hour**
rusningstid *c*; ~ **season**
högsäsong *c*
peanut ['pi:nʌt] *n* jordnöt *c*
pear [pɛə] *n* päron *nt*
pearl [pə:l] *n* pärla *c*
peasant ['pezənt] *n* bonde *c*
pebble ['pebəl] *n* strandsten *c*
peculiar [pi'kju:ljə] *adj*
egendomlig, säregen
peculiarity [pi,kju:li'ærəti] *n*
egendomlighet *c*
pedal ['pedəl] *n* pedal *c*
pedestrian [pi'destriən] *n*
fotgängare *c*; **no**
pedestrians förbjudet för
fotgängare; ~ **crossing**
övergångsställe för
fotgängare
peel [pi:l] *v* skala; *n* skal *nt*

peep [pi:p] *v* kika
peg [peg] *n* pinne *c*, hängare
c, sprint *c*
pelican ['pelikən] *n* pelikan *c*
pelvis ['pelvis] *n* bäcken *nt*
pen [pen] *n* penna *c*
penalty ['penəlti] *n* böter *pl*;
straff *nt*; ~ **kick** straffspark *c*
pencil ['pensəl] *n*
blyertspenna *c*
pencil sharpener
['pensəl,ʃɑ:pnə] *n*
pennvässare *c*
pendant ['pendənt] *n*
hängsmycke *nt*
penetrate ['penitreit] *v*
genomtränga
penguin ['peŋgwin] *n*
pingvin *c*
penicillin [,peni'silin] *n*
penicillin *nt*
peninsula [pə'ninsjulə] *n*
halvö *c*
penknife ['pennaif] *n* (pl
-knives) pennkniv *c*
penny ['peni] *n* penny *c*
pension[1] ['pɑ:siɔ:] *n*
pensionat *nt*
pension[2] ['penʃən] *n*
pension *c*
Pentecost ['pentikəst] *n*
pingst *c*
people ['pi:pəl] *pl* folk *pl*; *n*
folk *nt*
pepper ['pepə] *n* peppar *c*
peppermint ['pepəmint] *n*
pepparmint *n*
per [pə:] *prep* per; ~ **cent**
procent *c*
perceive [pə'si:v] *v*

*förnimma

percentage [pə'sentidʒ] n
procent c

perceptible [pə'septibəl] adj
märkbar

perception [pə'sepʃən] n
förnimmelse c

perch [pə:tʃ] (pl ~) n abborre c

percolator [pə:kəleitə] n
kaffebryggare c

perfect [pə:fikt] adj perfekt,
fullkomlig

perfection [pə'fekʃən] n
fullkomlighet c

perform [pə'fɔ:m] v utföra

performance [pə'fɔ:məns] n
föreställning c

perfume [pə:fju:m] n
parfym c

perhaps [pə'hæps] adv
kanske; kanhända

peril [peril] n fara c

perilous [periləs] adj
livsfarlig

period [piəriəd] n period c;
punkt c

periodical [piəri'ɔdikəl] n
tidskrift c; adj periodisk

perish [periʃ] v *omkomma

perishable [periʃəbəl] adj
ömtålig

perjury [pə:dʒəri] n mened c

permanent [pə:mənənt] adj
varaktig, beständig, ständig;
fast, stadigvarande; ~ wave
permanent c

permission [pə'miʃən] n
tillåtelse c, tillstånd nt; lov
nt, tillståndsbevis nt

permit¹ [pə'mit] v *tillåta

permit² [pə:mit] n
tillståndsbevis nt, tillstånd nt

peroxide [pə'rɔksaid] n
vätesuperoxid c

perpendicular
[,pə:pən'dikjulə] adj lodrät

Persia [pə:ʃə] Persien

Persian [pə:ʃən] adj persisk;
n perser c

person [pə:sən] n person c;
per ~ per person

personal [pə:sənəl] adj
personlig; **personal
identification number** n
PIN c

personality [,pə:sə'næləti] n
personlighet c

personnel [,pə:sə'nel] n
personal c

perspective [pə'spektiv] n
perspektiv nt

perspiration [,pə:spə'reiʃən]
n transpiration c, svettning
c, svett c

perspire [pə'spaiə] v
transpirera, svettas

persuade [pə'sweid] v
övertala; övertyga

persuasion [pə'sweiʒən] n
övertygelse c

pessimism [pesimizəm] n
pessimism c

pessimist [pesimist] n
pessimist c

pessimistic [,pesi'mistik]
adj pessimistisk

pet [pet] n sällskapsdjur nt;
kelgris c; älsklings-

petal [petəl] n kronblad nt

petition [pi'tiʃən] n petition c

petrol ['petrəl] n bensin c; ~
pump bensinpump c; ~
station bensinmack c; ~
tank bensintank c;
unleaded ~ blyfri bensin c

petroleum [pi'trouliəm] n
råolja c

petty ['peti] adj oväsentlig,
obetydlig, liten; ~ cash
kontorskassa c

pewter ['pju:tə] n
tennlegering c

phantom ['fæntəm] n fantom
c

pharmacist ['fɑ:məsist] n
apotekare c

pharmacology
[,fɑ:mə'kɔlədʒi] n
farmakologi c

pharmacy ['fɑ:məsi] n
apotek nt

phase [feiz] n fas c

pheasant ['fezənt] n fasan c

Philippine ['filipain] adj
filippinsk

Philippines ['filipi:nz] pl
Filippinerna

philosopher [fi'lɔsəfə] n
filosof c

philosophy [fi'lɔsəfi] n
filosofi c

phone [foun] n telefon c; v
telefonera, ringa upp

phone card ['foun,kɑ:d] n
telefonkort nt

phonetic [fə'netik] adj
fonetisk

photo ['foutou] n (pl ~s) foto
nt

photocopy ['fəutəukɔpi] n

fotokopia c; v fotokopiera

photograph ['foutəgrɑ:f] n
fotografi nt; v fotografera

photographer [fə'tɔgrəfə] n
fotograf c

photography [fə'tɔgrəfi] n
fotografering c

photo message
['foutou‚mesədʒ] n
fotomeddelande c

phrase [freiz] n fras c

phrase book ['freizbuk] n
parlör c

physical ['fizikəl] adj fysisk

physician [fi'ziʃən] n läkare
c

physicist ['fizisist] n fysiker
c

physics ['fiziks] n fysik c,
naturvetenskap c

physiology [,fizi'ɔlədʒi] n
fysiologi c

pianist ['pi:ənist] n pianist c

piano [pi'ænou] n piano nt;
grand ~ flygel c

pick [pik] v plocka; *välja;
val nt; ~ up plocka upp;
hämta; **pick-up van**
skåpvagn c

pickles ['pikəlz] pl pickels pl

picnic ['piknik] n picknick c;
v picknicka

picture ['piktʃə] n tavla c;
film c, illustration c; bild c; ~
postcard vykort nt;
pictures bio c

picturesque [,piktʃə'resk]
adj pittoresk

piece [pi:s] n bit c, stycke c

pier [piə] n pir c

plant

pierce [piəs] v *göra hål, genomborra

pig [pig] n gris c

pigeon ['pidʒən] n duva c

piggy bank ['pigibæŋk] n spargris c

pig-headed [,pig'hedid] adj tjurskallig

piglet ['piglət] n spädgris c

pigskin ['pigskin] n svinläder nt

pike [paik] (pl ~) gädda c

pile [pail] n hög c; v stapla; piles pl hemorrojder pl

pilgrim ['pilgrim] n pilgrim c

pilgrimage ['pilgrimidʒ] n pilgrimsfärd c

pill [pil] n piller nt

pillar ['pilə] n pelare c, stolpe c

pillarbox ['piləbɔks] n brevlåda c

pillow ['pilou] n huvudkudde c, kudde c

pillowcase ['piloukeis] n örngott c

pilot ['pailət] n pilot c; lots c

pimple ['pimpəl] n finne c

pin [pin] n knappnål c; v fästa med nål; bobby ~ Am hårklämma c

PIN [pin] n PIN c

pincers ['pinsəz] pl kniptång c

pinch [pintʃ] v *nypa

pine [pain] n tall c; furu c

pineapple ['pai,næpəl] n ananas c

ping-pong ['piŋpɔŋ] n bordtennis c

pink [piŋk] adj skär

pioneer [,paiə'niə] n pionjär c

pious ['paiəs] adj from

pip [pip] n kärna c

pipe [paip] n pipa c; rör nt; ~ cleaner piprensare c; ~ tobacco pipptobak c

pirate ['paiərət] n sjörövare c

pistol ['pistəl] n pistol c

piston ['pistən] n kolv c; ~ ring kolvring c

pit [pit] n grop c; gruva c

pitcher ['pitʃə] n krus nt

pity ['piti] n medlidande nt; v *ha medlidande med, beklaga; **what a pity!** så synd!

placard ['plæka:d] n plakat nt

place [pleis] n ställe nt; v placera, *sätta; ~ **of birth** födelseort c; *take ~ äga rum

plague [pleig] n plåga c

plaice [pleis] (pl ~) rödspätta c

plain [plein] adj tydlig; enkel, vanlig; n slätt c

plan [plæn] n plan c; v planera

plane [plein] adj plan; n flygplan nt; ~ **crash** flygolycka c

planet ['plænit] n planet c

planetarium [,plæni'tɛəriəm] n planetarium nt

plank [plæŋk] n planka c

plant [pla:nt] n planta c; fabrik c; v plantera

plantation [plæn'teiʃən] n
plantage c

plaster ['plɑːstə] n rappning
c, gips c; plåster nt

plastic ['plæstik] adj plast-; n
plast c

plate [pleit] n tallrik c; platta
c

plateau ['plætou] n (pl ~x, ~s)
platå c

platform ['plætfɔːm] n
plattform c; ~ ticket
perrongbiljett c

platinum ['plætinəm] n
platina c

play [plei] v leka; spela; n lek
c; pjäs c; one-act ~ enaktare
c; ~ truant skolka

player [pleiə] n spelare c

playground ['pleigraund] n
lekplats c

playing card ['pleiiŋkɑːd] n
spelkort c

playwright ['pleirait] n
skådespelsförfattare c

plea [pliː] n svaromål nt;
anhållan c; ursäkt c

plead [pliːd] v plädera

pleasant ['plezənt] adj
angenäm, trevlig

please [pliːz] var god; v
*göra nöjd; pleased nöjd;
pleasing angenäm

pleasure ['pleʒə] n nöje nt,
glädje c

plentiful ['plentifəl] adj riklig

plenty ['plenti] n riklighet c;
överflöd nt

pliers [plaiəz] pl tång c

plimsolls ['plimsəlz] pl

gymnastikskor pl

plot [plɔt] n komplott c,
sammansvärjning c;
handling c; jordlott c

plough [plau] n plog c; v
plöja

plucky ['plʌki] adj käck

plug [plʌg] n plugg c,
stickkontakt c; ~ in *sticka
in, *ansluta

plum [plʌm] n plommon nt

plumber ['plʌmə] n
rörmokare c

plump [plʌmp] adj knubbig

plural ['pluərəl] n plural c

plus [plʌs] prep plus

pneumatic [njuː'mætik] adj
luft-

pneumonia [njuː'mouniə] n
lunginflammation c

poach [poutʃ] v *tjuvskjuta

pocket ['pɔkit] n ficka c

pocketbook ['pɔkitbuk] n
plånbok c; anteckningsbok
c

pocketknife ['pɔkitnaif] n (pl
-knives) fickkniv c

poem ['pouim] n dikt c

poet ['pouit] n skald c

poetry ['pouitri] n poesi c

point [pɔint] n punkt c; spets
c; v peka; ~ of view
synpunkt c; ~ out visa,
utpeka

pointed ['pɔintid] adj spetsig

poison ['pɔizən] n gift nt; v
förgifta

poisonous ['pɔizənəs] adj
giftig

Poland ['poulənd] Polen

postcard

pole [poul] n påle c; pol c

police [pə'li:s] pl polis c

policeman [pə'li:smən] n (pl -men) poliskonstapel c, polis c

police station [pə'li:s,steiʃən] n polisstation c

policy ['pɔlisi] n politik c; försäkringsbrev nt

polio ['pouliou] n polio c, barnförlamning c

Polish ['pouliʃ] adj polsk

polish ['pɔliʃ] v polera

polite [pə'lait] adj artig

political [pə'litikəl] adj politisk

politician [,pɔli'tiʃən] n politiker c

politics ['pɔlitiks] n politik c

poll [poul] n röstning c; go to the polls gå till val

pollute [pə'lu:t] v förorena

pollution [pə'lu:ʃən] n förorening c

pond [pɔnd] n damm c

pony ['pouni] n ponny c

pool [pu:l] n bassäng c; ~ attendant badvakt c

poor [puə] adj fattig; usel

pope [poup] n påve c

pop music [pɔp 'mju:zik] popmusik c

poppy ['pɔpi] n vallmo c

popular ['pɔpjulə] adj populär; folk-

population [,pɔpju'leiʃən] n befolkning c

populous ['pɔpjuləs] adj folkrik

porcelain ['pɔ:səlin] n porslin nt

porcupine ['pɔ:kjupain] n piggsvin nt

pork [pɔ:k] n griskött nt

port [pɔ:t] n hamn c; babord

portable ['pɔ:təbəl] adj bärbar

porter ['pɔ:tə] n bärare c; dörrvaktmästare c

porthole ['pɔ:thoul] n hyttventil c

portion ['pɔ:ʃən] n portion c

portrait ['pɔ:trit] n porträtt nt

Portugal ['pɔ:tjugəl] Portugal

Portuguese [,pɔ:tju'gi:z] adj portugisisk; n portugis c

posh [pɔʃ] adj colloquial stilig

position [pə'ziʃən] n position c; läge nt; inställning c; ställning c

positive ['pɔzətiv] adj positiv

possess [pə'zes] v äga; possessed adj besatt

possession [pə'zeʃən] n ägo, innehav nt; possessions ägodelar pl

possibility [,pɔsə'biləti] n möjlighet c

possible ['pɔsəbəl] adj möjlig; eventuell

post [poust] n stolpe c; tjänst c; post c; v posta; post- -office postkontor nt

postage ['poustidʒ] n porto nt; ~ paid portofri; ~ stamp frimärke nt

postcard ['poustka:d] n

brevkort nt; vykort nt

poster ['pousta] n affisch c

poste restante [poust
re'stɑːt] poste restante

postman ['poustmən] n (pl
-men) brevbärare c

post-paid [,poust'peid] adj
franko

postpone [pə'spoun] v
*uppskjuta

pot [pɔt] n gryta c

potato [pə'teitou] n (pl ~es)
potatis c

pottery ['pɔtəri] n keramik c;
lergods nt

pouch [pautʃ] n pung c

poulterer ['poultərə] n
vilthandlare c

poultry ['poultri] n fjäderfä
nt

pound [paund] n pund nt

pour [pɔː] v hälla

poverty ['pɔvəti] n fattigdom
c

powder ['paudə] n puder nt;
~ compact puderdosa c; talc
~ talk c

powder room ['paudəru:m]
n damtoalett c

power [pauə] n styrka c, kraft
c; energi c; makt c

powerful ['pauəfəl] adj
mäktig; stark

powerless ['pauələs] adj
maktlös

power station
['pauə,steiʃən] n kraftverk
nt

practical ['præktikəl] adj
praktisk

practically ['præktikli] adv
nästan

practice ['præktis] n
utövande nt, praktik c

practise ['præktis] v
praktisera; öva sig

praise [preiz] v berömma; n
beröm nt

pram [præm] n barnvagn c

prawn [prɔːn] n räka c

pray [prei] v *bedja

prayer [prɛə] n bön c

preach [priːtʃ] v predika

precarious [pri'kɛəriəs] adj
vansklig

precaution [pri'kɔːʃən] n
försiktighet c;
försiktighetsåtgärd c

precede [pri'siːd] v *föregå

preceding [pri'siːdiŋ] adj
föregående

precious ['preʃəs] adj dyrbar

precipice ['presipis] n stup nt

precipitation [pri,sipi'teiʃən]
n nederbörd c

precise [pri'sais] adj precis,
noga; noggrann

predecessor ['priːdisesə] n
föregångare c

predict [pri'dikt] v förutspå

prefer [pri'fəː] v *föredra

preferable ['prefərəbəl] adj
att föredra

preference ['prefərəns] n
förkärlek c

prefix ['priːfiks] n förstavelse
c

pregnant ['pregnənt] adj
havande, gravid

prejudice ['predʒədis] n

fördom c

preliminary [pri'liminəri] adj
inledande; preliminär

premature ['premətʃuə] adj
förhastad, förtidig

premier ['premiə] n
premiärminister c

premises ['premisiz] pl
fastighet c

premium ['pri:miəm] n
försäkringspremie c;
belöning c

prepaid [,pri:'peid] adj
betald i förskott

preparation [,prepə'reiʃən] n
förberedelse c

prepare [pri'pɛə] v
förbereda; *göra i ordning

prepared [pri'pɛəd] adj
beredd

preposition [,prepə'ziʃən] n
preposition c

prescribe [pri'skraib] v
ordinera

prescription [pri'skripʃən] n
recept nt

presence ['prezəns] n
närvaro c

present¹ ['prezənt] n gåva c,
present c; nutid c; adj
nuvarande; närvarande

present² [pri'zent] v
presentera; *framlägga

presently ['prezəntli] adv
snart, strax

preservation [,prezə'veiʃən]
n bevarande nt,
konservering c

preserve [pri'zə:v] v bevara;
konservera

president ['prezidənt] n
president c; ordförande c

press [pres] n trängsel c,
press c; v trycka; pressa; ~
conference presskonferens
c

pressing ['presiŋ] adj
brådskande, trängande

pressure ['preʃə] n tryck nt;
påtryckning c; atmospheric
~ lufttryck nt

pressure cooker
['preʃə,kukə] n tryckkokare
c

prestige [pre'sti:ʒ] n prestige
c

presumable [pri'zju:məbəl]
adj trolig

presumptuous
[pri'zʌmpʃəs] adj
övermodig; anspråksfull

pretence [pri'tens] n
förevändning c

pretend [pri'tend] v låtsa,
simulera

pretext ['pri:tekst] n
svepskäl nt

pretty ['priti] adj söt, vacker;
adv ganska, tämligen

prevent [pri'vent] v
förhindra; förebygga

preventive [pri'ventiv] adj
förebyggande

preview ['privju:] n
förhandsvisning c

previous ['pri:viəs] adj
föregående, tidigare

price [prais] n pris nt; v
*prissätta

priceless ['praisləs] adj

ovärderlig
price list ['prais,list] *n*
prislista *c*
prick [prik] *v* *sticka
pride [praid] *n* stolthet *c*
priest [pri:st] *n* katolsk präst
primary ['praiməri] *adj*
primär; huvudsaklig;
elementär
prince [prins] *n* prins *c*
princess [prin'ses] *n*
prinsessa *c*
principal ['prinsəpəl] *adj*
huvud-; *n* rektor *c*
principle ['prinsəpəl] *n*
princip *c*, grundsats *c*
print [print] *v* trycka; *n*
avtryck *nt*; tryck *nt*; printed
matter trycksak *c*
prior [praiə] *adj* föregående
priority [prai'ɔrəti] *n*
företräde *nt*, prioritet *c*
prison ['prizən] *n* fängelse *nt*
prisoner ['prizənə] *n* intern *c*,
fånge *c*; ~ of war krigsfånge
c
privacy ['praivəsi] *n*
avskildhet *c*, privatliv *nt*
private ['praivit] *adj* privat;
personlig
privilege ['privilidʒ] *n*
privilegium *nt*
prize [praiz] *n* pris *nt*;
belöning *c*
probable ['prɔbəbəl] *adj*
sannolik, trolig
probably ['prɔbəbli] *adv*
sannolikt
problem ['prɔbləm] *n*
problem *nt*; spörsmål *nt*

pro-choice ['prou‚'tʃois] *adj*
pro-choice
procedure [prə'si:dʒə] *n*
procedur *c*
proceed [prə'si:d] *v*
*fortsätta; *gå tillväga
process ['prouses] *n* process
c, förlopp *nt*
procession [prə'seʃən] *n*
procession *c*
proclaim [prə'kleim] *v*
*kungöra, utropa
produce[1] [prə'dju:s] *v*
framställa
produce[2] ['prɔdju:s] *n*
produkt *c*
producer [prə'dju:sə] *n*
producent *c*
product ['prɔdʌkt] *n* produkt
c
production [prə'dʌkʃən] *n*
produktion *c*
profession [prə'feʃən] *n*
yrke *nt*
professional [prə'feʃənəl]
adj yrkes-, yrkesskicklig
professor [prə'fesə] *n*
professor *c*
profit ['prɔfit] *n* vinst *c*,
behållning *c*; nytta *c*; *v* *ha
nytta; *dra fördel
profitable ['prɔfitəbəl] *adj*
vinstbringande
profound [prə'faund] *adj*
djup, djupsinnig
programme ['prougræm] *n*
program *nt*
progress[1] ['prougres] *n*
framsteg *nt*
progress[2] [prə'gres] *v* *göra

proud

framsteg
progressive [prə'gresiv] *adj*
framstegsvänlig, progressiv;
tilltagande
prohibit [prə'hibit] *v*
*förbjuda
prohibition [,proui'biʃən] *n*
förbud *nt*
prohibitive [prə'hibitiv] *adj*
oöverkomlig
project ['prɔdʒekt] *n* projekt
nt, plan *c*
pro-life ['prou_'laif] *adj* pro-
-life
promenade [,prɔmə'nɑːd] *n*
promenad *c*
promise ['prɔmis] *n* löfte *nt*;
v lova
promote [prə'mout] *v*
befordra, främja
promotion [prə'mouʃən] *n*
befordran *c*
prompt [prɔmpt] *adj*
omgående
pronoun ['prounaun] *n*
pronomen *nt*
pronounce [prə'nauns] *v*
uttala
pronunciation
[,prənʌnsi'eiʃən] *n* uttal *nt*
proof [pruːf] *n* bevis *nt*;
provtryck *nt*
propaganda [,prɔpə'gændə]
n propaganda *c*
propel [prə'pel] *v* *driva
framåt
propeller [prə'pelə] *n*
propeller *c*
proper ['prɔpə] *adj* passande;
riktig, lämplig, anständig,

tillbörlig
property ['prɔpəti] *n*
egendom *c*, ägodelar *pl*;
egenskap *c*
prophet ['prɔfit] *n* profet *c*
proportion [prə'pɔːʃən] *n*
proportion *c*
proportional [prə'pɔːʃənəl]
adj proportionell
proposal [prə'pouzəl] *n*
förslag *nt*
propose [prə'pouz] *v*
*föreslå
proposition [,prɔpə'ziʃən] *n*
förslag *nt*
proprietor [prə'praiətə] *n*
ägare *c*
prospect ['prɔspekt] *n* utsikt
c
prospectus [prə'spektəs] *n*
prospekt *nt*
prosperity [prɔ'sperəti] *n*
framgång *c*, välstånd *nt*;
välgång *c*
prosperous ['prɔspərəs] *adj*
blomstrande, framgångsrik
prostitute ['prɔstitjuːt] *n*
prostituerad *c*
protect [prə'tekt] *v* skydda
protection [prə'tekʃən] *n*
skydd *nt*
protein ['proutiːn] *n* protein
nt
protest[1] ['proutest] *n* protest
c
protest[2] [prə'test] *v*
protestera
Protestant ['prɔtistənt] *adj*
protestantisk
proud [praud] *adj* stolt;

högmodig
prove [pruːv] v bevisa; visa sig vara
proverb ['prɔvəːb] n ordspråk nt
provide [prə'vaid] v *förse, skaffa; **provided that** förutsatt att
province ['prɔvins] n län nt; landskap nt
provincial [prə'vinʃəl] adj provinsiell
provisional [prə'viʒənəl] adj provisorisk
provisions [prə'viʒənz] pl proviant c
prune [pruːn] n katrinplommon nt
psychiatrist [sai'kaiətrist] n psykiater c
psychic ['saikik] adj psykisk
psychoanalyst [,saikou'ænəlist] n psykoanalytiker c
psychological [,saikɔ'lɔdʒikəl] adj psykologisk
psychologist [sai'kɔlədʒist] n psykolog c
psychology [sai'kɔlədʒi] n psykologi c
public ['pʌblik] adj offentlig; allmän; n publik c; ~ **garden** offentlig park; ~ **house** pub c
publication [,pʌbli'keiʃən] n offentliggörande nt; publikation c
publicity [pʌ'blisəti] n publicitet c

publish ['pʌbliʃ] v *offentliggöra, *ge ut, publicera
publisher ['pʌbliʃə] n förläggare c
puddle ['pʌdəl] n pöl c
pull [pul] v *dra; ~ **out** *ta fram, *dra upp, *avgå; ~ **up** stanna
pulley ['puli] n (pl ~s) block nt
Pullman ['pulmən] n sovvagn c
pullover ['pu,louvə] n pullover c
pulpit ['pulpit] n predikstol c, talarstol c
pulse [pʌls] n puls c
pump [pʌmp] n pump c; v pumpa
pun [pʌn] n ordlek c
punch [pʌntʃ] v *slå; n knytnävsslag nt
punctual ['pʌŋktʃuəl] adj punktlig
puncture ['pʌŋktʃə] n punktering c
punctured ['pʌŋktʃəd] adj punkterad
punish ['pʌniʃ] v straffa
punishment ['pʌniʃmənt] n straff nt
pupil ['pjuːpəl] n elev c
puppet-show ['pʌpitʃou] n dockteater c
purchase ['pəːtʃəs] v köpa; n köp nt, uppköp nt; ~ **price** köpesumma c
purchaser ['pəːtʃəsə] n köpare c

pure [pjuə] *adj* ren
purple ['pə:pəl] *adj* purpur
purpose ['pə:pəs] *n* ändamål
nt, avsikt c, syfte nt; on ~
med vilja
purse [pə:s] *n* portmonnä c,
kassa c
pursue [pə'sju:] *v* förfölja;
eftersträva
pus [pʌs] *n* var nt
push [puʃ] *n* knuff c; *v*
*skjuta; knuffa, *driva på
push button ['puʃ,bʌtən] *n*

knapp c, strömbrytare c
*put [put] *v* *lägga, ställa,
placera; stoppa; ~ away
ställa på plats; ~ off
*uppskjuta; ~ on klä på sig;
~ out släcka
puzzle ['pʌzəl] *n* pussel nt;
huvudbry nt; *v* förbrylla;
jigsaw ~ pussel nt
puzzling ['pʌzliŋ] *adj*
förbryllande
pyjamas [pə'dʒa:məz] *pl*
pyjamas c

Q

quack [kwæk] *n* charlatan c,
kvacksalvare c
quail [kweil] *n* (pl ~, ~s)
vaktel c
quaint [kweint] *adj*
egendomlig; gammaldags
qualification
[,kwɔlifi'keiʃən] *n*
kvalifikation c;
inskränkning c, förbehåll nt
qualified ['kwɔlifaid] *adj*
kvalificerad; kompetent
qualify ['kwɔlifai] *v*
kvalificera sig
quality ['kwɔləti] *n* kvalitet c;
egenskap c
quantity ['kwɔntəti] *n*
kvantitet c; antal nt
quarantine ['kwɔrəntiːn] *n*
karantän c
quarrel ['kwɔrəl] *v* kivas,
gräla, *n* gräl nt, kiv nt
quarry ['kwɔri] *n* stenbrott nt

quarter ['kwɔːtə] *n* kvart c;
kvartal nt; kvarter nt; ~ of
an hour kvart c
quarterly ['kwɔːtəli] *adj*
kvartals-
quay [kiː] *n* kaj c
queen [kwiːn] *n* drottning c
queer [kwiə] *adj* underlig,
konstig; besynnerlig
query ['kwiəri] *n* förfrågan c;
v betvivla
question ['kwestʃən] *n* fråga
c; problem nt, spörsmål nt; *v*
fråga ut; ifrågasätta; ~ mark
frågetecken nt
queue [kjuː] *n* kö c; *v* köa
quick [kwik] *adj* kvick
quick-tempered
[,kwik'tempəd] *adj* lättretlig
quiet ['kwaiət] *adj* stillsam,
stilla, lugn; *n* ro c, stillhet c
quilt [kwilt] *n* täcke nt
quit [kwit] *v* upphöra, *ge

upp
quite [kwait] *adv* fullkomligt,
helt; någorlunda, ganska,
alldeles
quiz [kwiz] *n* (pl ~zes)
frågesport *c*

quota ['kwoutə] *n* kvot *c*
quotation [kwou'teiʃən] *n*
citat *nt*; ~ marks
citationstecken *pl*
quote [kwout] *v* citera

R

rabbit ['ræbit] *n* kanin *c*
rabies ['reibiz] *n* rabies *c*
race [reis] *n* kapplöpning *c*,
lopp *nt*; ras *c*
racecourse ['reiskɔ:s] *n*
hästkapplöpningsbana *c*
racehorse ['reishɔ:s] *n*
kapplöpningshäst *c*
racetrack ['reistræk] *n*
tävlingsbana *c*
racial ['reiʃəl] *adj* ras-
racket ['rækit] *n* oväsen *nt*; *n*
(*tennis*) racket *c*
radiator ['reidieitə] *n*
värmeelement *nt*
radical ['rædikəl] *adj* radikal
radio ['reidiou] *n* radio *c*
radish ['rædiʃ] *n* rädisa *c*
radius ['reidiəs] *n* (pl radii)
radie *c*
raft [rɑ:ft] *n* flotte *c*
rag [ræg] *n* trasa *c*
rage [reidʒ] *n* ursinne *nt*,
raseri *nt*; *v* rasa, *vara
rasande
raid [reid] *n* räd *c*
rail [reil] *n* ledstång *c*, räcke *c*
railing ['reiliŋ] *n* räcke *nt*
railroad ['reilroud] *nAm*
järnväg *c*

railway ['reilwei] *n* järnväg *c*
rain [rein] *n* regn *nt*; *v* regna
rainbow ['reinbou] *n*
regnbåge *c*
raincoat ['reinkout] *n*
regnrock *c*
rainy ['reini] *adj* regnig
raise [reiz] *v* höja; öka;
uppfostra, uppföda, odla;
*pålägga; *nAm*
löneförhöjning *c*
raisin ['reizən] *n* russin *nt*
rake [reik] *n* kratta *c*
rally ['ræli] *n* massmöte *nt*
ramp [ræmp] *n* ramp *c*
ramshackle ['ræm,ʃækəl]
adj fallfärdig
rancid ['rænsid] *adj* härsken
rang [ræŋ] *v* (p ring)
range [reindʒ] *n* räckvidd *c*
range finder ['reindʒ,faində]
n avståndsmätare *c*
rank [ræŋk] *n* rang *c*; rad *c*
ransom ['rænsəm] *n* lösen *c*
rap [ræp] *n* rapp *c*
rape [reip] *v* *våldta
rapid ['ræpid] *adj* snabb,
hastig
rapids ['ræpidz] *pl* fors *c*
rare [rɛə] *adj* sällsynt

rarely ['rɛəli] adv sällan

rascal ['rɑːskəl] n lymmel c, skälm c

rash [ræʃ] n hudutslag nt; adj obetänksam, förhastad

raspberry ['rɑːzbəri] n hallon nt

rat [ræt] n råtta c

rate [reit] n taxa c, pris nt; fart c; at any ~ i varje fall; ~ of exchange valutakurs c

rather ['rɑːðə] adv ganska, någorlunda, rätt; hellre; snarare

ration ['ræʃən] n ranson c

rattan [ræ'tæn] n rotting c

raven ['reivən] n korp c

raw [rɔː] adj rå; ~ material råmaterial nt

ray [rei] n stråle c

rayon ['reiɔn] n konstsiden c

razor ['reizə] n rakkniv c

razor blade ['reizəbleid] n rakblad nt

reach [riːtʃ] v nå; n räckhåll nt

react [ri'ækt] v reagera

reaction [ri'ækʃən] n reaktion c

*read [riːd] v läsa

reading ['riːdiŋ] n läsning c

reading lamp ['riːdiŋlæmp] n läslampa c

reading room ['riːdiŋruːm] n läsesal c

ready ['redi] adj klar, färdig

ready-made [,redi'meid] adj konfektionssydd

real [riəl] adj verklig

reality [ri'æləti] n verklighet c

realizable ['riəlaizəbəl] adj utförbar

realize ['riəlaiz] v *inse; realisera, förverkliga

really ['riəli] adv verkligen, faktiskt; egentligen

rear [riə] n baksida c; v uppfostra, uppföda

rear light [riə'lait] n baklykta c

reason ['riːzən] n orsak c, skäl nt; förnuft nt, förstånd nt; v resonera

reasonable ['riːzənəbəl] adj förnuftig; rimlig

reassure [,riːə'ʃuə] v lugna

rebate ['riːbeit] n rabatt c

rebellion [ri'beljən] n uppror nt

recall [ri'kɔːl] v erinra sig; återkalla; upphäva

receipt [ri'siːt] n kvitto nt, mottagningsbevis nt; mottagande nt

receive [ri'siːv] v *motta

receiver [ri'siːvə] n telefonlur c; hälare c

recent ['riːsənt] adj ny, färsk

recently ['riːsəntli] adv häromdagen, nyligen

reception [ri'sepʃən] n mottagande nt; mottagning c; ~ office reception c

receptionist [ri'sepʃənist] n receptionist c

recession [ri'seʃən] n tillbakagång c

recipe ['resipi] n recept nt

recital [ri'saitəl] n solistframträdande nt

reckon ['rekən] v räkna; *anse; förmoda

recognition [,rekəg'niʃən] n erkännande nt

recognize ['rekəgnaiz] v känna igen; erkänna

recollect [,rekə'lekt] v minnas

recommence [,ri:kə'mens] v börja om

recommend [,rekə'mend] v rekommendera, förorda; tillråda

recommendation [,rekəmen'deiʃən] n rekommendation c

reconciliation [,rekənsili'eiʃən] n försoning c

reconstructive surgery [,ri:kən'strʌktiv,'sə:dʒəri] n rekonstruktiv kirurgi c

record¹ ['rekɔ:d] n grammofonskiva c; rekord nt; protokoll nt; long--playing ~ LP-skiva c

record² [ri'kɔ:d] v anteckna, inregistrera; inspela

recorder [ri'kɔ:də] n bandspelare c

recording [ri'kɔ:diŋ] n inspelning c

record player ['rekɔ:d,pleiə] n skivspelare c, grammofon c

recover [ri'kʌvə] v *återfå; tillfriskna

recovery [ri'kʌvəri] n tillfrisknande c

recreation [,rekri'eiʃən] n

förströelse c, avkoppling c; ~ centre fritidscenter nt; ~ ground bollplan c

recruit [ri'kru:t] n rekryt c

rectangle ['rektæŋgəl] n rektangel c

rectangular [rek'tæŋgjulə] adj rektangulär

rectum ['rektəm] n ändtarm c

recyclable [,ri:'saikləbl] adj återvinningsbar

recycle [,ri:'saikl] v återvinna

red [red] adj röd

redeem [ri'di:m] v frälsa, återköpa

reduce [ri'dju:s] v reducera, minska, förvandla, *skära ned

reduction [ri'dʌkʃən] n prisnedsättning c, reduktion c

redundant [ri'dʌndənt] adj överflödig

reed [ri:d] n vass c

reef [ri:f] n rev nt

referee [,refə'ri:] n skiljedomare c

reference ['refrəns] n hänvisning c, referens c; sammanhang nt; with ~ to beträffande

refer to [ri'fə:] hänvisa till

refill ['ri:fil] n påfyllningsförpackning c

refinery [ri'fainəri] n raffinaderi nt

reflect [ri'flekt] v reflektera

reflection [ri'flekʃən] n

reflex c; spegelbild c
reflector [ri'flektə] n
reflektor c
reformation [,refə'meiʃən] n
Reformationen
refresh [ri'freʃ] v fräscha
upp, svalka
refreshment [ri'freʃmənt] n
förfriskning c
refrigerator [ri'fridʒəreitə] n
kylskåp nt
refugee¹ [,refju'dʒi:] n
flykting c
refund¹ [ri'fʌnd] v återbetala
refund² ['ri:fʌnd] n
återbetalning c
refusal [ri'fju:zəl] n vägran c
refuse¹ [ri'fju:z] v vägra
refuse² ['refju:s] n avfall nt
regard [ri'gɑ:d] v *anse;
betrakta; n hänsyn c; **as
regards** med hänsyn till,
angående
regarding [ri'gɑ:diŋ] prep
angående, beträffande;
rörande
regatta [ri'gætə] n
kappsegling c
régime [rei'ʒi:m] n regim c
region [ri:dʒən] n region c;
område nt
regional ['ri:dʒənəl] adj
regional
register ['redʒistə] v
*inskriva sig;
rekommendera; **registered
letter** rekommenderat brev
registration [,redʒi'streiʃən]
n registrering c; ~ **form**
inskrivningsblankett c; ~

number
registreringsnummer nt; ~
plate nummerplåt c
regret [ri'gret] v beklaga;
ångra; n beklagande nt
regular ['regjulə] adj
regelbunden, regelmässig;
normal, reguljär
regulate ['regjuleit] v reglera
regulation [,regju'leiʃən] n
regel c, reglemente nt;
reglering c
rehabilitation
[,ri:hə,bili'teiʃən] n
rehabilitering c
rehearsal [ri'hə:səl] n
repetition c
rehearse [ri'hə:s] v repetera
reign [rein] n regeringstid c; v
regera
reimburse [,ri:im'bə:s] v
återbetala
reindeer ['reindiə] n (pl ~)
ren c
reject [ri'dʒekt] v *avslå,
avvisa; förkasta
relate [ri'leit] v berätta
related [ri'leitid] adj
besläktad
relation [ri'leiʃən] n
förhållande nt, relation c;
släkting c
relative ['relətiv] n släkting c;
adj relativ
relax [ri'læks] v koppla av,
slappna av
relaxation [,rilæk'seiʃən] n
avkoppling c
reliable [ri'laiəbəl] adj
pålitlig

relic ['relik] *n* relik *c*

relief [ri'li:f] *n* lättnad *c*; hjälp *c*; relief *c*

relieve [ri'li:v] *v* lätta, lindra; avlösa

religion [ri'lidʒən] *n* religion *c*

religious [ri'lidʒəs] *adj* religiös

rely on [ri'lai] lita på

remain [ri'mein] *v* *förbli; *återstå

remainder [ri'meində] *n* rest *c*, återstod *c*

remaining [ri'meiniŋ] *adj* övrig, resterande

remark [ri'mɑ:k] *n* anmärkning *c*; *v* påpeka, anmärka

remarkable [ri'mɑ:kəbəl] *adj* anmärkningsvärd

remedy ['remədi] *n* läkemedel *nt*; botemedel *nt*

remember [ri'membə] *v* *komma ihåg; minnas

remembrance [ri'membrəns] *n* hågkomst *c*, minne *nt*

remind [ri'maind] *v* påminna

remit [ri'mit] *v* översända

remittance [ri'mitəns] *n* penningförsändelse *c*

remnant ['remnənt] *n* rest *c*, kvarleva *c*

remote [ri'mout] *adj* avsides, avlägsen

remote control [ri'mout_kən'troul] *n* fjärrkontroll *c*

removal [ri'mu:vəl] *n*

undanröjning *c*

remove [ri'mu:v] *v* avlägsna

remunerate [ri'mju:nəreit] *v* belöna; *ersätta

remuneration [ri,mju:nə'reiʃən] *n* belöning *c*

renew [ri'nju:] *v* förnya; förlänga

renewable [ri'nju:əbəl] *adj* förnybar

rent [rent] *v* hyra; *n* hyra *c*

repair [ri'pɛə] *v* reparera; *n* reparation *c*

reparation [,repə'reiʃən] *n* reparation *c*

***repay** [ri'pei] *v* återbetala

repayment [ri'peimənt] *n* återbetalning *c*

repeat [ri'pi:t] *v* upprepa

repellent [ri'pelənt] *adj* frånstötande, motbjudande

repentance [ri'pentəns] *n* ånger *c*

repertory ['repətəri] *n* repertoar *c*

repetition [,repə'tiʃən] *n* upprepning *c*

replace [ri'pleis] *v* *ersätta

reply [ri'plai] *v* svara; *n* svar *nt*; in ~ som svar

report [ri'pɔ:t] *v* rapportera; meddela; anmäla sig; *n* redogörelse *c*, rapport *c*

reporter [ri'pɔ:tə] *n* reporter *c*

represent [,repri'zent] *v* representera; föreställa

representation [,reprizen'teiʃən] *n*

representation c;
framställning c

representative
[,repri'zentətiv] adj
representativ

reprimand ['reprimɑːnd] v
tillrättavisa

reproach [ri'proutʃ] n
förebråelse c; v förebrå

reproduce [,riːprə'djuːs] v
*återge

reproduction
[,riːprə'dʌkʃən] n
återgivning c, reproduktion
c; fortplantning c

reptile ['reptail] n kräldjur nt

republic [ri'pʌblik] n
republik c

republican [ri'pʌblikən] adj
republikansk

repulsive [ri'pʌlsiv] adj
frånstötande

reputation [,repju'teiʃən] n
renommé nt; anseende nt

request [ri'kwest] n begäran
c; förfrågan c; v begära

require [ri'kwaiə] v kräva

requirement [ri'kwaiəmənt]
n krav nt

requisite ['rekwizit] adj
erforderlig

rescue ['reskjuː] v rädda; n
räddning c

research [ri'səːtʃ] n
forskning c

resemblance [ri'zembləns] n
likhet c

resemble [ri'zembəl] v likna

resent [ri'zent] v *ta illa upp

reservation [,rezə'veiʃən] n

reservation c

reserve [ri'zəːv] v reservera;
beställa; n reserv c

reserved [ri'zəːvd] adj
reserverad

reservoir ['rezəvwɑː] n
reservoar c

reside [ri'zaid] v bo

residence ['rezidəns] n
bostad c; ~ permit
uppehållstillstånd nt

resident ['rezidənt] n
invånare c; adj bofast;
inneboende

resign [ri'zain] v *avgå

resignation [,rezig'neiʃən] n
avsked nt, avskedsansökan c

resist [ri'zist] v *göra
motstånd mot

resistance [ri'zistəns] n
motstånd nt

resolute ['rezəluːt] adj
resolut, beslutsam

respect [ri'spekt] n respekt c;
aktning c, vördnad c; v
respektera

respectable [ri'spektəbəl]
adj respektabel,
aktningsvärd

respectful [ri'spektfəl] adj
respektfull

respective [ri'spektiv] adj
respektive

respiration [,respə'reiʃən] n
andning c

respite ['respait] n uppskov
nt

responsibility
[ri,spɔnsə'biləti] n ansvar nt

responsible [ri'spɔnsəbəl]

adj ansvarig
rest [rest] *n* vila *c*; rest *c*; *v* vila
rest room ['restru:m] *nAm* toalett *c*
rest home ['resthoum] *n* vilohem *nt*
restaurant ['restərɔ̃:] *n* restaurang *c*
restful ['restfəl] *adj* lugn
restless ['restləs] *adj* rastlös
restrain [ri'strein] *v* *hålla tillbaka, tygla
restriction [ri'strikʃən] *n* inskränkning *c*, begränsning *c*
result [ri'zʌlt] *n* resultat *nt*; följd *c*; utgång *c*; *v* resultera
resume [ri'zju:m] *v* *återuppta
résumé ['rezjumei] *n* sammanfattning *c*
retail ['ri:teil] *v* *sälja i detalj
retailer ['ri:teilə] *n* detaljist *c*
retina ['retinə] *n* näthinna *c*
retire [ri'taiə] *v* dra sig tillbaka
retired [ri'taiəd] *adj* pensionerad
retirement [ri'taiəmənt] *n* pensionering *c*
return [ri'tə:n] *v* återvända, *komma tillbaka; *n* återkomst *c*; ~ flight returflyg *nt*; ~ journey återresa *c*
reunite [,ri:ju:'nait] *v* återförena
reveal [ri'vi:l] *v* uppenbara, avslöja

revelation [,revə'leiʃən] *n* avslöjande *nt*; uppenbarelse *c*
revenge [ri'vendʒ] *n* hämnd *c*
revenue ['revənju:] *n* inkomst *c*
reverse [ri'və:s] *n* motsats *c*; avigsida *c*; backväxel *c*; motgång *c*; *adj* omvänd; *v* backa
review [ri'vju:] *n* recension *c*; tidskrift *c*
revise [ri'vaiz] *v* revidera
revision [ri'viʒən] *n* revision *c*
revival [ri'vaivəl] *n* återupplivande *nt*; förnyelse *c*
revolt [ri'voult] *v* *göra uppror; *n* revolt *c*
revolting [ri'voultiŋ] *adj* motbjudande, upprörande, äcklig
revolution [,revə'lu:ʃən] *n* revolution *c*; varv *nt*
revolutionary [,revə'lu:ʃənəri] *adj* revolutionär
revolver [ri'vɔlvə] *n* revolver *c*
revue [ri'vju:] *n* revy *c*
reward [ri'wɔ:d] *n* belöning *c*; *v* belöna
rheumatism ['ru:mətizəm] *n* reumatism *c*
rhinoceros [rai'nɔsərəs] *n* (pl ~, ~es) noshörning *c*
rhubarb ['ru:bɑ:b] *n* rabarber *c*
rhyme [raim] *n* rim *nt*

rhythm ['riðəm] n rytm c

rib [rib] n revben nt

ribbon ['ribən] n band nt

rice [rais] n ris nt

rich [ritʃ] adj rik

riches ['ritʃiz] pl rikedom c

rid [rid] v befria;

get ~ of göra sig av med

riddle ['ridəl] n gåta c

ride [raid] n körning c

*ride [raid] v åka; *rida

rider ['raidə] n ryttare c

ridge [ridʒ] n rygg c, upphöjning c, kam c

ridicule ['ridikjuːl] v förlöjliga

ridiculous [ri'dikjuləs] adj löjlig

riding ['raidiŋ] n ridning c

riding school ['raidiŋskuːl] n ridskola c

rifle ['raifəl] v gevär nt

right [rait] n rättighet c; adj riktig, rätt; höger; rättvis; all right! bra!; *be ~ *ha rätt; ~ of way förkörsrätt c

righteous ['raitʃəs] adj rättfärdig

right-hand ['raithænd] adj höger

rightly ['raitli] adv med rätta

rim [rim] n fälg c; kant c

ring [riŋ] n ring c; cirkusarena c

*ring [riŋ] v ringa; ~ up ringa upp

rinse [rins] v skölja; n sköljning c

riot ['raiət] n upplopp nt

rip [rip] v *riva sönder

ripe [raip] adj mogen

rise [raiz] n löneförhöjning c; upphöjning c; stigning c; uppsving nt

*rise [raiz] v *stiga upp; *gå upp; *stiga

rising ['raiziŋ] n uppror nt

risk [risk] n risk c; fara c; v riskera

risky ['riski] adj vågad, riskfylld

rival ['raivəl] n rival c; konkurrent c; v rivalisera, konkurrera

rivalry ['raivəlri] n rivalitet c; konkurrens c

river ['rivə] n å c, flod c; ~ bank flodstrand c

riverside ['rivəsaid] n flodstrand c

roach [routʃ] n (pl ~) mört c

road [roud] n gata c, väg c; ~ fork vägskäl nt; ~ map vägkarta c; ~ system vägnät nt; ~ up vägarbete nt

roadhouse ['roudhaus] n värdshus nt

roadrage ['roud,reidʒ] n aggressivt beteende hos bilförare c

roadside ['roudsaid] n vägkant c; ~ restaurant värdshus nt

roadway ['roudwei] nAm körbana c

roam [roum] v ströva

roar [rɔː] v *tjuta, *ryta; n vrål nt, dån nt

roast [roust] v grilla, halstra

rob [rɔb] v råna

robber ['rɔbə] n rånare c

robbery ['rɔbəri] n rån nt, stöld c

robe [roub] n klänning c; ämbetsdräkt c

robin ['rɔbin] n rödhake c

robust [rou'bʌst] adj robust

rock [rɔk] n klippa c; v gunga

rocket ['rɔkit] n raket c

rocky ['rɔki] adj klippig

rod [rɔd] n stång c

roe [rou] n rom c

roll [roul] v rulla; n rulle c; kuvertbröd nt

Rollerblade ['roulə,bleid] n Rollerblade® c

roller-skating ['roulə,skeitiŋ] n rullskridskoåkning c

Roman Catholic ['roumən 'kæθəlik] romersk katolsk

romance [rə'mæns] n romans c

romantic [rə'mæntik] adj romantisk

roof [ru:f] n tak nt; thatched ~ halmtak nt

room [ru:m] n rum nt; utrymme nt, plats c; ~ and board mat och logi; ~ service rumsbetjäning c; ~ temperature rumstemperatur c

roomy ['ru:mi] adj rymlig

root [ru:t] n rot c

rope [roup] n rep nt

rosary ['rouzəri] n radband nt

rose [rouz] n ros c; adj rosa

rotten ['rɔtən] adj rutten

rouge [ru:ʒ] n rouge c

rough [rʌf] adj ojämn, hård

roulette [ru:'let] n rulett c

round [raund] adj rund; prep runt om, omkring; n rond c; ~ trip Am tur och retur

roundabout ['raundəbaut] n rondell c

rounded ['raundid] adj rundad

route [ru:t] n rutt c

routine [ru:'ti:n] n rutin c

row¹ [rou] n rad c; v ro

row² [rau] n bråk nt

rowdy ['raudi] adj busig

rowing boat ['rouiŋbout] n roddbåt c

royal ['rɔiəl] adj kunglig

rub [rʌb] v *gnida

rubber ['rʌbə] n gummi nt; suddgummi nt; ~ band gummiband nt

rubbish ['rʌbiʃ] n skräp nt; trams nt, strunt nt; talk ~ prata strunt

rubbish bin ['rʌbiʃbin] n sophink c

ruby ['ru:bi] n rubin c

rucksack ['rʌksæk] n ryggsäck c

rudder ['rʌdə] n roder nt

rude [ru:d] adj ohövlig

rug [rʌg] n liten matta; pläd c

ruin [ru:in] v *ödelägga, ruinera; n undergång c; ruins ruin c

rule [ru:l] n regel c; makt c, regering c, styrelsesätt nt; v regera, styra; as a ~ vanligen, som regel

ruler ['ru:lə] n härskare c,
regent c; linjal c
Rumania [ru:'meiniə]
Rumänien
Rumanian [ru:'meiniən] adj
rumänsk; n rumän c
rumour ['ru:mə] n rykte nt
*run [rʌn] v *springa; ~ into
råka träffa
runaway ['rʌnəwei] n
rymling c
rung [rʌŋ] v (pp ring)
runner ['rʌnə] n löpare c

runway ['rʌnwei] n start-,
landningsbana
rural ['ruərəl] adj lantlig
ruse [ru:z] n list c
rush [rʌʃ] v rusa; n säv c
rush hour ['rʌʃauə] n
rusningstid c
Russia ['rʌʃə] Ryssland
Russian ['rʌʃən] adj rysk; n
ryss c
rust [rʌst] n rost c
rustic ['rʌstik] adj rustik
rusty ['rʌsti] adj rostig

S

sack [sæk] n säck c
sacred ['seikrid] adj helig
sacrifice ['sækrifais] n offer
nt; v offra
sacrilege ['sækrilidʒ] n
helgerån nt
sad [sæd] adj sorgsen;
vemodig, bedrövad
saddle ['sædəl] n sadel c
sadness ['sædnəs] n
sorgsenhet c
safe [seif] adj säker; n
kassaskåp nt
safety ['seifti] n säkerhet c
safety belt ['seiftibelt] n
säkerhetsbälte nt
safety pin ['seiftipin] n
säkerhetsnål c
safety razor ['seifti,reizə] n
rakhyvel c
sail [seil] v segla; n segel nt
sailing boat ['seiliŋbout] n
segelbåt c

sailor ['seilə] n sjöman c
saint [seint] n helgon nt
salad ['sæləd] n sallad c
salad-oil ['sælədɔil] n
salladsolja c
salary ['sæləri] n avlöning c,
lön c
sale [seil] n försäljning c;
clearance ~ realisation c;
for ~ till salu; sales
realisation c
saleable ['seiləbəl] adj
säljbar
salesgirl ['seilzgə:l] n
försäljerska c
salesman ['seilzmən] n (pl
-men) försäljare c; expidit c
salmon ['sæmən] n (pl ~) lax
c
salon ['sælɔ:] n salong c
saloon [sə'lu:n] n bar c
salt [sɔ:lt] n salt nt
salt cellar ['sɔ:lt,selə] n, salt

shaker *nAm* saltkar *nt*

salty ['sɔːlti] *adj* salt

salute [sə'luːt] *v* hälsa

same [seim] *adj* samma

sample ['sɑːmpəl] *n*
varuprov *nt*

sanatorium [,sænə'tɔːriəm]
n (pl ~s, -ria) sanatorium *nt*

sand [sænd] *n* sand *c*

sandal ['sændəl] *n* sandal *c*

sandpaper ['sænd,peipə] *n*
sandpapper *nt*

sandwich ['sænwidʒ] *n*
smörgås *c*

sandy ['sændi] *adj* sandig

sanitary ['sænitəri] *adj*
sanitär; ~ towel dambinda *c*

sapphire ['sæfaiə] *n* safir *c*

sardine [sɑː'diːn] *n* sardin *c*

satchel ['sætʃəl] *n* skolväska
c

satellite ['sætəlait] *n* satellit *c*

satellite dish ['sætəlait ˌdiʃ]
n parabol *c*

satellite radio
['sætəlait ˌreidiou] *n*
satellitradio *c*

satin ['sætin] *n* satäng *c*

satisfaction [,sætis'fækʃən]
n tillfredsställelse *c*,
belåtenhet *c*

satisfactory [,sætis'fæktəri]
adj tillfredsställande

satisfy ['sætisfai] *v*
tillfredsställa; satisfied
tillfredsställd, belåten

Saturday ['sætədi] lördag *c*

sauce [sɔːs] *n* sås *c*

saucepan ['sɔːspən] *n*
kastrull *c*

saucer ['sɔːsə] *n* tefat *nt*

Saudi Arabia [,saudiə'reibiə]
Saudiarabien

Saudi Arabian
[,saudiə'reibiən] *adj*
saudiarabisk

sauna ['sɔːnə] *n* bastu *c*

sausage ['sɔsidʒ] *n* korv *c*

savage ['sævidʒ] *adj* vild

save [seiv] *v* rädda; spara

savings ['seivinz] *pl*
besparingar *pl*; ~ bank
sparbank *c*

saviour ['seivjə] *n* frälsare *c*

savoury ['seivəri] *adj*
välsmakande

saw[1] [sɔː] *v* (p see)

saw[2] [sɔː] *n* såg *c*

sawdust ['sɔːdʌst] *n* sågspån
nt

sawmill ['sɔːmil] *n* sågverk *nt*

*say [sei] *v* *säga

scaffolding ['skæfəldiŋ] *n*
byggnadsställning *c*

scale [skeil] *n* skala *c*;
tonskala *c*; fiskfjäll *nt*;
vågskål *c*; scales *pl* våg *c*

scan [skæn] *v* skanna

scandal ['skændəl] *n* skandal
c

Scandinavia
[,skændi'neiviə]
Skandinavien

Scandinavian
[,skændi'neiviən] *adj*
skandinavisk; *n* skandinav *c*

scanner ['skænə] *n* skanner *c*

scapegoat ['skeipgout] *n*
syndabock *c*

scar [ska:] n ärr nt

scarce [skeəs] adj knapp

scarcely ['skeəsli] adv knappast

scarcity ['skeəsəti] n knapphet c

scare [skeə] v skrämma; n skräck c

scarf [ska:f] n (pl ~s, scarves) halsduk c

scarlet ['ska:lət] adj scharlakansröd

scary ['skeəri] adj oroväckande, skrämmande

scatter ['skætə] v strö, *sprida, skingra

scene [si:n] n scen c

scenery ['si:nəri] n landskap nt

scenic ['si:nik] adj naturskön

scent [sent] n doft c

schedule ['fedju:l] n tidtabell c, tidsschema nt

scheme [ski:m] n schema nt; plan c

scholar ['skɔlə] n lärd c; stipendiat c

scholarship ['skɔləfip] n stipendium nt

school [sku:l] n skola c

schoolboy ['sku:lbɔi] n skolpojke c

schoolgirl ['sku:lgə:l] n skolflicka c

schoolmaster ['sku:l,ma:stə] n skollärare c, lärare c

schoolteacher ['sku:l,ti:tfə] n lärare c

science ['saiəns] n vetenskap

c

scientific [,saiən'tifik] adj vetenskaplig

scientist ['saiəntist] n vetenskapsman c

scissors ['sizəz] pl sax c

scold [skould] v skälla, gräla på; skälla ut

scooter ['sku:tə] n vespa c; sparkcykel c

score [skɔ:] n poängsumma c; v *få poäng

scorn [skɔ:n] n hån nt, förakt nt; v förakta

Scotland ['skɔtlənd] Skottland

Scottish ['skɔtif] adj skotsk

scout [skaut] n boyscout c

scrap [skræp] n bit c

scrapbook ['skræpbuk] n klippbok c

scrape [skreip] v skrapa

scratch [skrætf] v rispa, skrapa; n repa c, skråma c

scream [skri:m] v *tjuta, *skrika; n skrik nt, skri nt

screen [skri:n] n skärm c; bildskärm c, filmduk c

screw [skru:] n skruv c; v skruva

screwdriver ['skru:,draivə] n skruvmejsel c

scrub [skrʌb] v skura; n snårmark c

sculptor ['skʌlptə] n skulptör c

sculpture ['skʌlptfə] n skulptur c

sea [si:] n hav nt

seabird ['si:bə:d] n sjöfågel c

seashore ['si:koust] n kust c

seagull ['si:gʌl] n fiskmås c

seal [si:l] n sigill nt; säl c

seam [si:m] n söm c

seaman ['si:mən] n (pl -men) matros c

seamless ['si:mləs] adj utan söm

seaport ['si:pɔ:t] n hamnstad c

search [sə:tʃ] v söka; genomsöka, visitera; n visitering c

searchlight ['sə:tʃlait] n strålkastare c

seascape ['si:skeip] n marinmålning c

seashell ['si:ʃel] n snäcka c

seashore ['si:ʃɔ:] n havsstrand c

seasick ['si:sik] adj sjösjuk

seasickness ['si:ˌsiknəs] n sjösjuka c

seaside ['si:said] n kust c; ~ resort badort c

season ['si:zən] n årstid c, säsong c; high ~ högsäsong c; low ~ lågsäsong c; off ~ lågsäsong c

season ticket ['si:zənˌtikit] n abonnemangskort nt

seat [si:t] n säte nt; plats c, sittplats c

seat belt ['si:tbelt] n säkerhetsbälte nt

sea urchin ['si:ˌə:tʃin] n sjöborre c

sea water ['si:ˌwɔ:tə] n havsvatten nt

second ['sekənd] num andra;

n sekund c; ögonblick nt

secondary ['sekəndəri] adj sekundär; ~ school läroverk nt

second-hand [ˌsekənd'hænd] adj begagnad

secret ['si:krət] n hemlighet c; adj hemlig

secretary ['sekrətri] n sekreterare c

section ['sekʃən] n sektion c; avdelning c

secure [si'kjuə] adj säker; v *göra säker; *binda fast; trygga

security [si'kjuərəti] n säkerhet c; borgen c

sedative ['sedətiv] n lugnande medel

seduce [si'dju:s] v förföra

*see [si:] v *se; *inse, *förstå; ~ to sörja för

seed [si:d] n frö nt

*seek [si:k] v söka

seem [si:m] v synas, verka

seen [si:n] v (pp see)

seesaw ['si:sɔ:] n gungbräda c

seize [si:z] v *gripa

seldom ['seldəm] adv sällan

select [si'lekt] v utplocka, *utvälja; adj utvald

selection [si'lekʃən] n urval nt

self [self] n jag nt

self-centred [ˌself'sentəd] adj självupptagen

self-evident [ˌsel'fevidənt] adj självklar

self-government
[ˌself'gʌvəmənt] n
självstyre nt
selfish ['selfiʃ] adj självisk
selfishness ['selfiʃnəs] n
egoism c
self-service [ˌself'səːvis] n
självbetjäning c; ~
restaurant självservering c
*sell [sel] v *sälja
semblance ['sembləns] n
utseende nt
semi- ['semi] halv-
semicircle ['semiˌsəːkəl] n
halvcirkel c
semicolon [ˌsemi'koulən] n
semikolon nt
senate ['senət] n senat c
senator ['senətə] n senator c
*send [send] v skicka, sända;
~ back skicka tillbaka,
returnera; ~ for skicka efter;
~ off skicka iväg
sender ['sendə] n avsändare
c
senile ['siːnail] adj senil
sensation [sen'seiʃən] n
sensation c; känsla c,
förnimmelse c
sensational [sen'seiʃənəl]
adj sensationell,
uppseendeväckande
sense [sens] n sinne nt;
förnuft nt; betydelse c,
mening c; v *förnimma,
märka; ~ of honour
hederskänsla c
senseless ['sensləs] adj
vanvettig, orimlig
sensible ['sensəbəl] adj

förnuftig
sensitive ['sensitiv] adj
känslig
sentence ['sentəns] n
mening c; dom c; v döma
sentimental [ˌsenti'mentəl]
adj sentimental
separate¹ ['sepəreit] v skilja
separate² ['sepərət] adj
åtskild, särskild
separately ['sepərətli] adv
separat
September [sep'tembə]
september
septic ['septik] adj septisk;
*become ~ *bli
inflammerad
sequel ['siːkwəl] n följd c
sequence ['siːkwəns] n
ordningsföljd c
serene [sə'riːn] adj fridfull;
klar
serial ['siəriəl] n följetong c
series ['siəriːz] n (pl ~) serie
c
serious ['siəriəs] adj
allvarlig, seriös
seriousness ['siəriəsnəs] n
allvar nt
sermon ['səːmən] n predikan
c
servant ['səːvənt] n betjänt c
serve [səːv] v servera
service ['səːvis] n tjänst c;
betjäning c; ~ charge
betjäningsavgift c; ~ station
bensinstation c
serviette [ˌsəːvi'et] n servett
c
session ['seʃən] n session c

set [set] n grupp c, uppsättning c

*set [set] v *sätta; ~ menu fast meny; ~ out *ge sig av

setting ['setiŋ] n infattning c, omgivning c; ~ lotion läggningsvätska c

settle ['setəl] v ordna, *göra upp; ~ down *slå sig ned, lugna sig

settlement ['setəlmənt] n förlikning c, uppgörelse c, överenskommelse c

seven ['sevən] num sju

seventeen [,sevən'ti:n] num sjutton

seventeenth [,sevən'ti:nθ] num sjuttonde

seventh ['sevənθ] num sjunde

seventy ['sevənti] num sjuttio

several ['sevərəl] adj flera, åtskilliga

severe [si'viə] adj sträng, häftig

*sew [sou] v sy; ~ up sy ihop

sewer ['su:ə] n kloak c

sewing machine ['souiŋmə,ʃi:n] n symaskin c

sex [seks] n kön nt

sexual ['sekʃuəl] adj sexuell

sexuality [,sekʃu'æləti] n sexualitet c

shade [ʃeid] n skugga c; nyans c

shadow ['ʃædou] n skugga c

shady ['ʃeidi] adj skuggig

*shake [ʃeik] v skaka

shaky ['ʃeiki] adj ostadig,
skakig

*shall [ʃæl] v *ska

shallow ['ʃælou] adj grund

shame [ʃeim] n skam c; shame! fy!

shampoo [ʃæm'pu:] n schampo nt

shape [ʃeip] n form c; v forma

share [ʃeə] v dela; n del c; aktie c

shark [ʃɑ:k] n haj c

sharp [ʃɑ:p] adj vass

sharpen ['ʃɑ:pən] v vässa, slipa

shave [ʃeiv] v raka sig

shaver ['ʃeivə] n rakapparat c

shaving brush ['ʃeiviŋbrʌʃ] n rakborste c

shaving cream ['ʃeiviŋkri:m] n rakkräm c

shaving soap ['ʃeiviŋsoup] n raktvål c

shawl [ʃɔ:l] n schal c

she [ʃi:] pron hon

shed [ʃed] n skjul nt

*shed [ʃed] v *utgjuta; *sprida

sheep [ʃi:p] n (pl ~) får nt

sheer [ʃiə] adj pur, ren; genomskinlig, skir, brant

sheet [ʃi:t] n lakan nt; ark nt; plåt c

shelf [ʃelf] n (pl shelves) hylla c

shell [ʃel] n snäckskal nt; skal nt

shellfish ['ʃelfiʃ] n skaldjur nt

shrinkproof

shelter ['ʃeltə] n skydd nt; v skydda

shepherd ['ʃepəd] n herde c

shift [ʃift] n ombyte nt, skift nt, förändring c

*shine [ʃain] v *skina; glänsa; blänka

ship [ʃip] n fartyg nt; v skeppa; **shipping line** linjerederi nt

shipowner ['ʃi,pounə] n skeppsredare c

shipyard ['ʃipjɑːd] n skeppsvarv nt

shirt [ʃəːt] n skjorta c

shiver ['ʃivə] v huttra, skälva; n rysning c

shock [ʃɔk] n chock c; v chockera; ~ **absorber** stötdämpare c

shocking ['ʃɔkiŋ] adj chockerande

shoe [ʃuː] n sko c; gym **shoes** gymnastikskor pl; ~ **polish** skokräm c

shoelace ['ʃuːleis] n skosnöre c

shoemaker ['ʃuː,meikə] n skomakare c

shoe shop ['ʃuːʃɔp] n skoaffär c

shook [ʃuk] v (p shake)

*shoot [ʃuːt] v *skjuta

shop [ʃɔp] n butik c; v handla; ~ **assistant** affärsbiträde nt; **shopping bag** kasse c; **shopping centre** affärscentrum nt

shopkeeper ['ʃɔp,kiːpə] n affärsinnehavare c

shopwindow [,ʃɔp'windou] n skyltfönster nt

shore [ʃɔː] n strand c

short [ʃɔːt] adj kort; liten; ~ **circuit** kortslutning c

shortage ['ʃɔːtidʒ] n brist c

shorten ['ʃɔːtən] v förkorta

shorthand ['ʃɔːthænd] n stenografi c

shortly ['ʃɔːtli] adv snart, inom kort

shorts [ʃɔːts] pl shorts pl; plAm kalsonger pl

short-sighted [,ʃɔːt'saitid] adj närsynt

shot [ʃɔt] n skott nt; spruta c; bild c

*should [ʃud] v borde

shoulder ['ʃouldə] n axel c

shout [ʃaut] v *skrika; n skrik nt

shovel ['ʃʌvəl] n skovel c

show [ʃou] n uppförande nt, föreställning c; utställning c

*show [ʃou] v visa; utställa, framvisa; bevisa

showcase ['ʃoukeis] n monter c

shower [ʃauə] n dusch c; regnskur c, störtskur c

showroom ['ʃouruːm] n utställningslokal c

shriek [ʃriːk] v *skrika; n illtjut nt

shrimp [ʃrimp] n räka c

shrine [ʃrain] n reliksskrin nt, helgedom c

*shrink [ʃriŋk] v krympa

shrinkproof ['ʃriŋkpruːf] adj krympfri

shrub [ʃrʌb] n buske c

shudder [ʃʌdə] n rysning c

shuffle [ʃʌfəl] v blanda

*shut [ʃʌt] v stänga; ~ in stänga in

shutter [ʃʌtə] n fönsterlucka c, persienn c

shy [ʃai] adj skygg, blyg

shyness [ʃainəs] n blyghet c

Siamese [,saiə'mi:z] adj siamesisk; n siames c

sick [sik] adj sjuk; illamående

sickness [siknəs] n sjukdom c; illamående nt

side [said] n sida c; parti nt; onesided adj ensidig

sideburns [saidbə:nz] pl polisonger pl

sidelight [saidlait] n sidoljus nt

side street [saidstri:t] n sidogata c

sidewalk [saidwɔ:k] nAm gångbana c, trottoar c

sideways [saidweiz] adv åt sidan

siege [si:dʒ] n belägring c

sieve [siv] n sil c; v sila

sift [sift] v sikta

sight [sait] n synhåll nt; syn c, åsyn c; sevärdhet c

sign [sain] n tecken nt; gest c; v underteckna

signal [signəl] n signal c; tecken nt; v signalera

signature [signətʃə] n signatur c

significant [sig'nifikənt] adj betydelsefull

signpost [sainpoust] n

vägvisare c

silence [sailəns] n tystnad c; v tysta

silencer [sailənsə] n ljuddämpare c

silent [sailənt] adj tyst; *be ~ *tiga

silk [silk] n siden nt

silly [sili] adj dum

silver [silvə] n silver nt; silver-

silversmith [silvəsmiθ] n silversmed c

silverware [silvəwɛə] n silver nt

similar [similə] adj liknande, dylik

similarity [,simi'lærəti] n likhet c

simple [simpəl] adj enkel, okonstlad; vanlig

simply [simpli] adv enkelt, helt enkelt

simulate [simjuleit] v låtsa

simultaneous [,siməl'teiniəs] adj samtidig; simultaneously adv samtidigt

sin [sin] n synd c

since [sins] prep sedan; adv sedan dess; conj sedan; eftersom

sincere [sin'siə] adj uppriktig

sincerely [sin'siəli] adv uppriktigt

sinew [sinju:] n sena c

*sing [siŋ] v *sjunga

singer [siŋə] n sångare c; sångerska c

single ['siŋgəl] adj en enda;
  ogift; ~ **room** enkelrum nt
singular ['siŋgjulə] n
  singularis nt; adj säregen
sinister ['sinistə] adj
  olycksbådande
sink [siŋk] n vask c
*sink [siŋk] v *sjunka
sip [sip] n liten klunk
sir [sə:] min herre
siren ['saiərən] n siren c
sister ['sistə] n syster c
sister-in-law ['sistərinlɔ:] n
  (pl sisters-) svägerska c
*sit [sit] v *sitta; ~ **down**
  *sätta sig
site [sait] n tomt c; läge nt
sitting room ['sitiŋru:m] n
  vardagsrum c
situated ['sitʃueitid] adj
  belägen
situation [ˌsitʃu'eiʃən] n
  situation c; läge nt,
  anställning c
six [siks] num sex
sixteen [ˌsiks'ti:n] num
  sexton
sixteenth [ˌsiks'ti:nθ] num
  sextonde
sixth [siksθ] num sjätte
sixty ['siksti] num sextio
size [saiz] n storlek c,
  dimension c; format nt
skate [skeit] v åka skridskor;
  n skridsko c
skating ['skeitiŋ] n
  skridskoåkning c
skating rink ['skeitiŋriŋk] n
  skridskobana c
skeleton ['skelitən] n skelett

nt
sketch [sketʃ] n skiss c,
  teckning c; v teckna,
  skissera
ski¹ [ski:] v åka skidor
ski² [ski:] n (pl ~, ~s) skida c;
  ~ **boots** pjäxor pl; ~ **pants**
  skidbyxor pl; ~ **poles** Am
  skidstavar pl; ~ **sticks**
  skidstavar pl
skid [skid] v slira, sladda
skier ['ski:ə] n skidåkare c
skiing ['ski:iŋ] n skidåkning c
ski jump ['ski:dʒʌmp] n
  backhoppning c
skilful ['skilfəl] adj händig,
  duktig, skicklig
ski lift ['ski:lift] n skidlift c
skill [skil] n skicklighet c
skilled [skild] adj skicklig;
  yrkesutbildad
skin [skin] n hud c, djurskinn
  nt; skal nt; ~ **cream**
  hudkräm c
skip [skip] v skutta; hoppa
  över
skirt [skə:t] n kjol c
skull [skʌl] n skalle c
sky [skai] n himmel c; luft c
skyscraper ['skaiˌskreipə] n
  skyskrapa c
slack [slæk] adj slak
slacks [slæks] pl långbyxor
  pl
slam [slæm] v *slå igen
slander ['sla:ndə] n förtal nt
slang [slæŋ] n slang c
slant [sla:nt] v slutta
slanting ['sla:ntiŋ] adj
  lutande, sned, sluttande

slap [slæp] v *slå; n örfil c

slate [sleit] n skiffer nt

slave [sleiv] n slav c

sledge [sledʒ] n släde c, kälke c

sleep [sli:p] n sömn c

***sleep** [sli:p] v *sova

sleeping bag ['sli:piŋbæg] n sovsäck c

sleeping car ['sli:piŋka:] n sovvagn c

sleeping pill ['sli:piŋpil] n sömntablett c

sleepless ['sli:pləs] adj sömnlös

sleepy ['sli:pi] adj sömnig

sleeve [sli:v] n ärm c; skivfodral nt

sleigh [slei] n släde c, kälke c

slender ['slendə] adj slank

slice [slais] n skiva c

slide [slaid] n glidning c; rutschbana c; diapositiv nt

***slide** [slaid] v *glida

slight [slait] adj lätt; svag

slim [slim] adj slank; v magra

slip [slip] v halka, slira; n felsteg nt; underklänning c

slipper ['slipə] n toffel c

slippery ['slipəri] adj slipprig, hal

slogan ['slougən] n slogan c, partiparoll c

slope [sloup] v sluttning c; v slutta

sloping ['sloupiŋ] adj sluttande

sloppy ['sləpi] adj oordentlig

slot [slɔt] n myntöppning c

slot machine ['slɔt,məʃi:n] n spelautomat c

slovenly ['slʌvənli] adj slarvig

slow [slou] adj trögtänkt, långsam; ~ **down** fördröja, sakta ned

slum [slʌm] n fattigkvarter nt

slump [slʌmp] n prisfall nt

slush [slʌʃ] n snöslask nt

sly [slai] adj slug

smack [smæk] v *ge en örfil; n klatsch c

small [smɔ:l] adj liten

smallpox ['smɔ:lpɔks] n smittkoppor pl

smart [smɑ:t] adj chic; klipsk, duktig

smash [smæʃ] n slag nt; v krossa

smell [smel] n lukt c

***smell** [smel] v lukta; lukta illa

smelly ['smeli] adj illaluktande

smile [smail] v *le; n leende nt

smith [smiθ] n smed c

smoke [smouk] v röka; n rök c; no **smoking** rökning förbjuden

smoker ['smoukə] n rökare c; rökkupé c

smoke-free ['smouk'fri:] adj rökfritt

smoking compartment ['smoukiŋkəm,pa:tmənt] n rökkupé c

smooth [smu:ð] adj slät, jämn; mjuk

smuggle ['smʌgəl] v

some

smuggla

snack [snæk] n mellanmål nt

snack bar ['snækbɑ:] n snackbar c

snail [sneil] n snigel c

snake [sneik] n orm c

snapshot ['snæpʃɔt] n ögonblicksbild c, kort nt

sneakers ['sni:kəz] plAm gymnastikskor pl

sneeze [sni:z] v *nysa

sniper ['snaipə] n prickskytt c

snooty ['snu:ti] adj mallig, överlägsen

snore [snɔ:] v snarka

snorkel ['snɔːkəl] n snorkel c

snout [snaut] n nos c

snow [snou] n snö c; v snöa

snowstorm ['snoustɔːm] n snöstorm c

snowy ['snoui] adj snöig

so [sou] conj så; adv så, till den grad; och ~ on och så vidare; ~ far hittills; ~ that så att, så

soak [souk] v blöta

soap [soup] n tvål c; ~ powder tvättvättmedel nt

sober ['soubə] adj nykter; sansad

so-called [,sou'kɔ:ld] adj så kallad

soccer ['sɔkə] n fotboll c; ~ team fotbollslag nt

social ['souʃəl] adj social, samhälls-

socialism ['souʃəlizəm] n socialism c

socialist ['souʃəlist] adj

socialistisk; n socialist c

society [sə'saiəti] n samfund nt; sammanslutning c, sällskap nt; förening c

sock [sɔk] n socka c

socket ['sɔkit] n glödlampshållare c; urtag nt

soda ['soudə] nAm läsk c

~ water sodavatten nt

sofa ['soufə] n soffa c

soft [sɔft] adj mjuk; ~ drink alkoholfri dryck

soften ['sɔfən] v mjuka upp

software ['sɔftweə] n programvara c

soil [sɔil] n jord c; jordmån c

soiled [sɔild] adj nedsmutsad

solar ['soulə] adj sol- ~ system n solsystem nt

sold [sould] v (p, pp sell); ~ out utsåld

soldier ['souldʒə] n soldat c

sole¹ [soul] adj ensam

sole² [soul] n sula c; sjötunga c

solely ['soulli] adv uteslutande

solemn ['sɔləm] adj högtidlig

solicitor [sə'lisitə] n advokat c, jurist c

solid ['sɔlid] adj gedigen, massiv; n fast kropp

soluble ['sɔljubəl] adj löslig

solution [sə'lu:ʃən] n lösning c

solve [sɔlv] v lösa

sombre ['sɔmbə] adj dyster

some [sʌm] adj några; pron somliga; något; ~ day någon gång; ~ more lite mer; ~

time en gång, någon gång
somebody ['sʌmbədi] *pron*
någon
somehow ['sʌmhau] *adv* på
något sätt
someone ['sʌmwʌn] *pron*
någon
something ['sʌmθiŋ] *pron*
något
sometimes ['sʌmtaimz] *adv*
ibland
somewhat ['sʌmwɔt] *adv*
tämligen
somewhere ['sʌmweə] *adv*
någonstans
son [sʌn] *n* son *c*
song [sɔŋ] *n* sång *c*
son-in-law ['sʌninlɔ:] *n* (pl
sons-) svärson *c*
soon [su:n] *adv* inom kort,
fort, snart; **as ~ as** så snart
som
sooner ['su:nə] *adv* hellre
sore [sɔ:] *adj* öm; *n* ömt
ställe; sår *nt*; **~ throat**
halsont *nt*
sorrow ['sɔrou] *n* sorg *c*,
bedrövelse *c*
sorry ['sɔri] *adj* ledsen;
sorry! ursäkta!, förlåt!
sort [sɔ:t] *v* ordna, sortera; *n*
sort *c*, slag *nt*; **all sorts of** all
slags
soul [soul] *n* själ *c*
sound [saund] *n* ljud *nt*; *v*
låta; adj pålitlig
soundproof ['saundpru:f]
adj ljudisolerad
soup [su:p] *n* soppa *c*
soup plate ['su:ppleit] *n*

sopptallrik *c*
soup spoon ['su:pspu:n] *n*
soppsked *c*
sour [sauə] *adj* sur
source [sɔ:s] *n* källa *c*
south [sauθ] *n* söder *c*; **South
Pole** Sydpolen
South Africa [sauθ 'æfrikə]
Sydafrika
southeast [,sauθ'i:st] *n*
sydost *c*
southerly ['sʌðəli] *adj* sydlig
southern ['sʌðən] *adj* södra
southwest [,sauθ'west] *n*
sydväst *c*
souvenir ['su:vəniə] *n*
souvenir *c*; **~ shop**
souvenirbutik *c*
sovereign ['sɔvrin] *n*
härskare *c*
Soviet ['souviət] *adj* sovjetisk
*sow [sou] *v* så
spa [spa:] *n* kurort *c*
space [speis] *n* rymd *c*; **~
shuttle** rymdraket *c*
spacious ['speiʃəs] *adj*
rymlig
spade [speid] *n* spade *c*
Spain [spein] Spanien
Spaniard ['spænjəd] *n*
spanjor *c*
Spanish ['spæniʃ] *adj* spansk
spanking ['spæŋkiŋ] *n* smäll
c
spare [speə] *adj* reserv-,
extra; *v* *vara utan; **~ part**
reservdel *c*; **~ room** gästrum
nt; **~ time** fritid *c*; **~ tyre**
reservdäck *nt*; **~ wheel**
reservhjul *nt*

spark [spɑːk] n gnista c
sparking plug ['spɑːkiŋplʌg] n tändstift nt
sparkling ['spɑːkliŋ] adj gnistrande; mousserande
sparrow ['spærou] n sparv c
*speak [spiːk] v tala
speaker phone ['spiːkə͵foun] n högtalartelefon c
spear [spiə] n spjut nt
special ['speʃəl] adj speciell, särskild; ~ delivery expressutdelning c
specialist ['speʃəlist] n specialist c
speciality [͵speʃi'æləti] n specialitet c
specialize ['speʃəlaiz] v specialisera sig
specially ['speʃəli] adv i synnerhet
species ['spiːʃiːz] n (pl ~) art c
specific [spə'sifik] adj specifik
specimen ['spesimən] n exemplar nt, specimen nt
speck [spek] n fläck c
spectacle ['spektəkəl] n skådespel nt; spectacles glasögon pl
spectator [spek'teitə] n åskådare c
speculate ['spekjuleit] v spekulera
speech [spiːtʃ] n talförmåga c; anförande nt, tal nt; språk nt
speechless ['spiːtʃləs] adj

mållös
speed [spiːd] n hastighet c; fart c; cruising ~ marschfart c; ~ limit fartbegränsning c, hastighetsbegränsning c
*speed [spiːd] v köra (för) fort
speed dial(ing) ['spiːd͵dail(iŋ)] n snabbuppringning c
speeding ['spiːdiŋ] n fortkörning c
speedometer [spiː'dɔmitə] n hastighetsmätare c
spell [spel] n förtrollning c
*spell [spel] v stava
spelling ['speliŋ] n stavning c
*spend [spend] v förbruka, spendera; tillbringa
sphere [sfiə] n klot nt; sfär c
spice [spais] n krydda c
spiced [spaist] adj kryddad
spicy ['spaisi] adj kryddstark
spider ['spaidə] n spindel c; spider's web spindelnät nt
*spill [spil] v spilla
*spin [spin] v *spinna; snurra
spinach ['spinidʒ] n spenat c
spine [spain] n ryggrad c
spire [spaiə] n spira c
spirit ['spirit] n ande c; spöke nt; spirits spritdrycker pl; sinnesstämning c; ~ stove spritkök nt
spiritual ['spiritʃuəl] adj andlig
spit [spit] n spott nt, saliv c; spett nt
*spit [spit] v spotta
spite [spait] n ondska c; in ~

of trots

spiteful ['spaitfǝl] adj ondskefull

splash [splæʃ] v stänka

splendid ['splendid] adj strålande, praktfull

splendour ['splendǝ] n prakt c

splint [splint] n spjäla c

splinter ['splintǝ] n splitter nt

*split [split] v *klyva

*spoil [spɔil] v fördärva; skämma bort

spoke[1] [spouk] v (p speak)

spoke[2] [spouk] n eker c

sponge [spʌndʒ] n tvättsvamp c

spool [spu:l] n spole c

spoon [spu:n] n sked c

spoonful ['spu:nful] n sked c

sport [spɔ:t] n sport c; ~ utility vehicle SUV c

sports car ['spɔ:tska:] n sportbil c

sports jacket ['spɔ:ts,dʒækit] n sportjacka c

sportsman ['spɔ:tsmǝn] n (pl -men) idrottsman c

sportswear ['spɔ:tswɛǝ] n sportkläder pl

sportswoman ['spɔ:tswumǝn] n (pl -women) idrottskvinna c

spot [spɔt] n fläck c; ställe nt, plats c

spotless ['spɔtlǝs] adj fläckfri

spotlight ['spɔtlait] n strålkastare c

spotted ['spɔtid] adj fläckig

spout [spaut] n stråle c; pip c, ränna c

spray [sprei] n spray c

sprain [sprein] v stuka; n stukning c

*spread [spred] v *sprida

spring [spriŋ] n vår c; fjäder c; källa c

springtime ['spriŋtaim] n vår c

sprouts [sprauts] pl brysselkål c

spy [spai] n spion c

squadron ['skwɔdrǝn] n skvadron c

square [skwɛǝ] adj kvadratisk; n kvadrat c; öppen plats, torg nt

squash [skwɔʃ] n fruktsaft c; squash c

squeeze [skwi:z] v klämma

squirrel ['skwirǝl] n ekorre c

squirt [skwǝ:t] n stråle c

stable ['steibǝl] adj stabil; n stall nt

stack [stæk] n stack c, stapel c

stadium ['steidiǝm] n stadion nt

staff [sta:f] n personal c

stage [steidʒ] n scen c; stadium nt, fas c; etapp c

stain [stein] v fläcka ned; n fläck c; stained glass färgat glas; ~ remover fläckborttagningsmedel nt

stainless ['steinlǝs] adj fläckfri; ~ steel rostfritt stål

staircase ['stɛǝkeis] n trappa

c

stairs [steəz] *pl* trappa *c*

stale [steil] *adj* gammal

stall [stɔːl] *n* stånd *nt*; parkett
c

stamp [stæmp] *n* frimärke *nt*;
stämpel *c*; *v* frankera;
stampa; ~ **machine**
frimärksautomat *c*

stand [stænd] *n* ställ *nt*, stånd
nt; läktare *c*

***stand** [stænd] *v* *stå

standard [ˈstændəd] *n* norm
c; standard-; ~ **of living**
levnadsstandard *c*

stanza [ˈstænzə] *n* strof *c*

staple [ˈsteipəl] *n*
häftklammer *c*; stapelvara *c*

star [stɑː] *n* stjärna *c*

starboard [ˈstɑːbəd] *n*
styrbord

stare [steə] *v* stirra

starling [ˈstɑːliŋ] *n* stare *c*

start [stɑːt] *v* börja; *n* början
c

starting point [ˈstɑːtiŋpɔint]
n utgångspunkt *c*

starve [stɑːv] *v* *svälta

state [steit] *n* stat *c*; tillstånd
nt; *v* fastställa

the States [ðə steits] Förenta
Staterna

statement [ˈsteitmənt] *n*
uppgift *c*, redogörelse *c*

statesman [ˈsteitsmən] *n* (pl
-men) statsman *c*

station [ˈsteiʃən] *n*
järnvägsstation *c*; position *c*

stationary [ˈsteiʃənəri] *adj*
stillastående

stationer's [ˈsteiʃənəz] *n*
pappershandel *c*

stationery [ˈsteiʃənəri] *n*
kontorsartiklar *pl*

statistics [stəˈtistiks] *pl*
statistik *c*

statue [ˈstætʃuː] *n* staty *c*

stay [stei] *v* *förbli, stanna
kvar; vistas, *uppehålla sig;
n vistelse *c*

steadfast [ˈstedfɑːst] *adj*
orubblig

steady [ˈstedi] *adj* stadig

steak [steik] *n* biff *c*

***steal** [stiːl] *v* *stjäla

steam [stiːm] *n* ånga *c*

steamer [ˈstiːmə] *n* ångare *c*

steel [stiːl] *n* stål *nt*

steep [stiːp] *adj* brant

steeple [ˈstiːpəl] *n* tornspira
c

steer [stiə] *v* styra

steering column
[ˈstiəriŋˌkɔləm] *n* rattstång *c*

steering wheel [ˈstiəriŋwiːl]
n ratt *c*

steersman [ˈstiəzmən] *n* (pl
-men) rorsman *c*

stem [stem] *n* stjälk *c*

stem cell [ˈstemˌsel] *n*
stamcell *c*

step [step] *n* steg *nt*; *v* trampa

stepchild [ˈsteptʃaild] *n* (pl
-children) styvbarn *nt*

stepfather [ˈstepˌfɑːðə] *n*
styvfar *c*

stepmother [ˈstepˌmʌðə] *n*
styvmor *c*

sterile [ˈsterail] *adj* steril

sterilize [ˈsterilaiz] *v*

sterilisera

stereo [steriou] *n* stereo *c*

steward ['stju:əd] *n* steward *c*

stewardess ['stju:ədes] *n* flygvärdinna *c*

stick [stik] *n* pinne *c*, käpp *c*

***stick** [stik] *v* fästa, klistra

sticker ['stikə] *n* klistermärke *nt*

sticky ['stiki] *adj* klibbig

stiff [stif] *adj* stel

still [stil] *adv* ännu; likväl; *adj* stilla

stimulant ['stimjulənt] *n* stimulans *c*; stimulantia *pl*

stimulate ['stimjuleit] *v* stimulera

sting [stiŋ] *n* sting *nt*, stick *nt*

***sting** [stiŋ] *v* *sticka

stingy ['stindʒi] *adj* småaktig

***stink** [stiŋk] *v* *stinka

stipulate ['stipjuleit] *v* stipulera, bestämma

stipulation [,stipju'leiʃən] *n* bestämmelse *c*

stir [stə:] *v* röra sig; röra om

stitch [stitʃ] *n* stygn *nt*, håll *nt*

stock [stɔk] *n* lager *nt*; *v* lagra; ~ **exchange** fondbörs *c*; ~ **market** fondmarknad *c*; **stocks and shares** värdepapper *pl*

stocking ['stɔkiŋ] *n* strumpa *c*

stole[1] [stoul] *v* (p steal)

stole[2] [stoul] *n* stola *c*

stomach ['stʌmək] *n* mage *c*

stomach ache ['stʌməkeik] *n* magont *nt*

stone [stoun] *n* sten *c*; ädelsten *c*; kärna *c*; sten-; **pumice ~** pimpsten *c*

stood [stud] *v* (p, pp stand)

stop [stɔp] *v* stoppa, upphöra; *hålla upp med; *n* hållplats *c*; **stop!** stopp!

stopper ['stɔpə] *n* propp *c*

storage ['stɔ:ridʒ] *n* lagring *c*

store [stɔ:] *n* lager *nt*; affär *c*; *v* lagra

store house ['stɔ:haus] *n* magasin *nt*

storey ['stɔ:ri] *n* våning *c*

stork [stɔ:k] *n* stork *c*

storm [stɔ:m] *n* storm *c*

stormy ['stɔ:mi] *adj* stormig

story ['stɔ:ri] *n* historia *c*

stout [staut] *adj* korpulent, tjock; kraftig

stove [stouv] *n* ugn *c*; köksspis *c*

straight [streit] *adj* rak; hederlig; *adv* rakt; ~ **ahead** rakt fram; ~ **away** omedelbart, genast; ~ **on** rakt fram

strain [strein] *n* ansträngning *c*; påfrestning *c*; *v* överanstränga; sila

strainer ['streinə] *n* durkslag *nt*

strange [streindʒ] *adj* främmande; besynnerlig

stranger ['streindʒə] *n* främling *c*; okänd person

strangle ['stræŋgəl] *v* *strypa

strap [stræp] *n* rem *c*

straw [strɔ:] *n* strå *nt*, halm *c*;

substantial

sugrör *nt*

strawberry ['strɔːbəri] *n*
jordgubbe *c*; **wild ~**
smultron *nt*

stream [striːm] *n* bäck *c*;
ström *c*; *v* strömma

street [striːt] *n* gata *c*

streetcar ['striːtkɑː] *nAm*
spårvagn *c*

strength [streŋθ] *n* kraft *c*,
styrka *c*

stress [stres] *n* stress *c*;
betoning *c*; *v* betona

stretch [stretʃ] *v* tänja; *n*
sträcka *c*

stretcher ['stretʃə] *n* bår *c*

strict [strikt] *adj* sträng;
strikt

strike [straik] *n* strejk *c*

****strike** [straik] *v* *slå; *slå till;
strejka

striking ['straikiŋ] *adj*
slående, markant,
påfallande

string [striŋ] *n* snöre *nt*;
sträng *c*

strip [strip] *n* remsa *c*

stripe [straip] *n* rand *c*

striped [straipt] *adj* randig

stroke [strouk] *n* slaganfall *nt*

stroll [stroul] *v* flanera; *n*
promenad *c*

strong [strɔŋ] *adj* stark;
kraftig

stronghold ['strɔŋhould] *n*
fästning *c*

structure ['strʌktʃə] *n*
struktur *c*; byggnadsverk *nt*

struggle ['strʌɡəl] *n* strid *c*,
kamp *c*; *v* *slåss, kämpa

stub [stʌb] *n* talong *c*

stubborn ['stʌbən] *adj* envis

student ['stjuːdənt] *n*
student *c*; studentska *c*;
studerande *c*

studies ['stʌdiz] *pl* studier *pl*

study ['stʌdi] *v* studera; *n*
studium *nt*; arbetsrum *nt*

stuff [stʌf] *n* material *nt*;
grejor *pl*

stuffed [stʌft] *adj* fylld

stuffing ['stʌfiŋ] *n* fyllning *c*

stuffy ['stʌfi] *adj* kvav

stumble ['stʌmbəl] *v* snubbla

stung [stʌŋ] *v* (p, pp sting)

stupid ['stjuːpid] *adj* dum

style [stail] *n* stil *c*

subject[1] ['sʌbdʒikt] *n*
subjekt *nt*; undersåte *c*; **~ to**
utsatt för

subject[2] [səb'dʒekt] *v*
underkuva

submarine ['sʌbməriːn] *n*
u-båt *c*

submit [səb'mit] *v*
underkasta sig

subordinate [sə'bɔːdinət]
adj underordnad

subscriber [səb'skraibə] *n*
prenumerant *c*

subscription [səb'skripʃən]
n prenumeration *c*,
abonnemang *nt*; insamling *c*

subsequent ['sʌbsikwənt]
adj följande

subsidy ['sʌbsidi] *n*
understöd *nt*

substance ['sʌbstəns] *n*
substans *c*

substantial [səb'stænʃəl] *adj*

verklig; ansenlig

substitute ['sʌbstitjuːt] v
*ersätta; n surrogat nt;
ställföreträdare c

subtitle ['sʌb,taitəl] n
undertitel c

subtle ['sʌtəl] adj subtil

subtract [səb'trækt] v
minska, *dra ifrån

suburb ['sʌbɔːb] n förstad c,
förort c

suburban [sə'bəːbən] adj
förstads-

subway ['sʌbwei] nAm
tunnelbana c

succeed [sək'siːd] v lyckas;
efterträda

success [sək'ses] n succé c

successful [sək'sesfəl] adj
framgångsrik

succumb [sə'kʌm] v duka
under

such [sʌtʃ] adj sådan,
liknande; adv så; ~ **as** sådan
som

suck [sʌk] v *suga

sudden ['sʌdən] adj plötslig

suddenly ['sʌdənli] adv
plötsligt

suede [sweid] n mockaskinn
nt

suffer ['sʌfə] v *lida; tåla

suffering ['sʌfəriŋ] n lidande
nt

suffice [sə'fais] v räcka

sufficient [sə'fiʃənt] adj
tillräcklig

suffrage ['sʌfridʒ] n rösträtt
c

sugar ['ʃugə] n socker nt

suggest [sə'dʒest] v *föreslå

suggestion [sə'dʒestʃən] n
förslag nt

suicide ['suːisaid] n
självmord nt

suicide attack
['sjuːəsaid ˌəˌtæk] n
självmordsattack c

suicide bomber
['sjuːəsaid ˌˌbəmə] n
självmordsbombare c

suit [suːt] v passa; avpassa; n
dräkt c, kostym c

suitable ['suːtəbəl] adj
passande

suitcase ['suːtkeis] n
resväska c

suite [swiːt] n svit c

sum [sʌm] n summa c

summary ['sʌməri] n
sammandrag nt, översikt c

summer ['sʌmə] n sommar c;
~ **time** sommartid c

summit ['sʌmit] n topp c

sun [sʌn] n sol c

sunbathe ['sʌnbeið] v
solbada

Sunday ['sʌndi] söndag c

sunglasses ['sʌn,glɑːsiz] pl
solglasögon pl

sunlight ['sʌnlait] n solljus nt

sunny ['sʌni] adj solig

sunrise ['sʌnraiz] n
soluppgång c

sunset ['sʌnset] n
solnedgång c

sunshade ['sʌnʃeid] n
solparasoll nt

sunshine ['sʌnʃain] n
solsken nt

sunstroke ['sʌnstrouk] n
solsting nt

suntan oil ['sʌntænɔil]
sololja c

super ['sju:pə] adj colloquial
super

superb [su'pə:b] adj
storartad, utsökt

superficial [,su:pə'fiʃəl] adj
ytlig

superfluous [su'pə:fluəs]
adj överflödig

superior [su'piəriə] adj
större, bättre, överlägsen

superlative [su'pə:lətiv] adj
superlativ; n superlativ c

supermarket ['su:pə,ma:kit]
n snabbköp nt

superstition [,su:pə'stiʃən]
n vidskepelse c

supervise ['su:pəvaiz] v
övervaka

supervision [,su:pə'viʒən] n
kontroll c, uppsikt c

supervisor ['su:pəvaizə] n
arbetsledare c,
uppsyningsman c

supper ['sʌpə] n kvällsmat c

supple ['sʌpəl] adj böjlig,
mjuk, smidig

supplement ['sʌplimənt] n
tidningsbilaga c

supply [sə'plai] n leverans c;
förråd nt; utbud nt; v *förse

support [sə'pɔ:t] v *hålla
uppe, stödja, understödja; n
stöd nt; ~ hose
stödstrumpor c

supporter [sə'pɔ:tə] n
anhängare c

suppose [sə'pouz] v
förmoda, *anta; supposing
that *anta att

suppository [sə'pɔzitəri] n
stolpiller nt

suppress [sə'pres] v
undertrycka

surcharge ['sə:tʃɑ:dʒ] n
tillägg nt; överbelastning c

sure [ʃuə] adj säker

surely ['ʃuəli] adv säkerligen

surf (the Net) [sə:f] v surfa
(på Nätet)

surface ['sə:fis] n yta c

surfboard ['sə:fbɔ:d] n
surfingbräda c

surgeon ['sə:dʒən] n kirurg
c; veterinary ~ veterinär c

surgery ['sə:dʒəri] n kirurgi
c; läkarmottagning c

surname ['sə:neim] n
efternamn nt

surplus ['sə:pləs] n överskott
nt

surprise [sə'praiz] n
överraskning c; v överraska;
förvåna

surrender [sə'rendə] v *ge
sig; n kapitulation c

surround [sə'raund] v
omringa, *omge

surrounding [sə'raundiŋ]
adj kringliggande

surroundings [sə'raundiŋz]
pl omgivningar

survey ['sə:vei] n översikt c

survival [sə'vaivəl] n
överlevnad c

survive [sə'vaiv] v överleva

suspect[1] [sə'spekt] v

misstänka; *anta
suspect² ['sʌspekt] n
misstänkt n
suspend [sə'spend] v
suspendera
suspenders [sə'spendəz]
plAm hängslen pl; ~ bridge
hängbro c
suspension [sə'spenʃən] n
upphängningsanordning nt,
fjädring c
suspicion [sə'spiʃən] n
misstanke c;
misstänksamhet c, misstro c
suspicious [sə'spiʃəs] adj
misstänkt; misstrogen,
misstänksam
sustain [sə'stein] v *utstå
SUV ['esjuː'viː] n SUV c
Swahili [swə'hiːli] n swahili
swallow ['swɔlou] v sluka,
*svälja; n svala c
swam [swæm] v (p swim)
swamp [swɔmp] n träsk nt
swan [swɔn] n svan c
swap [swɔp] v byta
*swear [sweə] v *svära
sweat [swet] n svett c; v
svettas
sweater ['swetə] n tröja c
Swede [swiːd] n svensk c
Sweden ['swiːdən] Sverige
Swedish ['swiːdiʃ] adj
svensk
*sweep [swiːp] v sopa
sweet [swiːt] adj söt; snäll; n
karamell c; dessert c;
sweets sötsaker pl
sweeten ['swiːtən] v söta
sweetheart ['swiːthaːt] n

älskling c, raring c
sweetshop ['swiːtʃɔp] n
gottaffär c
swell [swel] adj tjusig
*swell [swel] v svälla; svullna;
öka
swelling ['sweliŋ] n svullnad
c
swift [swift] adj rask
*swim [swim] v simma
swimmer ['swimə] n
simmare c
swimming ['swimiŋ] n
simning c; ~ pool
simbassäng c
swimmingtrunks
['swimiŋtrʌŋks] pl
badbyxor pl
swimsuit ['swimsuːt]n,
swimming suit nAm
baddräkt c
swindle ['swindəl] v svindla;
n svindel c
swindler ['swindlə] n
svindlare c
swing [swiŋ] n gunga c
*swing [swiŋ] v svänga;
gunga
Swiss [swis] adj schweizisk;
n schweizare c
switch [switʃ] n växel c;
strömbrytare c, spö nt; v
växla; ~ off koppla av,
stänga av; ~ on koppla på
switchboard ['switʃbɔːd] n
kopplingsbord nt
Switzerland ['switsələnd]
Schweiz
sword [sɔːd] n svärd nt
swum [swʌm] v (pp swim)

tangible

syllable ['siləbəl] n stavelse c

symbol ['simbəl] n symbol c

sympathetic [,simpə'θetik] adj deltagande

sympathy ['simpəθi] n sympati c; medkänsla c

symphony ['simfəni] n symfoni c

symptom ['simtəm] n symptom nt

synagogue ['sinəgog] n synagoga c

synonym ['sinənim] n synonym c

synthetic [sin'θetik] adj syntetisk

Syria ['siriə] Syrien

Syrian ['siriən] adj syrisk; n syrier c

syringe [si'rindʒ] n injektionsspruta c

syrup ['sirəp] n sockerlag c, saft c

system ['sistəm] n system nt; **decimal** ~ decimalsystem nt

systematic [,sistə'mætik] adj systematisk

T

table ['teibəl] n bord nt; tabell c; ~ **of contents** innehållsförteckning c; ~ **tennis** bordtennis c

tablecloth ['teibəlklɔθ] n borddduk c

tablespoon ['teibəlspu:n] n matsked c

tablet ['tæblit] n tablett c

taboo [tə'bu:] n tabu nt

tactics ['tæktiks] pl taktik c

tag [tæg] n prislapp c, adresslapp c

tail [teil] n svans c

taillight ['teillait] n baklykta c

tailor ['teilə] n skräddare c

tailor-made ['teiləmeid] adj skräddarsydd

*__take** [teik] v *ta; *gripa; *begripa, *förstå, fatta; ~ **away** *ta bort; ~ **off** *ta av;

*ge sig iväg; ~ **out** *ta ut; ~ **over** *överta; ~ **place** äga rum; ~ **up** *uppta

take-off ['teikɔf] n start c

tale [teil] n berättelse c, saga c

talent ['tælənt] n talang c, begåvning c

talented ['tæləntid] adj begåvad

talk [tɔ:k] v tala, prata; n samtal nt

talkative ['tɔ:kətiv] adj pratsam

tall [tɔ:l] adj hög; lång

tame [teim] adj tam; v tämja

tampon ['tæmpən] n tampong c

tangerine [,tændʒə'ri:n] n mandarin c

tangible ['tændʒibəl] adj gripbar

tank 362

tank [tæŋk] *n* tank *c*
tanker ['tæŋkə] *n* tankfartyg
nt
tanned [tænd] *adj* solbränd
tap [tæp] *n* kran *c*; slag *nt*; *v*
knacka
tape [teip] *n* ljudband *nt*;
snöre *nt*; adhesive ~
klisterremsa *c*, tejp *c*
tape measure ['teip,meʒə] *n*
måttband *nt*
tape recorder ['teipri,kɔːdə]
n bandspelare *c*
tar [tɑː] *n* tjära *c*
target ['tɑːgit] *n* måltavla *c*
tariff ['tærif] *n* tariff *c*
task [tɑːsk] *n* uppgift *c*
taste [teist] *n* smak *c*; *v*
smaka
tasteless ['teistləs] *adj*
smaklös
tasty ['teisti] *adj*
välsmakande
taught [tɔːt] *v* (p, pp teach)
tavern ['tævən] *n* taverna *c*
tax [tæks] *n* skatt *c*; *v*
beskatta
taxation [tæk'seiʃən] *n*
beskattning *c*
tax-free ['tæksfriː] *adj*
skattefri
taxi ['tæksi] *n* taxi *c*; ~ rank
taxistation *c*; ~ stand *Am*
taxistation *c*
taxi driver ['tæksi,draivə] *n*
taxichaufför *c*
taximeter ['tæksi,miːtə] *n*
taxameter *c*
tea [tiː] *n* te *nt*;
eftermiddagste *nt*

*teach [tiːtʃ] *v* undervisa,
lära
teacher ['tiːtʃə] *n* lärare *c*;
lärarinna *c*
teachings ['tiːtʃiŋz] *pl* lära *c*
tea cloth ['tiːklɔθ] *n*
kökshandduk *c*
teacup ['tiːkʌp] *n* tekopp *c*
team [tiːm] *n* lag *nt*
teapot ['tiːpɔt] *n* tekanna *c*
*tear [teə] *v* *riva
tear[1] [tiə] *n* tår *c*
tear[2] [teə] *n* reva *c*
tease [tiːz] *v* reta
tea set ['tiːset] *n* teservis *c*
tea-shop ['tiːʃɔp] *n* tesalong
c
teaspoon ['tiːspuːn] *n* tesked
c
teaspoonful ['tiːspuːn,ful] *n*
tesked *c*
technical ['teknikəl] *adj*
teknisk
technical support
['teknikəl sə'pɔːt] *n* teknisk
support *c*
technician [tek'niʃən] *n*
tekniker *c*
technique [tek'niːk] *n* teknik
c
technological
[,teknə'lɔdʒikəl] *adj*
teknologisk
technology [tek'nɔlədʒi] *n*
teknologi *c*
teenager ['tiː,neidʒə] *n*
tonåring *c*
telecommunications
[,telikəmjuːni'keiʃənz] *n*
telekommunikation *c*

telegram ['teligræm] n
telegram nt

telegraph ['teligra:f] v
telegrafera

telepathy [ti'lepəθi] n
telepati c

telephone ['telifoun] n
telefon c; ~ book Am
telefonkatalog c; ~ booth
telefonhytt c; ~ call
telefonsamtal nt; ~
directory telefonkatalog c;
~ operator telefonist c

television ['teliviʒən] n
television c; cable ~ kabel-
-TV c; satellite ~ satellit-TV
c; ~ set televisionsapparat c

telex ['teleks] n telex nt

*tell [tel] v tala om; berätta,
*säga

telly ['teli] n colloquial tv c

temper ['tempə] n humör nt

temperature ['temprətʃə] n
temperatur c

tempest ['tempist] n oväder
nt

temple ['tempəl] n tempel nt;
tinning c

temporary ['tempərəri] adj
tillfällig, provisorisk

tempt [tempt] v fresta

temptation [temp'teiʃən] n
frestelse c

ten [ten] num tio

tenant ['tenənt] n hyresgäst c

tend [tend] v tendera; vårda;
~ to tendera åt

tendency ['tendənsi] n
benägenhet c, tendens c

tender ['tendə] adj öm; mör

tendon ['tendən] n sena c

tennis ['tenis] n tennis c; ~
shoes tennisskor pl

tennis court ['tenisko:t] n
tennisplan c, tennisbana c

tense [tens] adj spänd

tension ['tenʃən] n spänning
c

tent [tent] n tält nt

tenth [tenθ] num tionde

tepid ['tepid] adj ljum

term [tə:m] n term c; period
c, termin c; villkor nt

terminal ['tə:minəl] n
ändstation c

terrace ['terəs] n terrass c

terrain [te'rein] n terräng c

terrible ['teribəl] adj
förskräcklig, hemsk,
förfärlig

terrific [tə'rifik] adj
storartad

terrify ['terifai] v förskräcka;
terrifying skrämmande

territory ['teritəri] n område
nt, territorium nt

terror ['terə] n skräck c

terrorism ['terərizəm] n
terrorism c, terror c

terrorist ['terərist] n terrorist
c

test [test] n prov nt, prövning
c; v pröva, testa

testify ['testifai] v vittna

text [tekst] n text c

textbook ['teksbuk] n
lärobok c

texture ['tekstʃə] n struktur c

Thai [tai] adj thailändsk; n
thailändare c

Thailand ['tailænd] Thailand

than [ðæn] *conj* än

thank [θæŋk] *v* tacka; ~ you tack *nt*

thankful ['θæŋkfəl] *adj* tacksam

that [ðæt] *adj* den, den där; *pron* den där; som; *conj* att

thaw [θɔː] *v* smälta, töa; *n* töväder *nt*

the [ðə,ði] *art* -en *suf*; the ... the ju ... desto

theatre ['θiətə] *n* teater *c*

theft [θeft] *n* stöld *c*

their [ðeə] *adj* deras

them [ðem] *pron* dem

theme [θiːm] *n* tema *nt*, ämne *nt*

themselves [ðəm'selvz] *pron* sig; själva

then [ðen] *adv* då; sedan, därefter

theology [θi'ɔlədʒi] *n* teologi *c*

theoretical [θiə'retikəl] *adj* teoretisk

theory ['θiəri] *n* teori *c*

therapy ['θerəpi] *n* terapi *c*

there [ðeə] *adv* där; dit

therefore ['ðeəfɔː] *conj* därför

thermometer [θə'mɔmitə] *n* termometer *c*

thermostat ['θəːməstæt] *n* termostat *c*

these [ðiːz] *adj* de här

thesis ['θiːsis] *n* (pl theses) tes *c*

they [ðei] *pron* de

thick [θik] *adj* tät; tjock

thicken ['θikən] *v* tjockna, *göra tjock

thickness ['θiknəs] *n* tjocklek *c*

thief [θiːf] *n* (pl thieves) tjuv *c*

thigh [θai] *n* lår *nt*

thimble ['θimbəl] *n* fingerborg *c*

thin [θin] *adj* tunn; mager

thing [θiŋ] *n* sak *c*

*think [θiŋk] *v* tycka; tänka; ~ of tänka på; ~ over fundera på

thinker ['θiŋkə] *n* tänkare *c*

third [θəːd] *num* tredje

thirst [θəːst] *n* törst *c*

thirsty ['θəːsti] *adj* törstig

thirteen [,θəː'tiːn] *num* tretton

thirteenth [,θəː'tiːnθ] *num* trettonde

thirty ['θəːti] *num* trettio

this [ðis] *adj* den här; *pron* denna

thistle ['θisəl] *n* tistel *c*

thorn [θɔːn] *n* tagg *c*

thorough ['θʌrə] *adj* grundlig, ordentlig

thoroughfare ['θʌrəfeə] *n* huvudväg *c*, huvudgata *c*

those [ðouz] *pron* de, de där, dessa

though [ðou] *conj* även om, fastän, ehuru; *adv* emellertid

thought[1] [θɔːt] *v* (p, pp think)

thought[2] [θɔːt] *n* tanke *c*

thoughtful ['θɔːtfəl] *adj* tankfull; omtänksam

thousand ['θauzənd] *num*
tusen

thread [θred] *n* tråd *c*; *v* trä
upp

threadbare ['θredbeə] *adj*
trådsliten

threat [θret] *n* hot *nt*

threaten ['θretən] *v* hota

three [θriː] *num* tre

three-quarter [,θriː'kwɔːtə]
adj trefjärdedels-

threshold ['θreʃould] *n*
tröskel *c*

threw [θruː] *v* (p throw)

thrifty ['θrifti] *adj*
ekonomisk

throat [θrout] *n* strupe *c*; hals
c

throne [θroun] *n* tron *c*

through [θruː] *prep* genom

throughout [θruː'aut] *adv*
överallt

throw [θrou] *n* kast *nt*

***throw** [θrou] *v* slänga, kasta

thrush [θrʌʃ] *n* trast *c*

thumb [θʌm] *n* tumme *c*

thumbtack ['θʌmtæk] *nAm*
häftstift *nt*

thump [θʌmp] *v* dunka

thunder ['θʌndə] *n* åska *c*; *v*
åska

thunderstorm ['θʌndəstɔːm]
n åskväder *nt*

thundery ['θʌndəri] *adj* åsk-

Thursday ['θəːzdi] torsdag *c*

thus [ðʌs] *adv* således

thyme [taim] *n* timjan *c*

tick [tik] *n* bock *c*; ~ off pricka
av

ticket ['tikit] *n* biljett *c*; böter

---

pl; ~ **collector** konduktör *c*;
~ **machine** biljettautomat *c*

tickle ['tikəl] *v* kittla

tide [taid] *n* tidvatten *nt*; **high**
~ högvatten *nt*; **low** ~
lågvatten *nt*

tidy ['taidi] *adj* städad; ~ **up**
städa

tie [tai] *v* *binda, *knyta; *n*
slips *c*

tiger ['taigə] *n* tiger *c*

tight [tait] *adj* stram; trång;
adv fast

tighten ['taitən] *v* *dra till,
*dra åt; åtstrama

tights [taits] *pl* trikåer *pl*,
strumpbyxor *pl*

tile [tail] *n* kakel *nt*;
tegelpanna *c*

till [til] *prep* tills, till; *conj* till
dess att, ända till

timber ['timbə] *n* timmer *nt*

time [taim] *n* tid *c*; gång *c*;
all the ~ hela tiden; **in** ~ i
tid; ~ **of arrival** ankomsttid
c; ~ **of departure**
avgångstid *c*

time-saving ['taim,seiviŋ]
adj tidsbesparande

timetable ['taim,teibəl] *n*
tidtabell *c*

timid ['timid] *adj* blyg

timidity [ti'midəti] *n* blyghet
c

tin [tin] *n* tenn *nt*;
konservburk *c*, burk *c*;
tinned food konserver *pl*

tinfoil ['tinfoil] *n* folie *c*

tin opener ['ti,noupənə] *n*
konservöppnare *c*

tiny ['taini] adj pytteliten
tip [tip] n spets c; dricks c
tire¹ [taiə] n däck nt
tire² [taiə] v trötta
tired [taiəd] adj trött
tiring ['taiəriŋ] adj tröttsam
tissue ['tiʃuː] n vävnad c;
ansiktsservett c,
pappersnäsduk c
title ['taitəl] n titel c
to [tuː] prep till, i; åt; för att
toad [toud] n padda c
toadstool ['toudstuːl] n
svamp c
toast [toust] n rostat bröd;
skål c
tobacco [tə'bækou] n (pl ~s)
tobak c; ~ pouch
tobakspung c
tobacconist [tə'bækənist] n
tobakshandlare c;
tobacconist's tobaksaffär c
today [tə'dei] adv idag
toddler ['tɔdlə] n litet barn
toe [tou] n tå c
toffee ['tɔfi] n kola c
together [tə'geðə] adv
tillsammans
toilet ['tɔilət] n toalett c; ~
case necessär c
toilet paper ['tɔilət,peipə] n
toalettpapper nt
toiletry ['tɔilətri] n
toalettartiklar pl
token ['toukən] n tecken nt;
bevis nt; pollett c
told [tould] v (p, pp tell)
tolerable ['tɔlərəbəl] adj
uthärdlig
toll [toul] n vägavgift c

tomato [tə'mɑːtou] n (pl ~es)
tomat c
tomb [tuːm] n grav c
tombstone ['tuːmstoun] n
gravsten c
tomorrow [tə'mɔrou] adv i
morgon
ton [tʌn] n ton nt
tone [toun] n ton c; klang c
tongs [tɔŋz] pl tång c
tongue [tʌŋ] n tunga c
tonic ['tɔnik] n stärkande
medel
tonight [tə'nait] adv i natt, i
kväll
tonsilitis [,tɔnsə'laitis] n
halsfluss c
tonsils ['tɔnsəlz] pl
halsmandlar pl
too [tuː] adv alltför; också
took [tuk] v (p take)
tool [tuːl] n redskap nt,
verktyg nt; ~ kit vertygssats c
toot [tuːt] vAm tuta
tooth [tuːθ] n (pl teeth) tand c
toothache ['tuːθeik] n
tandvärk c
toothbrush ['tuːθbrʌʃ] n
tandborste c
toothpaste ['tuːθpeist] n
tandkräm c
toothpick ['tuːθpik] n
tandpetare c
toothpowder ['tuːθ,paudə] n
tandpulver nt
top [tɔp] n topp c; översida c;
lock nt; övre; on ~ of
ovanpå; ~ side översida c
topic ['tɔpik] n samtalsämne
nt

train

topical ['tɔpikəl] *adj* aktuell
torch [tɔːtʃ] *n* fackla *c*; ficklampa *c*
torment¹ [tɔːˈment] *v* plåga
torment² [ˈtɔːment] *n* pina *c*
torture [ˈtɔːtʃə] *n* tortyr *c*; *v* tortera
toss [tɔs] *v* kasta
tot [tɔt] *n* litet barn
total [ˈtoutəl] *adj* total, fullständig; *n* summa *c*
totalitarian [ˌtoutæliˈteəriən] *adj* totalitär
touch [tʌtʃ] *v* vidröra, röra; beröra; *n* beröring *c*; känsel *c*
touching [ˈtʌtʃiŋ] *adj* rörande
tough [tʌf] *adj* seg
tour [tuə] *n* rundresa *c*
tourism [ˈtuərizəm] *n* turism *c*
tourist [ˈtuərist] *n* turist *c*; ~ class turistklass *c*; ~ office turistbyrå *c*
tournament [ˈtuənəmənt] *n* turnering *c*
tow [tou] *v* *ta på släp, bogsera
towards [təˈwɔːdz] *prep* mot; gentemot; åt
towel [tauəl] *n* handduk *c*
towelling [ˈtauəliŋ] *n* handdukstyg *nt*
tower [tauə] *n* torn *nt*
town [taun] *n* stad *c*; ~ centre stadscentrum *nt*; ~ hall stadshus *nt*
townspeople [ˈtaunzˌpiːpəl] *pl* stadsbor *pl*

toxic [ˈtɔksik] *adj* giftig
toy [tɔi] *n* leksak *c*
toyshop [ˈtɔiʃɔp] *n* leksaksaffär *c*
trace [treis] *n* spår *nt*; *v* spåra
track [træk] *n* järnvägsspår *nt*; bana *c*
tractor [ˈtræktə] *n* traktor *c*
trade [treid] *n* handel *c*; yrke *nt*; *v* *driva handel
trade union [ˌtreidˈjuːnjən] *n* fackförening *c*
trademark [ˈtreidmɑːk] *n* varumärke *nt*
trader [ˈtreidə] *n* affärsman *c*
tradesman [ˈtreidzmən] *n* (pl -men) handelsman *c*
tradeswoman [ˈtreidzwumən] *n* handelsidkare (kvinnlig) *c*
tradition [trəˈdiʃən] *n* tradition *c*
traditional [trəˈdiʃənəl] *adj* traditionell
traffic [ˈtræfik] *n* trafik *c*; ~ jam trafikstockning *c*; ~ light trafikljus *nt*
trafficator [ˈtræfikeitə] *n* körriktningsvisare *c*
tragedy [ˈtrædʒədi] *n* tragedi *c*
tragic [ˈtrædʒik] *adj* tragisk
trail [treil] *n* spår *nt*, stig *c*
trailer [ˈtreilə] *n* släpvagn *c*; *nAm* husvagn *c*
train [trein] *n* tåg *nt*; *v* träna, dressera; stopping ~ persontåg *nt*; through ~ snälltåg *nt*; ~ ferry tågfärja *c*

trainee [trei'ni:] n praktikant c

trainer ['treinə] n tränare c

training ['treiniŋ] n träning c

trait [treit] n drag nt

traitor ['treitə] n förrädare c

tram [træm] n spårvagn c

tramp [træmp] n luffare c; v vandra

tranquil ['træŋkwil] adj lugn

tranquillizer ['træŋkwilaizə] n lugnande medel

transaction [træn'zækʃən] n transaktion c

transatlantic [,trænzət'læntik] adj transatlantisk

transfer [træns'fə:] v överföra

transform [træns'fɔ:m] v förvandla, omvandla

transformer [træns'fɔ:mə] n transformator c

transition [træn'siʃən] n övergång c

translate [træns'leit] v *översätta

translation [træns'leiʃən] n översättning c

translator [træns'leitə] n översättare c

transmission [trænz'miʃən] n sändning c

transmit [trænz'mit] v sända

transmitter [trænz'mitə] n sändare c

transparent [træn'spɛərənt] adj genomskinlig

transport¹ ['trænspɔ:t] n

transport c

transport² [træn'spɔ:t] v transportera

transportation [,trænspɔ:'teiʃən] n transport c

trap [træp] n fälla c

trash [træʃ] n skräp nt; soptunna c

travel ['trævəl] v resa; ~ agency resebyrå c; ~ insurance reseförsäkring c; travelling expenses resekostnader pl

traveller ['trævələ] n resenär c; traveller's cheque resecheck c

tray [trei] n bricka c

treason ['tri:zən] n förräderi nt

treasure ['treʒə] n skatt c

treasurer ['treʒərə] n skattmästare c

treasury ['treʒəri] n föreningskassa c, skattkammare c

treat [tri:t] v behandla

treatment ['tri:tmənt] n behandling c

treaty ['tri:ti] n traktat c

tree [tri:] n träd nt

tremble ['trembəl] v skälva, darra

tremendous [tri'mendəs] adj oerhörd

trendy ['trendi] adj colloquial trendig

trespass ['trespəs] v inkräkta

trespasser ['trespəsə] n

inkräktare c

trial [traiəl] n rättegång c; prov nt

triangle ['traiæŋgəl] n triangel c

triangular [trai'æŋjulə] adj trekantig

tribe [traib] n stam c

tributary ['tribjutəri] n biflod c

tribute ['tribjuːt] n hyllning c

trick [trik] n spratt nt; konststycke nt, trick nt

trigger ['trigə] n avtryckare c

trim [trim] v trimma

trip [trip] n tripp c, resa c, utflykt c

triumph ['traiəmf] n triumf c; v triumfera

triumphant [trai'ʌmfənt] adj segerrik

troops [truːps] pl trupper pl

tropical ['trɔpikəl] adj tropisk

tropics ['trɔpiks] pl tropikerna pl

trouble ['trʌbəl] n möda c, besvär nt, bekymmer nt; v besvära

troublesome ['trʌbəlsəm] adj besvärlig

trousers ['trauzəz] pl långbyxor pl

trout [traut] n (pl ~) forell c

truck [trʌk] nAm lastbil c

true [truː] adj sann; äkta, verklig; trofast, trogen

trumpet ['trʌmpit] n trumpet c

trunk [trʌŋk] n koffert c; stam c; nAm bagageutrymme nt; **trunks** gymnastikbyxor pl

long-distance call ['trʌŋkɔːl] n rikssamtal nt

trust [trʌst] v lita på; n förtroende nt

trustworthy ['trʌst,wəːði] adj pålitlig

truth [truːθ] n sanning c

truthful ['truːθfəl] adj sannfärdig

try [trai] v försöka, bemöda sig; n försök nt; ~ **on** prova

tube [tjuːb] n rör nt; tub c

tuberculosis [tjuː,bəːkju'lousis] n tuberkulos c

Tuesday ['tjuːzdi] tisdag c

tug [tʌg] v bogsera; n bogserbåt c; ryck nt

tuition [tjuː'iʃən] n undervisning c

tulip ['tjuːlip] n tulpan c

tumour ['tjuːmə] n tumör c

tuna ['tjuːnə] n (pl ~, ~s) tonfisk c

tune [tjuːn] n melodi c, visa c; ~ **in** ställa in

tuneful ['tjuːnfəl] adj melodisk

tunic ['tjuːnik] n tunika c

Tunisia [tjuː'niziə] Tunisien

Tunisian [tjuː'niziən] adj tunisisk; n tunisier c

tunnel ['tʌnəl] n tunnel c

turbine ['təːbain] n turbin c

turbojet [,təːbou'dʒet] n turbojet c

Turkey ['təːki] Turkiet

turkey ['tə:ki] n kalkon c

Turkish ['tə:kiʃ] adj turkisk; ~ bath turkiskt bad

turn [tə:n] v vända, svänga, *vrida om; n varv nt, vändning c; tur c; ~ back vända tillbaka; ~ down förkasta; ~ into förvandlas till; ~ off stänga av; ~ on *sätta på, tända, skruva på; ~ over vända upp och ner; ~ round vända på; vända sig om

turning ['tə:niŋ] n kurva c

turning point ['tə:niŋpɔint] n vändpunkt c

turnover ['tə:,nouvə] n omsättning c; ~ tax omsättningsskatt c

turnpike ['tə:npaik] nAm motorväg c

turpentine ['tə:pəntain] n terpentin c

turtle ['tə:təl] n sköldpadda c

tutor ['tju:tə] n informator c; förmyndare c

tuxedo [tʌk'si:dou] nAm (pl ~s, ~es) smoking c

TV [,ti:'vi:] n colloquial TV c; on ~ på TV

tweed [twi:d] n tweed c

tweezers ['twi:zəz] pl pincett

c

twelfth [twelfθ] num tolfte

twelve [twelv] num tolv

twentieth ['twentiəθ] num tjugonde

twenty ['twenti] num tjugo

twice [twais] adv två gånger

twig [twig] n kvist c

twilight ['twailait] n skymning c

twine [twain] n snodd c

twins [twinz] pl tvillingar pl; twin beds dubbelsängar pl

twist [twist] v *vrida; n vridning c

two [tu:] num två

two-piece [,tu:'pi:s] adj tvådelad

type [taip] v *skriva maskin; n typ c

typewriter ['taipraitə] n skrivmaskin c

typhoid ['taifɔid] n tyfus c

typical ['tipikəl] adj karakteristisk, typisk

typist ['taipist] n maskinskriverska c

tyrant ['taiərənt] n tyrann c

tyre [taiə] n däck nt; ~ pressure slangtryck nt

U

ugly ['ʌgli] adj ful

ulcer ['ʌlsə] n sår nt

ultimate ['ʌltimət] adj sista

ultraviolet [,ʌltrə'vaiələt] adj

ultraviolett

umbrella [ʌm'brelə] n paraply nt

umpire ['ʌmpaiə] n domare c

underwater

unable [ʌ'neibəl] *adj*
oförmögen
unacceptable
[ˌʌnək'septəbəl] *adj*
oantagbar
unaccountable
[ˌʌnə'kauntəbəl] *adj*
oförklarlig
unaccustomed
[ˌʌnə'kʌstəmd] *adj* ovan
unanimous [juː'næniməs]
adj enstämmig
unanswered [ʌ'nɑːnsəd] *adj*
obesvarad
unauthorized [ʌ'nɔːθəraizd]
adj oberättigad
unavoidable [ˌʌnə'vɔidəbəl]
adj oundviklig
unaware [ˌʌnə'weə] *adj*
omedveten
unbearable [ʌn'beərəbəl] *adj*
outhärdlig
unbreakable [ʌn'breikəbəl]
adj okrossbar
unbroken [ˌʌn'broukən] *adj*
intakt
unbutton [ˌʌn'bʌtən] *v*
knäppa upp
uncertain [ʌn'sɜːtən] *adj*
oviss, osäker
uncle ['ʌŋkəl] *n* farbror *c*,
morbror *c*
unclean [ˌʌn'kliːn] *adj* oren
uncomfortable
[ʌn'kʌmfətəbəl] *adj*
obekväm
uncommon [ʌn'kɔmən] *adj*
sällsynt, ovanlig
unconditional
[ˌʌnkən'diʃənəl] *adj*

ovillkorlig
unconscious [ʌn'kɔnʃəs]
adj medvetslös
uncork [ˌʌn'kɔːk] *v* korka
upp
uncover [ʌn'kʌvə] *v* avtäcka
uncultivated
[ˌʌn'kʌltiveitid] *adj*
ouppodlad, okultiverad
under ['ʌndə] *prep* under,
nedanför
undercurrent ['ʌndəˌkʌrənt]
n underström *c*
underestimate
[ˌʌndə'restimeit] *v*
underskatta
underground ['ʌndəgraund]
adj underjordisk; *n*
tunnelbana *c*
underline [ˌʌndə'lain] *v*
*stryka under
underneath [ˌʌndə'niːθ] *adv*
under
underpants ['ʌndəpænts]
plAm kalsonger *pl*
undershirt ['ʌndəʃɜːt] *n*
undertröja *c*
*understand [ˌʌndə'stænd] *v*
*förstå
understanding
[ˌʌndə'stændiŋ] *n* förståelse
c
understatement
[ˌʌndə'steitmənt] *n*
underdrift *c*
*undertake [ˌʌndə'teik] *v*
*företa
undertaking [ˌʌndə'teikiŋ] *n*
företag *nt*
underwater ['ʌndəˌwɔːtə]

adj undervattens-
underwear [ˈʌndəweə] *n*
underkläder *pl*
undesirable
[ˌʌndiˈzaiərəbəl] *adj*
ovälkommen; ej önskvärd
*undo [ˌʌnˈduː] *v* lösa upp
undoubtedly [ʌnˈdautidli]
adv otvivelaktigt
undress [ˌʌnˈdres] *v* klä av
sig
unearned [ˌʌˈnəːnd] *adj*
oförtjänt
uneasy [ʌˈniːzi] *adj* olustig
uneducated [ˌʌˈnedjukeitid]
adj obildad
unemployed [ˌʌnimˈplɔid]
adj arbetslös
unemployment
[ˌʌnimˈplɔimənt] *n*
arbetslöshet *c*
unequal [ˌʌˈniːkwəl] *adj*
olika
uneven [ˌʌˈniːvən] *adj* ojämn
unexpected [ˌʌnikˈspektid]
adj oanad, oväntad
unfair [ˌʌnˈfeə] *adj* ojust,
orättvis
unfaithful [ˌʌnˈfeiθfəl] *adj*
otrogen
unfamiliar [ˌʌnfəˈmiljə] *adj*
obekant
unfasten [ˌʌnˈfɑːsən] *v* lossa
unfavourable
[ˌʌnˈfeivərəbəl] *adj*
ogynnsam
unfit [ˌʌnˈfit] *adj* olämplig
unfold [ʌnˈfould] *v* veckla ut
unfortunate [ʌnˈfɔːtʃənət]
adj olycklig

unfortunately
[ʌnˈfɔːtʃənətli] *adv* tyvärr,
dessvärre
unfriendly [ˌʌnˈfrendli] *adj*
ovänlig
ungrateful [ʌnˈgreitfəl] *adj*
otacksam
unhappy [ʌnˈhæpi] *adj*
olycklig
unhealthy [ʌnˈhelθi] *adj*
ohälsosam
unhurt [ˌʌnˈhəːt] *adj* oskadad
uniform [ˈjuːnifɔːm] *n*
uniform *c*; *adj* likformig,
konstant
unimportant [ˌʌnimˈpɔːtənt]
adj oviktig
uninhabitable
[ˌʌninˈhæbitəbəl] *adj*
obeboelig
uninhabited [ˌʌninˈhæbitid]
adj obebodd
unintentional
[ˌʌninˈtenʃənəl] *adj*
oavsiktlig
union [ˈjuːnjən] *n*
fackförening *c*; förening *c*;
union *c*
unique [juːˈniːk] *adj* unik
unit [ˈjuːnit] *n* enhet *c*
unite [juːˈnait] *v* förena
united [juˈnaitid] *adj*
förenad
United States [juːˈnaitid
steits] Förenta Staterna
unity [ˈjuːnəti] *n* enhet *c*
universal [ˌjuːniˈvəːsəl] *adj*
universell, allmän
universe [ˈjuːnivəːs] *n*
universum *nt*

unwilling

university [ˌjuːni'vəːsəti] *n* universitet *nt*

unjust [ˌʌn'dʒʌst] *adj* orättvis

unkind [ʌn'kaind] *adj* ovänlig

unknown [ˌʌn'noun] *adj* okänd

unlawful [ʌn'lɔːfəl] *adj* olaglig

unlearn [ˌʌn'ləːn] *v* lära sig av med

unless [ən'les] *conj* såvida inte

unlike [ˌʌn'laik] *adj* olik

unlikely [ʌn'laikli] *adj* osannolik

unlimited [ʌn'limitid] *adj* obegränsad

unload [ˌʌn'loud] *v* lasta av

unlock [ˌʌn'lɔk] *v* låsa upp

unlucky [ʌn'lʌki] *adj* oturlig, olycklig

unnecessary [ʌn'nesəsəri] *adj* onödig

unoccupied [ˌʌ'nɔkjupaid] *adj* ledig

unofficial [ˌʌnə'fiʃəl] *adj* inofficiell

unpack [ˌʌn'pæk] *v* packa upp

unpleasant [ʌn'plezənt] *adj* otrevlig, obehaglig, oangenäm

unpopular [ˌʌn'pɔpjulə] *adj* illa omtyckt, impopulär

unprotected [ˌʌnprə'tektid] *adj* oskyddad

unqualified [ˌʌn'kwɔlifaid] *adj* okvalificerad

unreal [ˌʌn'riəl] *adj* overklig

unreasonable [ˌʌn'riːzənəbəl] *adj* orimlig, oresonlig

unreliable [ˌʌnri'laiəbəl] *adj* opålitlig

unrest [ˌʌn'rest] *n* oro *c*; rastlöshet *c*

unsafe [ˌʌn'seif] *adj* riskabel

unsatisfactory [ˌʌnsætis'fæktəri] *adj* otillfredsställande

unscrew [ˌʌn'skruː] *v* skruva av

unselfish [ˌʌn'selfiʃ] *adj* osjälvisk

unsound [ˌʌn'saund] *adj* osund

unstable [ˌʌn'steibəl] *adj* instabil

unsteady [ˌʌn'stedi] *adj* ostadig, vacklande; villrådig

unsuccessful [ˌʌnsək'sesfəl] *adj* misslyckad

unsuitable [ˌʌn'suːtəbəl] *adj* opassande

unsurpassed [ˌʌnsə'pɑːst] *adj* oöverträffad

untidy [ʌn'taidi] *adj* oordentlig

untie [ˌʌn'tai] *v* *knyta upp

until [ən'til] *prep* tills, till

untrue [ˌʌn'truː] *adj* osann

untrustworthy [ˌʌn'trʌst,wəːði] *adj* opålitlig

unusual [ʌn'juːʒuəl] *adj* ovanlig

unwell [ˌʌn'wel] *adj* krasslig

unwilling [ˌʌn'wiliŋ] *adj*

ovillig
unwise [ˌʌnˈwaiz] *adj*
oförståndig
unwrap [ˌʌnˈræp] *v* veckla
upp, öppna
up [ʌp] *adv* upp, uppåt
upholster [ʌpˈhoulstə] *v*
stoppa möbler; inreda
upkeep [ˈʌpkiːp] *n* underhåll
nt
uplands [ˈʌpləndz] *pl*
högland *nt*
upload [ˈʌpˌloud] *v* ladda
upp
upon [əˈpɔn] *prep* på
upper [ˈʌpə] *adj* över-, övre
upright [ˈʌprait] *adj* upprätt;
adv upprätt
upscale [ˈʌpˌskeil] *adj*
exklusiv
upset [ˌʌpˈset] *adj* upprörd
***upset** [ʌpˈset] *v* kullkasta;
förvirra, såra
upside down [ˌʌpsaidˈdaun]
adv upp och ner
upstairs [ˌʌpˈsteəz] *adv* upp;
uppför trappan; en trappa
upp
upstream [ˌʌpˈstriːm] *adv*
uppför strömmen
upwards [ˈʌpwədz] *adv* upp,
uppåt
urban [ˈəːbən] *adj* stads-
urge [əːdʒ] *v* uppmana; *n*
starkt behov
urgency [ˈəːdʒənsi] *n*
nödtvång *nt*
urgent [ˈəːdʒənt] *adj*

brådskande
urine [ˈjuərin] *n* urin *nt*
Uruguay [ˈjuərəgwai]
Uruguay
Uruguayan [ˌjuərəˈgwaiən]
adj uruguaysk; *n* uruguayare
c
us [ʌs] *pron* oss
usable [ˈjuːzəbəl] *adj*
användbar
usage [ˈjuːzidʒ] *n* sedvänja *c*
use[1] [juːz] *v* använda; ***be
used to** *vara van vid; ~ up
förbruka
use[2] [juːs] *n* användning *c*;
nytta *c*; ***be of** ~ *vara till
nytta
useful [ˈjuːsfəl] *adj*
användbar, nyttig
useless [ˈjuːsləs] *adj* lönlös,
oanvändbar, oduglig
user [ˈjuːzə] *n* förbrukare *c*
usher [ˈʌʃə] *n* platsanvisare *c*
usherette [ˌʌʃəˈret] *n*
platsanviserska *c*
usual [ˈjuːʒuəl] *adj* vanlig
usually [ˈjuːʒuəli] *adv*
vanligtvis
utensil [juːˈtensəl] *n* redskap
nt, verktyg *nt*; köksredskap
nt
utility [juːˈtiləti] *n* nyttighet *c*
utilize [ˈjuːtilaiz] *v* utnyttja,
använda
utmost [ˈʌtmoust] *adj*
yttersta
utter [ˈʌtə] *adj* fullständig,
total; *v* yttra

V

vacancy ['veikənsi] n vakans c

vacant ['veikənt] adj ledig

vacate [və'keit] v utrymma

vacation [və'keiʃən] n lov nt

vaccinate ['væksineit] v vaccinera

vaccination [,væksi'neiʃən] n vaccination c

vacuum ['vækjuəm] n vakuum nt; vAm *dammsuga; ~ cleaner dammsugare c; ~ flask termosflaska c

vague [veig] adj vag

vain [vein] adj fåfänglig; tom, fruktlös; in ~ förgäves

valet ['vælit] n betjänt c; v passa upp

valid ['vælid] adj giltig

valley ['væli] n dal c, dalsänka c

valuable ['væljubəl] adj värdefull, dyrbar; valuables pl värdesaker c

value ['vælju:] n värde nt; v värdera

valve [vælv] n ventil c

van [væn] n transportbil c

vanilla [və'nilə] n vanilj c

vanish ['væniʃ] v *försvinna

vapour ['veipə] n ånga c

variable ['veəriəbəl] adj växlande

variation [,veəri'eiʃən] n förändring c

varied ['veərid] adj varierad

variety [və'raiəti] n art c, omväxling c; ~ show varietéföreställning c; ~ theatre varietéteater c

various ['veəriəs] adj åtskilliga, olika

varnish ['vɑ:niʃ] n lack nt, fernissa c; v fernissa, lacka

vary ['veəri] v variera; ändra; *vara olik

vase [vɑ:z] n vas c

vast [vɑ:st] adj vidsträckt, ofantlig

vault [vɔ:lt] n valv nt; kassavalv nt

veal [vi:l] n kalvkött c

vegetable ['vedʒətəbəl] n grönsak c; ~ merchant grönsakshandlare c

vegetarian [,vedʒi'teəriən] n vegetarian c

vegetation [,vedʒi'teiʃən] n vegetation c

vehicle ['vi:əkəl] n fordon nt

veil [veil] n slöja c

vein [vein] n åder c; varicose ~ åderbrock nt

velvet ['velvit] n sammet c

velveteen [,velvi'ti:n] n bomullssammet c

venerable ['venərəbəl] adj vördnadsvärd

venereal disease [vi'niəriəl di'zi:z] könssjukdom c

Venezuela [ˌveni'zweilə]
Venezuela

Venezuelan [ˌveni'zweilən]
adj venezuelansk; n
venezuelan c

ventilate ['ventileit] v
ventilera, lufta, vädra

ventilation [ˌventi'leiʃən] n
ventilation c

ventilator ['ventileitə] n
ventilator c

venture ['ventʃə] v våga

veranda [və'rændə] n
veranda c

verb [vəːb] n verb nt

verbal ['vəːbəl] adj muntlig

verdict ['vəːdikt] n dom c,
domslut nt

verge [vəːdʒ] n kant c; gräns
c

verify ['verifai] v verifiera,
kontrollera; bekräfta

verse [vəːs] n vers c

version ['vəːʃən] n version c;
översättning c

versus ['vəːsəs] prep kontra

vertical ['vəːtikəl] adj lodrät

very ['veri] adv mycket; adj
verklig, sann; absolut

vessel ['vesəl] n fartyg nt;
kärl nt

vest [vest] n undertröja c;
nAm väst c

veterinary surgeon
['vetrinəri 'səːdʒən]
veterinär c

via [vaiə] prep via

viaduct ['vaiədʌkt] n viadukt
c

vibrate [vai'breit] v vibrera

vibration [vai'breiʃən] n
vibration c

vicinity [vi'sinəti] n närhet c,
omgivningar

vicious ['viʃəs] adj
ondskefull

victim ['viktim] n offer nt

victory ['viktəri] n seger c

video ['vidiəu] n video; ~
camera videokamera c; ~
cassette videokassett c; ~
game videospel nt; ~
recorder videospelare c; ~
recording videoinspelning c

view [vjuː] n utsikt c; åsikt c,
uppfattning c; v betrakta

viewfinder ['vjuːˌfaində] n
sökare c

vigilant ['vidʒilənt] adj
vaksam

villa ['vilə] n villa c

village ['vilidʒ] n by c

villain ['vilən] n skurk c

vine [vain] n vinranka c

vinegar ['vinigə] n vinäger c

vineyard ['vinjəd] n vingård
c

vintage ['vintidʒ] n vinskörd
c

violation [vaiə'leiʃən] n
kränkning c

violence ['vaiələns] n våld nt

violent ['vaiələnt] adj
våldsam, häftig

violet ['vaiələt] n viol c; adj
violett

violin [vaiə'lin] n fiol c

VIP [ˌviː ai'piː] n VIP c

virgin ['vəːdʒin] n jungfru c

virtue ['vəːtʃuː] n dygd c

walk

virus ['vairəs] *n* virus *c*
visa ['vi:zə] *n* visum *nt*
visibility [,vizə'biləti] *n* sikt *c*
visible ['vizəbəl] *adj* synlig
vision ['viʒən] *n* vision *c*
visit ['vizit] *v* besöka; *n* besök *nt*, visit *c*; **visiting hours** besökstid *c*
visitor ['vizitə] *n* besökare *c*
vital ['vaitəl] *adj* livsviktig
vitamin ['vitəmin] *n* vitamin *nt*
vivid ['vivid] *adj* livlig
vocabulary [və'kæbjuləri] *n* ordförråd *nt*; ordlista *c*
vocal ['voukəl] *adj* vokal-
vocalist ['voukəlist] *n* vokalist *c*
voice [vɔis] *n* röst *c*
voice mail ['vɔis‿meil] *n* röstbrevlåda *c*
void [vɔid] *adj* ogiltig
volcano [vɔl'keinou] *n* (pl ~es, ~s) vulkan *c*

volt [voult] *n* volt *c*
voltage ['voultidʒ] *n* spänning *c*
volume ['vɔljum] *n* volym *c*; bokband *nt*
voluntary ['vɔləntəri] *adj* frivillig
volunteer [,vɔlən'tiə] *n* frivillig *c*
vomit ['vɔmit] *v* kräkas, spy
vote [vout] *v* rösta; *n* röst *c*; röstning *c*
voter ['voutə] *n* väljare *c*
voucher ['vautʃə] *n* kupong *c*, bong *c*
vow [vau] *n* löfte *nt*, ed *c*; *v* *svära
vowel ['vauəl] *n* vokal *c*
voyage ['vɔiidʒ] *n* resa *c*
vulgar ['vʌlgə] *adj* vulgär, vanlig
vulnerable ['vʌlnərəbəl] *adj* sårbar
vulture ['vʌltʃə] *n* gam *c*

W

wade [weid] *v* vada
wafer ['weifə] *n* rån *nt*
waffle ['wɔfəl] *n* våffla *c*
wages ['weidʒiz] *pl* lön *c*
waggon ['wægən] *n* vagn *c*
waist [weist] *n* midja *c*
waistcoat ['weiskout] *n* väst *c*
wait [weit] *v* vänta; ~ **on** uppassa
waiter ['weitə] *n* kypare *c*,

vaktmästare *c*
waiting ['weitiŋ] *n* väntan *c*
waiting list ['weitiŋlist] *n* väntelista *c*
waiting room ['weitiŋru:m] *n* väntrum *nt*
waitress ['weitris] *n* servitris *c*
*wake [weik] *v* väcka; ~ **up** vakna
walk [wɔ:k] *v* *gå;

promenera; n promenad c;
sätt att gå; walking till fots
walker ['wɔːkə] n vandrare c
walking stick ['wɔːkiŋstik] n
promenadkäpp c
wall [wɔːl] n mur c; vägg c
wallet ['wɔlit] n plånbok c
wallpaper ['wɔːl,peipə] n
tapet c
walnut ['wɔːlnʌt] n valnöt c
waltz [wɔːls] n vals c
wander ['wɔndə] v ströva
omkring, vandra
want [wɔnt] v *vilja; önska; n
behov nt; brist c
war [wɔː] n krig nt
warden ['wɔːdən] n
intendent c, föreståndare c
wardrobe ['wɔːdroub] n
garderob c, klädskåp nt
warehouse ['weəhaus] n
förrådsbyggnad c, magasin
nt
wares [weəz] pl varor pl
warm [wɔːm] adj varm; v
värma
warmth [wɔːmθ] n värme c
warn [wɔːn] v varna
warning ['wɔːniŋ] n varning
c
wary ['weəri] adj varsam
was [wɔz] v (p be)
wash [wɔʃ] v tvätta; ~ and
wear strykfri; ~ up diska
washable ['wɔʃəbəl] adj
tvättbar
washbasin ['wɔʃ,beisən] n
handfat nt
washing ['wɔʃiŋ] n tvätt c
washing machine

['wɔʃiŋmə,ʃiːn] n
tvättmaskin c
washing powder
['wɔʃiŋ,paudə] n tvättmedel
nt
washroom ['wɔʃruːm] nAm
toalett c
wasp [wɔsp] n geting c
waste [weist] v slösa bort; n
slöseri nt; adj öde
wasteful ['weistfəl] adj
slösaktig
wastepaper basket
[weist'peipə,bɑːskit] n
papperskorg c
watch [wɔtʃ] v *iakttaga,
betrakta; övervaka; n klocka
c; ~ for *hålla utkik; ~ out
*se upp
watchmaker ['wɔtʃ,meikə] n
urmakare c
watchstrap ['wɔtʃstræp] n
klockarmband nt
water ['wɔːtə] n vatten nt;
iced ~ isvatten nt; running ~
rinnande vatten; ~ pump
vattenpump c; ~ ski
vattenskida c
watercolo(u)r ['wɔːtə,kʌlə] n
vattenfärg c; akvarell c
watercress ['wɔːtəkres] n
vattenkrasse c
waterfall ['wɔːtəfɔːl] n
vattenfall nt
watermelon ['wɔːtə,melən]
n vattenmelon c
waterproof ['wɔːtəpruːf] adj
vattentät
water softener
[,wɔːtə,sɔfnə] n

were

avkalkningsmedel nt

waterway ['wɔːtəwei] n
farled c

watt [wɔt] n watt c

wave [weiv] n våg c; v vinka

wavelength ['weivleŋθ] n
våglängd c

wavy ['weivi] adj vågig

wax [wæks] n vax nt

waxworks ['wækswəːks] pl
vaxkabinett nt

way [wei] n vis nt, sätt nt; väg
c; håll nt, riktning c; avstånd
nt; any ~ hur som helst; by
the ~ förresten; one-way
traffic enkelriktad trafik;
out of the ~ avsides; the
other ~ round tvärtom; ~
back tillbakaväg c; ~ in
ingång c; ~ out utgång c

wayside ['weisaid] n vägkant
c

we [wiː] pron vi

weak [wiːk] adj svag; tunn

weakness ['wiːknəs] n
svaghet c

wealth [welθ] n rikedom c

wealthy ['welθi] adj
förmögen

weapon ['wepən] n vapen nt;
weapons of mass
destruction n
massförstörelsevapen c

*wear [weə] v *vara klädd i,
*bära; ~ out *slita ut

weary ['wiəri] adj trött,
modlös; tröttsam

weather ['weðə] n väder nt;
~ forecast
väderleksrapport c

*weave [wiːv] v väva

weaver ['wiːvə] n vävare c

website ['web,sait] n
webbplats c

wedding ['wediŋ] n bröllop
nt

wedding ring ['wediŋriŋ] n
vigselring c

wedge [wedʒ] n klyfta c, kil c

Wednesday ['wenzdi] n
onsdag c

weed [wiːd] n ogräs nt

week [wiːk] n vecka c

weekday ['wiːkdei] n vardag
c

weekly ['wiːkli] adj vecko-

*weep [wiːp] v *gråta

weigh [wei] v väga

weighing machine
['weiiŋmə,ʃiːn] n våg c

weight [weit] n vikt c

welcome ['welkəm] adj
välkommen; n välkomnande
nt; v välkomna

weld [weld] v svetsa

welfare ['welfeə] n
välbefinnande nt;
socialhjälp c

well¹ [wel] adv bra; adj frisk;
as ~ likaså; as ~ as såväl
som; well! ja!

well² [wel] n brunn c

well-founded [,wel'faundid]
adj välgrundad

well-known ['welnoun] adj
välkänd

well-to-do [,weltə'duː] adj
välbärgad

went [went] v (p go)

were [wəː] v (p be)

west [west] *n* väst *c*, väster *c*

westerly ['westəli] *adj* västlig

western ['westən] *adj* västlig

wet [wet] *adj* våt

whale [weil] *n* val *c*

wharf [wɔːf] *n* (pl ~s, wharves) lastkaj *c*

what [wɔt] *pron* vad; ~ for varför

whatever [wɔ'tevə] *pron* vad som än

wheat [wiːt] *n* vete *nt*

wheel [wiːl] *n* hjul *nt*

wheelbarrow ['wiːl,bærou] *n* skottkärra *c*

wheelchair ['wiːltʃɛə] *n* rullstol *c*

when [wen] *adv* när; *conj* då, när

whenever [we'nevə] *conj* närhelst

where [wɛə] *adv* var; *conj* var

wherever [wɛə'revə] *conj* varhelst

whether ['weðə] *conj* om; whether ... or vare sig ... eller

which [witʃ] *pron* vilken; som

whichever [wi'tʃevə] *adj* vilken ... än

while [wail] *conj* medan; *n* stund *c*

whilst [wailst] *conj* medan

whim [wim] *n* nyck *c*, infall *nt*

whip [wip] *n* piska *c*; *v* vispa, piska

whiskers ['wiskəz] *pl* polisonger *pl*

whisper ['wispə] *v* viska; *n* viskning *c*

whistle ['wisəl] *v* vissla; *n* visselpipa *c*

white [wait] *adj* vit

whiting ['waitiŋ] *n* (pl ~) vitling *c*

who [huː] *pron* vem; som

whoever [huː'evə] *pron* vem som än

whole [houl] *adj* fullständig, hel; oskadad; *n* helhet *c*

wholesale ['houlseil] *n* grosshandel *c*; ~ dealer grossist *c*

wholesome ['houlsəm] *adj* hälsosam

wholly ['houlli] *adv* helt och hållet

whom [huːm] *pron* till vem

whore [hɔː] *n* hora *c*

whose [huːz] *pron* vars; vems

why [wai] *adv* varför

wicked ['wikid] *adj* ond

wide [waid] *adj* vid, bred

widen ['waidən] *v* vidga

widow ['widou] *n* änka *c*

widower ['widouə] *n* änkling *c*

width [widθ] *n* bredd *c*

wife [waif] *n* (pl wives) maka *c*, hustru *c*

wig [wig] *n* peruk *c*

wild [waild] *adj* vild

will [wil] *n* vilja *c*; testamente *nt*

*will [wil] *v* *vilja; *ska

willing ['wiliŋ] *adj* villig

willpower ['wilpauə] *n* viljekraft *c*

***win** [win] *v* *vinna

wind [wind] *n* vind *c*

***wind** [waind] *v* slingra sig; *vrida, linda, *dra upp

winding ['waindiŋ] *adj* slingrande

windmill ['windmil] *n* väderkvarn *c*

window ['windou] *n* fönster *nt*

windowsill ['windousil] *n* fönsterbräde *nt*

windscreen ['windskri:n] *n* vindruta *c*; ~ **wiper** vindrutetorkare *c*

windshield ['windʃi:ld] *nAm* vindruta *c*; ~ **wiper** *nAm* vindrutetorkare *c*

windy ['windi] *adj* blåsig

wine [wain] *n* vin *nt*

wine cellar ['wain,selə] *n* vinkällare *c*

wine list ['wainlist] *n* vinlista *c*

wine merchant ['wain,mə:tʃənt] *n* vinhandlare *c*

wing [wiŋ] *n* vinge *c*

winkle ['wiŋkəl] *n* strandsnäcka *c*

winner ['winə] *n* segrare *c*

winning ['winiŋ] *adj* vinnande; **winnings** *pl* vinst *c*

winter ['wintə] *n* vinter *c*; ~ **sports** vintersport *c*

wipe [waip] *v* torka av, torka bort

wire [waiə] *n* tråd *c*; ståltråd *c*

wireless ['waiələs] *adj* trådlös

wisdom ['wizdəm] *n* visdom *c*

wise [waiz] *adj* vis

wish [wiʃ] *v* önska, *vilja ha; *n* längtan *c*, önskan *c*

wit ['wit] *n* vett *nt*

witch [witʃ] *n* häxa *c*

with [wið] *prep* med; av

***withdraw** [wið'drɔ:] *v* *dra tillbaka

within [wi'ðin] *prep* inom; *adv* inuti

without [wi'ðaut] *prep* utan

witness ['witnəs] *n* vittne *nt*

wits [wits] *pl* förstånd *nt*

witty ['witi] *adj* spirituell

WMD ['dʌbəlju:'em'di:] *n* massförstörelsevapen *c*

wolf [wulf] *n* (pl wolves) varg *c*

woman ['wumən] *n* (pl women) kvinna *c*

womb [wu:m] *n* livmoder *c*

won [wʌn] *v* (p, pp win)

wonder ['wʌndə] *n* under *nt*; förundran *c*; *v* undra

wonderful ['wʌndəfəl] *adj* härlig, underbar

wood [wud] *n* trä *nt*; skog *c*

wood carving ['wud,ka:viŋ] *n* snideriarbete *c*

wooded ['wudid] *adj* skogig

wooden ['wudən] *adj* trä-; ~ **shoe** träsko *c*

woodland ['wudlənd] *n*

skogstrakt c

wool [wul] n ull c; darning ~
stoppgarn nt

woollen ['wulən] adj ylle-

word [wə:d] n ord nt

wore [wɔ:] v (p wear)

work [wə:k] n arbete nt;
syssla c; v arbeta; fungera;
working day arbetsdag c; ~
of art konstverk nt; ~ permit
arbetstillstånd nt

workaholic [ˌwə:kə'hɔlik] n
arbetsnarkoman c

worker ['wə:kə] n arbetare c

working ['wə:kiŋ] n funktion
c

working day ['wə:kiŋ] n
arbetsdag c

workman ['wə:kmən] n (pl
-men) arbetare c

works [wə:ks] pl fabrik c

workshop ['wə:kʃɔp] n
verkstad c

world [wə:ld] n värld c; ~ war
världskrig nt

world-famous
[ˌwə:ld'feiməs] adj
världsberömd

world-wide ['wə:ldwaid] adj
världsomspännande

worm [wə:m] n mask c

worn [wɔ:n] adj (pp wear)
sliten

worn-out [ˌwɔ:n'aut] adj
utsliten

worried ['wʌrid] adj ängslig

worry ['wʌri] v oroa sig; n oro
c, bekymmer nt

worse [wə:s] adj värre; adv
värre

worship ['wə:ʃip] v dyrka; n
andakt c, gudstjänst c

worst [wə:st] adj värst; adv
värst

worth [wə:θ] n värde nt; *be ~
*vara värd; *be worth-while
*vara lönande

worthless ['wə:θləs] adj
värdelös

worthy of ['wə:ði əv]
värdig

would [wud] v (p will)

wound[1] [wu:nd] n sår nt; v
såra

wound[2] [waund] v (p, pp
wind)

wrap [ræp] v *slå in

wreck [rek] n vrak nt; v
*ödelägga

wrench [rentʃ] n skiftnyckel
c; ryck nt; v *vrida

wrinkle ['riŋkəl] n rynka c

wrist [rist] n handled c

wristwatch ['ristwɔtʃ] n
armbandsur nt

***write** [rait] v *skriva; in
writing skriftligen; ~ down
*skriva ner

writer ['raitə] n författare c

writing pad ['raitiŋpæd] n
skrivblock nt,
anteckningsblock nt

writing paper ['raitiŋˌpeipə]
n brevpapper nt

written ['ritən] adj (pp write)
skriftlig

wrong [rɔŋ] adj orätt, fel; n
orätt c; v *göra orätt; *be ~
*ha fel

wrote [rout] v (p write)

X

Xmas ['krisməs] jul c

X-ray ['eksrei] n röntgenbild c; v röntga

Y

yacht [jɔt] n lustjakt c
yacht club ['jɔtklʌb] n segelsällskap nt
yachting ['jɔtiŋ] n segelsport c
yard [jɑːd] n gård c
yarn [jɑːn] n garn nt
yawn [jɔːn] v gäspa
year [jiə] n år nt
yearly ['jiəli] adj årlig
yeast [jiːst] n jäst c
yell [jel] v *tjuta; n tjut nt
yellow ['jelou] adj gul
yes [jes] ja
yesterday ['jestədi] adv igår
yet [jet] adv ännu; conj dock, likväl

yield [jiːld] v *ge avkastning; *ge efter
yoke [jouk] n ok nt
yolk [jouk] n äggula c
you [juː] pron du; dig; Ni; Er; ni; er
young [jʌŋ] adj ung
your [jɔː] adj Er; din; era
yours [jɔːz] pron din
yourself [jɔː'self] pron dig; själv
yourselves [jɔː'selvz] pron er; själva
youth [juːθ] n ungdom c; ~ hostel ungdomshärbärge nt
yuppie ['jʌpi] n yuppie c

Z

zap [zæp] v knäppa
zeal [ziːl] n iver c
zealous ['zeləs] adj ivrig
zebra ['ziːbrə] n sebra c
zebra crossing ['ziːbrə krɔsiŋ] n, crosswalk nAm övergångsställe n
zenith ['zeniθ] n zenit;

höjdpunkt c
zero ['ziərou] n (pl ~s) nolla c
zest [zest] n lust c
zinc [ziŋk] n zink c
zip [zip] n blixtlås nt; ~ code nAm postnummer nt
zipper ['zipə] n blixtlås nt

zodiac ['zoudiæk] *n*
djurkretsen
zone [zoun] *n* zon *c*; område
nt

zoo [zu:] *n* (pl ~s) zoo *nt*
zoology [zou'ɔlədʒi] *n*
zoologi *c*

Some Basic Phrases

Please.	Var så god.
Thank you very much.	Tack så mycket.
Don't mention it.	Ingen orsak.
Good morning.	God morgon.
Good afternoon.	God dag (*på eftermiddagen*).
Good evening.	God afton.
Good night.	God natt.
Good-bye.	Adjö.
See you later.	Vi ses.
Where is/Where are…?	Var är…?
What do you call this?	Vad heter det här?
What does that mean?	Vad betyder det där?
Do you speak English?	Talar ni engelska?
Do you speak German?	Talar ni tyska?
Do you speak French?	Talar ni franska?
Do you speak Spanish?	Talar ni spanska?
Do you speak Italian?	Talar ni italienska?
Could you speak more slowly, please?	Kan ni vara snäll och tala litet långsammare.
I don't understand.	Jag förstår inte.
Can I have…?	Kan jag få…?
Can you show me…?	Kan ni visa mig…?
Can you tell me…?	Kan ni säga mig…?
Can you help me, please?	Kan ni hjälpa mig?
I'd like…	Jag skulle vilja ha…
We'd like…	Vi skulle vilja ha…
Please give me…	Var snäll och ge mig…
Please bring me…	Var snäll och hämta…
I'm hungry.	Jag är hungrig.
I'm thirsty.	Jag är törstig.
I'm lost.	Jag har gått vilse.
Hurry up!	Skynda på!
There is/There are…	Det finns…
There isn't/There aren't…	Det finns inte…

Några vanliga uttryck

Arrival	Ankomst
Your passport, please.	Passet, tack.
Have you anything to declare?	Har ni någonting att förtulla?
No, nothing at all.	Nej, ingenting alls.
Can you help me with my luggage, please?	Kan ni vara snäll och hjälpa mig med mitt bagage?
Where's the bus to the centre of town, please?	Var står den buss som går till centrum?
This way, please.	Den här vägen.
Where can I get a taxi?	Var kan jag få tag på en taxi?
What's the fare to…?	Vad kostar det till…?
Take me to this address, please.	Var snäll och kör mig till den här adressen, tack.
I'm in a hurry.	Jag har bråttom.

Hotel	Hotel
My name is…	Mitt namn är…
Have you a reservation?	Har ni reserverat?
I'd like a room with a bath.	Jag skulle vilja ha ett rum med bad.
What's the price per night?	Hur mycket kostar det per natt?
May I see the room?	Kan jag få se på rummet?
What's my room number, please?	Vilket rumsnummer har jag?
There's no hot water.	Det finns inget varmvatten.
May I see the manager, please?	Kan jag få tala med direktören, tack?
Did anyone telephone me?	Har någon ringt mig?
Is there any mail for me?	Finns det någon post till mig?
May I have my bill (check), please?	Kan jag få räkningen, tack?

Eating out	Äta ute
Do you have a fixed-price menu?	Har ni någon meny?
May I see the menu?	Kan jag få se på matsedeln?

May we have an ashtray, please?	Kan vi få en askkopp, tack?
Where's the toilet, please?	Var är toaletten?
I'd like an hors d'œuvre (starter).	Jag skulle vilja ha en förrätt.
Have you any soup?	Har ni någon soppa?
I'd like some fish.	Jag ska be att få fisk.
What kind of fish do you have?	Vad har ni för fisk?
I'd like a steak.	Jag ska be att få en biff.
What vegetables have you got?	Vad finns det för grönsaker?
Nothing more, thanks.	Ingenting mer, tack.
What would you like to drink?	Vad vill ni ha att dricka?
I'll have a beer, please.	Jag tar en öl, tack.
I'd like a bottle of wine.	Jag ska be att få en flaska vin.
May I have the bill (check), please?	Får jag be om notan, tack?
Is service included?	Är betjäningsavgiften inräknad?
Thank you, that was a very good meal.	Tack, det var mycket gott.

Travelling

På resa

Where's the railway station, please?	Var ligger järnvägsstationen?
Where's the ticket office, please?	Var är biljettluckan?
I'd like a ticket to…	Jag ska be att få en biljett till…
First or second class?	Första eller andra klass?
First class, please.	Första klass, tack.
Single or return (one way or roundtrip)?	Enkel eller tur och retur?
Do I have to change trains?	Måste jag byta tåg?
What platform does the train for… leave from?	Från vilken perrong avgår tåget till…?

Where's the nearest underground (subway) station?	Var ligger närmaste tunnelbanestation?
Where's the bus station, please?	Var ligger busstationen?
When's the first bus to…?	När går första bussen till…?
Please let me off at the next stop.	Kan ni släppa av mig vid nästa hållplats?

Nöjen

Relaxing

Vad går det på bio?	What's on at the cinema (movies)?
När börjar filmen?	What time does the film begin?
Finns det några biljetter till i kväll?	Are there any tickets for tonight?
Var kan vi gå och dansa?	Where can we go dancing?

Träffa folk

Meeting people

God dag.	How do you do.
Hur står det till?	How are you?
Tack bra. Och ni?	Very well, thank you. And you?
Får jag presentera…?	May I introduce…?
Jag heter…	My name is…
Roligt att träffas.	I'm very pleased to meet you.
Hur länge har ni varit här?	How long have you been here?
Det var trevligt att träffas.	It was nice meeting you.
Har ni något emot att jag röker?	Do you mind if I smoke?
Förlåt, har ni eld?	Do you have a light, please?
Vill ni ha något att dricka?	May I get you a drink?
Får jag bjuda er på middag i kväll?	May I invite you for dinner tonight?
Var ska vi träffas?	Where shall we meet?

Affärer, varuhus etc.

Var ligger närmaste bank?

Var kan jag lösa in några
resechecker?
Kan jag få litet växel, tack?

Var finns närmaste apotek?

Hur kommer jag dit?
Kan man gå dit?
Kan ni hjälpa mig?
Hur mycket kostar den här?
Och den där?
Det är inte riktigt vad jag vill
ha.
Den här tycker jag om.
Kan ni rekommendera
någonting mot solsveda?
Jag skulle vilja bli klippt.
Jag skulle vilja ha manikyr.

Frågor om vägen

Kan ni visa mig på kartan var
jag är?
Ni är på fel väg.
Kör/Gå rakt fram.
Det är till vänster/till höger.

Nödsituationer

Ring genast efter en läkare.
Ring efter en ambulans.
Var snäll och ring polisen.

Shops, stores and services

Where's the nearest bank,
please?
Where can I cash some
travellers' cheques?
Can you give me some small
change, please?
Where's the nearest chemist's
(pharmacy)?
How do I get there?
Is it within walking distance?
Can you help me, please?
How much is this? And that?

It's not quite what I want.

I like it.
Can you recommend
something for sunburn?
I'd like a haircut, please.
I'd like a manicure, please.

Street directions

Can you show me on the map
where I am?
You are on the wrong road.
Go/Walk straight ahead.
It's on the left/on the right.

Emergencies

Call a doctor quickly.
Call an ambulance.
Please call the police.

Swedish Abbreviations

AB	*aktiebolag*	Ltd., Inc.
ank.	*ankomst, ankommande*	arrival, arriving
anm.	*anmärkning*	remark
avd.	*avdelning*	department
avg.	*avgång, avgående*	departure, departing
avs.	*avseende; avsändare*	respect; sender
bet.	*betydelse; betalt*	meaning; paid
bil.	*bilaga*	enclosure, enclosed
c./ca	*cirka*	approximately
doc.	*docent*	senior lecturer, associate professor
D.S.	*densamme*	the same (as above)
dvs.	*det vill säga*	i. e.
eftr.	*efterträdare*	successor (firm)
e.Kr.	*efter Kristus*	A.D.
el./elektr.	*elektrisk*	electrical
e.m.	*eftermiddag*	(in the) afternoon
f.d.	*före detta*	former, ex-
f.Kr.	*före Kristus*	B.C.
f.m.	*förmiddag*	(in the) morning
f.n.	*för närvarande*	at present
FN	*Förenta Nationerna*	UN
frk.	*fröken*	Miss
fr.o.m.	*från och med*	as of
f.v.b.	*för vidare befordran*	please forward
HKH	*Hans/Hennes Kunglig Höghet*	His/Her Royal Highness
hr	*herr*	Mr.
ind.omr.	*industriområde*	industrial area
inv.	*invånare*	inhabitants, population
JK	*justitiekansler*	Attorney General
JO	*justitieombudsman*	Ombudsman for the Judiciary and Civil Administration
KAK	*Kungliga Automobilklubben*	Royal Automobile Club
KF	*Kooperativa Förbundet*	Consumers' Cooperative Organization

kl.	*klockan; klass*	o'clock; class
K.M:t/	*Kunglig Majestät*	His Royal Majesty
Kungl.		(= the government)
Maj:t		
kr.	*krona (kronor)*	crown(s) (currency)
LO	*Landsorganisationen*	Association of Swedish Trade Unions
moms	*mervärdeskatt*	VAT, value added tax
n.b.	*nedre botten*	ground floor (exit)
o.s.a.	*om svar anhålles*	please reply
osv.	*och så vidare*	etc.
p.g.a.	*på grund av*	because of
RÅ	*riksåklagare*	Director of Public Prosecutions
sa/s:a	*summa*	the sum, total
SAF	*Svenska Arbetsgivarföreningen*	Swedish Employers' Confederation
sek.	*sekund*	second (clock)
sid.	*sidan*	page
SJ	*Statens Järnvägar*	Swedish National Railways
skr.	*svenska kronor*	Swedish crowns
SR	*Sveriges Radio*	Swedish Broadcasting Corporation
st.	*styck*	piece
STF	*Svenska Turistföreningen*	Swedish Tourist Association
t.h.	*till höger*	to the right
tim.	*timme*	hour
t.o.m.	*till och med*	up to (and including)
tr.	*trappa (trappor)*	stairs; floor
t.v.	*till vänster; tills vidare*	to the left; until further notice
UD	*Utrikesdepartementet*	Swedish Foreign Office
vard.	*vardagar*	working days
VD	*verkställande direktör*	managing director
v.g.	*var god*	please
v.g.v.	*var god vänd*	P.T.O., please turn over
ö.g.	*över gården*	across/in the courtyard
ö.h.	*över havet*	above sea level

Engelska förkortningar

AA	*Automobile Association*	brittisk motororganisation
AAA	*American Automobile Association*	amerikansk motororganisation
ABC	*American Broadcasting Company*	privat amerikanskt radio- och TV-bolag
A.D.	*anno Domini*	e.Kr.
Am.	*America; American*	Amerika; amerikansk
a.m.	*ante meridiem (before noon)*	för tid mellan kl. 00.00 och 12.00
Amtrak	*American railroad corporation*	sammanslutning av privata amerikanska järnvägar
AT & T	*American Telephone and Telegraph Company*	privat amerikanskt telefonbolag
Ave.	*avenue*	aveny
BBC	*British Broadcasting Corporation*	statligt brittiskt radio- och TV-bolag
B.C.	*before Christ*	f.Kr.
bldg.	*building*	byggnad, hus
Blvd.	*boulevard*	boulevard
B.R.	*British Rail*	Brittiska statsjärnvägarna
Brit.	*Britain; British*	Storbritannien; brittisk
Bros.	*brothers*	bröder (i firmanamn)
¢	*cent*	1/100 dollar
Can.	*Canada; Canadian*	Kanada; kanadensisk
CBS	*Columbia Broadcasting System*	privat amerikanskt radio- och TV-bolag
CID	*Criminal Investigation Department*	kriminalpolisen (Scotland Yard)
CNR	*Canadian National Railway*	Kanadensiska statsjärnvägarna
c/o	*(in) care of*	under adress
Co.	*company*	bolag
Corp.	*corporation*	korporation, bolag
CPR	*Canadian Pacific Railways*	privat kanadensiskt järnvägsbolag

D.C.	District of Columbia	Columbiadistriktet (Washington, D.C.)
DDS	Doctor of Dental Science	tandläkare
dept.	department	departement, avdelning
EU	European Union	Europeiska Unionen
e.g.	for instance	t.ex.
Eng.	England; English	England; engelsk
excl.	excluding; exclusive	ej inräknad, exklusive
ft.	foot/feet	fot (mått)
GB	Great Britain	Storbritannien
H.E.	His/Her Excellency; His Eminence	Hans/Hennes Excellens; Hans Höghet
H.H.	His Holiness	Hans Helighet (påven)
H.M.	His/Her Majesty	Hans/Hennes Majestät
H.M.S.	Her Majesty's ship	Hennes Majestäts fartyg (brittiskt örlogsfartyg)
hp	horsepower	hästkrafter
Hwy	highway	huvudväg, allmän landsväg
i.e.	that is to say	dvs.
in.	inch	tum
Inc.	incorporated	AB, aktiebolag
incl.	including, inclusive	inräknad, inklusive
£	pound sterling	brittiskt pund
L.A.	Los Angeles	Los Angeles
Ltd.	limited	AB, aktiebolag
M.D.	Doctor of Medicine	leg. läk.
M.P.	Member of Parliament	ledamot av parlamentet
mph	miles per hour	miles per timma
Mr.	Mister	herr
Mrs.	Missis	fru
Ms.	Missis/Miss	fru/fröken
nat.	national	nationell
NBC	National Broadcasting Company	privat amerikanskt radio- och TV-bolag
No.	number	nummer
N.Y.C.	New York City	New York (staden)
O.B.E.	Officer (of the Order) of the British Empire	Riddare av brittiska imperieorden

p.	*page; penny/pence*	sida; 1/100 pund
p.a.	*per annum*	per år
Ph.D.	*Doctor of Philosophy*	fil. dr.
p.m.	*post meridiem (after noon)*	för tid mellan kl. 12.00 och 24.00
PO	*Post Office*	postkontor
POO	*post office order*	postanvisning
pop.	*population*	folkmängd, befolkning
P.T.O.	*please turn over*	var god vänd
RAC	*Royal Automobile Club*	Kungliga Brittiska Automobilklubben
RCMP	*Royal Canadian Mounted Police*	Kanadas ridande polis
Rd.	*road*	väg
ref.	*reference*	referens, hänvisning
Rev.	*reverend*	pastor
RFD	*rural free delivery*	utbärning av post på landsbygden
RR	*railroad*	järnväg
RSVP	*please reply*	o.s.a., om svar anhålles
$	*dollar*	dollar
Soc.	*society*	förening
St.	*saint; street*	sankt(a); gata
STD	*Subscriber Trunk Dialling*	automatisk telefon
UN	*United Nations*	FN
UPS	*United Parcel Service*	privat företag som levererar paket
US	*United States*	Förenta staterna
USS	*United States Ship*	amerikanskt örlogsfartyg
VAT	*value added tax*	moms, mervärdeskatt
VIP	*very important person*	vip, betydelsefull person
Xmas	*Christmas*	jul
yd.	*yard*	yard (mått)
YMCA	*Young Men's Christian Association*	KFUM
YWCA	*Young Women's Christian Association*	KFUK
ZIP	*ZIP code*	postnummer

Mini Grammar

Articles

All Swedish nouns are either common or neuter in gender.

1. Indefinite article (a/an)

common:	**en man**	a man
neuter:	**ett barn**	a child

2. Definite article (the)

Where we, in English, say "the house", the Swedes say the equivalent of "house-the", i.e. they tag the definite article onto the end of the noun. Common nouns take an -**(e)n** ending, neuter nouns an -**(e)t** ending.

common:	**mannen**	*the* man
neuter:	**barnet**	*the* child

Nouns

1. As already noted, nouns are either common or neuter. There are no easy rules for determining gender. Learn each new word with its accompanying article.

2. The plural is formed according to one of five declensions.

		singular		indefinite plurals	
Declension	1	**flicka**	girl	**flickor**	girls
	2	**bil**	car	**bilar**	cars
	3	**dam**	lady	**damer**	ladies
		sko	shoe	**skor**	shoes
	4	**äpple**	apple	**äpplen**	apples
	5	**hus**	house	**hus**	houses

definite plurals

flickorna	the girls
äpplena	the apples
husen	the houses

There are also various irregular plurals.

3. Possession is shown by adding **-s** (singular and plural).

Note: There is no apostrophe.

Görans **bror**	George's brother
hotellets **ägare**	the owner of the hotel
veckans **första dag**	the first day of the week
den resandes **väska**	the traveller's suitcase
barnens **rum**	the children's room

Adjectives

1. Adjectives agree with the noun in gender and number. For the indefinite form, the neuter is formed by adding **-t**; the plural by adding **-a**.

(en) stor hund	(a) big dog	**stor**a **hundar**	big dogs
(ett) stort **hus**	(a) big house	**stor**a **hus**	big houses

2. For the definite declension of the adjective, add the ending **-a** (common, neuter and plural). This form is used when the adjective is preceded by **den, det, de** (the definite article used with adjectives) or by a demonstrative or a possessive adjective.

den stora **hunden**	the big dog
de stora **hundarna**	the big dogs

det stora **huset**	the big house
de stora **husen**	the big houses

3. Demonstrative adjectives

	common	neuter	plural
this/these	**den här/** **denna**	**det här/** **detta**	**de här/** **dessa**
that/those	**den där/** **den**	**det där/** **det**	**de där/** **de**

4. Possessive adjectives agree in number and gender with the noun they modify, i. e. with the thing possessed and not the possessor.

	common	neuter	plural
my	min	mitt	mina
your	din	ditt	dina
his her its	sin	sitt	sina
our	vår	vårt	våra
your	er	ert	era
their	sin	sitt	sina

The forms **er, ert, era** correspond to the personal pronoun **ni** and refer to one or several possessors.

The forms **sin, sitt, sina** always refer back to the subject:

Han har sin bok.	He has his (own) book.
De har sina böcker.	They have their (own) books.

The genitive forms of the personal pronouns (see p. 398) are also used to show possession. However, the meaning changes:

Han har hans bok.	He has his (another person's) book.

5. Comparative and superlative

The comparative and superlative are normally formed either by adding the endings **-(a)re** and **-(a)st**, respectively, to the adjective or by putting **mer** and **mest** (more, most) before the adjective.

Hans arbete är lätt.	His work is easy.
Hans arbete är lättare.	His work is easier.
Hans arbete är lättast.	His work is easiest.
Er bil är stor.	Your car is big.
Er bil är större.	Your car is bigger.
Er bil är störst.	Your car is the biggest.
Det är imponerande.	It's impressive.
Det är mer imponerande.	It's more impressive.
Det är mest imponerande.	It's most impressive.

Adverbs

Adverbs are generally formed by adding **-t** to the corresponding adjective.

Hon går snabbt.   She walks quickly.

Personal pronouns

	subject	object	genitive
I	**jag**	**mig**	–
you	**du/ni**	**dig/er**	–
he	**han**	**honom**	**hans**
she	**hon**	**henne**	**hennes**
it	**den/det**	**den/det**	**dess**
we	**vi**	**oss**	–
you	**ni**	**er**	–
they	**de**	**dem**	**deras**

Like many other languages, Swedish has two forms for "you". The formal word **ni**, traditionally the correct form of address between all but close friends and children, is now giving way to the informal **du**.

Verbs

Here we are concerned only with the infinitive, imperative, and present tense. The present tense is simple, because it has the same form for all persons. The infinitive of most Swedish verbs ends in **-a** (a few verbs of one syllable end in other vowels). Here are three useful auxiliary verbs:

	to be	to have	to be able to
Infinitive	**(att) vara**	**(att) ha**	**(att) kunna**
Present tense (same form for all persons)	**är**	**har**	**kan**
Imperative	**var**	**ha**	–

The present tense of Swedish verbs ends in **-r**:

	to ask	to buy	to believe	to do/make
Infinitive	(att) **fråga**	(att) **köpa**	(att) **tro**	(att) **göra**
Present tense (same form for all persons)	**frågar**	**köper**	**tror**	**gör**
Imperative	**fråga**	**köp**	**tro**	**gör**

There is no equivalent to the English present continuous tense. Thus:

Jag reser. I travel/I am travelling.

Negatives

Negation is expressed by using the adverb **inte** (not). It is usually placed immediately after the verb in a main clause. In compound tenses **inte** comes between the auxiliary and the main verb.

Jag talar svenska. I speak Swedish.
Jag talar inte svenska. I do not speak Swedish.
Hon har inte skrivit. She has not written.

Questions

Questions are formed by reversing the order of the subject and the verb:

Bussen stannar här. The bus stops here.
Stannar bussen här? Does the bus stop here?

Jag kommer i kväll. I am coming tonight.
Kommer ni i kväll? Are you coming tonight?

Irregular Verbs

The following list contains the most common irregular Swedish verbs. Only one form of the verb is shown below as the form is conjugated the same for all persons within a given tense. There is a large number of prefixes in Swedish, like *an-, av-, be-, efter-, fram-, från-, för-, in-, med-, ned-, ner-, om-, und-, under-, upp-, ut-, vid-, åter-, över-*, etc. A prefixed verb is conjugated in the same way as the stem verb. The supine form is a special form of the past participle; the past participle itself is only used as an adjective. The perfect tense is formed by using the auxiliary *att ha* (to have) together with the supine.

Infinitive	*Present*	*Imperfect*	*Supine*	
be(dja)	ber	bad	bett	ask, pray
binda	binder	band	bundit	bind, tie
bita	biter	bet	bitit	bite
bjuda	bjuder	bjöd	bjudit	offer; invite; bid
bli(va)	blir	blev	blivit	become; remain
brinna	brinner	brann	brunnit	burn
brista	brister	brast	brustit	burst
bryta	bryter	bröt	brutit	break
bära	bär	bar	burit	carry
böra	bör	borde	bort	ought to
dra(ga)	drar	drog	dragit	pull
dricka	dricker	drack	druckit	drink
driva	driver	drev	drivit	propel, drive
dyka	dyker	dök/dykte	dykt	dive
dö	dör	dog	dött	die
dölja	döljer	dolde	dolt	conceal
falla	faller	föll	fallit	fall
fara	far	for	farit	go away, leave
finna	finner	fann	funnit	find
flyga	flyger	flög	flugit	fly
flyta	flyter	flöt	flutit	float, flow
frysa	fryser	frös	frusit	be cold; freeze
få	får	fick	fått	get, may
förnimma	förnimmer	förnam	förnummit	perceive
försvinna	försvinner	försvann	försvunnit	disappear

ge (giva)	ger	gav	gett/givit	*give*
gjuta	gjuter	göt	gjutit	*cast (iron)*
glida	glider	gled	glidit	*glide, slide*
glädja	gläder	gladde	glatt	*delight, please*
gnida	gnider	gned	gnidit	*rub*
gripa	griper	grep	gripit	*seize, grasp*
gråta	gråter	grät	gråtit	*weep, cry*
gå	går	gick	gått	*go, walk*
göra	gör	gjorde	gjort	*do, make*
ha	har	hade	haft	*have*
hinna	hinner	hann	hunnit	*have time, catch*
hugga	hugger	högg	huggit	*hew, cut*
hålla	håller	höll	hållit	*hold, keep*
kliva	kliver	klev	klivit	*stride, climb*
klyva	klyver	klöv	kluvit	*split*
knipa	kniper	knep	knipit	*pinch*
knyta	knyter	knöt	knutit	*tie*
komma	kommer	kom	kommit	*come*
krypa	kryper	kröp	krupit	*crawl, creep*
kunna	kan	kunde	kunnat	*can*
le	ler	log	lett	*smile*
lida	lider	led	lidit	*suffer*
ligga	ligger	låg	legat	*lie*
ljuda	ljuder	ljöd	ljudit	*sound*
ljuga	ljuger	ljög	ljugit	*tell a lie*
låta	låter	lät	låtit	*let; sound*
lägga	lägger	lade	lagt	*lay, put*
måste*	måste	–	–	*must*
niga	niger	neg	nigit	*curtsy*
njuta	njuter	njöt	njutit	*enjoy*
nypa	nyper	nöp	nupit	*pinch someone*
nysa	nyser	nös/nyste	nyst/nysit	*sneeze*
pipa	piper	pep	pipit	*chirp*
rida	rider	red	ridit	*ride*
rinna	rinner	rann	runnit	*run, flow*
riva	river	rev	rivit	*tear, demolish*
ryta	ryter	röt	rutit	*roar*
se	ser	såg	sett	*see*

---

* present tense

402

sitta	sitter	satt	suttit	*sit*
sjuda	sjuder	sjöd	sjudit	*seethe*
sjunga	sjunger	sjöng	sjungit	*sing*
sjunka	sjunker	sjönk	sjunkit	*sink*
ska*	ska	skulle	–	*shall*
skina	skiner	sken	skinit	*shine*
skjuta	skjuter	sköt	skjutit	*shoot; push*
skrida	skrider	skred	skridit	*stride, stalk*
skrika	skriker	skrek	skrikit	*shout*
skriva	skriver	skrev	skrivit	*write*
skryta	skryter	skröt	skrutit	*boast*
skära	skär	skar	skurit	*cut*
slippa	slipper	slapp	sluppit	*not need to*
slita	sliter	slet	slitit	*wear out; tear*
sluta	sluter	slöt	slutit	*close*
slå	slår	slog	slagit	*beat; strike*
smita	smiter	smet	smitit	*slip away*
smyga	smyger	smög	smugit	*sneak,*
				snuggle
smörja	smörjer	smorde	smort	*grease*
snyta (sig)	snyter	snöt	snutit	*blow one's*
				nose
sova	sover	sov	sovit	*sleep*
spinna	spinner	spann	spunnit	*spin; purr*
spricka	spricker	sprack	spruckit	*burst, crack*
sprida	sprider	spred	spritt	*spread*
springa	springer	sprang	sprungit	*run*
sticka	sticker	stack	stuckit	*sting*
stiga	stiger	steg	stigit	*rise*
stinka	stinker	stank	–	*stink*
stjäla	stjäl	stal	stulit	*steal*
strida	strider	stred	stridit	*fight*
stryka	stryker	strök	strukit	*iron*
strypa	stryper	ströp/strypte	strypt	*strangle*
stå	står	stod	stått	*stand*
suga	suger	sög	sugit	*suck*
supa	super	söp	supit	*booze*
svida	svider	sved	svidit	*smart*
svika	sviker	svek	svikit	*betray, let*
				down
svälja	sväljer	svalde	svalt	*swallow*
svär(j)a	svär	svor	svurit	*swear; curse*

---

* present tense

säga	säger	sa(de)	sagt	*say*
sälja	säljer	sålde	sålt	*sell*
sätta	sätter	satte	satt	*place, set*
ta(ga)	tar	tog	tagit	*take*
tiga	tiger	teg	tigit	*be silent*
tjuta	tjuter	tjöt	tjutit	*yell*
tvinga	tvingar	tvingade/	tvingat/	*force*
		tvang	tvungit	
umgås	umgås	umgicks	umgåtts	*associate with*
vara	är	var	varit	*be*
veta	vet	visste	vetat	*know*
vika	viker	vek	vikit/vikt	*fold*
vilja	vill	ville	velat	*want, will*
vina	viner	ven	vinit	*howl, whine (storm)*
vinna	vinner	vann	vunnit	*win*
vrida	vrider	vred	vridit	*twist, wrench*
välja	väljer	valde	valt	*choose; elect*
vänja	vänjer	vande	vant	*accustom, get used to*
äta	äter	åt	ätit	*eat*

Minigrammatik

Artiklar

Den **bestämda artikeln** har samma form i sing. och plur.: **the**

the room, the rooms   rummet, rummen

Den **obestämda artikeln** har två former: **a** som används framför ord som börjar på konsonant och **an** som används framför vokal eller stumt h.

a coat	en kappa
an umbrella	ett paraply
an hour	en timme
a small village	en liten by
an old town	en gammal stad

Some anger obestämd mängd eller obestämt antal. Det används framför substantiv i både sing. och plur. och motsvarar på svenska någon, något, lite, några.

I'd like some tea, please.	Jag skulle vilja ha lite te.
Give me some stamps, please.	Var snäll och ge mig några frimärken.

Any betyder någon som helst, vilken som helst och används mest i nekande och frågande satser.

There isn't any soap.	Det finns inte någon tvål.
Do you have any stamps?	Har ni (du) några frimärken?
Is there any mail for me?	Finns det någon post till mig?

Substantiv

Pluralis bildas som regel genom att lägga **-(e)s** till singular-formen.

cup – cups	kopp – koppar
dress – dresses	klänning – klänningar

Obs! Om ett substantiv slutar på **-y** i sing. ändras stavningen i plur. till **-ies** om y föregås av en konsonant. Om det föregås av en vokal används den normala pluraländelsen **-s**.

lady – ladies	dam – damer
day – days	dag – dagar

Men ingen regel utan undantag ...

man – men	man – män
woman – women	kvinna – kvinnor
child – children	barn – barn
foot – feet	fot – fötter

Genitiv

1. Då ägaren är en person och då substantivet inte slutar på **-s** lägger man till **'s.**

the boy's room	pojkens rum
the children's clothes	barnens kläder

Om substantivet slutar på **-s** lägger man endast till apostrofen (**'**).

the boys' room	pojkarnas rum

2. Då ägaren inte år en person används prepositionen of.

the end of the journey	resans slut (slutet på resan)

Adjektiv

Adjektivet förblir oförändrat både framför substantivet och när det står ensamt.

a large brown suitcase	en stor brun resväska

Det finns två sätt att bilda **komparativ** och **superlativ.**

1. Adjektiv med en stavelse och de flesta med två stavelser får ändelsen **-(e)r** och **-(e)st.**

small – smaller – smallest	liten – mindre – minst
pretty – prettier – prettiest	söt – sötare – sötast

Obs! **-y** efter konsonant ändras till **i** framför **-er** och **-est.**

2. Adjektiv med fler än två stavelser och vissa adjektiv med två stavelser (t. ex. de som slutar på **-ful** eller **-less**) bildar komparativ och superlativ med hjälp av **more** och **most**.

expensive (dyr) – **more expensive** – **most expensive**
careful (försiktig) – **more careful** – **most careful**

Följande adjektiv är oregelbundna:

good (bra) – **better** – **best**
bad (dålig) – **worse** – **worst**
little (lite) – **less** – **least**
much (mycket) }
many (många) } – **more** – **most**

Pronomen

personliga		possessiva	
subjekts-form	objekts-form	förenade	själv-ständiga
jag	I	me	my	mine
du	you	you	your	yours
han	he	him	his	his
hon	she	her	her	hers
den/det	it	it	its	–
vi	we	us	our	ours
ni	you	you	your	yours
de	they	them	their	theirs

Exempel på förenat possessivt pronomen:

Where's my key? Var är min nyckel?

Exempel på självständigt possessivt pronomen:

It's not mine. Det är inte min.
It's yours. Det är er (din).

Obs! Engelskan har inte skilda former för "du" och "ni". Båda heter **you.**

Oregelbundna verb

Nedanstående lista innehåller de vanligaste engelska oregel-
bundna verben. Sammansatta verb och de verb som har en för-
stavelse (prefix) böjs som de enkla verben: t.ex. *withdraw* böjs
som *draw* och *mistake* som *take*.

Infinitiv	Imperfektum	Perfekt particip	
arise	arose	arisen	uppstå
awake	awoke	awoken/	vakna
		awaked	
be	was	been	vara
bear	bore	borne	bära
beat	beat	beaten	slå
become	became	become	bli
begin	began	begun	börja
bend	bent	bent	böja
bet	bet	bet	slå (hålla) vad
bid	bade/bid	bidden/bid	bjuda
bind	bound	bound	binda
bite	bit	bitten	bita
bleed	bled	bled	blöda
blow	blew	blown	blåsa
break	broke	broken	bryta
breed	bred	bred	uppföda
bring	brought	brought	medföra
build	built	built	bygga
burn	burnt/burned	burnt/burned	bränna, brinna
burst	burst	burst	brista
buy	bought	bought	köpa
can*	could	–	kunna
cast	cast	cast	kasta; gjuta
catch	caught	caught	fånga
choose	chose	chosen	välja
cling	clung	clung	klänga sig fast
clothe	clothed/clad	clothed/clad	bekläda
come	came	come	komma
cost	cost	cost	kosta

* presens indikativ

creep	crept	crept	*krypa*
cut	cut	cut	*skära*
deal	dealt	dealt	*handla med;*
			dela ut
dig	dug	dug	*gräva*
do (he does*)	did	done	*göra*
draw	drew	drawn	*rita; dra*
dream	dreamt/	dreamt/	*drömma*
	dreamed	dreamed	
drink	drank	drunk	*dricka*
drive	drove	driven	*köra*
dwell	dwelt	dwelt	*vistas*
eat	ate	eaten	*äta*
fall	fell	fallen	*falla*
feed	fed	fed	*(ut)fodra, mata*
feel	felt	felt	*känna (sig)*
fight	fought	fought	*slåss*
find	found	found	*finna*
flee	fled	fled	*fly*
fling	flung	flung	*kasta*
fly	flew	flown	*flyga*
forsake	forsook	forsaken	*överge*
freeze	froze	frozen	*frysa*
get	got	got	*få*
give	gave	given	*ge*
go (he goes*)	went	gone	*resa*
grind	ground	ground	*mala*
grow	grew	grown	*växa*
hang	hung	hung	*hänga*
have (he has*)	had	had	*ha*
hear	heard	heard	*höra*
hew	hewed	hewed/hewn	*hugga*
hide	hid	hidden	*gömma*
hit	hit	hit	*slå*
hold	held	held	*hålla*
hurt	hurt	hurt	*såra; värka*
keep	kept	kept	*behålla*
kneel	knelt	knelt	*knäböja*

---

* presens indikativ

knit	knitted/knit	knitted/knit	*sticka*
know	knew	known	*veta; kunna*
lay	laid	laid	*lägga*
lead	led	led	*leda*
lean	leant/leaned	leant/leaned	*luta (sig)*
leap	leapt/leaped	leapt/leaped	*hoppa*
learn	learnt/learned	learnt/learned	*lära sig*
leave	left	left	*lämna*
lend	lent	lent	*låna (ut)*
let	let	let	*(till) låta*
lie	lay	lain	*ligga*
light	lit/lighted	lit/lighted	*tända*
lose	lost	lost	*förlora*
make	made	made	*göra*
may*	might	–	*få, kunna (kanske)*
mean	meant	meant	*mena*
meet	met	met	*möta*
mow	mowed	mowed/mown	*meja*
must*	must	–	*vara tvungen*
ought* (to)	ought	–	*böra*
pay	paid	paid	*betala*
put	put	put	*sätta*
read	read	read	*läsa*
rid	rid	rid	*befria*
ride	rode	ridden	*rida*
ring	rang	rung	*ringa*
rise	rose	risen	*stiga upp*
run	ran	run	*springa*
saw	sawed	sawn	*såga*
say	said	said	*säga*
see	saw	seen	*se*
seek	sought	sought	*söka*
sell	sold	sold	*sälja*
send	sent	sent	*sända*
set	set	set	*sätta*
sew	sewed	sewed/sewn	*sy*
shake	shook	shaken	*skaka*

---

* presens indikativ

shall*	should	–	skola
shed	shed	shed	fälla
shine	shone	shone	skina
shoot	shot	shot	skjuta
show	showed	shown	visa
shrink	shrank	shrunk	krympa
shut	shut	shut	stänga
sing	sang	sung	sjunga
sink	sank	sunk	sjunka
sit	sat	sat	sitta
sleep	slept	slept	sova
slide	slid	slid	glida
sling	slung	slung	slunga
slink	slunk	slunk	smita
slit	slit	slit	sprätta upp
smell	smelled/smelt	smelled/smelt	lukta
sow	sowed	sown/sowed	så
speak	spoke	spoken	tala
speed	sped/speeded	sped/speeded	hasta
spell	spelt/spelled	spelt/spelled	stava
spend	spent	spent	tillbringa; ge ut
spill	spilt/spilled	spilt/spilled	spilla
spin	spun	spun	spinna
spit	spat	spat	spotta
split	split	split	klyva
spoil	spoilt/spoiled	spoilt/spoiled	skämma (bort); förstöra
spread	spread	spread	sprida
spring	sprang	sprung	rusa upp
stand	stood	stood	stå
steal	stole	stolen	stjäla
stick	stuck	stuck	fästa
sting	stung	stung	sticka, stinga
stink	stank/stunk	stunk	stinka
strew	strewed	strewed/strewn	strö
stride	strode	stridden	kliva
strike	struck	struck/stricken	slå (till)
string	strung	strung	trä (upp)

---

* presens indikativ

strive	strove	striven	*sträva*
swear	swore	sworn	*svär(j)a*
sweep	swept	swept	*sopa*
swell	swelled	swollen/	*svälla*
		swelled	
swim	swam	swum	*simma*
swing	swung	swung	*svänga, gunga*
take	took	taken	*ta*
teach	taught	taught	*lära (ut)*
tear	tore	torn	*slita sönder*
tell	told	told	*berätta*
think	thought	thought	*tänka*
throw	threw	thrown	*kasta*
thrust	thrust	thrust	*stöta*
tread	trod	trodden	*trampa*
wake	woke/waked	woken/waked	*vakna; väcka*
wear	wore	worn	*ha på sig*
weave	wove	woven	*väva*
weep	wept	wept	*gråta*
will*	would	–	*vilja*
win	won	won	*vinna*
wind	wound	wound	*veva (upp)*
wring	wrung	wrung	*vrida (ur)*
write	wrote	written	*skriva*

---

* presens indikativ

Numerals

Cardinal numbers

0	noll
1	en/ett
2	två
3	tre
4	fyra
5	fem
6	sex
7	sju
8	åtta
9	nio
10	tio
11	elva
12	tolv
13	tretton
14	fjorton
15	femton
16	sexton
17	sjutton
18	arton
19	nitton
20	tjugo
21	tjugoen/tjugoett
30	trettio
31	trettioen/trettioett
40	fyrtio
41	fyrtioen/fyrtioett
50	femtio
51	femtioen/femtioett
60	sextio
61	sextioen/sextioett
70	sjuttio
80	åttio
90	nittio
100	hundra
101	hundraen/hundraett
200	två hundra
1 000	tusen
2 000	två tusen
1 000 000	en miljon
2 000 000	två miljoner

Ordinal numbers

1:a	första
2:a	andra
3:e	tredje
4:e	fjärde
5:e	femte
6:e	sjätte
7:e	sjunde
8:e	åttonde
9:e	nionde
10:e	tionde
11:e	elfte
12:e	tolfte
13	trettonde
14	fjortonde
15	femtonde
16	sextonde
17	sjuttonde
18	artonde
19	nittonde
20	tjugonde
21	tjugoförsta
22	tjugoandra
23	tjugotredje
24	tjugofjärde
25	tjugofemte
26	tjugosjätte
27	tjugosjunde
28	tjugoåttonde
29	tjugonionde
30	trettionde
31	trettioförsta
40	fyrtionde
50	femtionde
60	sextionde
70	sjuttionde
80	åttionde
90	nittionde
100	hundrade
1 000	tusende
10 000	tiotusende

Räkneord

Grundtal

0	zero
1	one
2	two
3	three
4	four
5	five
6	six
7	seven
8	eight
9	nine
10	ten
11	eleven
12	twelve
13	thirteen
14	fourteen
15	fifteen
16	sixteen
17	seventeen
18	eighteen
19	nineteen
20	twenty
21	twenty-one
22	twenty-two
23	twenty-three
24	twenty-four
25	twenty-five
30	thirty
40	forty
50	fifty
60	sixty
70	seventy
80	eighty
90	ninety
100	a/one hundred
230	two hundred and thirty
1,000	a/one thousand
10,000	ten thousand
100,000	a/one hundred thousand
1,000,000	a/one million

Ordningstal

1st	first
2nd	second
3rd	third
4th	fourth
5th	fifth
6th	sixth
7th	seventh
8th	eighth
9th	ninth
10th	tenth
11th	eleventh
12th	twelfth
13th	thirteenth
14th	fourteenth
15th	fifteenth
16th	sixteenth
17th	seventeenth
18th	eighteenth
19th	nineteenth
20th	twentieth
21st	twenty-first
22nd	twenty-second
23rd	twenty-third
24th	twenty-fourth
25th	twenty-fifth
26th	twenty-sixth
27th	twenty-seventh
28th	twenty-eighth
29th	twenty-ninth
30th	thirtieth
40th	fortieth
50th	fiftieth
60th	sixtieth
70th	seventieth
80th	eightieth
90th	ninetieth
100th	hundredth
230th	two hundred and thirtieth
1,000th	thousandth

Time

Although official time in Sweden is based on the 24-hour clock, the 12-hour system is used in conversation.

If you have to indicate that it is a.m. or p.m., add *på morgonen*, *på förmiddagen*, *på eftermiddagen*, *på kvällen*, *på natten*.

Thus:

klockan sju på morgonen	7 a.m.
klockan elva på förmiddagen	11 a.m.
klockan två på eftermiddagen	2 p.m.
klockan sju på kvällen	7 p.m.
klockan två på natten	2 a.m.

Days of the week

söndag	Sunday	*torsdag*	Thursday
måndag	Monday	*fredag*	Friday
tisdag	Tuesday	*lördag*	Saturday
onsdag	Wednesday		